中国教育管理文库

·学术前沿系列·

学校：在政府、市场与社会之间

——现代学校制度的理论探索及启示

徐建平◎著

教育科学出版社
·北 京·

《中国教育管理文库》
编委会

《中国教育管理文库》总序

改善中国教育管理的知识状况

国家竞争是人才的竞争，也是管理的竞争、制度的竞争。管理落后存在于中国社会各个层面，严重制约着中国的发展，也严重制约着中国教育的发展。改革开放30多年来，中国教育成就多多，但也存在一些问题，现在中国教育的发展站在一个转折点上，教育发展模式由外延扩张为主转向内涵发展为主，提高质量、促进公平成为今后中国教育改革与发展的核心目标。当前我国的教育管理状况尚不能适应教育发展模式转变的需要，不能适应提高质量、促进公平的要求，教育管理的理念、体制、机制、模式、方法等亟待改变。

管理实践对理论研究提出了严峻挑战。尽管改革开放以来我国教育管理的知识状况有了较大改观，国外知识大量引入，知识总量不断增加，研究方法不断改善，但总体而言，研究范式和研究方法依然滞后，高水平的基础理论研究和应用研究凤毛麟角，理论知识对实践变革的贡献并不显彰，远远不能满足管理实践的需要。中国教育管理的知识状况与国际学术前沿相比有很大差距，与中国教育管理实践的客观要求有很大差距，与中国的教育大国地位很不相称，亟待改善。

《中国教育管理文库》就是为改善中国教育管理的知识状况而搭建的一个知识平台，由教育科学出版社与我国教育管理研究者鼎力合作打造。作为一个知识平台，其直接目标是知识贡献，而其间接目标是用知识的力量来提升中国教育管理的实践水准。《中国教育管理文库》的宗旨是：改善中国教育管理的知识状况，提升中国教育管理的实践水准。

与以往的教育管理类丛书、译丛、系列教材、集刊等知识平台不同，《中国教育管理文库》力图搭建的是一个综合性的、更高水平的知识平台，力求在教育管理知识的生产、转化、传播方面实现新突破，更加强调教育管理研究方法的规范性，更加强调教育管理理论研究的原创性，更加强调教育管理知识对于改进实践的针对性，更加强调教育管理课程建设的基础性和优质化。

《中国教育管理文库》分为学术前沿、管理实务、精品教材三个系列，定位各有侧重。

学术前沿系列侧重教育管理知识的生产，尤其强调知识生产的创新性。力图呈现我国教育管理研究的最新成果，传播教育管理的新理论和新方法，尤其注重教育管理研究方法的突破。学术前沿系列以教育管理各分支学科的基础研究和专题研究为主，选题范围涉及教育管理基本理论、教育管理研究方法、教育政策、教育战略规划、教育法学、教育行政、学校管理、教育督导、教育评价、教育管理史等诸多方向。

管理实务系列侧重教育管理知识的转化，强调知识服务于实践的针对性和实效性，目的是改进教育管理实践。管理实务系列以各级各类教育机构的管理实务为主要内容，选题范围涉及幼儿园管理、小学管理、初中学校管理、高中学校管理、职业学校管理、高等学校管理等内容，也涉及更加细分的内容如幼儿园安全管理、小学班级管理、青春期学生管理、高中课程改革、职业学校文化建设等。

精品教材系列侧重教育管理知识在大学的传播，强调教育管理知识的基础性和优质化，目的是为学生未来从事教育管理理论研究或者实践改进奠定扎实的知识基础，完善学生的知识结构，提高学生发现、分析、解决教育管理问题的能力。选题范围以高等学校本科生和研究生所开设的主要课程为基础予以确定。

三个系列涉及的知识类型各有差异，学术前沿系列侧重学术性知识，管理实务系列侧重实践性知识，而精品教材系列侧重基础性知识。教育管理知识应该走出混沌状态，予以分化、分层、分类，这样才更有利于知识的生产、转化与传播，提高知识的生产效率和使用效益。在此意义上，《中国教育管理文库》也是一个对教育管理知识进行分类管理的知识管理平台。

该文库之所以冠以“中国”之名，是为了凸显中国教育管理研究的主体性。文库具有鲜明的“中国”意识，它扎根于也服务于中国的教育管理理论与实践，它重视研究的国际视野，强调国际间的学术交流与合作，但其最终目的是为我所用，移植是为了借鉴，国际化服从于本土化。随着国外教育管理著述的大量译介，我国教育管理知识总量中，国外知识占了不小比重，甚至出现了“过度移植”、“食洋不化”的现象，但同时，教育管理学界对本土的传统资源和实践智慧却关注不足，对中国传统管理思想的继承吸收不够，对管理实践的提炼概括不够，中国的教育管理研究必须承传统、接“地气”，否则难以发展出中国特色、中国风格、中国气派的教育管理理论，难以对国际教育管理大家庭作出自己独特的贡献，难以获取国际地位并获得国际尊重。以国际先进的研究方法解释中国的教育管理现象、解决中国的教育管理问题，概括总结中国传统的管理思想和现实的管理经验，发展出具有鲜明中国特色、中国风格、中国气派的教育管理理论，是中国教育管理研究实现突破的不二法门，也是中国教育管理研究走向世界的基本路径。

教育管理研究和教育管理实践不是价值无涉、价值中立的，教育管理的目的服从于教育的目的。实现人的全面发展和社会全面进步，是现代教育的根本目的。培养现代人，建设现代社会，是现代教育的根本追求。中国教育管理的基本目的就是为现代教育服务，为培养现代人服务，为建设现代社会和现代国家服务。中国教育管理的研究和实践必须坚守现代精神，即坚守科学精神、民主精神、法治精神，只有如此才能造就具有科学精神、民主精神、法治精神的现代教育、现代人、现代社会和现代国家。

科学精神、民主精神、法治精神等现代精神也是《中国教育管理文库》坚守的价值精神。每一个作者的心灵深处、每一本著作的字里行间都应充盈着现代情怀。知识就是力量，而充盈着现代精神的知识则是改造中国教育管理现实的强大精神武器。

《中国教育管理文库》将始终坚持开放性，摈弃学科本位主义和学科孤立主义，多方寻求教育管理研究的知识资源和实践资源，尤其注重从其他学科汲取丰富的知识营养。也只有坚持这种开放性，才能深刻认识和把握教育管理这种复杂的社会现象。

《中国教育管理文库》是一项大工程，需集结全国精锐同心协力方能完成。文库向每一位有志于改善中国教育管理知识状况的人士开放，欢迎向文库编委会投稿，欢迎为文库的高质量出版建言。

文库能够顺利面世，得益于多方的支持与协作。感谢教育科学出版社社长所广一先生、总编辑李东先生和学术著作编辑部刘明堂主任的大力支持，感谢文库编委会成员所奉献的智慧，感谢出版社的编辑人员所付出的辛勤劳动。

褚宏启

2010 年 9 月 8 日

目　录

绪 言

第一节 问题缘起

进入 21 世纪以来，我国不仅在经济领域，而且在包括教育在内的所有公共事业领域快速发展。在教育领域中，义务教育领域占据着主要的地位。2004 年，联合国教科文组织在一项公报中指出：“过于众多的青年人无法获得在 21 世纪中生存的必不可少的知识、能力和才智。要求教育更加适应现代社会的呼声越来越高。因此，这一年龄群体的教育质量问题，今天已经是国家乃至国际范围内的重中之重。”① 各国普遍达成共识，认为义务教育是对社会的最佳投资。

加强义务教育研究，首先是加强对作为教育组织的学校的研究。中小学校是各种关于教育和社会的理想之实现、目标之达成的最重要的载体。教育管理学对组织研究的偏爱也使得关于学校的研究成为焦点。教育组织，直接者如学校，间接者如政府教育主管部门，尤其值得关注和重视。这是因为，自从现代学校制度和义务教育制度在全球逐渐推广以来，绝大多数个体都要在学校这类教育组织形式中度过九年乃至更长的时间。教育变革的中心任务是学校变革，即对学校进行实质性改造。随着教育改革的深入，学校越来越成为改革的基本单位，学校更具自主性的运作，将使学校这一层面的变革具有更为重要的意义。② 然而，有关学校研究的现状并不令人满

---

① 2004 年《联合国教科文组织国际教育大会第 47 届会议公报和关于提高所有青年教育质量优先行动事项的建议》，第 2 条。

② 杨小微：《全球化进程中的学校变革——一种方法论视角》，华东师范大学出版社 2004 年版，第 176 页。

意，相反却使许多人产生了越来越多的疑问和困惑。在一个快速变革的社会转型时期，教育组织是一个依存于社会的随波逐流的“变色龙”，或是“应声虫”，还是一个具有办学自主权、能够依法承担相关责任的“法人”呢？学校是一个类似于儿童手中的“玩具”，可任由改革者肆意地拆卸组装和尽情地把玩，还是一个内隐着有血有肉的个体生命的复杂体？教育组织是一个类似于专注经济利益的“加工厂”或者“无烟工厂”，还是一个“净化器”、“培养基”？[①] 遗憾的是，一部分真正关系到学校生存、师生发展的本真问题，却被某些所谓的热点冲淡了、替换了、转移了。

研究学校首先要研究什么呢？在教育学层面，学校研究意指课堂、班级和学校的重建；而在更宽的理论视域来看，包括观念、制度和行为的重建。在笔者看来，观念不仅是指素质教育、终身教育、学习型社会等时髦的名词，也包括人们对于学校性质、对于学校在社会中与外部各种环境主体的关系定位。制度不仅表现为显性的教育法律、法规、政策和学校内部的规章，还包括隐性的教育领域的交往规则甚至潜规则。行为就是主要与这种潜在的规则相联系的，它遵循的是一种内隐的规则。在三者关系中，制度往往是连接观念和行动的纽带，它既是观念的体现，也是行动的指南。因此，我们看到的是越来越多的关于教育制度、教育法规与政策、（现代）学校制度的研究。人们希冀通过制度的改革、改造、改良和变迁来为学校发展和教育腾飞营造良好的秩序和环境。

学校变革与制度的关系表现在两个方面：一是学校变革本身就意味着制度的变革。人们对学校的变革源于现实的教育教学不能满足人们的需要，为了寻找更好的学校、更好的教育，必须对学校进行变革。在国外，各种名目的学校层出不穷，磁石学校、选择学校、街角学校、有效学校、新型学校，等等，这不仅是学校名称的不同，更体现学校制度的差异，各种变革本身就是学校制度的变革与创新。二是学校的变革需要制度的支持。一方面，变革的成果，如教育效率的提高、教育公正的普及和教育民主化的推广等，都要用制定的形式巩固下来；另一方面，良好的制度环境能够保障变革的顺利进行。教育的现代化也是制度的现代化，从一定意义上说，一个半世纪以来中国教育现代化进程的核心问题，就是建立同现代化相适

---

① 张新平：《教育组织范式论》，江苏教育出版社2001年版，前言。

应的教育制度框架问题，而教育制度变革的成效往往直接决定着中国教育现代化建设的兴衰成败。[①] 当前，世界各国教育的主要制度形式就是学校，所谓教育制度通常主要指的也是学校制度，因此，现代学校制度建设无疑会为学校内外部关系的调整以及在此基础上的各级各类学校的变革和发展提供制度保障。

制度的重建，不仅有一个破除不合理的旧的制度规范的问题，同时还有一个对制度这一事物本身的重新认识问题。对于学校改革而言，制度的重要性在于，它以“定格”的方式将改革的阶段性成果“积淀”下来，并以规范的形式引导下一步的改革行为，它是观念的体现，又是行为的保障。[②] 然而制度的研究不能仅仅停留在对具体政策文本的制定、解读、执行、修订上，不能仅对制度作“头痛医头、脚痛治脚”的应急性研究，更应研究和把握制度背后内在的逻辑。任何没有内在系统逻辑建构和理论关联性的教育（改革）必将因盲目而失败。

在学校变革的理论基础上，并不存在整齐划一的研究范式。组织行为学、系统论、治理理论都为学校研究提供了理论基础。从学科出发，从哲学、心理学视角看，学校变革是一种思想变革；从社会学视角看，学校变革是多股社会力量的较量；从政治学视角看学校变革是一种权利的再分配。[③]哲学、政治学、教育学、心理学、社会学、法学、管理学和经济学都可以作为学校研究的学科切入点。

社会的现代化进程也是人们追求自由、秩序、平等、效率等价值的过程，这些价值目标既是教育变革所追求的，也是社会变迁的基本取向。在教育方面，首先是要追求道德性，其他的目标都需要统合到道德上来才符合教育事业的基本特性和本真诉求。在此，道德已经不仅仅限于伦理学的、狭义的、只关乎个人德行的微观层面，而是将社会、国家、政府、公众等

---

① 田正平、李江源：《教育制度变迁与中国教育现代化进程》，载《华东师范大学学报》（教科版），2002 年第 1 期。

②③ 杨小微：《全球化进程中的学校变革——一种方法论视角》，华东师范大学出版社 2004 年版，第 175、192 页。

宏观的内容包括进来①，否则学校在道德上不能独善其身。正因为此，本书强调学校变革的道德维度。在学校面对的外部环境中，政府需要道德，“成功的、大规模的改革就是要动用权力。但是，权力的运用一定要以有利于激发道德目标为前提”。② 如果政府能履行教育投入责任，维护教育的公平和秩序，我们说政府是道德的。市场需要道德，没有竞争的伦理和道德的市场是非人性和不人道的，只能戕害而不是培育教育事业。如果市场能给教育发展积累资金并激励学习者的创新，而且并不导致金钱至上和对贫困的歧视，我们说市场是道德的。社会需要道德，既包括民主教育所需要的民主的社会环境，也包括社会的包容与和谐。如果社会能带来教育的民主，直至培养起每个学生的民主、合作与宽容的精神气质，我们说社会是道德的。道德有多个要素，它的实现也有不同的层次。“在微观上说，教育的道德目标就是使所有的学生的生活机遇发生变化；从宏观上说，教育的道德目标意味着教育必须对社会发展和民主有所贡献。”③

怎样才能带来这些价值追求和道德目标的达成呢？人们习惯于追问学校背后各种“主体”的本质及其应具有的道德责任：政府到底应该是什么，市场应该是什么，社会应该是什么，它们都应在学校的发展和变革中扮演什么样的角色？传统思维中，人们总是相信世界上一切现象、一切表现都有一个最终的、可靠的实体作基础，无论怎么解释，都要找到一个什么“体”、什么“子”或是把它说成一个什么“性”，这种思维方式可以称作“实体思维”。然而，这种思维的局限性在于，很多社会现象往往离开所处的环境就难以解释清楚，它的本质需要在与周围的关系中才能得到界定，或者说它本身并不能代表什么，只是各种内外部关系才将它烘托并定格起来。因此，对大多数社会现象（包括教育现象）的研究需要从“实体思维”走向“关系思维”。诸如矛盾、价值、信息这些概念，都是一种“关系概念”，表达的是一种“关系现象”。从实体走向关系，就是把作为动词的“存在”问题，即研究一切事物是如何存在的问题，提到了中心的议题。这

---

① 有人认为，道德涉及微观和个人层面，伦理涉及宏观和集体层面，本书并未作这种伦理学意义上的区分。

②③ ［加］迈克·富兰：《变革的力量——透视教育改革》，教育科学出版社 2000 年版，第 197－198、288 页。

是哲学发展的前沿，它和自然科学的发展进程是相互一致的。①

对学校（制度）的研究也需要经历这种研究的思维转向，走向“关系范式”。就基本趋势来说，学校变革无论是宏观的谋划还是微观的运作，所关注的问题不是一个一个的要素问题或局部问题，而是种种“关系问题”，即学校之间、教育与环境之间，学校系统内部各要素、各部分之间的复杂的相互联系与相互作用。② 简言之，即围绕学校的内外部关系。学校的内部关系指学校内部各主体（校长、管理人员、教师、学生和家长）间关系，外部关系即学校与外部主体的关系，包括学校与政府、学校与市场、学校与社会的关系。如果说内部关系是教育的本真的和核心的问题，那么外部关系则是直接影响内部关系实现的必要前提。教育的改造往往是由外而内地展开的，通过外部关系的理顺才能影响并最终带来内部关系的改良。正如萨德勒所说，“学校之外的事情比学校内部的事情更重要，它制约并说明校内的事情”③。因此，本书在关照课堂、教师、学生的基础上，着重研究学校的外部关系。这种关系表现在：

其一，在学校与政府的关系上，首先是厘清政府在义务教育治理中的职能。到底是小政府还是大政府、强政府还是弱政府、全能政府还是有限政府、守夜政府还是拐杖政府、经济人政府还是公仆政府？就治理方式而言，采用法治、人治还是德治？在保障教育公共性和公益性的过程中，政府的职能到底体现在哪些方面？许多理论领域的研究仍很不成熟。转变政府教育行政职能，落实学校办学自主权是建立现代学校制度的关键点。④

学校自主权并不是凭空产生的，权力来自政府（授权、分权和放权），由此可能带来的利益损失可能会导致政府不愿意下放权力，权力的利得性

---

① 李德顺：《21世纪人类思维方式的变革趋势》，《社会科学辑刊》，2003年第1期。

② 杨小微：《全球化进程中的学校变革——一种方法论视角》，华东师范大学出版社2004年版，第78页。

③ M. E. Sadler, *How Far Can We Learn Anything of Practical Value from the Study of Foreign System of Education*? Guildford, 1990, p. 11. 参见［美］艾萨克·康德尔：《教育的新时代——比较研究》，王承绪等译，人民教育出版社2001年版，第7页。

④ 褚宏启：《审视现代学校制度》，载《中国教育管理评论》（第2卷），教育科学出版社，2004年12月，第81页。

使得政府并不总是扮演“公仆”的角色，而经常会打着为民服务的幌子大搞政绩工程，为自己集权和揽利。在政府学校间的权力关系上，正式制度和应然的制度被弱化、掩盖、遮蔽了，各种非正式制度和私下交易却大行其道。政府的权力边界是模糊的，经常只是由官员个人的政治素质和道德觉悟决定，而非由一种保障学校和学生权利的机制作为制衡。而且，这种习惯还传染给学校，校长们似乎也经常热衷于集中权力以作为自己“干实事”的保障，而将民主当作因时、因地制宜的改革工具。政府的官僚/科层制度本身也可能在技术上排斥学校的自主和教育所需要的创新精神。在这样的政府—学校权力关系的作用下，政府会牢牢地将学校自治所需要的财权、人权和事权控制在手中，给出的却是对教育“负责”的道德理由。教育改革背后的理论逻辑经常是混乱的，自由主义抑或保守主义并没有清晰的理路，而只是作为强势一方——政府手中的权变的理论工具。可惜的是，许多理论工作者并没有担负起纠偏的职责，反而经常是鼓励那些“摸着石头过河”式的不需负责任的所谓创新思想。教育事业作为公共服务事业的特征和教育本身的道德准则，使得国企改革的思想和策略并不能简单地挪用到教育中来。对现代学校制度的基本问题，即学校与外部（尤其是政府）的关系问题进行研究将为政府再造提供了有别于企业制度研究的另一个视角。

其二，在学校与市场的关系上，主要是探讨市场机制在教育领域的可行性，学校与市场如何结合的问题。国内学者自20世纪90年代以来，在讨论市场经济和教育事业结合的时候，喜欢用教育产业化、教育市场化、教育民营化的称谓。有人认为教育产业观是中国全民对教育发展上的一次“经济学”觉醒。① 1993年以来我国民办教育的大力发展使得许多人呼唤教育市场化改革的春天，而且似乎也和国际的潮流如出一辙，但这在我国仍仅是教育现象，从理论和本质上看，教育和市场到底是什么样的关系？应该在什么层面上谈论市场对于教育的工具性价值——是产权还是市场运行机制或市场化倾向的管理制度？理论上研究的不足导致许多教育工作者至今仍观念模糊。近两年，人们讨论更多的却是教育的公平和教育中政府的责任，市场化的原则更多的是在学校微观的、管理的层面加以借鉴和运用，

① 张铁明：《教育产业论》，广东高等教育出版社2002年版，第1页。

而不是贸然地从教育根本的体制性、所有制性质的变革。教育市场化理论似呈衰微之势。

不管学者们怎样争论，也不管关于教育同市场关系的理论是否明确，事实上在实践中，人们早已开始将教育同市场紧密结合起来了。表现在：①公办中小学的择校；②民办教育的大力发展，市场收费机制和资本市场化运作方式的引入；③混合性学校的发展，如国有民助、民办公助、名校办民校、独立二级学院等转制型学校的出现；④学校内部对企业管理方式和运营方式的借鉴，如全面质量管理、ISO9000 族标准、教育集团化运作、教育股票、教育银行的引入。这里，既有对民办学校合理回报、产权归属、学校法人制度设计的争论，也有对因公办学校民营化带来的教育公平问题和政府缺位等问题的担忧。对于这些具体实践中的市场化行为，人们褒贬不一，毁誉参半。即使是政府出台的一些政策规定，也显得有些理论性苍白，甚至是逻辑性混乱。

自由主义者往往将政府妖魔化，保守主义者也容易将市场妖魔化。现在，有人在抱怨“教育是计划经济最后一块顽固堡垒”，也有人在担忧能否“在物欲横流、尔虞我诈、市场肆虐的今天让教育仍成为一方净土”。我们到底在政府和市场间如何抉择？中国教育的第三条道路究竟是政府管制下的传统福利型学校，还是市场完全放开的股份制学校，抑或是具有区域社会公益性特征的市民学校？市场经济体制改革的深化要求我们对学校这样的公共事业部门的性质进行明确的定位，对学校制度及其背后的学校外部关系进行重新设计与思考。

其三，在学校与社会的关系上，主要是研究家长、社区如何参与到学校教育事务中来以促进教育的民主化以及学校管理朝向多中心治理模式转移的问题。柏拉图在《理想国》中认为良好社会的治理策略一靠法律，二靠教育。“教育是实现社会控制的重要手段，好的统治者要把教育视为第一要务”。① 的确，教育有助于社会治理和社会稳定。今天，教育作为社会稳定器的功能怎样发挥？党的十六届四中全会提出“构建社会主义和谐社会”的论断，也是我国处于这一历史特定时期国家对社会管理的必然要求。怎样在教育中体现和谐社会的要求和对弱势群体的关注，可能主要仍需通过学校

① 杜志清主编：《西方哲学史》，高等教育出版社 2001 年版，第 65 页。

这一组织与制度形式的变革。

长期以来，我国的学校单位制度客观上造成了学校对政府的依赖、教师对学校的依赖、家长对教师的依赖问题。中国特有的民主生活模式（既包括宏观的一党执政和议行合一的决策机制，也包括微观的依托于工会、妇联、青年团、街道办事处和居民委员会等组织的泛政治化管理体制），使得学校与社会关系不能呈现出西方公民社会相对发达情况下的校本状态。虽然教育法中对学校法人地位有较为明确的规定，但现实中学校独立意志、独立人格以及与此相关联的独立财产和独立责任能力都是残缺的，在现有情势下，发展学校与社会的关系如何在保持原有体制下的民主机制优点的同时进行民主化改造，走出具有中国特色的学校民主化道路是当前研究学校外部关系所必需的现实思考。

在学校与外部的关系问题上，我们需要一种有说服力的理论。当前理论的重点应是反思，即将注意力转移到引导人们反思思想行为的假设、信念、哲学上来。① 学校外部的关系主体确定为政府、市场和社会，既符合传统社会科学“国家—社会—市场”三分法，也和我们认识的常识相吻合。利用这种三分法形成的学校外部关系理论，应当能为学校的运作提供解释性框架，尽管我们不指望这种理论解释能够做到霍伊眼中（如同自然科学般）的精细，但至少应达到福斯特所描述的对学校这一事物的有意义的“统整”的效果。②

学校的外部关系问题和现代学校制度问题其实是一体两面的关系：前者关系到理论的界定和澄清，后者侧重于实践的指导与应用。现代学校制度是“表”，学校与政府、市场、社会的关系是“里”。没有对现代学校制度的实践探索，学校外部关系的理论研究就会缺乏实践指向性和针对性；

---

① 张新平：《教育组织范式论》，江苏教育出版社 2001 年版，第 8 页。

② 美国教育管理理论家霍伊强调理论的精确性，认为“教育管理理论与物理学、化学、生物学的理论一样，提供了一般性的解释和研究的指引”。（参见霍伊、米斯格：《教育行政学》，王家通主译，台湾复文图书出版社 1983 年版，第 25 页）批判理论的代表人物福斯特（Foster, W.）强调理论在说明现实问题时的统合作用，认为理论的实质是“一种查看方式（a way of seeing），一种关于世界的见解，一种将我们生活中互不相干的事件以一种有意义的方式加以统整的工具”。（参见 William Foster, *Paradigms and Promises: New Approaches to Educational Administration*, Prometheus Books, 1986, p. 12.）

没有学校外部关系的研究，现代学校制度研究将会因逻辑混乱而流于形式。当前，首先要做的不是现代学校制度建设（试点）的匆忙上阵，而是脚踏实地地作一些理论性的探索。如果不能围绕现代学校制度作深入的关于学校与政府、社会、市场关系的理论研究，不能使改革按照自身的理论逻辑进行，仅仅“摸着石头过河”，或仅将现代学校制度建设当作一个试错的过程，那么现代学校制度的确会失去其自身存在的理论和实践价值。①

本书希望通过对学校与外部关系的研究，把握公立中小学校在当前教育改革中的理想定位，既为学校自身发展提供努力的方向，也为政府管理学校以及教育政策的制定提供可资借鉴的理论依据。这种努力将主要表现在对以下几个问题的探索和思考：

第一，在学校与政府关系方面，政府应对中小学校行使怎样的权力？应尽怎样的责任？政府在义务教育发展中扮演怎样的角色？

第二，在学校与市场关系方面，学校如何与市场结合？市场机制如何才能与教育原则并行不悖？竞争法则和效率取向在义务教育中如何成为可能？

第三，在学校与社会关系方面，家庭、社区和社会公众参与教育的机理究竟是什么？有哪些可能的实现路径？

第二节 文献综述

关于学校与政府、市场和社会三者关系的研究是一个很庞杂的领域，涉及教育领域（课堂内部教育教学活动中的教育技术和心理技术研究除外）的研究似乎均可囊括进来。问题域的聚焦是本研究工作首当其冲的任务。笔者这里就自己接触到的文献资料进行梳理和归纳，并在此基础上提出个人的研究设想。

一、研究重点和研究取向

应该说，1978 年以来伴随着社会改革和教育改革，我国的教育研究是

① 徐建平：《现代学校制度研究述评》，载《上海教育科研》，2005 年第 7 期。

不断深入的。而且改革本身往往也是在理论研究的指导下进行的。但不同的学者往往对教育改革和教育本身的关注点并不相同，因此其研究的内容和结论对于本书研究借鉴的价值也不尽相同。总体看来，现有相关研究的问题域包括：教育的公共性和公益性、学校产权和法人治理结构、校长权力、学生的多元发展和终身发展以及学校评价制度、教育中介组织建设、政府变革与政校关系、学校法、市民学校等。

透过这些研究我们不难发现，宽泛的问题域并未被聚焦。研究者的论域并没有能够以一种清晰的线索贯串和构建起来。在研究重点和研究取向上，表现为以下三个方面的"缺乏"。

（1）围绕课程知识和教学过程的研究较多，但围绕学校与外部关系的针对教育机构和制度的深入研究缺乏。如吕型伟主持的"普通教育整体改革的实验与研究"、叶澜提倡的"新基础教育"研究①、石中英的"知识转型与教育改革"研究②等都试图展现义务教育改革的现代意义，但均未能深入机制（机构和制度）及其背后的理论关系内部进行研究。

（2）微观研究较多，宏观研究缺乏。研究者对教育改革的关注更多的是在学校这一微观层面，如刘云杉的博士论文《我是一个受教育者——个人在制度化的学校中》就着力批判制度化学校中的中学生生存状态。胡慧闵的博士论文《指向教师专业发展的学校管理改革——上海打虎山路第一小学个案研究》，从观念、制度发展和自我发展三个维度对学校改革进行思考。杨小微博士的新作《全球化进程中的学校变革》从方法论的视角探讨了标准本位、市场本位和学校本位三种学校变革类型。宏观层面的系统研究仍比较短缺。英美国家均有直接以学校与外部（政府、市场、社会）关

---

① 叶澜的研究主张"把课堂还给学生，让课堂充满生命活力；把班级还给学生，让班级充满成长气息；把创造还给教师，让教育充满智慧挑战；把精神发展主动权还给师生，让学校充满勃勃生机。"参见叶澜：《"新基础教育"推广性研究教师指导用书》，上海三联书店2000年版。

② 石中英的研究强调教改中知识的合理性与合法性。参见石中英：《知识转型与教育改革》，教育科学出版社2001年版。

系为题的研究①，其中既有理论探索，又有实践反思。而在我国，大多还只是就外部关系某一方面的研究。靳希斌主编的《市场经济大潮下的教育改革》一书，反思了20世纪90年代以来在市场经济转型的宏观背景下进行的教育改革，着重从市场体制和经济的视角探讨了教育各要素市场化改造的可行性问题。张铁明的《教育产业论》是20世纪90年代后期出版的国内第一本系统论述教育产业化的著作，从教育产品属性、人力资本、教育劳动价值和教育公平的理论阐述出发，较为详细地分析了教育开发经营、教育投资、教育产权、教育股票及资本市场等国内教育改革热点问题，其中不乏对学校与政府、市场、社会关系重构及学校制度改革具有借鉴意义的观点。但这些研究也仅仅着重探讨了市场与学校的关系。国内在政校关系以及学校与社会关系方面的研究显然缺乏系统的论著。

（3）在研究取向上，关注教育、关注教师和学生的较多，以学校为落脚点的研究缺乏。这种研究是“教育中心”而不是“学校中心”。人们似乎习惯于从教育为本一下子直接推导至以学生为本，缺乏对学校这一中间环节的重视。这种忽视的结果是，研究者容易仅将学校视作教育的制度性装置和工具，而学校本身的一些运行规律和自身独特的利益诉求被忽略和遗忘了。其实，研究者价值落脚点不同，其研究的内容和重点以及研究结论往往是有差异的。比如，如果站在政府的立场，必然会关心教育秩序和教育的公益性；站在学生和家长的立场，一般会认为教育服务和学生的全面、多元发展是终极关怀；而站在学校的立场，学校自身的运行逻辑则会落入研究者视野，包括政府和学校间的权力和责任的分配、学校教育教学机制

---

① 如英国学者 Whitty 的“*Devolution and choice in education*: *the schools*, *the state and the market*”，美国学者 Chubb 和 Moe 合著的“*Politics*, *markets and America's schools*”，Meyer H. D. 等主编的“*Education between State*, *Markets*, *and Civil Society*”等。再如在学校与社会关系方面，杜威等美国学者编辑出版的杂志“*School and society*”曾经出版达半个世纪之久。唐·倍根（Don Bagin）和唐纳德·R. 格莱叶（Donald R. Gallagher）等人在学校与内外部人群的沟通、交流、宣传、影响、公关和评估等方面进行了卓有成效的研究（参见［美］唐·倍根、唐纳德·R. 格莱叶：《学校与社区关系》，周海涛主译，重庆大学出版社2003年版）。应该说，国外的学校外部关系研究已经远远地走在了我们的前头。

与市场机制间关系、学校治理机构以及学校体制内教育利益的整合与实现等势必成为研究的重点。所以，树立起以学校为本的学术关怀是学校研究的基本取向，学校作为上接政府和社会、下系师生和课堂的枢纽，其本身的机理值得我们探究。

二、研究现状和主要观点

就学校外部关系构建的逻辑看，一般划分为三个层面：第一是价值层面，从哲学的高度解决现代学校制度在解决办学中的自由与秩序、效率和公平的问题；第二是理论层面，又可分为两部分，一是运用教育学、政治学等学科的基本原理，研究教育秩序和教育特质；二是运用经济学、管理学和法学的理论，研究学校产权、学校法人、投资回报和校内治理结构的问题；第三是实践层面，运用政策学的方法研究学校体制运行过程中如何达到政府放权、学校自治和社会参与的问题。

应当说，目前国内学者实际上已经自觉不自觉地从这些方面展开了学校外部关系的研究。研究的现状和主要观点人致如下。

（一）学校与政府关系

政校关系无疑是中外政府和学者共同关注的理论和现实问题。政府的属性包括科层制、公益性和公共性三个方面。削减科层制似乎是新公共管理背景下当代政府管理的变革方向。但中西有别，虽然美国学者约翰·E. 丘伯（John E. Chubb）和泰力·M. 默（Terry M. Moe）对学校外部科层进行了批判，但我国面对的却是现代理性缺乏下的科层制的不足，科层制削减可能带来政府治理技术的缺失和教育的失序。因此，我国在经济改革大力提倡政企分离的同时，很少有学者直言政校分离。学习型组织等理论大多仅是侧重于学校内部科层的削减。国外教育自治的传统使得民间对教育、家长对学校有较强的参与积极性，而我国的教育公共性还要仰仗政府之手维护。褚宏启认为政府应在体系构建、条件保障、服务提供、公平维护、标准制定和质量监管等方面扮演重要角色，这在很大程度上属于一种强政府的角色。而相对激进的观点则认为政府放权和学校自治意味着政府应在学制、课程、招生、考试等方面全面向社会和学校放权，甚至政府应退缩到最必要的界域。

在实践中，政府似乎更会出于社会稳定和教育公平的考量着力解决城乡（包括东西部）义务教育差异、进城务工人员子女就读机会提供以及与择校捆绑的教育乱收费治理等紧迫的现实问题。虽然学者们对科层制的一些弊端提出质疑，对政府的经济人角色进行批驳，对教育腐败和教育不公进行鞭笞，但已经习惯于计划体制管理模式的政府似乎无暇他顾，政府急需做的是保障教育的稳定、持续的"发展"，而没有精力反思自己究竟在哪些方面应该行使权力和承担责任。政府权力和政府责任的边界经常是模糊的，权力的扩张和收缩经常是随着情势而定①，没有清晰的理论界定。"权力就是服务"、"决不放弃政府责任"等口号的背后往往不可避免的是官员个人或团体为自身的集权和揽利。学校作为弱势一方往往没有法律明确规定的、稳固的和可操作的自主权，而只能仰仗政府的赏赐。各级（尤其是基层）教育行政部门经常认为（事情）是更上一级政府以及政治体制本身决定的，他们仍习惯于（也只能是）科层制下的执行，以至于我国的校长负责制和国外的校本管理呈现出不一样的风貌。有学者认为中国政校关系的调整更需要依赖整个社会政治、经济、教育体制的变革。

政校关系的研究需要重新定位政府在教改中的角色、职能、权限、治理方式及相应的教育法制和规章等。和具体教育管理权力下移相反，西方各国在课程管理和考试评价等方面存在着集权的趋势。政府在教育领域究竟应扮演什么样的角色，怎样在日益分权的情势下强调国家对教育的责任？法国学者尼夫（Neave G.）在《注重质量、效率和计划：西欧高等教育最近趋势概览（1966—1988）》一书中提出了"评估型政府"（the evaluative state）的概念。1991 年，尼夫和荷兰学者范富格特（Frans Van Vught）主编《西欧政府与高等教育关系的变革》一书，进一步论证了政府控制模式和政府监督模式。政府控制模式强调自上而下、同质化、全方位控制和直接干预，政府监督模式强调自下而上、异质性、微弱的、有限度的控制和间接调节。② 与此相一致，美国学者把学校改革的研究重点也放到了制定教育标准和推进评估运动上，通过规定学生必须掌握基本知识和达到升级、

① 康宁对我国政府和高校间权力转移（放和收）进行了梳理（参见康宁：《中国经济转型中高等教育资源配置的制度创新》，教育科学出版社 2005 年版），而在义务教育领域尚无人进行如此详尽的梳理和分析。

② 杨明：《从政府控制模式到政府监督模式》，载《教育科学》，2003 年第 5 期。

毕业标准，全面提高政府在旨在提高教育质量的教育标准运动中的重要性。和中国学者不同的是，西方学者们似乎并不讨论政府如何筹措教育经费，如何通过转移支付等形式在全国范围内合理分配教育经费，他们似乎更关注如何有效率地利用好已经通过税收渠道收集上来的资金。换言之，我国学者关注政府的经济功能，而西方学者更关注政府的服务功能。这可能与我国教育经费普遍短缺以及分配机制欠合理等因素有关。当我们还在讨论如何保障贫困儿童的受教育权，关注农村教育等以促使政府履行公共责任的时候，西方学者却将目光投向政府在统一课程、权力下移、制定学业标准、考试制度、为公众提供准确的信息服务、监督国家政策的有效实施等方面的服务职能。

政校关系重塑是学校外部关系调整的核心，但往往也是最困难的，因为它并不仅仅是教育的问题和技术的问题。调整的限度涉及教育领域既得利益的削减、义务教育代理链过长带来的监督失效以及学校和公众在教育问题上的长期依赖性导致的教育管理民主素质欠缺等问题，目前对这些问题的研究从广度和深度上仍不能令人满意。在政校关系问题上，中外学者之间、中国的学者与中国政府之间仍缺乏必要的沟通和共识，经常保持在一种“各说各的、各干各的”的状态。

（二）学校与市场关系

教育市场化无论从理论和实践上看，英美等国均早于我国。① 西方自20世纪80年代以来，普遍进行了以公立学校制度为对象，以多样化或市场化

① 在一定程度上可以说市场研究者们在对教育研究进行话语转换。总的看来，西方近年来关于学校研究的文献大致包括对以下问题的探讨：（1）学校举办体制类有特许学校（Charter School）、教育券（Voucher Program）、直接拨款学校（Grant Maintained School）；（2）学校管理体制类有统一课程（The United Curriculum）、学额资助计划（Assisted Places Scheme）、新公共管理（New Public Management）、国家责任（State Responsibility for Education）、政府治理（Governance）；（3）学校办学体制类有校本管理（School-based Management）、学校自主权（School Autonomy）、有效学校（Effective School）、选择学校（Alternative School）、磁石学校（Magnet School）、教师授权（Teacher Empowerment）、教师职业化（Teacher Professionalization）、家长择校权（Parental Access to Choice）、社会参与（Community Participation）、绩效责任（Accountability）、开放入学（Open Enrolment）、教育公司（Educational Corporation）等。

为主旨、以优质学校和教育系统的效率及适应能力的重建为目标的教育改革。① 按照研究者对市场（化）趋向所持的赞成或反对的态度，西方20世纪80年代以来的学校变革研究文献大致可分为以下两类：

第一类文献倡导市场化和民营化改革，主张通过择校和学校间竞争来提高教育绩效和学生成就。他们“提倡把市场竞争的某种形式作为学校改革的基础”。② 这种改革强调通过市场的力量彻底改造现有公立学校制度，一是通过强调家长作为消费者具有的选择权，主张政府发放教育券（voucher），通过家长择校（choice）迫使学校为了吸引学生入学而展开竞争（competition），提高学校的自主权（school autonomy），最终导致教育绩效（accountibility）的提高。代表文献有约翰·E. 丘伯和泰力·M. 默合著的《政治、市场、学校》，作者因提倡择校运动、中小学学券制等而被认为是美国20世纪90年代美国中小学择校运动的推动者和市场化改革的积极倡议者。③ 这种学校改革的思路和西方20世纪70年代后期以来新自由主义思潮的兴起遥相呼应，在美国许多当初被认为是激进的改革措施也正被越来越多的人所接受和承认。

第二类侧重于对教育市场化的反思。20世纪90年代后初步兴起的后现代思潮以及相对较为传统的批判理论，促使人们对教育领域内的市场化倾向保持了高度的警觉和更为审慎的态度。和市场化改革的提倡者们强调择校、竞争、学校自主权等不同，这类文献则更关注教育市场化改革带来的社会公正问题，更主张将教育改革放到教育性和人文性更浓的语境下探讨。他们认为，“市场使得大部分社会活动商品化，人们更多的使用‘商业语言’而不是‘教育的语言’来讨论和判断教育问题，人们更多的是从个人利益而不是公共利益的角度思考问题”。他们坚信“教育价值是任何教育制

---

① 康永久：《知识输入还是制度重建——公立学校制度变革的中国道路》，2004年博士后出站报告，第9页。

② ［美］罗伯特·G. 欧文斯：《教育组织行为学》（第七版），窦卫霖、温建平、王越译，华东师范大学出版社2001年版，第174页。

③ ［美］约翰·E. 丘伯（John E. Chubb）和泰力·M. 默（Terry M. Moe）：《政治、市场、学校》，蒋衡等译，教育科学出版社2003年版，前言。

度的灵魂”。[①] 代表作有英国的斯蒂芬·J. 鲍尔（Stephen J. Ball）所著的《教育改革——批判和后结构主义的视角》。鲍尔在书中分章节探讨了20世纪90年代后英国教育市场化给校长、教师以及学校的文化、伦理、价值观带来的负面影响。另外，日本学者藤田英典在《走出教育改革的误区》一书中也持有类似的观点，反对教育的市场化、私事化以及教育中的消费者主权趋向，认为“把学校置于市场机制中将其作为消费对象时，学校作为公共场所的地位就会下降，其功能也会逐步缩小”。[②] 与第一类文献运用的经济学逻辑不同，第二类着重运用了政治学、伦理学和社会学逻辑，如从市民社会理论出发研究教育民主问题，如强调社会公认的价值标准，如关注教育改革和公立学校制度改造对不利人群和个人现实处境的影响。

有一个问题值得关注，即从研究范围上看西方学界并没有多少关于学校产权（property right）、学校投资回报（return）、学校法人制度（school legal person system）的研究。这一现象应引发我们在研究现代学校制度时更多的思考。在西方，人们研究市场更多地出于对市场竞争和市场主体的责任意识的关注，即着力强调市场机制的利用；而我国许多研究者则是从经济效益，进而从产权和剩余分配（回报）以及学校独立法人资格等角度切入，即强调对市场体制（最终是所有制体制）的变革。[③]

在我国教育体制改革以来，尤其是20世纪90年代以来，围绕市场化的争论（尤其是市场能否进入公立中小学问题）一直不曾停歇。笔者在中国期刊全文数据库教育类核心期刊中对篇名含“市场”的学术论文进行检索，共查询到2000年至2008年3月的学术论文897篇。其中绝大多数论述的是市场与高等教育、职业教育、民办教育的关系以及教育人才市场的文章，和公办义务教育相关联的文章仅50余篇，说明市场因素在义务教育研究者眼中尚未成为重点。这些有限的文献主要从市场基本理论、择校、学校评

---

① ［英］斯蒂芬·J. 鲍尔：《教育改革——批判和后结构主义的视角》，侯定凯译，华东师范大学出版社2002年版，第7页。

② ［日］藤田英典：《走出教育改革的误区》，张琼华、许敏译，人民教育出版社2001年版，第6页。

③ 本书将市场因素在义务教育阶段的运用划分为机制型、体制型和伦理型三种，详细内容参见第二章。

价市场化（教育中介组织）、市场进入规则、教育产业化、学校质量管理、市场供求关系、市场营销、竞争机制、要素市场（师资市场、生源市场、资本市场等）、教育投资、市场与社会关系、市场与人的发展、市场伦理、市场公平等方面研究和论述义务教育领域市场存在的性质、分类、规范、利用和市场限度等问题。事实上，市场因素已经不以我们的主观意志为转移而存在着，对其忽略并不是可取的学术姿态。

市场化的赞成者如张铁明等人于20世纪90年代提出的教育产业论，从宏观角度提出教育市场化的理论体系，再如吴华等人于世纪之交在对浙江台州等地股份制学校实践进行总结的基础上，从学校微观层面提出政府应退出所有民间（市场）能够进入的领域，让市场在教育资源配置中发挥基础性作用。这种声音一度颇为高亢，浙江台州、湖北坚利、江苏宿迁等地从学校股份化尝试到将学校推向市场（将优质公立中小学卖掉）。中央政府在经过短期的沉默之后，于21世纪初进行了旗帜鲜明的表态，在反对卖掉公立中小学校的同时，对教育市场化、教育民营化和教育产业化等提法进行遏制。而市场反对者大多出于对市场进入义务教育领域的不良后果的担忧。劳凯声提出了教育市场化的限度问题（主要是伦理问题），包括资本寻利性和教育公益性之间可能存在的冲突问题。褚宏启等人更关注教育公共性，强调学生、教师发展中的精神互动和教育的价值追求，认为对市场进入应保持谨慎的态度而不能排斥政府的责任和作用。总之，在经济体制进行了市场化转型的情况下，怎样处理好学校与市场的关系将继续成为政府和学者共同关注的问题。

（三）学校与社会关系

科尔曼（Coleman）报告宣称了家庭背景对于学生成就的重要性，伊里奇（Illich）对制度化教育进行抨击的基础上提出了“去学校化运动”（de-schooling movement）。但随后的对有效学校（effective schools）的研究又使得人们无法将改革的重点从学校转移出去，尽管“在家上学”（home-schooling）在英美国家越来越多见，但学校在教育中的中心地位仍无可触动，人们至多是强调对学校与外部关系的小修小补（如强调学校与社区、家庭的互动），而不能从根本上否认学校作为制度性存在的正当性和合理性。

无论是康德、涂尔干、杜威还是现当代的学者，都不否认学校与社会之间的联系。尤其是义务教育阶段，加强学校与社会的联系已经成为学校办学趋势。在构建终身学习体系和学习型社会（社区）的时代背景下，加强学校与社会的联系与沟通已经成为中外学者的共同话语。就中小学而言，这种联系往往和中小学生能够接触到的现实世界十分贴近。除了学校教育外，外部环境中的家庭主要是指家长，社会主要是学校所在的社区。内外结合是学校制度变革的总体思路。

我国学者陈桂生、郑金洲、刘淑兰、厉以贤等人对学校与社会间关系的研究大多是从教育学意义出发，强调围绕学生教育（效果）的合作与互补，至多是在教育资源上的共享，而在家长、社区成员对学校的政治性参与方面的研究非常稀少。在本书中，家长、社区对学校的参与不仅是教育性参与，更应是社会性和政治性参与；参与本身不仅是受教育权的体现，更是作为普通社会成员对作为公共事业的学校行使的一种政治性的民主权利。

近年来，学校与社会关系研究的理论基础应该说不断深化。盛冰从社会资本的角度切入研究学校（制度）变革问题①，庄西真从社会学“关系”的视角研究学校现实的处境和变革策略②。这些年轻学者在引入国外社会理论的基础上对照我国学校现实进行探索性研究，对社会参与教育的政治基础和经济基础（包括经济资本、社会资本、文化资本等）进行考察，对学校与社会关系的真切把握以及学术的国际间沟通都起到了较好的推动作用。

目前，从公立中小学校治理机制和治理结构角度研究社区、家庭参与机制的文献仍较少，公立教育大多只涉及高等教育③，而义务教育阶段只涉及民办学校④。正因为现代学校制度研究中在如何对待公立中小学校法人制度和学校产权制度问题上存在争议（如吴华和褚宏启分别赞成和反对公立

① 参见盛冰：《社会资本与学校变革》，北京师范大学2004年博士论文。

② 参见庄西真：《学校社会资本论》，载《教育研究与实验》，2004年第3期；《关系：一个学校社会学的分析框架》，载《教育理论与实践》，2005年第7期。

③ 如覃壮才（2004）对公立高校法人治理结构的研究，王绽蕊（2005）对美国高校董事会制度的研究。

④ 如张民选（2004）对民办学校办学机制的研究，吴华（2003）对股份制学校治理机制的研究。

中小学校法人化），使得公立中小学校治理机制远比私立学校复杂，从而使得公立中小学校与社会的关系也要复杂得多。为此，本书在探讨中小学法人制度的基础上，将尝试着在仅将中小学校看作公共机构的情况下，研究学校各相关主体权利、义务框架下的治理结构模型。

（四）对学校制度的总体把握

由学校与政府、市场和社会的关系为根基，学者们开始将视野投向更具现实意义的学校制度改造。

从政府和官方支持的课题研究来看，需要关注两点：一是《2000 年中国教育发展报告：教育体制的变革与创新》，书中以《奠定新世纪教育发展的体制框架与制度基础》为题的主报告，清晰地论述了教育制度环境的现状、政府在市场中的作用、学校的性质与运行规律、新世纪教育体制的选择等问题。① 二是由陈至立任顾问、袁贵仁任课题组组长的课题研究，在 2003 年出版的《从人口大国迈向人力资源强国》一书中，明确提出了教育制度创新的原则、基本框架和十大举措。②

再有，教育部教育发展研究中心历年主编的《中国教育绿皮书》、袁振国主编的《中国教育政策评论》、劳凯声主编的《中国教育法制评论》、褚宏启主编的《中国教育管理评论》等都是可资借鉴的研究成果。

现代学校制度建设已经成为教育改革一个实践问题。2003 年 2 月，《从人口大国迈向人力资源强国》报告提出将建立现代学校制度作为教育制度创新的基本目标。2004 年 2 月，《2003—2007 年教育振兴行动计划》中明确提出“深化学校内部管理体制改革，探索建立现代学校制度”。2004 年 12 月，《2004 年中国教育绿皮书》中开始进一步探讨现代大学制度的问题。2003 年 7 月，教育部在全国八个试验区开始对基础教育阶段的现代学校制度建设进行试点，并于上海召开了“基础教育现代学校制度研讨会”，会议集中了教育行政人员、实验校负责人和科研人员的研究观点，认为基础教育改革到了必须扫除教育制度性障碍的关键期，必须就学校的内部结构、

---

① 参见北京师范大学教育改革与发展研究中心《2000 年中国教育发展报告：教育体制的变革与创新》。

② 中国教育与人力资源问题报告课题组：《从人口大国迈向人力资源强国》，高等教育出版社 2003 年版，第 124－125 页。

管理体制、运行机制、教育过程以及对外部的适应性和开发性展开理论、行动和政策研究，以建立一种符合以人为本的教育理念的、依法自主经营的学校制度，科学、民主、开放的学校管理，以及家庭、学校、政府之间的伙伴关系。①

与此相应，学者们针对学校制度的理论研究逐步深入。

由吴华、徐正福等人完成的《现代学校制度》一书，从学校内部治理结构、校董会建设、教育资源经营、学校产权等方面较为详细地研究了现代学校制度的价值诉求、法治环境、制度设计和人文关怀等，是国内现代学校制度研究的第一批尝试性成果。

范国睿认为现代学校制度应以校本管理为原则，建立一套包括现代学校法人制度、现代学校产权制度和现代学校自组织制度的学校制度体系，并认为现代学校制度建设的难点在于政府放权、社会中介组织建设和校长、教师自身素质缺乏准备。②

康永久在其博士论文《教育制度的生成与变革——新制度教育学论纲》中，借鉴了新制度经济学的分析方法，提出了“新制度教育学”这一具有原创性的概念，并建立了严密的分析框架和概念体系。③ 继而，作者在其博士后出站论文《知识输入还是制度重建：公立学校制度变革的中国道路》中，从新制度分析、认识论和复杂性思维三个角度，对我国公立学校的制度改革进行了详尽的分析，对学校制度建设及学校外部关系的构建极具启发意义。④

由学校制度转到现代学校制度，并不只是对20世纪90年代以来经济学界研究现代企业制度的简单模仿，更是教育改革发展到一定历史阶段的必然。张力就曾质疑将现代企业制度移植为现代教育制度的可行性。褚宏启

---

① 郝志军、金东贤：《基础教育现代学校制度研讨会综述》，载《教育研究》，2003年第10期。

② 范国睿在2004年12月全国教育政策与法律高级论坛上作的题为《政府·社会·学校——基于校本管理理念的现代学校制度设计》的发言。

③ 参见康永久：《教育制度的生成与变革——新制度教育学论纲》，教育科学出版社2003年版。

④ 参见康永久：《知识输入还是制度重建：公立学校制度变革的中国道路》，华东师范大学博士后论文，2004年。

在其主编的《中国教育管理评论》第二卷中，将现代学校制度研究列为理论前沿，并刊载了两篇具有较高学术水准的长篇论文。尤其在《审视现代学校制度》一文中，褚宏启详细界定了现代学校制度的实质，并具体分析了现代学校制度构建中学校与市场机制、政府重建的关系，旗帜鲜明地提出了现代学校制度的教育本质和精神伦理，并反对将对现代企业制度的研究范式移植到现代学校制度的研究中来，反对仅以产权、回报、法人和所有制形式等为构建逻辑的现代学校制度研究路径，这就从方法论上推翻了强调产权、回报、法人治理结构的研究范式。

在对（现代）学校制度的整体把握上，学者们的关注点不尽一致。各个研究者对学校制度建设的瓶颈以及当前改革突破口选择的理解存在差异，集中表现在：(1) 在宏观层面，劳凯声主张厘清资本的趋利性与教育公益性之间的关系。张力也关注对教育属性中的公共性和产业性（私利性）间矛盾的处理。(2) 在中观层面，有人主张理顺学校与社会的关系以及学校内部的各种关系，重点是加强学校的独立性，并认为应从产权着手，完善学校法人的内部治理结构。魏志春则强调外部竞争市场的作用。范国睿和赵中建则担忧政府部门不肯真正放权这一点将会构成现代学校制度建设的障碍。(3) 在微观层面，有人认为教师、学生对教育教学事务缺乏参与和监督是“制度性障碍”。梅汝莉认为，制约学校和学生发展的最严重的制度“瓶颈”是评价制度。

总之，现代学校制度建设的推进需要靠政府、学校及学术界共同努力，其中政府主动、学校主体、学术界主导，三者互动，积极推进。

三、研究述评和本书设想

当前我国的教育改革面临的困难和阻力不少，学者们的分歧也反映了对改革方向和改革方式的判断差异。这里只谈相关研究中带有共性的东西以及笔者个人的研究设想。

(1) 研究焦点需集中。各种专业背景的学者从自身学科特点出发，将自己对基础教育改革的美好憧憬都塞进（现代）学校制度这个“箩筐”，似乎关乎教育的一切美好的东西都应该是现代学校制度研究的重点。其实，没有聚焦的研究反而容易影响研究的质量，戕害研究本身，使得研究浮于表面，对实践缺乏针对性的指导。为此，本书将研究焦点锁定在学校的外部关系上，通过学校与政府、市场、社会三者的关系研究，尝试着提出对义务教育改革和学校发展方向的一些思考和建议。

（2）研究方法的多元化。目前的研究者仍主要集中在教育学范围内，缺乏经济学、社会学、法学等学科研究者的参与。学校（制度）应成为跨专业、跨学科的研究问题和研究领域，需要从哲学、教育学、政治学、经济学、社会学、法学等多学科视角加以研究。本书拟从多学科角度进行探讨，如从政治哲学中的自由主义理论切入政府与学校间的权力关系研究，从经济学和管理学视角切入教育与经济、学校与市场的关系研究，从政治哲学、社会学和法学等学科领域入手研究学校办学过程中的家庭因素和社会因素、学校治理结构和法人制度以及学校单位制度的改造等。

（3）理论研究与实践运用的关系。北京、上海等地已在基础教育阶段学校开展了有关现代学校制度的实验和试点，但究竟什么是现代学校制度，改革最终需使得基础教育达到什么样的状态，改革应采取什么步骤，其中会遇到哪些困难和障碍以及如何逐步克服与解决等问题还远未澄清。如果不能对现代学校制度本身作深入的关于学校与政府、社会、市场关系的理论研究，不能使改革按照自身的理论逻辑进行，那么（现代）学校制度的确会失去理论根基和实践指向。为此，本研究在对北京、浙江、江苏、四川、湖北等地中小学校和基层教育行政部门进行实地访谈和问卷发放以及对相关政策文本进行解读的基础上，证实或证伪论文的研究命题，努力使本研究与当前中小学校办学的现实状况相吻合。

第三节 核心概念

学校、政府、市场和社会这些概念似乎没有界定的必要，尽管具体定义使用的语句可能不同，但每个研究者对其的理解一般不会有太大的差异。这里给出的概念界定属于约定性定义①，即在本书范围内的一些内涵和外延

① 美国分析教育哲学家谢弗勒在《教育的语言》一书中认为，根据概念产生的方式及其语句表述方式，可把概念的定义分为约定性定义（stipulative definition）、描述性定义（descriptive definition）和纲领性定义（programmatic definition）。约定性定义又称规定性定义，是指作者所下的定义，它一般规定一个概念或词语在某种特定的语境中按照某种特定的方式和意义理解。参见郭元祥：《教育逻辑学》，人民教育出版社 2002 年版，第 93－94 页。

的事先约定。至于描述性和纲领性的定义会在论及某一问题时具体给出。

一、学校

我国的《义务教育法》和《教育法》均没有规定学校的定义。在本书中，学校的外延包括中小学校（以公立为主）。从学级来说，主要指实施义务教育的各级各类教育机构。既然以公立中小学校为主，本研究中的学校应当具有义务性、强制性和免费性等特征。

从内涵来看，本书中的学校既是教育教学的机构和组织，又是培育未来合格公民的场所。学校的活动既包括教育教学活动，也包括与外界环境间发生的带有政治性和民主性的活动。

二、政府

在本书中，从不同的角度给出政府的具体概念，如从科层性、公益性、公共性等视角都可以界定政府的含义。这里就政府概念作如下约定：

（1）在理论论述时，政府一词主要是概念性的，而在实际案例中的政府是实体性的。概念性政府所描述的内容将适合所有可称为政府的机构和组织，而实体性的政府会具体明确政府的层级（中央级、省级、市县级等），以及作为政府管理教育的派出机构的相应层级的教育行政部门。

（2）和一般政治学中将政府理解为各级地方人民政府不同，在本书中，对于基层中小学校而言，在具体行文中如无特指，政府更多的是指和学校联系最密切的区县级教育行政部门（教委和教育局）。政校关系最主要的是指区县教育行政部门和中小学校的关系。

（3）本书并未将行政部门和党的组织系统具体区分。在本书中，政党不分，共同构成制约学校的权威体系。

（4）因中国国情、省情的地域特色，各种类别的政府所承担的职能和权限有一定差别。虽然我国政府与外国政府、国内发达地区政府与贫困地区政府、城市中的政府和农村中的政府、古代政府与现代政府等有较大差异，但在本书中并未明确界分。本书重视的是各种类别的政府中带有共性的概念和内容。

三、市场

经济学上市场的概念有上百种，加上教育因素后再进行排列组合将难以穷尽。本书对市场概念的约定包括：

（1）在论及学校与市场的关系时，市场行为主要指的是学生作为需求方向作为供给方的学校购买教育服务的行为。市场指内部市场，不包括劳动就业市场等外部市场。

（2）本书中讨论的教育类市场组织是指依照价值规律、供求规律和竞争规律的逻辑与外部发生各种关系的组织，组织的行为不包括政府的指令性行为和社会（社群）中的慈善捐助等互助行为。

（3）虽然市场活动需符合经济理性，但教育领域中对市场化效果进行评判的标准除了效率、产出、利润、资产增值等标准外，需要加上教育的逻辑，即需要考察教育市场化行为对教育中的人（包括校长、教师和学生等）的发展的影响，而且是教育性的影响。

（4）本书中将学校与市场的关系划分为机制型、体制型和伦理型，这完全是为了论述方便的理论抽象，在现实中三者之间往往是重合和交叉的。

四、社会

本书中社会的概念和社会学家们（如涂尔干、韦伯、杜威、腾尼斯、吉登斯等）论述的概念有所区别。对社会的外延的界定更多地参照了教育管理学中常见的分类标准，即将社会分为公民、家庭、社区、社会组织和环境四个层次，而且就中小学办学的特殊性而言，主要分析的是家庭和社区。这样界定是为了更好地与国内外的教育管理领域的研究接壤。从内涵上看，在学校与社会的关系中，社会是指政府公共教育权力和市场领域之外的第三种领域、第三种力量。

严格说来，学校与社会的关系是双向的，即既需要社会对学校事务进行参与，又需要学校为社会作出贡献。本书主要考察的是社会（更具体讲是家长和社区）是如何参与到学校办学过程中来的，就是使得学校与社会互动达到促成学校组织发展的目的。至于怎样使得学校促进外部社会整体的发展不是本书最主要关注的内容。

第四节 研究方法

一、研究视角

所谓分析视角，指的是由某一门学科本身所固有的某些特定的基本范畴和规范构成的一些整理和构建研究资料的基本范式或图式。通过这些范式和图式，各种散乱的现象能够具有一定的意义。① 本书主要以政治哲学的视角探询学校与外部世界关系背后的基本理路。

学校作为一种组织，有其自身发生、发展和演进的逻辑性和独立性，对学校的研究并不能被对教育的研究所替代。长期以来，我国学者往往忽略对学校的研究，"用教育的规律替代学校发展的规律，教育职能的单一性代替了学校功能的复杂多样性。"② 正如陈桂生所说："学校除了教育职能外，还有一个职能，就是谋求自我保存与自我发展。学校与学校系统也像其他机构一样，一旦成立，人们就不能不关注它的自我存在和发展，如此重要的问题我国教育学界何以至今仍对这样一种普遍存在的教育现象如此冷漠？"③

本书以学校为立场研究教育现象，试图通过对学校外部关系的分析把握学校组织的本质特征。关注学校这一组织现象，认为这种教育制度安排有其自身发展的历史与逻辑。在我看来，首先，教育一词含义太宽泛，它可以是事业、产业、职业、权力、责任、权利、义务、场所、领域、活动、学科等多种意义的汇集，而学校的概念则明确了许多。其次，学校发展了，社会的教育水平势必会得到整体提高，学校的发展对教育有着最直接的推动作用。政府、市场和社会的力量都会在学校这一场域得到最有效的映射。要研究教育，那么研究学校是最直接、最方便也最有效的路径。最后，笔者甚至带有一些价值偏向，认为学校的利益是教育的根本，学校的发展，

---

① 谢维和：《教育活动的社会学分析》，教育科学出版社 2000 年版，第 60 页。

② 张俊宗：《现代大学制度》，中国社会科学出版社 2004 年版，第 17 页。

③ 陈桂生：《教育学视界辨析》，华东师范大学出版社 1997 年版，第 91 页。

更具体地说是学校的自主性和学校利益是本书的终极关怀，而远非把学校看作一种仅具有工具性价值的制度装置。笔者相信，研究者对研究对象充满激情、感情和偏爱，才能真正关注它的发展，也才能因将其人格化而对生在其中的教师和学生的喜与乐、怒与哀有真切的体悟。笔者力争达到的就是这样的境界。

从组织的角度去系统探讨学校制度及其背后的学校外部关系是本书的基本立场和研究的基本方式。在笔者看来，学校不仅仅是教会学生阅读、写作或者数学、英语或物理知识的地方，也是社会生活的场所，是各种社会力量集聚的场所。民主、利益、权力、价值共同体等也应是研究现代学校不应该忽视的地方。根据亚里士多德（Aristotle）的观点，教育的目的是在每一代中繁殖一种"情操"（type of character）以维护政体：建立并维护特定的整体需要特定的情操。① 学校的变革不仅是校内课堂教学的变革，更可能是学校治理方式的变革，在这个意义上，教育学以外的学科更有用武之地。学校治理怎样才是民主的？管理的效率该怎样实现？教育公正在教育利益分配上意味着什么？教育秩序怎样得到保障？此类问题才是本书关注的核心。学校更是教师和学生生活（政治生活和社会生活）的一种环境，本书对教师的职业性和学生的成长性作了淡化处理，相信这种处理在研究学校与外部关系时是可以被理解的。正如沃尔泽（Walzer，M.）所说，"学校教育并不保证任何东西，也几乎没什么交换，但它提供了政治和社会生活的一般交换手段。这难道不是对基础教育的一种合理解释吗？"②

二、研究方法

任何一项具体的研究都实际体现为方法论、基本方式与具体方法的集合。③

---

① Aristotle, *The Politics*（《政治学》）, 1337a. Trans. Ernest Barker（Oxford, 1948）, p. 390（参见吴寿彭译《政治学》第406页，商务印书馆1996年版）。

② ［美］迈克尔·沃尔泽：《正义诸领域——为多元主义与平等一辩》，褚松燕译，译林出版社2002年版，第270页。

③ 张俊宗：《现代大学制度》，中国社会科学出版社2004年版，第18页。

（一）方法论

从方法论来看，本研究坚持历史唯物主义和辩证法的方法。历史唯物主义主要体现在对学校历史发展脉络的把握。学校和其他任何组织一样，在其自身发展中隐藏着某种规律性的东西，而这种规律只有通过学校自身发展的历史去寻找和验证。辩证法则体现在对学校的一分为二上，一方面学校是儿童社会化的场所，是儿童成长的摇篮，是社会文明得以传承的地方，是人类再生产的工厂和人类精神的家园；另一方面，人们往往会把学校理想化，在对各种不合理甚至丑陋的教育现象进行责难时，人们更多地抨击政府的失责和市场的邪恶。其实，学校也存在一些机会主义行为，甚至存在一些违背教育精神与违反教育法律的行为。学校的形象也需要重塑。[①] 只有辩证地看待学校及其发展，才能更合理、更客观地研究学校制度发展和学校外部关系演变的内在逻辑和规律。

（二）基本方式

社会科学研究的研究方法大致可分为思辨研究和实证研究。思辨研究要求我们的研究具有一定的理论性，实证研究要求我们要了解学校的具体情况。

在思辨研究方面，本书尝试着运用政治哲学思想和理论分析我国目前的学校与政府、社会、市场的相互关系。对于现当代的自由主义和保守主义的理论和方法，虽说在哲学和政治学方面我国学者已经有了较为深入的研究，这种研究尤其表现在 20 世纪 90 年代以后。但在教育理论研究方面，至今没有人进行比较系统的研究。对于社会科学其他领域理论的借鉴之缺失，不能说不是造成当下中国教育研究理论深度不够以致许多研究仍浮于表面的深刻缘由。笔者试图从自由主义、保守主义以及与这两种思潮相通的多元主义、社群主义和法团主义的理论视角解读和剖析学校与外部各种关系背后的理论根源，并得出一些初步的结论。经过分析，笔者的重心落在法团主义的理论上，认为这种理论和当下中国的教育改革和学校发展的现实更为切合。

从学科角度看，这是一个横跨哲学、政治学、经济学、社会学、法学、

---

① 褚宏启：《审视现代学校制度》，载褚宏启主编：《中国教育管理评论》（第 2 卷），教育科学出版社，2004 年 12 月，第 90 页。

管理学和教育学的研究。需要从一些学科的基本理论切入，如研究学校变革的权力下放需要运用政治哲学的自由主义与保守主义理论，研究学校产权和竞争必然涉及经济学理论，研究学校与社区关系则要涉足社会学理论等。对学校制度及其背后的学校外部关系的研究需要超越某一特定学科的多种理论。“理论的运用就是方法，它直接指导我们的实践”。① 但这种运用应具有理论本身的连贯性，而不能只是“成天沉迷于一些基础学科、相关学科，如管理学、政治学、教育学等学科的知识符号的拼凑和组装”②。

在实证研究方面，本书除了采用访谈法、问卷法、文献法等较为常规的技术方法外，尝试着采用了对正式文本解读的方法（即文本实证）。其中又包括两个部分，一是对国家机关（教育部和其他部委）1999—2003 年期间下发的基础教育文件汇编进行系统梳理和分析；二是在样本学校的人事部门（办公室）收集整理了 2004—2005 年的上级往来公文和函件。通过这种文本实证和文本解读的工作，为研究学校制度及学校外部关系课题提供实证素材。

（三）具体方法

从具体研究方法层面看，本研究主要采用以下方法：

（1）文献法。查阅国内外已有的关于学校外部关系及其所决定的学校制度的研究成果，查阅涉及学校办学的相关制度文本，在阅读研析的基础上对学校制度和学校外部关系进行研究和创新，避免重复研究和无效劳动。

（2）比较法。比较国内外学校制度的差异，分析差异产生的原因。比如，对于国外校本变革和择校制度改革进行理性的分析和借鉴。将各国的学校制度变革及学校外部关系的演变与其教改进程结合起来，以探询世界范围的学校外部关系变迁中的某些规律性特征，从而拓展本研究的国际视野。

（3）史学的方法。本研究在两个地方采用史学方法：一是学校产生的历史分析，试图了解为什么历史上会产生学校这种制度安排，以寻找学校自身的合法性。二是梳理 20 世纪 80 年代以来我国学校制度变迁的历史性特

① 庞卓恒：《比较方法论》，载《中国文化书院》，1989 年版，第 36 页。

② 张新平：《教育行政组织的发展与创新》，南京师范大学出版社 2003 年版，第 6 页。

征，力争为本研究探寻的转型期我国中小学校外部关系和现代学校制度发展寻找一种历史定位。

（4）访谈法、问卷法。通过对政府工作人员、校长、教师、学生、家长、社会人员的访谈和问卷调查，以及有针对性地选择部分地区和学校作为样本研究单位，进行个案解剖。笔者在三年期间参加了导师褚宏启教授主持的针对学校制度研究的课题五项，对北京市宣武区、西城区、崇文区的几十所学校进行过调研，笔者所在课题组曾发放并回收了教师问卷960份①。实地研究要求研究者必须“沉入”到研究对象中去，但笔者因为时间和精力有限，对一些问题的设计并不能面面俱到，大多只是一种把握面上问题的问卷调查。② 毕竟本书侧重的还是思辨的研究，而并未以实证研究为主要范式。

第五节　逻辑结构

本书的立意是研究现代学校制度背后的理论逻辑，这种逻辑以学校外部关系的形式展开。学校办学总是处于一定的外部条件和关系之中，学校无时无刻不在与政府、市场和社会构建的外部环境主体打交道。虽然学校的自治和独立是教育的基本诉求，但自治和独立的条件又受到外部关系的制约。社会的变迁不断地动摇着学校的“有序”，于是学校在与外界的互动以及发生于内部的各种互动中寻找新的“游戏规则”，直至形成新的有序，而起因于外部的或内部的新的无序，又宣告新的互动生成开始……这样，我们将不断地与困惑、疑问、猜想、解答、意外、新奇等相遇，不断地在

---

① 本书问卷的收集、整理和统计工作感谢褚宏启教授主持的“北京市学校管理调查”（2005）课题的支持，在北京市17个区县发放教师问卷1 200份，回收960份。

② 笔者以为这种问卷方式是可行的。费孝通先生在他的第二次学术生涯中就采用了一些数量不多的用于把握面上情况的问卷调查。参见张新平：《教育行政组织的发展与创新》，南京师范大学出版社2003年版，第21页。

相遇和互动中进行具体的综合。①

对学校外部关系的研究是一项复杂的工程，研究的过程和结论既要在理论上保持连贯，又要符合我们眼见的教育现实。在总体上，本书论证的逻辑是通过对由政府、市场、社会三者构成的外部环境与学校间关系的分析，揭示中小学校办学改革中的权利与义务、权力与责任、公平与效率、竞争与秩序、统治与治理、自治性与依赖性、传承与再造等多组矛盾统一体背后的理论脉络。

第一章讨论学校与政府的关系。首先运用政治学理论探讨在义务教育办学过程中，政府在技术、利益和价值三个层面扮演的角色。站在政治哲学的高度分析了政校关系中存在的自由主义和保守主义两类基本取向，论证教育中何以需要强政府的问题以及相应的政府职能问题。接着，以政府的权力和责任为逻辑主线，探寻政府对于学校的权力的特性、权力配置和权力的界限，得出政府权力的行使须以其对学校的责任为界的结论。然后，分析了政府对于学校的责任含义、责任类型、责任边界和责任履行存在的问题，主张教育问责制度的推广。最后，在对政府权力和责任进行分析的基础上，针对政校关系中的教育权力归属和学校权力规范化等问题作了论述。在第一章中，“权力”、“责任”是关键词。

第二章讨论学校与市场的关系。首先分别从经济学和教育学的学科角度审视了教育市场（化）的理论基础，对比了市场化赞成派和保守派的观点和理论依据。接着，将英美国家 20 世纪 80 年代后的教育市场化改革中的经验和教训在教育学语境下进行了透视，在此基础上回顾我国的教育市场化中学校与市场关系的变迁，得出了以限制竞争和牺牲教育效率为主的较为保守的观点。在第二章中，“效率”、“公平”是关键词。

第三章讨论学校与社会的关系。分别从家庭、社区和社会三个层面探讨了社会和学校的关系机理，并从社群主义、多元主义等不同的理论视角反思了我国学校与社会关系重建的可能性。最终在结合我国办学实际中存在的学校事业单位制度传统以及学校法人制度的不完整性，运用法团主义理论给出了构建学校与社会关系重构的途径，即利用现有体制中的合法组

---

① 杨小微：《全球化进程中的学校变革——一种方法论视角》，华东师范大学出版社 2004 年版，第 203－204 页。

织将教育利益的不同群体整合到体制内，以形成具有中国特色的教育民主化模式。在第三章中，“利益”和“秩序”是关键词。

从第一章的强政府角色，到第二章的反市场化倾向，再到第三章的体制内变革主张，体现了本书对学校制度改革的相对谨慎的理论主张。毕竟，在教育改革的机理被广泛而深入的研究之前，理论上的谨小慎微总比盲目自信来得妥当。

应当说本研究的论域是较为宽广的，截取其中任何一章精雕细琢都能成为一篇博士论文。而且，有时候我们不仅需要研究学校与政府、市场、社会的关系，如果按照排列组合原则，还应研究政府与市场的关系、政府与社会的关系、社会与市场的关系等，才能全方位地透视学校所处的真实的外部环境。本书的处理是将这些关系当作暗线来对待，而以学校本身作为主体参与者构成的各种关系为本书的明线和立足点。

第一章　学校与政府

人们在研究现代学校制度时往往会认为政校关系是核心，甚至有学者在给现代学校制度下定义时直接将现代学校制度说成是一种“政府维持的、科层制的”公共学校制度①。显然，从现有研究看，政府在现代学校制度构建中担当着十分关键的角色。

现代学校制度建立的一个基础性目标是学校的发展。学校发展有许多表现形式，如校园环境的改造、办学经费的充足、教学条件的改善、人际关系的协调、内部管理规章制度的建立，等等。但本质上是学生的发展，其他任何条件的改善和改良在这一最终目的面前都只有工具性价值。学生的发展包括学生知识技能的提高和态度、情感、价值观的培养。其中，知识的掌握更易于衡量（比如升学率），且对学生和学校得到的社会评价和认可具有更直接的作用，因而往往更受到学校和家长的关注。即使我们这里将“学生的发展”狭义地定义为“学业的进步”，我们可以追问，学生学业在多大程度上和政府角色以及政校关系的变化发生联系？如果没有联系或联系很松散，无疑将会推翻政校关系的构建在现代学校制度中核心地位的合法性。

学生学业的进步无疑取决于很多相互关联的条件，既有外因又有内因。外因是学生学习的环境和条件（比如书籍和学习用具的多少、上课环境和条件），这里既有政府的影响也有学生家庭的影响；内因是学生自身的天赋、求知欲和自身努力程度。按照辩证唯物主义观点，显然内因是根本的，起最终决定性作用。但内因却通常因为其内在于各个学生而不易发觉、观测和度量，因而成为心理学和教育学的重要研究领域。在内因的诱发上面，更微观地体现为师生的互动，这里更起作用的是教师个人的素质和职业精神。有学者将学生和教师的这种关系视作“教师的精神世界与学生的精神

---

① 劳凯声等：《现代学校制度七人谈》，载《人民教育》，2004 年第 17 期。

世界的对话”，认为“对精神活动无法定规”，而强调“非强制性的道德规范”的作用①。这显然道出了制度及其变革对于学校核心活动——教学活动发挥作用的有限性。

无独有偶，西方也有学者通过实证分析，得出了类似的结论。国外一些研究者认为，由于体制的改革通常是由教育以外的因素（政治、经济）引发的，改革的焦点是解决“由谁来接近和影响教育决策”的问题，因此对“教什么”、“怎样教”不会产生实质性的影响。② 不管学校如何管理，教学的基本方式长期以来几乎没有什么变化。③ 美国的经验证明，“集权与分权的改革与教学过程之间并无必然的联系”④。这些学者是对美国学校的大规模实证分析得出这些结论的。的确，美国的教育管理体制很不统一，各地教改中分权和集权交替进行，但各地课堂教学和教师授课方式以及教师和学生的“精神互动”在地理区域之间和改革前后似乎并未表现出什么明显区别。既然对学校课堂中的教学影响不大，那么这种旨在外部管理体制的改革以及学校外部关系的变革显然也不会对学生的发展产生实质性的影响了。

那么，是否我们再去研究政府与学校的关系就成了多余？现代学校制度研究中的政校关系变革是否真的多此一举呢？或者说，我们进行的所谓“外围”的改革就此会被蒙上悲观的色彩吗？

其实，在这方面，最早可溯及著名的“科尔曼报告”。科尔曼在其1966年的报告中关于学生成就影响因素的七项结论中说明“学校对学生的成就

---

① 褚宏启：《审视现代学校制度》，载《中国教育管理评论》（第2卷），教育科学出版社，2004年12月，第79－80页。

② J. Hannaway & M. Carnoy, *Decentralization and School Improvement*, Jossey-Bass Publishers, 1993, Preface p. xiii & Chap. 1.

③ D. K. Cohen, *Governance and Instruction: The Promise of Decentralization and Choice*, in W. H. Clune& J. F. Wi-tte (eds), *Choice and Control in America Education*, Falmer Press, 1990.

④ 吴志宏：《教育行政学》，人民教育出版社2000年版，第68页。

没有影响”①，但很快，这一对于学校改造和教育改革坚定者来说带来悲观情绪的结论被后继者颠覆。② 即使是科尔曼本人于1981年主持涉及58 000所中学的高中学生、1 015所公立及私立学校二年级学生的大型课题研究后，在提交的《公立学校与私立学校》的研究报告中，也承认私立学校的外部体制性因素对学生学业构成重要影响。另外，一些学者“在他们的个案研究中得出了共同的基本研究：学校组织的确影响了学生的学习状况”③。

所有这些研究都似乎说明了学校组织和针对学校组织的体制性改革对于学生发展这一学校核心问题的有效性，从而推翻了先前的悲观性结论。可见，政府管理教育的体制、机制、模式与政校关系对学校的发展，最终对学生的发展能起到非常重要的作用（至少目前各国研究的主流观点如此④，我国20世纪80年代后对教育体制改革的研究也是基于这样的假设）。从理论上看，这是由教育的外部性和依附性决定的。其一，教育尤其是义务教育，因对社会带来的收益大于对学生个人带来的收益而具有很大的正

---

① 1966年以美国学者科尔曼为首的课题组发表的《教育机会之均等》的报告，认为学生成就更多地与家庭背景等因素有关，而与学校本身的相关性不大。科尔曼得出的令教育改革者们感到悲观的结论，致使有人开始怀疑学校的有效性。随后在美国掀起了“有效学校”（Effective School）研究的热潮。目前对这一问题的讨论仍在继续。科尔曼报告参见Coleman，James S. et al.（1966），*Equality of Educational Opportunity*. Washington，D. C.：Office of Education，U. S. Department of Health，Education，and Welfare，p. 325.

② 布鲁科弗与莱佐特（W. Brookover，& L. Lezotte，1979）的研究，埃德蒙兹（R. Edmonds，1979）的研究以及拉特等人（M. Rutter，et al.，1979）的研究对改变“学校教育无所作为”的悲观论点发挥了很大的作用，他们的研究也被称为“有效学校”研究。参见冯大鸣：《美、英、澳教育管理前沿图景》，教育科学出版社2004年版，第207－218页。

③ ［美］约翰·E. 丘伯（John E. Chubb）和泰力·M. 默（Terry M. Moe）：《政治、市场、学校》，蒋衡等译，教育科学出版社2003年版，第18－19页。

④ 更多的学者和政府官员对于学校在提高儿童学习方面的有效性充满信心，并致力于对学校本身的改造。20世纪80年代后世界范围的教育改革浪潮具体表现为学校制度的变革，如美国的有效学校、校本变革，英国的直接拨款学校、基金学校等。

外部性，义务教育的“纯公共物品”属性①客观上导致个人和局部团体对义务教育的投入缺乏有效激励，因而需要政府作为社会的代表对义务教育的投入及管理承担很大的责任。因而教育水平的高低和各级政府对教育的重视程度有着极强的相关性。在经济学意义上政府对义务教育的投入责任在20世纪后半叶又招致新自由主义的质疑，以至于现在“教育的提供者和生产者可以而且需要分离”等类似的观点在理论界非常流行，这更导致了学校与政府、办学与外部投入、体制的关系复杂化。西方20世纪80年代以来的教育改革中政校关系的变革更吸引了我们的眼球。在这个意义上，研究学生的发展以及在此基础上的现代学校制度构建需要廓清政校关系。其二，就依附性而言，学生学业以及学校制度中政校关系的重要性是由教育对社会政治、经济的依附性所决定的。“政治、经济、文化等构成一个社会的核心结构，教育只是一个边缘结构。不能离开社会主要构成要素的现代化去谈教育现代化问题，因为教育的许多根本问题如教育目的、管理体制、学校结构、课程内容、教育条件（经费、师资）等皆非教育本身所能解决”。“教育现代化进程中有许多障碍，其中最大的障碍是不良的社会政治、经济体制。不可能在政治、经济的现代化之外去追求教育的全面现代化”。②

笔者认为，在一定时空范围内，特别是在社会、政治、经济发展相对稳定的背景下，外围制度的好坏对学生发展的影响相对较弱。而在社会政治和经济转型，尤其是教育体制发生根本性变化的时代，外部因素对学生发展将直接发生作用。

中国当前正处于这样一个转型期。这种社会体制、政治体制、经济体制和教育体制的转型对教育教学的影响直接体现在：①在社会发展方面，原有体制下各种教育利益既得者的蛋糕正在被触动，教育民主化潮流使得社会各个阶层和群体都意识到并努力争取着自身的教育权益，如高考移民问题、农民工子女入学问题、农村民办教师“清退”问题，等等，都昭示着教育利益格局面临着调整。②在政治发展方面，教育分权已经成为普遍

---

① 西方经济学家把为任何一个人的利益而生产、但是给社会所有成员带来正的外部性的物品称为纯公共物品。参见方福前：《公共选择理论——政治的经济学》，中国人民大学出版社2000年版，第31－35页。

② 褚宏启：《教育现代化的路径》，教育科学出版社2000年版，第11－12页。

趋势，校本和自治成了现代学校有别于传统学校的一个明显标志，学校这一传统事业单位的制度发生变革已势不可当。而且，课程和考试制度的改革使得在学生学习的内容和最终评价上显示了政府（体制）的力量。③在经济发展方面，公众的教育需求和选择机会呈现多样化发展趋势，教育交换关系得以产生并越来越趋于复杂，富裕阶层开始撇开政府而依赖市场获得自身教育需求的满足，办学体制多样化使得政府对学校的管理方式发生了重大变化。总之，政府自身体制的改革以及在政府推动下的社会体制改革和经济体制改革在最近20年表现出从未有过的活跃，它一方面对教师的教学行为和教学观念发生影响，如教师身份和工作激励的变化；另一方面又对学生的学习内容和方式发生影响，如素质教育（包括减负）变革、课程改革、考试评价制度改革等。所有这一切，直接导致了外部体制性因素对教育内外、学校内外、课堂内外发生了越来越强的影响。

因此，我国当下政校关系的重塑成了构建学校制度框架、从而促进学生发展的核心问题。在我国，长期的计划经济和社会发展模式导致的学校“政府附属物”的地位，使得学校制度建设在发展学校自主性方面更需要深入研究政府在教育发展、学校变革中的地位和作用，更需要关注政府自身的改革。

第一节　政校关系中的政府理论

当今社会，人们从摇篮到坟墓都以各种形式和方式、通过各种途径与政府发生关系，接受政府的各种管理。对政府性质的看法，对政府的职能划分、权力与责任大小的界定，各人从不同的角度、秉持不同的世界观和价值观，给出了不同的界定。至今在学术界仍众说纷纭，各持己见。政府怎么产生的，人们有着各种不同的研究基础和假设。本书无意于从发生学角度探究政府的起源，而只是对从现代以来，尤其是20世纪后期政府在教育发展和学校发展中的作用加以研究。本书研究学校与政府的关系，首先需要对政府的概念、职能、权力、责任等作一梳理，对不同的观点予以廓清，以使政校关系的阐述免于空泛。

一、关于政府的界说——技术、利益和价值的视角

对政府的定义，可从技术、利益和价值三个层面来分析。政府一词，在技术层面往往表现为一套严密的官僚制和科层体系，关注的是政府管理（治理）的科学与效率；在利益层面表现为权力和利益的争斗与妥协，关注的是民主；在价值层面表现为政府的公共性本质，关注的是人类的基本价值。①

（一）技术层面的政府——科层制

一般而言，从技术角度看待政府，往往侧重于对政府的客观存在的描述，因没有价值和利益的分离而带有中性和客观性，这种概念易于被各种人群所接受，概念的有效性也显得长久。譬如，在中国文化中，古代“政府”一词是指“政”（政务）与“府”（衙门、官府）的结合，即处理政务的地方。邓初民在《新政治学大纲》一书中指出，政府不过是执行政治任务的、运用国家权力的一种机关罢了。政治学家杨幼炯在《政治科学总论》一书中认为，政府就是国家表示意志、发布命令和处理事务的机关。英国《大众百科全书》对政府的界定是：由政治单元在其管辖的范围内制定规则和进行资源分配的机构。英国《简明不列颠百科全书》指出，政府是治理国家或社区的政治机构。《美国百科全书》认为，政府就是一个国家或社会的代理机构。这些概念描述的都是人们可以感知的事实，因为政府首先是一个组织、一个机构、一个机关、一个场所。

从技术的角度看待作为教育管理者的政府，政府仅仅是一个处理人类教育事务的技术装置，其存在的合理性仅仅是为了弥补个人处理教育事务的有效性的缺乏。目前，支持这种说法的理论主要是科层制理论。

科层制理论对政府对教育的官僚统治的合法性给予了充分的论证。为什么孩子的教育需要政府呢？难道家长和社会真的对教育表现出了无力和

---

① 康永久将公立学校的制度特性归结为公共性、政治性和科层性。其中科层性是表，政治性是里，公共性是核（参见康永久：《公立学校的制度特性及其缺陷》，原载《教育科学研究》2005 年第 5 期）。这对笔者将政府分析划分为技术、利益和价值三个层面具有启发意义。与公立学校制度的特性相对应，政府的角色分别是科层制、公益性和公共性。

无能吗？家长和社会将孩子的教育权让渡给政府并接受它的科层制/官僚制管理的合法性何在呢？

对于上述问题的回答必须结合学校制度产生的历史背景和政府管理学校在理论上的正确性来考察，做到历史和逻辑的统一。

从历史上看，由于近代科学的发展，尤其是“知识就是力量”的态度和目的，“教育”似乎等同于“知识教育”，也就是俗话说的“读书”。然而，当时书在社会上是稀罕物，大多数家庭和社区只能对孩子进行生活和道德方面的教育，同时，由于工厂制度的建立，出现了家长无暇照顾孩子的情况，于是，作为“智慧的工厂”的近代化的专门的教育机构——学校相应产生。“教育”似乎等于“读书”，学校又往往被看成是“读书”的地方，于是，学校便似乎等于教育。久而久之，就像伊里奇分析的，学校逐渐成了知识的垄断者。它排斥其他机构来承担教育任务，独自占用着供教育使用的资金、人力和其他赞助。而学校最大的垄断者是政府。①

可见，历史上政府对学校的垄断遵循着知识—课程—教育—管理—学校这样的顺序。政府垄断了学校后，是否必然要利用官僚制/科层制呢？回答是肯定的。当政府将学校和教育作为公共事务进行管理的时候，政府的官僚机构和科层制就成为一种具有天然优势的选择。正如一些学者指出的那样，科学/理性主义偏好公立学校制度是因为在公共教育兴起之初，社会对如何有效实施公共教育还缺乏足够的知识储备，而迅速发展的科学、工业与政治形势又迫使政府必须及时实施公共教育，因而只能借鉴工厂制度和民主体制的模式。② 官僚体制和科层控制下的教育管理者——政府的产生是别无选择的选择。

那么，从理论上如何对政府及其对教育的官僚制/科层制控制进行合法性论证呢？下面我们结合官僚制/科层制的本质及其在教育中的运用来分析这个问题。

在谈论官僚制（或科层制）之前，首先需要明确给出“官僚制”的定位。①按照时间范畴，官僚制度可分为古代官僚制和现代官僚制。前者是

---

① 季苹：《美国公立学校的发展研究》，高等教育出版社 2002 年版，第 228 页。

② 康永久：《知识输入还是制度重建——公立学校制度变革的中国道路》，华东师范大学 2004 年博士后出站论文，第 41 页。

资本主义之前的传统社会（如中国）的官僚体制，马克斯·韦伯（Max Weber）把这种历史帝国的科层制称为“世袭科层制”，它的特征是“相对非理性的”。韦伯之后的人们所讨论的官僚制一般仅仅指现代理性官僚制，本书也取这种范畴；②按照不同学科划分，目前至少可以从组织社会学、政治经济学和公共行政学三个学科视角探讨官僚制①，在学科划分上本书并未拘泥于单一学科，正如戴维·毕瑟姆（David Beetham）所说，“超越学科视野的差异以及制度类型的差异，提出一种更为一般的官僚制理论，这的确是可能的”②。③根据美国学者约翰·E. 丘伯（John E. Chubb）和泰力·M. 默（Terry M. Moe）在《政治、市场、学校》一书中对科层制的区分，将科层制（官僚制）划分为组织内部的科层和外部的科层③。本书侧重研究学校与政府以及外部环境的关系，故一般取外部科层之意。在笔者看来，学校内部的科层制更类似于企业的科层制。丘伯和默在批评美国公立学校的管理体制时，也主要针对其外部科层。

人们通常在谈及官僚制时候带有贬义，在中国更为明显，如使用“官僚”、“官僚主义”等术语时，人们往往将其与政府及其官员的无能和组织的低效率相联系。在近年来的社会科学的研究中，官僚制才逐步变为中性的用词。在西方，“官僚制”从诟病政府的一个语词到种加属差的学术概念是从 18 世纪初到 19 世纪末 20 世纪初完成的。始于法国的德·古尔内，终

---

① 在对官僚制类型的划分上，不同的学科有不同的标准。如依照组织社会学，关键的变量是组织结构（刚性的还是柔性的）；就政治经济学而言，最重要的区别性特征是组织获取资金的方式（来自拨款还是单位产品的销售）；而对于公共行政学来说，关键变量是一个组织履行其义务的方式（公共的还是私人的）。参见［英］戴维·毕瑟姆著：《官僚制》，韩志明、张毅译，吉林人民出版社 2005 年版，第 40－41 页。

② ［英］戴维·毕瑟姆著：《官僚制》，韩志明、张毅译，吉林人民出版社 2005 年版，第 43 页。

③ 丘伯和默认为，同私立学校相比，公立学校受到更多的外部科层的控制而缺乏自主性。作者在书中的主要观点是通过市场化改造，根除科层制给学校带来的负面影响。参见［美］约翰·E. 丘伯（John E. Chubb）和泰力·M. 默（Terry M. Moe）：《政治、市场、学校》，蒋衡等译，教育科学出版社 2003 年版。

止于德国的社会学家马克斯·韦伯。[①]

韦伯可称之为现代官僚之父。对于现代官僚制，他没有直接定义，却通过对其特征的分析论证现代官僚制的合法性。韦伯试图识别出现代大规模行政管理体制所共有的最本质特征：层级制、连续性、非人格性和专业化。[②] 他从现代行政内在一致性的五项理念设定体制的八项指标和官员的十个特征[③]，给予官僚制以清晰的社会科学的概念建构，体现的是合理的官僚体制的结构特质。韦伯非常明确地指认现代合理和合法的统治首先是行政管理，而且是借助于官僚体制的行政管理班子所进行的统治。[④]

现代社会，随着知识的增长、科技的进步、社会事务的复杂和信息的多样化，各种组织都难以逃脱官僚制的命运。人类处理各种事务，唯有通过科层制和官僚制才能进行，即使学术组织和学校也不能例外。在我国，教育系统的政府在结构上形成了教育部—省教育厅—市教育局—县教育局（以前还有乡镇文教办公室）的一系列政府机构组成的严密的教育管理政府机构。各级组织之间有严格的分工、严密的规章，其机构的官位呈等级的序列结构，上级对下级实行制度化控制和奖惩，在形式上完全符合韦伯所定义的官僚/科层制标准。科层制成为政府管理教育的最显见的形式。

那么，科层制的控制对于教育和学校的管理有哪些利弊呢？首先我们来分析科层制存在于教育领域以及政府借此对学校实行控制的合理性缘由。

第一，理性化的官僚制切合教育管理和教育改革对理性的诉求。在我们这样的后发型国家，教育的现代化必须承认政府权力的必要性。“加强权力对教育的渗透是国家教育发展的必由之路”。“但仅强化权力还不够，还

---

① 池忠军：《官僚制的伦理困境及其重构》，知识产权出版社 2004 年版，第 27 页。

② ［英］戴维·毕瑟姆著：《官僚制》，韩志明、张毅译，吉林人民出版社 2005 年版，第 4 页。

③ 详细内容参见池忠军：《官僚制的伦理困境及其重构》，知识产权出版社 2004 年版，第 31－32 页。

④ ［德］马克斯·韦伯著：《经济与社会》（上），林荣远译，商务印书馆 1998 年版，第 245 页。

要看这种权力运行的理性化程度的高低”。[①] 政府权力及其运用的理性化必然要求抛弃克里斯玛型（chrisma，也译为魅力型）的领导方式，而只能采用法理型的领导方式，这就和韦伯的现代官僚体制相契合了。因为现代官僚制是欧洲理性主义的发展和社会分工的结果[②]，更是工具理性的张扬使然。[③]因此，韦伯认为，“理性的国家是建立在专业官员制度和理性的法律之上的”。[④] 这种理性是技术性的工具理性，它大大提高了管理的效率。在教育管理和教育改革中，就是通过科层制使得各项教改任务得以完成，目标得以实现。如教育行政部门向学校放权的适度、教育财政拨款后采用收支两条线和政府采购政策等，无不体现了政府在教育管理中理性的力量。这种理性属于法律、法规和制度的理性，而远非仅仅依赖于某个领导人“拍脑袋”的非理性决策可比。

第二，层级化控制能使得教育管理事项的责任、职责和义务得以明确和具体。任何一项工作，如果没有相应的责任机制，必然导致人浮于事。而科层制在分工的基础上明确了在科层的每一级上相应人员的职责。“处于高层的人们不能确定处于底层的人们是否会按照他们的意愿开展工作，所以他们利用各种科层化的方式来确保下属听从指示。”[⑤] 而且这种责任是相对固定的，因为职责直接和官员的职位相连。“对于公职人员来说，义务不同于自然人的道德义务，而是分派给职位的任务和责任，义务直接导向了职责，这是制度伦理使然。”[⑥] 在我国，上至教育部长，下至乡村文教管理人员和校长，各人都有属于自己的“一亩三分田”，层层责任的落实和下放构成当前教育改革的壮丽景观。层级化管理的科层制无疑对于各级教育官

---

① 褚宏启：《教育现代化的路径》，教育科学出版社 2000 年版，第 12 页。

②③ 池忠军：《官僚制的伦理困境及其重构》，知识产权出版社 2004 年版，第 2、29 页。

④ ［德］马克斯·韦伯著：《经济与社会》（上），林荣远译，商务印书馆 1998 年版，第 720 页。

⑤ ［美］约翰·E. 丘伯（John E. Chubb）和泰力·M. 默（Terry M. Moe）：《政治、市场、学校》，蒋衡等译，教育科学出版社 2003 年版，第 50 页。

⑥ 池忠军：《官僚制的伦理困境及其重构》，知识产权出版社 2004 年版，第 18 页。

员职责的履行起到了很好的支持作用。

第三，知识的运用巩固了科层制的合法性地位。官僚统治从某种意义上说是知识的统治。密尔（John Stuart Mill）认为，“政府的工作处于专业统治者手里，这就是官僚制的实质与意义”。① 在西方，官僚制几乎和文官制是同义的。官员们利用自己掌握的专业知识，对下级和整个行政体制进行控制。韦伯认为，官僚制的行政管理意味着根据知识所实施的统治，这是官僚制特有的特别合理的基本性质。韦伯这里提出的知识，一方面是指专业知识，这是实力地位的象征，另一方面是指公务知识或实践知识，它是权力地位的标志。在教育领域，知识具有天然的合法性地位。人们对知识的认可以及知识在科层管理中的运用带来官僚教育行政存在的可能。教师自古多清高，但知识分子对于知识的偏爱和崇敬亘古未变。我国许多教育行政管理人员都是教师出身，原专业的知识加上在管理岗位上积累的知识，使得各级教育行政人员在群众中的认可度和管理中的合法性大大增强。

第四，效率优势使得科层制彰显功利性力量。自泰罗（F. W. Taylor）以来的科学管理模式对效率的强调与教育行政中的功利性目标追求如出一辙。理性计算处处要求精确、效率、有序、公平的行政管理与其自洽。② 官僚制通过分开、命令、控制、奖惩等手段提高管理的效率，发挥现代理性（主要是技术理性和工具理性）。在教育管理中，课程的安排、课时的确定、对教师的工作量考核、学生成绩的计算、奖惩措施的实施，等等，无不在科层制的控制下发挥着巨大的效率优势。

既然科层制拥有这么多优点，为什么还遭到质疑呢？不少学者甚至将办学质量和办学效率的低下归罪于以科层制为代表的教育体制。劳凯声认为，学校控制的科层化（bureaucratization of school control）就是用科层理论对公共教育体制所作的一种制度安排。这种制度成了提高学校办学质量和办学效率

---

① ［英］约翰·密尔著：《代议制政府》，汪渲译，商务印书馆 1982 年版，第 88 页。

② 池忠军：《官僚制的伦理困境及其重构》，知识产权出版社 2004 年版，第 2 页。

的巨大障碍，因此公共教育的问题最终还是应归结到体制性问题本身。① 公共教育的实施和科层制/官僚制之间到底存在怎样的张力？这里不妨也列举出科层制不足以适应教育行政的几个理由：

第一个理由和教育本身的特性有关。教育在最微观、最实际的层面表现为教师个体与学生个体的交流和互动，无论是传授知识，还是培养情感，都离不开教师个体的知识素质和职业素养。而且这种“思想流转”（a market place of ideas）② 很难考查和量化，这和科层制中对下级的控制和监督的主张相违背。所以，当科层制进入教育领域，进入学校，进入课堂时，必然遇到先天性的障碍。

第二个理由和教师及其工作特性有关。教师工作的专业性非常强③，这种专业性使得教师在具体工作过程中、在和学生的交往中，应享有较高的自由和专业自治。这就要求在对学校和教师实行管理时必须将权力下放，扩大校长和教师个体在微观层面的自由裁量权和应变的能力，校长应是教育工作的领导者而非仅仅是事务的管理者。而科层制往往强调集权和控制，强调每个人固定不变的工作流程，注重程式化管理。以至于当教育领域实行科层制后，“由于缺乏领导学校的必要权力和灵活性，公立学校的校长们更像是底层的经理人，或者更确切地说，仅仅是对公共机构负责的一个官员，而不是真正的领导者。”④ 丘伯和默在批判美国教育管理中的科层制时指出，“公立学校中存在的科层制十分僵化——层级高度分化、规则烦琐、过于形式化，以至于学校健康发展所需的自主性（autonomy）和专业化

---

① 劳凯声：《重构公共教育体制：别国的经验和我国的实践》，载《北京师范大学学报》（社科版），2003 年 4 期。关于科层制可参阅戴维·波普诺著：《社会学》，李强译，中国人民大学出版社，1999 年版，第 192 – 202 页。

② 褚宏启教授在研究现代学校制度时认为教育的本质是精神流转、思想流转。学校是交流思想的场所，学校本质不是涉及财产流转的产权。参考褚宏启等：《现代学校制度七人谈》，载《人民教育》，2004 年第 17 期。

③ 有人主张应将教师视为和医生、律师等同的专业工作者，在此基础上实现教师的专业化，也有人基于教师工作蕴涵的教育性和人性否定这种对教师职业的技术化处理。

④ ［美］约翰·E. 丘伯（John E. Chubb）和泰力·M. 默（Terry M. Moe）：《政治、市场、学校》，蒋衡等译，教育科学出版社 2003 年版，第 62 – 63 页。

（professionalism）消失殆尽。科层制是导致学校质量低下的直接原因。"①

第三个理由涉及校长、教师的士气。这主要表现在学校的人事管理上。"人事安排的科层制只会形成一些问题成堆、效率低下而且注定要失败的组织。""人事制度的科层化把学校组织结构的种种优点一概抹杀，代之以问题迭出的臃肿机构。"②进一步讲，科层制笼罩下的学校人事管理制度使学校失去的是优秀的校长和教师。正如丘伯和默分析得出的结论，公共威权往往加强干预手段，促使学校更加科层化，使得校长没有足够的决策权，教师的专业性被削弱，人才不断外流。③

第四个理由则可以从信息对称性和市场回应性角度来分析。这里市场是指由教育服务的顾客——学生和家长构成的群体和学校外部环境。正如前面所述，科层制将权力集中在上级，这种上级远离学校、校长和教师，但后者需要按照规章执行来自上面的决策，并且这种执行往往伴随着较为严格的奖惩制度。科层制实际上要求的是对上负责、对自己的职位负责，而不是对下负责、对顾客负责。但事实上，谁更了解决策赖以产生的现实状况呢？当然是一个个面对具体客户的校长和教师。"学校的教职员工每天与学生和他们的家长打交道，他们比管理人员更充分地了解他们的顾客是否满意学校提供的服务，也更能采取灵活机动的措施改进学校的服务。"④信息在下边而决策来自上级，这种矛盾带来的是科层制管理的失灵，最终使得学校缺乏市场回应性，仅仅成了教育大科层体系中的一个官僚机构而已。

最后一个也是最本质的一个理由：科层制的缺陷是对个人权利的漠视，即科层制的价值缺失。科层制自问世以来一直被指责为效率主义，被认为仅具有工具理性而没有价值理性。科层制的设计源于政治和行政的二分。"以政治与行政二分法为逻辑起点的现代官僚制旨在实现一种公平的公共精神。"⑤ 韦伯也在人格上对政治人格和行政人格区别设定。这样，科层制对于普通的官员来说应是价值无涉和价值中立的。官员们循规蹈矩、按章办

①②③④ ［美］约翰·E. 丘伯（John E. Chubb）和泰力·M. 默（Terry M. Moe）：《政治、市场、学校》，蒋衡等译，教育科学出版社 2003 年版，第 30、41、58、59、69 页。

⑤ 池忠军：《官僚制的伦理困境及其重构》，知识产权出版社 2004 年版，第 7 页。

事，程序化和专业化如同一台打字机，输入案例、输出结果。曼海姆很形象地用医生手术的案例来描述这种形式合理性："手术真是了不起的成功，不幸的是病人竟死了"①。在这里，工具理性与价值理性、实质合理性和形式合理性形成了不可调和的冲突，科层制也陷入了伦理困境。即使韦伯本人，也在其一系列政治文论中，对他在社会学理论中力呈的"技术最优性"的科层制，提出了极其激烈的批评。其中最主要的一点在于，韦伯认为官僚统治窒息了人类社会的超越精神和价值创置。②

那么教育呢？教育及对教育的管理容许价值缺失和伦理离场吗？哈耶克（Friedrich A. Von Hayek）认为，"教育上的问题多半为彻头彻尾的价值问题"。③ 英国教育哲学家彼德斯（R. S. Peters）在论及理想教育时给出了三个标准：目的是善的和有价值的，方法是道德的，过程是学生自主的。④这三个标准无一不和价值、伦理密切相连。遗憾的是，这三个标准所要求的内容现在已经很少在教育机构里发现了。正如石中英所担心的，学校越来越不是一个"教育"的机构，越来越缺少"教育"的意味，逐渐堕落为一个没有教育性的"教学"机构、一种纯粹的职业预备或培训机构。⑤近代以来，各级各类学校成了人类教育活动的主导形式，而且学校大多是公立的。既然是公立的，就需要政府管理和统筹；既然是政府管理，就必然使用政府早已经习惯的科层制。然而科层制教育管理的结果往往不尽如人意。在现代国家，公立学校管理体制的僵化和低效率几乎成了通病。科层制教育管理最大弊端在于价值和伦理的缺失，正如哈贝马斯（Jurgen Habermas）在对

---

① ［德］卡尔·曼海姆：《意识形态与乌托邦》，黎鸣、李书崇译，商务印书馆2000年版，第120页。

② 冯钢：《科层制与"官僚精神"》，载《浙江大学学报》（社科版），1998年第4期。

③ ［英］弗里德利希·冯·哈耶克：《自由秩序原理》，邓正来译，生活·读书·新知三联书店1997年版，第164页。

④⑤ 石中英：《教育哲学》，北京师范大学出版社2002年版，第257－259、83页。

韦伯的科层制进行批判时所指出的，“伦理始终是合法性的基础”①。所以，现在有了人性管理、以人为本的管理等各种对应措施和良方，人们试图在原有基础上增加教育管理的价值维度，弥补科层制这方面的缺陷。

也有人试图以所谓“后现代”的图式去消弭科层制的弊端。的确，官僚制的行政管理与民主化的矛盾，引发了自由主义、社群主义、保守主义之间以及各自内部的民主理论的相互诘难，后现代主义公共行政以“我们决定下步做什么”为指南，试图从根本上摒弃官僚制，他们都基于一种预设性价值前提而构建一种理想图式。然而笔者以为，在中国这样一个有着悠久封建世袭制传统的国家，理性精神并未能得到充分张扬，我们面对的是“官僚制发展的不足”②，直接进入所谓的后现代，只能引起政治体制的混乱甚至崩溃，政府调控教育等各项公共事业能力的全面滑坡。

我们也不得不承认，科层制是人类的重大发明，在政府行政和教育管理方面，目前还没有一种能够全面取而代之的良策，人们能做的只是修修补补，而不是根本性的变革。③ 科层制如同政府本身一样，即使在自由主义者眼里也是个“必要的祸害”。

我们需要做的是去发展、运用和改进现代官僚/科层制，而不是推翻它重起炉灶。怎样改造现代官僚/科层制在教育领域的运用呢？其实，20 世纪

---

① ［德］哈贝马斯著：《合法性危机》，刘北成、曹卫东译，上海人民出版社 2000 年版，第 113 页。

② 池忠军：《官僚制的伦理困境及其重构》，知识产权出版社 2004 年版，第 1 页。

③ 学习型组织理论的确是组织管理领域的重大创新，但即使学习型组织这样的理论，也只能运用于规模较小的机构和组织内部。在国家、政府较为宏观层面的改革上，学习型组织理论往往束手无策。这也是当前学习型社区、学习型城市较难构建的一个原因。即使是学习型学校理论也仅仅能够对校内的科层倾向起到一定的遏制（如心智模式改进和共同愿景建立等超越办公室政治模式的构建对学校内部身份等级制的改良和超越），但它对于外部科层而言仍然束手无策。校长们一方面是校内的教育领导者，另一方面是校外教育体制（科层制）的一部分，角色的冲突使得原本科学的学习型组织理论即使在最强调学习的学校内部也难建寸功。而且，我国很多地方的中小学校（上海等少数地方除外），校长职务是带有行政级别的，许多教委（教育局）的官员借此平级调动到学校担任校长，必然会将原本娴熟于胸的官僚制管理方式和方法习惯性地带到了学校内部。为此，全面废止科层制是不现实的，容易遭到很多现任校长的反对。

80年代以后世界范围内兴起的教育改革浪潮，每一项都对教育科层进行了触动和改造。在政府方面，教育分权以及加强课程、考试和督导方面的中央集权、责任制、将市场竞争机制引入教育领域，等等，都是对教育科层的现代改造。

（二）利益层面的政府——公益性

如果仅仅从技术层面（科层制）对政府的合理性与合法性予以论证，对政府进行理论分析，必然不足以面对纷繁复杂的政府变革。技术层面的分析往往不被学者所运用，因为它们实际上并没有道出政府的本质以及定义者个人的倾向性意见，因而在一定程度上缺乏理论贡献。

如果在对政府的定义中加入价值判断和利益分析的成分，则政府的定义更加绚丽缤纷，因为至少从中可以看出研究者个人的研究旨趣。现代学者在研究政府时给出的定义大多都带有这种旨趣，在他们看来，政府是什么并不重要，重要的是政府的定义怎样为他们以后的论述作铺垫，怎样导出他们对政府责任大小的界定以及为权力和责任的限定给出理论上的正确基石。

这样，我们需要进一步从利益的角度对政府进行分析和剖解。政府到底代表谁的利益？怎样代表他们的利益？从应然状态看，无疑应代表大众的利益；但从实然角度讲，政府作为机构以及政府官员作为个人，也有部门利益和私人利益。

一方面，政府存在的理由就是人民利益的要求。从利益上讲，政府存在的合法性在于它是人民（选民、国民）的政府，代表的是大众的利益。

其实，早在两千多年前，柏拉图在其《理想国》中就使用了“统一的政府”、“政府权力”、“政府利益”等概念。在他看来，政府（government）更多地侧重于治理。① 谈及治理，当然要考虑治理的对象、服务功能、利益分配原则和价值追求了。“政府”必须服务于民众（人民），自柏拉图以来，学者们无不在政府的人民性上大做文章，客观上也为整个人类的政治文明

① 乔耀章：《政府理论》，苏州大学出版社2003年版，第2页。

的发展指明了方向。[①] 如洛克在《政府论》中指出政府是一种责任，其目的是为了保证公民人身和财产安全。政府就是代替大多数人行使权力的“裁判者”。卢梭（Jean Jacques Rousseau）在《社会契约论》中给政府下的定义是“臣民和主权者之间建立的一个中间体，以使两者得以互相适应”。英国功利主义大师边沁（Jeremy Bentham）在《政府片论》中认为，政府就是引导人们走向幸福的功利性政治组织。可见，他们的概念都围绕人民（臣民、公民）这个核心词展开。[②]

政府服务于“人民、国民、公民、选民、臣民”的提法以及相应的人民主权或主权在民思想成了学者们共同的话语，在不同的国家、民族和社会都拥有了政治上的正确性，这是每一个民主社会的基本理念。“公共行政面临的核心问题在于，确保公共行政管理者能够代表并回应民众利益。”[③]

但其实，同样是为民而执政，政府执政的手段、方式、权力的责任范围甚至执政理念等，仍会有较大的差异。这种差异才真正对政府改革和改良的实际操作发生作用，因而成为现代人的兴趣点和现代学者们的学术关注点。

不容否认，在教育领域，利益分化已经很明显，“人民”一词已经不能涵盖所有教育领域的各种主体。仅以新课程改革（简称新课改）为例，有学者指出，在我国正在进行的新课改中，大多数城市学生、课程专家、政

---

① 在这一过程中，有关政府起源的神创论、自然发生论、家长制论等被学者们放弃。目前，在政府与人民关系问题上，较为多见的是暴力论和契约论。有人认为，马克思主义阶级论的分析视角将国家（机器）视作阶级统治的工具而带有“暴力论”倾向，适用于苏联、东欧、中国等社会主义国家，而契约论则更适合于西方自由主义传统，适用于英美等社会发展依赖于渐进式改良的国家。

② 以上所列前人有关政府的定义参见谢庆奎等主编：《当代中国政府》，辽宁人民出版社 1991 年版，第 2－4 页、34－51 页、58－100 页。杨百揆编：《现代西方国家政治体制研究》，春秋出版社 1988 年版，第 7 页；吴大英等编：《西方国家政府制度比较研究》，社会科学文献出版社 1995 年版，第 1 页。

③ Frederick Mosher, Democracy and the Public Service, 2d ed. (New York: Oxford University Press, 1981). 转引自［美］戴维·H. 罗森布罗姆、罗伯特·S. 克拉夫丘克：《公共行政学：管理、政治和法律的途径》，张成福等译，中国人民大学出版社 2002 年版，第 9 页。

府教育官员、名校长、名校名师、课程改革培训资料的编写者和销售人员是新课改的受益者，而大多数的农村学生、教师、校长、家长并不一定是课改政策的受益者。① 每一项教育政策的出台都必然伴随着各种社会阶层、群体的利益的重新调整和利益分配。康宁认为，政府（政策）的一个重要任务是对政策实施后的受损者进行补偿，以调整社会利益，化解社会矛盾，协调社会关系。

在我国，人民的利益表现在执政党“三个代表”的行动纲领中。最广大人民的利益也成了各级政府和教育行政部门的利益诉求。但事实上，随着社会的发展、市场化进程的加快，各种社会利益开始出现分化。农民和城市的贫困阶层的教育利益正受到来自市场化和官僚化的吞噬。② 利益主体的多元化在一定程度上会危及社会政治、经济，包括教育发展所需要的稳定局面。所以，各级政府开始将稳定作为压倒一切的工作重心。中共十六届四中全会开始提出构建和谐社会的理念。对于和谐社会如何理解？正如孙立平所说，和谐社会不是一个没有利益冲突的社会，而是一个能够容纳冲突并能够用制度化的方式解决冲突的社会，是一个通过冲突和解决冲突以实现利益大体均衡的社会。③

理论上讲，从功利主义角度出发，公益就是个人利益的叠加。边沁认为“所谓社会利益，就是单个个人利益的综合”。④ 但问题是，个人间的利益并不总是一致的，在社会总资源匮乏的情况下，利益往往不但是多元的，还是矛盾的。民主体制的设计使得大多数人选举的政府出台对大多数人有

---

① 靖国平：《“新课改”：利益的失衡与矫正》，载《湖北大学学报》（哲社版），2004 年第 3 期。

② 2004 年，除西藏外，在全国 31 个省市中，有 337 个地级市和 1955 个县发生过未经核准的 100 人以上的游行集会活动事件。其中，城市每天发生 120 至 250 件，农村每天发生 90 至 160 件。近年来，贫困阶层子女交不起大学学费的事情频繁发生，教育乱收费问题、教育移民问题等显现了教育利益的明显分化。笔者在湖北、四川等地的调研中也了解到，农村学校在清退民办代课教师的过程中大量出现教师上访事件。可见，教育领域乃至整个社会领域的混乱和冲突在很大程度上是存在的，“和谐社会”的提出在这一历史阶段有其必然性。

③ 孙立平：《中国社会进入集团性利益博弈时代》，载《改革内参》2005 年第 1 期。

④ 顾肃：《自由主义基本理念》，中央编译出版社 2003 年版，第 350 页。

利的政策，这样就是最广大人民的利益吗？自由主义对功利主义的反击就是担心这种体制导致“大多数人的暴政”，即对少数的、边缘的、弱势的群体利益的侵犯，使得他们的价值被漠视，他们的利益被忽略。如果说社会资源配置的两种基本途径是市场和政府，可以看到，市场从来不是中立的，它总是偏爱效率和富贵阶层。对于教育利益的分配只能指望政府。但我国政府同时又是经济赶超型的政府，在效益优先的大环境中，如何保障对少数弱势群体的公平的确在考验各级政府的政治智慧。政府利用自己的理性和少数专家的意见，听取他们能够“接触”到的社会公共代表的意见，总以为能代表公众，其实利益分配格局往往要等政策实施一定时间才能显现，这种滞后性更为政府决策脱离公众利益带来了便利。因而，政府这一机构能否代表公众，在多大程度上代表越来越受到人们的质疑。

另一方面，我们在理论上和公开场合承认政府是大众利益的代表，这些都是应然状态，表达了人们对政府的美好期望。但是，政府就没有自己的机构利益，政府的官员就没有私人利益吗？如果忽略了政府的机构利益和官员的个人私利，就无法解释世界各国都普遍存在的各种寻租和腐败现象，无法解释地方保护主义和各种版本的本位主义，无法解释中央宏观教育政策在地方遭遇的变形和走样。政府习惯于被我们假设成大公无私的、全能的，但当代政治学和公共行政学的研究从有关政府的基本人性假设上推翻了这个神话。对此作出理论贡献的首推公共选择学派的政府“经济人”假设理论。

公共选择理论是由第二次世界大战以后经济学领域尤其是福利经济学领域中的一些争论和需要而产生和发展起来的。这些争论主要包括两个方面：一是社会福利函数（在西方，教育通常也视为一种福利）的性质，二是市场失灵与政府干预的论述。① 公共选择自身又包括许多学派，其中有较大影响的学者是詹姆斯·布坎南（James McGill Buchanan）。布坎南理论的核心假说是“每个人都追求自身利益”，即使政府也概莫能外。公共选择理论的经济人范式是一个简约化了的个人范式，这里的经济人是一个“有理

① 方福前：《公共选择理论——政治的经济学》，中国人民大学出版社 2000 年 12 月，第 10 页。

智、会计算、有创造性并能获取最大利益的人”。[1] 这种经济人范式反映了人的基本行为特征，既可以用来分析经济市场上主体的行为，也可以用来分析政治市场上主体的行为。在布坎南看来，政府也具有“追求自身利益最大化”的经济人属性。经济人假设的政府属性的提出，并不是为政府追逐私利、忽略公益寻求理论上或道德上的借口，而是试图让人民更好地了解真实现状，从而对政府（官员）保持警惕，有针对性地限制政府的权力，保障社会公共利益。

在教育领域谈论利益，一个热门话题是教育的公益性和资本的寻利性之间的张力问题，这一热点在2004年出台《民办教育促进法实施条例》中表现得更为明显。

从利益的角度看，不能否认我国各级政府支持教育的勇气和决心，也不能否认近年来社会教育资源的扩大，公众受教育权益的完善。但随着政治体制改革的深入和我国公民社会的逐步发育，教育管理（治理）机制在利益分配、协调和整合上的不足也越来越引起人们的注意，甚至是一些群体的不满和抱怨。正如一些学者指出的那样，最近十年是教育发展最快的十年，但也是各种问题暴露最多的十年。这些问题对民众来说首先就是涉及其自身教育利益的问题。在以下几个方面，政府仍需要采取积极措施进行利益的调整：

一是教育投入公私比例。目前，我国教育经费投入中，民间投入和政府投入的比例几乎达到1∶1，这在世界范围来看是很高的。所谓穷国办大教育的措辞已经成为老生常谈的无奈之举，也成了政府在教育投入上不作为或乱作为的理由。目前，教育投入存在总量不足和投入结构不合理两方面的问题。就投入量来看，各级政府对教育经费投入重视不够，教育经费投入缺乏法律的硬性保障。从中央政府层次看，我国未能兑现2000年后使财政性教育经费投入占到GDP的4%的承诺，对于我国政府参加签署的《达喀尔行动纲领》中提到的到2015年实行义务教育完全免费的承诺也缺乏政

① 方福前：《公共选择理论——政治的经济学》，中国人民大学出版社2000年12月，第256页。

策支持和规划①。从地方政府看，省级政府存在克扣、挪用、挤占教育经费的问题，市县级政府在执行转移支付过程中未能履行公正、合理、及时下发的责任，乡级政府则更是置身事外，更有甚者，部分乡镇借各种机会向学校摊派，更加重了学校的负担。就投入结构而言，过多的经费投向高等教育，即使对义务教育学校，过多的经费也投向了城市学校和重点学校，农村学校和城市一般校、薄弱校的政府经费支持少之又少。② 显然，政府在经费投入上没有积极作为。

二是对于弱势群体子女的关照不够。尽管我们看到政府近年来在此问题上的殚精竭虑，如近几年实行的“两免一补”（免杂费和书本费、补助住宿费）政策、推行贫困大学生贷款政策、设立众多的打工子弟学校，等等，但与庞大的农村人口和城市贫困人口相比，帮扶力度和效果仍然是杯水车薪。

三是各种教育腐败③，即在与学校办学有关的各种教育行为中出现的损公肥私、假公济私、以权谋私现象，包括招生考试、学生毕业、学校基建等各个教育环节的腐败。在腐败方面，教育并未能免俗。近年来的高考移

---

① 这一问题在2005年下半年有了较为明显的改观。2005年11月10日，教育部发布《中国全民教育国家报告》，报告指出：“争取到2007年全国农村贫困学生享受免费教科书和住宿生活补助，力争到2010年在全国农村地区全部实行免费义务教育，2015年在全国普遍实行免费义务教育”。2005年11月16日，全球CEO领袖年会在北京举行。财政部部长金人庆透露，中央财政将全面支持农村明年真正实现九年制义务教育。他明确表示，2006年要给农村的孩子免去全部学杂费，对于特别贫困的还要由政府提供免费的书本和住宿费用。这说明中国政府，至少在中央层次，已经开始关注并着力解决免费义务教育的问题。参考搜狐教育网 http://edu.sohu.com,2005年11月24日。

② 徐建平：《关于乱收费问题校长问卷的调查分析》，载《教育理论与实践》2005年第7期。

③ 教育腐败不能仅仅狭义地理解为少数学校领导和教育行政部门干部收受贿赂、中饱私囊的行为，还应包括教育领域中表现为整体性、阶层性的更为隐蔽也更为有害的腐败行为。在笔者看来，凡是利用权力获取不当得利的行为都属教育腐败之列。如在教育乱收费的背后，往往就存在地方政府和各种利益集团的种种既得利益者，这种行为堪称集体腐败。安徽阜阳市物价局长张洪钧因在治理教育乱收费过程中触动了各种阶层的既得利益，在官场潜规则的作用下被迫辞职的事件就说明了这种危害更大的教育腐败。参见《南方周末》2005年11月17日。

民、择校、学校乱收费、考场集体舞弊等事件和案件就告诉我们：学校早已不是一方净土，也成了利益的角逐场，甚至为少数人牟取不合法利益提供了教育这个平台，不管这个平台在人们心目中曾经多么神圣和高洁。

四是对学生群体利益的漠视，这是最根本也是最普遍的。教育政策的制定者们关注的大多是成人的世界，而没有想到高考政策、课程政策等对每个孩子利益的侵犯。长期的应试教育（事实上在高考没有根本变革之前我国都是应试教育），使得孩子们没有休息和娱乐的时间和精力，他们稚嫩的肩膀担负了太多的由政策造成的压力。有人甚至认为，处于目前的生活状态和学习状态下的儿童所承受的压力比起科举制时期有过之而无不及。素质教育政策、中小学生减负政策等充满对学生（儿童和少年）关爱的政策，却往往是教育改革中最容易走形的政策，毕竟政策是由成人制定，也靠成人去落实，成人掌握了太多的话语权，学生的权益就此被淹没，或者弥散在各种各样的成人利益（包括家长利益）之中。教育成了成人的角逐场，而角逐的结果却总让学生来承担。

总之，教育领域是社会利益交汇的场所，作为各种社会主体教育利益的提供者、保障者、调整者，各级政府和教育行政部门的职责和功效必将得以凸显。

（三）价值层面的政府——公共性

从价值层面讲，政府的价值追求表现为对教育公共性的追求。在构建和谐社会的宏观背景下，教育的“公共性”近年来成为学界研究教育和学校的关键词之一，增强教育和学校的公共性也成了教育改革的必然追求。然而，究竟什么是教育的公共性？目前对教育的公共性的界定仍不很清晰。日本学者藤田英典认为，教育的公共性是指“保障社会再生产和继续存在的基本活动”。[①] 余雅风认为应从合理性、公益性、公平性和公开性四个方

---

① 藤田英典认为应从知识理论、人员理论、外形理论和连带理论四个侧面来理解教育的公共性。知识理论指传授知识和技能；人员理论是指培养和选拔人才；外形理论是指以授予学历为中心的社会外形功能；连带理论是指形成、维持社会成员之间连带意识的功能。梅耶（Meyer，1977）对前两个理论、布迪厄（Bourdieu，1979）对外形理论、涂尔干（Durkheim，1972）对连带理论进行了研究。参见［日］藤田英典著：《走出教育改革的误区》，张琼华、许敏译，人民教育出版社 2001 年版，第 181－182 页。

面来理解教育的公共性。[①] 康永久认为，教育的公共性表现在平等性、公益性和共治性三个方面。[②] 谢维和认为教育的公共性主要是指公共利益，并指出近20年来我国基础教育改革与发展的过程和轨迹表现出的三个比较基本的走向削减了教育的公共性和公共利益。[③] 人们在用市场的话语、政治的话语、文化的话语对教育和学校的公共性进行不同的阐释。

笔者以为，在谈论教育的公共性话题时，人们应该首先明确自己是在什么层面上谈论。

在哲学层面上，公共性和公共领域有关。在哈贝马斯看来，举凡对所有公众开放的场合，都可以称之为“公共”的。公共性本身表现为一个独立的领域，即公共领域，它和私人领域是相对的。[④] 学校，至少是公立学校，各种特征和背景的学生都能进入，而不区分其种族、性别、财富、宗教等。这种对所有学生开放的公立学校当然具有哈氏所说的公共性。

在政治学层面上，公共性体现为共同参与。正如日本教育家藤田英典所说，“对住在同一地区的人来说，学校是共同性基础。学校是社区居民一起参加各种活动，交换意见，协调利害关系，积累共同经验，培养相同的回忆和归属感的基础，是社区社会的共同基础。在高度城市化的当代社会中，对一个地区来说，学校是为数极少的可以维持共同性的基础之一。”[⑤] 教育既然是公众的事情，大家都有参与管理的权利和义务。对于公立学校

---

① 余雅风：《教育立法必须以教育的公共性为价值基础》，载《北京师范大学学报》，2005年第1期。

② 康永久：《知识输入还是制度重建——公立学校制度变革的中国道路》，博士后出站论文，第38页。

③ 谢维和教授分析的三个基本走向是：（1）从行政和管理走向学术和专业；（2）从统一走向比较多样化的办学模式；（3）从宏观走向微观的改革重心。参见谢维和：《公共利益：基础教育改革的首要坐标》，载《中国教育报》，2004年4月17日。笔者以为，公益性是利益层面的目标，而公共性是价值层面的目标。谢教授仅用公共利益替换公共性的提法欠妥。将公共性等同于公共利益仅在社会学层面成立。

④ ［德］哈贝马斯著：《公共领域的结构转型》，曹卫东等译，学林出版社1999年版，第2页。

⑤ ［日］藤田英典著：《走出教育改革的误区》，张琼华、许敏译，人民教育出版社2001年版，第3页。

的参与，既可以采取家长和社会人员直接参与的模式（如美国的芝加哥校本管理模式），也可以委托民众的代表参与（在大多数国家都采取的间接选举方式），公众要做的就是监督这些代表是否贯彻了自己的意图。按照委托代理理论，这种代表既可以是政府官员，也可以是立法机构的代表，甚至是第三部门的代表，公众赋予这些代表以公共威权，对教育等公共事业进行治理。政治学意义上的公共性还要求政府制定教育政策时，过程、程序和结果要透明，这是公众作为委托人对代理人的监督所必不可少的技术性要求。

如果在社会学层面，公共性等同于公共利益，它和公平有关，更关注当事人的教育利益的获取和教育结果的均衡。在这个意义上，公共性类似于公益性。政府在提供义务教育等公共产品时，必然需要遵循罗尔斯（John Rawls）的差别原则，否则难以达到结果的平等，从而丧失教育的公共性。

从教育学上说，公共性更意味着共同的知识。学校通过共同的教师，开设共同的课程，培养共同的情感和民主意识。也许，以上的公共性只有在这个层面上，才能从根本上反映教育的公共性。知识的合理性在教育中具有天然的优势。“社会关系、机构、制度和活动的合理性是以其知识基础的合理性为前提的。一旦这种知识的合理性丧失，那么随之而来的就是社会各方面合理性的丧失，就是原有社会观念、机构、制度的混乱，就意味着原有社会秩序的崩溃以及新的社会秩序的诞生。”① 美国教育家和思想家约翰·杜威（Dewey，J.）就是在这一根本上思考美国公立学校的公共性。杜威从文化改造的角度看待教育的公共性，他认为，在美国公立学校运动中建立起来的公立学校，其共同性、公共性、平等性和国家性等基本内涵已被确立，但“这种公立学校在本质上、内涵上不是真正的公共的、民主的、属于大众的”②。进而杜威认为学校应在传授的课程方面担负起民主的文化使命，在传授普通知识和技能、学生品格养成、责任感和义务感形成、最终在达到学生的社会化方面有所作为。“民主、大众、生活、实用的课程是真正的公立学校课程的内核。创建美国的民主文化是建立真正的属于大

① 石中英：《知识转型与教育改革》，教育科学出版社 2001 年版，第 33－34 页。

② 季苹：《美国公立学校的发展研究》，高等教育出版社 2002 年版，第 234、235 页。

众的公立学校的前提。”①

其实，以上几个层面的公共性是密不可分的，要深入理解教育的公共性，必须在此基础上全面考虑。当然，我们认为，公共性也是有层次的，并不是在所有的历史时期，在以上所有的层面上展现的教育的公共性都是一致的。其中，公共参与、追求教育机会的均等和教育结果的平等是基础，最终目标是达到在公共领域实现公共知识。公共性对于教育而言，是一个昂贵甚至奢侈的字眼，任何片面的理解和肤浅的追求都是对它的亵渎。

政府怎样在促进教育的公共性上有所作为呢？根据以上对于教育公共性的分析，我们认为，政府在教育管理中的公共性主要体现在共有、共享、共治三个方面。共有要求强调学校（尤其是公立学校）归全民所有而非归政府所有，全民主要是指中小学校所在辖区内的居民。学校在招生、教育教学管理以及教育资源的分配等方面对这些居民不能存在有失公允的政策，对弱势群体更不能歧视。共享是建立在共有的基础上的，要求政府的教育政策需要让全民都能享受到教育发展带来的益处，教育资源的优化、办学条件和师资水平的提高等带来的教育收益应惠及辖区内所有的居民②。共治即共同治理，这又上升到了一个更高的高度，要求政府在管理学校、治理教育的过程中应吸纳民众参与，将管理和治理的权力适度让渡于民。这种共治对于民众的素质和管理能力有了一个更高的要求。对于教育，民众要愿意管也能够管。共治是教育公共性的最高表现。

教育的公共性的这三个不同层次在不同的历史时期应有所区别，有所侧重。因为在不同的历史时期，社会政治、经济发展状况不同，政府的执政理念、执政能力以及民众参与的愿望与能力也不一样。新中国成立以后至1978年，教育的公共性主要体现在共有上，它要求学校对不同性别、民族、家庭背景、智商等学生同等对待，学校的教育教学过程中也要求用一把尺子进行管理和规范，因为学校是国家的学校、大家的学校。1978年至

① 季苹：《美国公立学校的发展研究》，高等教育出版社2002年版，第235页。

② 这里居民是一个较大的概念，不能仅仅狭义地理解为户籍在本地的居民，应还包括流动人口和外来务工人员。因为后者在本地购物、置业、消费和生产中已经为本地的税收和财政作了贡献，由财税支撑的公共教育必然应让他们受益，体现对教育发展成果共享的原则。

20 世纪末，教育的公共性主要体现在共享上。在此期间，教育得到了巨大的发展，居民应能够平等地享受教育发展带来的益处，如课程改革能让所有学生接触到最新的教育理念，教育信息化能让所有学生享受信息社会给教育教学带来的便利，高校扩招能让更多的学生享受接受高等教育的机会，国家财富的增长能让广大农村地区的学生享受免费的义务教育等。进入 21 世纪后，教育的公共性应在共有和共享的基础上，更多地体现在共治上。因为在新的历史阶段，随着政治体制和行政体制的改革以及民众参政议政能力的提高，必然要求各级政府转变职能，教育治理之道也开始向多中心治理转变。只有全民参与的教育才能促进教育的民主化和教育的大发展。当然，鉴于效率因素的考虑，从可行性角度出发，全面参与的理念在操作层面仍需要处理好委托与代理的关系、直接民主和间接民主的关系。全面参与不是盲目的、群龙无首的、混乱的参与，政府的驾驭能力和主导地位也需要应时应势而调整。当前，教育的公共性仍是我们努力的方向，还远远没有达到现实。政府、教育工作者和公众所要做的是从基本的实践做起，扩大教育事务的公共参与度，实现教育资源尽可能的均衡分配，逐步提升我国教育的公共性品质。

随着哲学、政治学、法学等社会科学的发展，学者们对于政府的定义以及相关政府的属性、职能、权力和责任的研究日益深入。

二、政府理论的纷争——自由与保守

（一）自由与保守

对政府的理解纷繁复杂，古今中外的观点、理论多如牛毛。人们往往从政府功效的角度对政府的有用性和合法性作出价值判断，表现为人们对国家和政府使用的各种隐喻。如在政府的价值取向上，英国人具有自由主义情结，认为政府是必要的邪恶；德国人具有国家主义情结，认为政府是地上的神[①]；

---

① 黑格尔的哲学梦想是将国家构建成一个伦理共同体。其实德国的学者，包括尼采、韦伯、马克思以及后来的哈贝马斯等，都十分突出和强调中心（政府）的集权作用。这种对政府控制和干预的认可也导致了德国相对集权（虽然各州是分权的）的传统，导致人们在生活中对中心、权威的认可。参见［英］韦恩·莫里森：《法理学》，李桂林、李清伟等译，武汉大学出版社 2003 年版，第 171－186 页。

法国人则具有半国家主义半自由主义情结，认为政府是半神半兽的。马克思、恩格斯则认为国家是必要的“祸害”①。

从大的方向上看，可简单划分为两类，即自由主义和保守主义。一直以来，政府往往在两种角色中摇摆：一是政府担当“守夜人”角色，主张限制政府权力，市场这只“看不见的手”（invisible hand）会自动将社会资源调整到最佳状态，管得最少的政府是最好的政府。二是将政府比作巨大的怪兽“利维坦”，强调国家的绝对权威作用。② 前者主张限制政府权力，后者主张发扬政府功能。

接下来学者们关心的就是“小政府”与“大政府”之争、有限政府与全能政府之争、经济人政府和公仆政府之争，类似的争论一直持续至今。各国政府、各种流派之间在一些政府治理的重大问题上仍然存在着明显的理论和实践纷争。

以上简单划分的自由主义和保守主义是19世纪前的“传统”的自由主义和保守主义。③ 传统的自由主义以洛克、杰弗逊、潘恩、孟德斯鸠、边沁、密尔等为代表，他们对政府的基本观念一般以“消极国家”、“警察国家”、“最好的政府是管理最少的政府”为原则。19世纪末至20世纪发展为新自由主义，以格林、威尔逊、杜威、凯恩斯、罗斯福、罗尔斯为代表（大多为英美的学者和政治家），他们力求把个人自由与公共利益、社会发

---

① 乔耀章：《政府理论》，苏州大学出版社2003年版，第3页。

② 曹沛霖：《政府与市场》，浙江人民出版社1998年版，第240页。也有人对政府的立场介于两者之间，认为在资本薄弱的地方发挥政府的“拐杖作用”，即提倡政府为社会发展提供支撑作用，逐步形成市场经济制度，并且随着这一制度的成熟，依靠社会大众的力量最终抛开“拐杖”。这种观点具有较强的工具主义色彩，尚未纳入有关政府的主流理论。参见马克思对大卫·李嘉图的自由竞争思想的批判和评论，《马克思恩格斯全集》第46卷（下），人民出版社1980年版，第160页。

③ 这里“传统”也可以称为“古典”。美国主流学者的观点一般认为，几种主要的意识形态包括古典自由主义、古典传统主义、现代自由主义和现代保守主义（当然还包括社会主义、民族主义和法西斯主义）。其中，现代自由主义也可称作保守主义，现代保守主义则是古典经济自由主义和古典政治保守主义的结合。参见［美］迈克尔·罗斯金等：《政治科学》，林震等译，华夏出版社2001年版，第106－110页。

展统一起来，主张扩大政府干预经济和社会生活，建设积极自由的福利性国家。[①] 新自由主义又以20世纪70年代罗尔斯的《正义论》的出版为标志，进入了一个新的时期。罗尔斯对正义原则、公平分配、机会均等、关心最小受惠者、非暴力反抗等理论的阐述，为英美等西方国家解决社会重大问题提供了理论基础。以至于新自由主义成为英美撒切尔政府、里根政府及其后继者执政的哲学和政治学根基，这种根基即使在政党的更迭中也无法被撼动，至多是对它的小修小补。可以说，当今的政治哲学是一种近乎中庸的政治哲学，过于激进或保守都站不住脚，也不易进入政府政策的实际操作层面。

（二）政府的强与弱

教育的发展离不开国家权力的发挥。重大教育问题的解决必须有政治权力的介入和推动。[②] 越是教育落后的国家，越需要加强国家权力对教育事务的参与，以调集充足的人力、财力、物力资源发展教育。[③]教育改革对于政治（行政）体制改革的依附性几乎得到了我国教育学界学者们的一致认可。但是，国家权力[④]实际上具体表现为政府机构内部的职能和分工，以及政府与外部（社会、市场、企业、学校等）的关系。这种关系有密切与疏远之别，我们可以称为强关系或弱关系。在不同联系程度上，对应的政府可以成为强政府或弱政府。对于教育而言，在教育改革过程中，在学校办

---

① 与英国相比，美国新自由主义更强调中央集权和政府效率。从罗斯福的“三R”计划［复兴（Recovery）、救济（Relief）、改革（Reform）］的新政到艾森豪威尔的“繁荣”（1956年）、肯尼迪的“新边疆”（1960年）、约翰逊的“伟大社会”等，都不断扩大政府的干预领域。（参见乔耀章：《政府理论》，苏州大学出版社2003年版，第109页）其实从20世纪80年代后至21世纪初美国的教育改革的推进和教育法案的出台，仍可明显地看到政府干预的强效力。

②③ 褚宏启：《教育现代化的路径》，教育科学出版社2000年版，第12、118页。

④ 在我国“人大和一府两院”的政治架构中，国家权力应意指我国立法、司法和行政三种权力。但在行政权力普遍扩张的背景下，我们可以简单地用狭义的政府权力代替国家权力。而且，在一定程度上，本书的行政体制改革等同于政治体制改革，行政等同于政治，政府权力等同于国家权力。笔者在此未作政治学意义上的区分，这和政治学界的分类有所不同。详细内容可参见胡伟：《构筑面向现代化的政府权力——中国行政体制改革理论研究》，载《政治学研究》，1999年第3期。

学实践中，政府的权力应大还是小？政府的角色应是强政府还是弱政府？对此，学界在一些问题上仍存在概念模糊甚至矛盾的地方，更不必说正确和一致了。鉴于此，本书在对政府的强弱属性给出界定的基础上，得出当下中国教育改革必须建立强政府的结论，并就此给出具体实现途径的建议。

1. 大政府与小政府

在政府规模和政府能力问题上，人们以往习惯于争论的是政府的“大”与“小”。对政府的“大”与“小”的争论体现了人们对于政府职能的不同理念。

政府的“大”与“小”是相对于社会而言的。主张“大政府、小社会”的学者从政治和经济两个方面寻找根据：在政治上秉持“行政国家说”，认为随着社会的发达，行政权力的作用对象日益增加，社会事务的复杂化客观上需要政府行政权力增加，从而得出了现代国家的政府职能需循着一条逐渐强化的轨道发展的结论；在经济上秉持“经济国家说”，认为国家行政机构是全部社会经济运行的主体，是最大的所有者、投资者、经营者和社会产品各个层次的分配者。全方位的“超”经济管理必然要求不断强化政府职能和增加执行这种职能的权力机构。主张“小政府、大社会”的学者则往往从社会寻求支持，认为现代国家的发展是一个国家还权于社会的过程，其间政府职能逐步弱化，权力逐步缩小，社会职能不断扩大，直至国家和政府“完全成为多余”。第三种观点则认为不必机械地采用“大政府、小社会”模式或“小政府、大社会”模式，甚至无须去讨论大小政府与大小社会的问题。在他们看来，“大政府”或“小政府”都能促进社会的发展，世界上没有哪个国家长期单纯依靠“大政府”或“小政府”，“大政府”和“小政府”只能说明政府所直接管理事务范围的大小和内容的多少。①

第三种观点无疑给了我们很多有益的启示，让我们将关注点转移到政府的强与弱上来，而不再拘泥于形式上的政府的“大”与“小”。因为如果仅仅从政府的规模和数量考察，也容易得出一些似是而非的结论。比如一般认为，考察政府规模的大与小可以从四个方面进行：一是公务员数量指标；二是机构数量指标；三是财政指标；四是公务指标。根据委托代理理

---

① 金太军等：《政府职能梳理与重构》，广东人民出版社 2002 年版，第 26 页。

论，政府是人们为了处理社会事务，将自己的权力合法让渡给政府而产生的。政府机构的产生势必要耗费社会的资源，这些资源通过收税形成。因此，用得最多的指标是财政指标。西方经济学家通常从世界各国政府实际支配资源的相对量（如财政支出占 GDP 或 GNP 的比例）的比较中，判断一国政府是属于大政府还是小政府。① 用得比较多的另一个更直观的指标是公务员数量，即看一个国家多少百姓养一个公务员。这里需要指出的是，从以上几个方面的指标对我国当前政府规模大小进行比较研究时得出的结论并不完全一致。比如，如果从公务员数量看，我们可以考察全国总人口和政府吏治人员的比例。这一比例在唐代是 3 900∶1，在明代是 2 900∶1，解放初期是 297∶1，1994 年是 40∶1②，那么我国政府显然属于大政府，需要减肥了。但如果用财政指标比较，我们可以选取比较政府总支出占国民生产总值的比例。同样是 1994 年，这一指标在美国为 33%，英国为 43%，德国为 48%，瑞典和丹麦则高达 60% 以上，而我国则低于 20%。③ 我们又似乎会得出中国政府是小政府的结论。那么，1994 年的中国政府究竟是大政府还是小政府呢？似乎比较指标的选择和比较对象的选择不同会带来不同的结论。可见，这种比较是没有意义的。再如，有学者指出，中国历史上的政府都是小政府，比如像汉、唐、宋、明、清这些统治时间长久的朝代都是小政府，税收很低。中国过去监狱很少，犯人很少，官很少，兵也很少。那时候的国家应该说是有效率的，用那么少的官治理那么多的人民。“中国过去就是实施小政府的典范。”④ 另一方面，如果我们考察当代西方国家，即使这些国家有着长期的自由主义的传统，但从政府规模上看无疑是大政府。西方国家社会经济水平高，政府财政虽然也比较紧张，但其规模比发

① 金太军等：《政府职能梳理与重构》，广东人民出版社 2002 年版，第 25 页。

② 章源编著：《重塑政府：98 政府机构改革焦点大透视》，中华工商联合出版社 1998 年版，第 48 页。

③ Organization for Economic Co-Operation and Development: *Governance in Transition: Public Management Reforms in OECD Couontries*, 1996, p. 20.

④ 毛寿龙、李梅：《有限政府的经济分析》，上海三联书店 2000 年版，导言第 3 页。

展中国家要大得多。① 西方国家的政府的职能也广泛得多，它们不仅为市场经济提供了广泛的经济自由，提供了充分的法律与秩序，提供了充分的产权保障，而且还在公益物品的供给、外部效应的纠正、完善保险市场、通过收入再分配解决贫困等方面提供了非常广泛的服务。有学者在对美国洛杉矶市和我国北京市的教育行政部门的规模进行考察比较时发现，洛杉矶的教育委员会有400多人，而北京市教委仅100多人，尽管后者管理的学校以及辖区内的学生人数数倍于前者。那么，对于当下我国政府的改革，究竟应回到汉唐还是效法欧美？可见，单纯比较政府的大与小，只会得出一些令人莫衷一是的结论。由此，本书认为，我们更应从规范的视角而不仅仅从数量和规模的视角看待政府变革，应更注重政府职能的划分和执政能力的强弱。

2. 强政府与弱政府

既然不能单从数量上考察政府的大与小，那么，就应当从政府的质量、结构、效益以及政府的执政能力上进行规范指标的比较。这种比较最终得出的结论是政府的强与弱，而非简单的大与小。

（1）何谓政府的“强”与“弱”

改变政校关系，人们通常有一种预设，即政府自身是需要变革的。根据结构功能主义观点，在结构和功能的关系上，结构是基础，特定的结构必然具有特定的功能，而特定的功能也必然需要特定的结构。② 因此，人们习惯于在结构和功能两个方面来思考政府是强还是弱。

其实，政府的强弱属性在通过结构（政府规模的变化）和功能（政府职能的转变）两个维度进行判断时，往往只能得出似是而非的结论。比如，如果认为小政府就是弱政府，大政府就是强政府，那么就会得出我国历次政府机构改革和机关人员精简是追求弱政府的荒唐结论。显然，政府的强弱不能仅看政府机构的大小和人员的多少。那么，是否政府职能越大，管的事情越多就越强呢？各种版本的政治学教材已经对于全能政府导致的政

---

① 毛寿龙、李梅：《有限政府的经济分析》，上海三联书店2000年版，第98页。

② 胡伟：《政府过程》，浙江人民出版社1998年版，第296页。

府失灵和行政效率低下作出了很好的解释①。显然，对于政府的强弱的区分，如果仅仅从政府机构规模和政府职能来判断，则不能得出令人信服的结论。为此，我们必须要廓清“强政府”的概念。

这里我们不妨参照一下德国思想家卡尔·施密特（Carl Schmitt）的观点。施密特在讨论国家权力时曾引入“全能国家”（total state）的概念，他区分了“质的全能国家”（qualitative total state）与“量的全能国家”（quantitative total state）。前者指在行使职能方面有绝对权力的国家，后者指在权力界域方面毫无限制的国家，即不存在国家与市民社会之间界限的国家。施密特希望建立的强国家是“质的全能国家”，而不是“量的全能国家”。② 根据施氏的观点，强政府当属“质的全能国家”这一范畴了。

我们可以进一步追问，这种质的全能国家中意指的国家绝对权力如何界定呢？因为，无论是西方资本主义传统的自由主义还是我国当前的政治体制改革，都将有限政府、将对政府权力的限制作为行政体制改革的一个重要归旨。既然限制了国家权力和政府权力，又何谈“绝对”权力？更不用说阿克顿勋爵担心的绝对权力的腐化了。

（2）强政府的实质是什么

在后发展中国家，迫于赶超的压力，政府往往需要拥有对社会资源的强有力的整合能力，社会、政治和经济的全面发展和赶超需要政府表现出比西方先发展国家更加强有力的能力。这在日本、韩国等国经济腾飞的过程中表现得很明显。教育领域的发展也是这样，我国长期以来一直处于穷国办大教育和大国办穷教育的状态之中，在有效调动社会资源、提高教育发展的效率、平衡教育中的差距、协调教育中的各种矛盾、使得教育发展能够兼顾公平与效率等方面，需要政府有所作为。离开政府的作用，难以想象我国拥有1.9亿名学生的50余万所中小学校如何全面协调地发展。

那么，过分强调政府作用是否最终必然导致全能政府？强政府是否以

---

① 对全能政府的批判可参见金太军等著《政府职能梳理与重构》，广东人民出版社2002年版，第74－86页。

② 关于施密特对两种类型的全能国家的讨论，参见Renato Cristi，*Carl Schmitt and Authoritarian Liberalism：Strong State，Free Economy*，Cardiff：University of Wales Press，1998，pp. 193－199，George Schwab，*The Challenge of the Exception*，p. x.

全能政府为圭臬？我们说，回到计划经济体制下的政府强权当然不是我们应有的选择。全能政府并不是必然意义上的强政府，而且，事实上往往恰恰相反，全能政府大多是湮弱的国家。在20世纪80年代前的中国，学校的发展在人、财、物等各个方面都依赖政府的调配，学校没有也不需要拥有任何权力，作为政府附属物的学校，其自身的发展和教育的发展都成了政府的事情。教育如同国防一样似乎成了纯公共物品，私人（包括社会和学校的成员）对学校发展不负有任何责任，对办学也没有任何积极性可言。在办学过程中，国家、社会、学校成为一体化的人格。国家与社会之间缺乏明确的边界，其结果往往导致"国家社会化"，即产生一个寄生于国家内部的私性社会，公器私用，公共权力被用于追逐私利，却不能为社会提供充分的公共产品，最终必然沦为一个外强中干的虚弱国家。① 在我国，经过新中国成立后的对私有制的改造，直至80年代初期，我国政府在教育领域一直保持着强势地位，学校的人、财、物都处于政府的直接管理之下，以至于对于学校和社会而言，政府是全能政府。一方面，宽泛的国家权力需要庞大的官僚机器，维持庞大的官僚机器需要巨大的公共财政收入，而财政不足几乎是所有全能国家难以克服的顽疾。另一方面，为了缓解政府在教育上的财政压力，扩大办学渠道，增加社会对教育的总供给，政府在20世纪90年代后开始了多元办学体制的改革。但即使在教育初步市场化的今天，民办学校如果离开政府机构及官员个人的支持也势必难以为继。在教育领域，国家的权限太大，国家控制的资源太多，必然会扭曲和窒息了教育的活力，使社会组织和个人的教育活动的成败在很大程度上取决于国家的支持或抑制。更何况，这也为国家管理人员提供了广泛的寻租机会。寻租不仅造成社会的极大不平等，而且会大大削弱国家提供教育这种公共物品的有效性，使国家在保护教育产权、提供教育公平的竞争规则、保护国家利益方面日益涣散和软弱无能。可见，长期以来我国政府相对于学校等社会教育机构而言虽是大政府、全能政府，但尚谈不上是强政府。强政府和全能政府不是同义词。

这里，关键是要掌握一个度的问题，政府在哪些方面可以拥有权力，

---

① 王炎、李强、汪丁丁编：《宪政主义与现代国家》，生活·读书·新知三联书店2003年版，第6页。

政府权力掌握到什么程度，给基层和学校的自主发展能留下多大的空间需要认真研究，这实际上又回到了政府职能转变的问题上来。

政府的强与弱，主要是指政府职能的强弱而非机构的大小，这里，职能强弱不是指管辖范围的宽与窄和管理事项的多与少，更主要的是看政府贯彻自己意图的有效性的大小，政府是否能和社会形成良性互动，政府的教育政策能否得到公众的认可并及时、准确、深入地得到执行。

显然，政府职能、政府权力和政府能力是讨论政府强与弱的关键词。

强政府，首先表现在职能是否能够理顺上。虽然我们不能说政府职能越大越好，政府就越强，但适度的职能是强政府的必要保障，也是教育等公共事业发展的保障。在教育问题上，强政府的实质是政府拥有和教育发展相适应的适度的职能。

所谓政府职能，根据亚当·斯密（Adam Smith）在《国富论》中对政府职能的划分，国家履行的职能包括三类：第一是国防职能，第二是司法职能，第三是建立并维持某些公共机关和公共工程。① 在前两类职能中，国家因提供纯公共物品而处于绝对垄断之地位，私人部门无力也无积极性和政府进行职能争夺。问题大多出自第三类职能，即公共机关和公共工程。在教育领域，我们可以理解为，学校就是公共机关，教育就是公共工程。各国进行的政府改革，无不在第三类职能上进行变革，围绕政府变革也出现了诸多分歧。政府的强与弱，就教育领域而言，主要取决于政府在第三类职能上的定位及其实际执行情况。

在确定政府的职能方面，世界银行在评述世界各国，尤其是发展中国家和经济转型国家的“政府能力”时，所得出的一般结论颇具参考价值。世界银行将政府职能分为小型、中型和大型三个层次，认为只有根据本国经济社会发展所处的实际阶段及政府能力的大小，依次拓展政府职能才能取得最好的效果（参见表1－1）。②

---

① 王炎、李强、汪丁丁编：《宪政主义与现代国家》，生活·读书·新知三联书店2003年版，第284页。

② 卢洪友：《政府职能与财政体制研究》，中国财政出版社1999年版，第41－43页。

表 1－1 市场经济体制中的政府职能层次

<table>
<tr><td></td><td colspan="3">解决市场失灵</td><td>促进社会公平</td><td>欧美国家改革路径</td><td>中国改革路径</td></tr>
<tr><td>小型职能</td><td colspan="3">提供纯公共物品：国防、法律与秩序、财产所有权、宏观经济管理、公共医疗卫生等。</td><td>保护弱者、反贫困计划、消除疾病等。</td><td rowspan="3">↓</td><td rowspan="3">↓
↑</td></tr>
<tr><td>中型职能</td><td>解决外部效应：基础教育、环境保护等。</td><td>规范垄断企业：公用事业法规；反垄断政策。</td><td>克服信息不完整：保险、金融法规、消费者保护等。</td><td>提供社会保险：再分配性养老金、家庭津贴、失业保险等。</td></tr>
<tr><td>大型职能</td><td colspan="3">协调私人活动：促进市场发育、发展，诱导、调控私人经济资源合理流动，优化经济结构等。</td><td>再分配：资产再分配。</td></tr>
</table>

参见世界银行编：《1997 年世界发展报告》，中国财政经济出版社 1997 年版，第 27 页。

在西方国家，因其社会、政治、经济是循序渐进发展的，所以其政府职能变迁的轨迹是沿着小型职能—中型职能—大型职能的方向进行的。而在我国，虽然古代是小型政府，但建国后我国模仿前苏联的治国模式，政府从小型政府一跃成为大型政府，缺少了中型职能的培养，可政府管理基础教育的职能恰恰应落在中型职能范围内。所以，目前我国政府在转变职能的问题上应加强中型职能。在对待教育的治理上，应注重四项职能的培育：一是解决教育的外部性；二是规范办学行为，尤其是优质校对基础教育垄断的行为（政策之一是取消重点校）；三是在加强对家长服务的过程中，克服信息不完整问题；四是为社会弱势群体（农村地区学龄儿童、城市贫困人口、残障儿童等）的教育提供保障。

当然，政府职能及政府本身并不是目的。相对于教育的发展（或者说人的发展）而言，政府职能的大小以及政府本身的强弱都仅具有工具性价值。我们并不能说，职能越大的政府就是强政府，职能越小的政府就是弱政府。而应说，适度的职能才是强政府。这个度，就是指政府在管理教育过程中，只管理自己应该管理、能管理好的事情，其他不应该管、管理不好的事情应交由市场和社会处理。政府不能越位（管了不该管的事情）和缺位（应该管的事情不去管）。

在确定一件事情是否需要政府管理从而纳入政府管理职能范围的时候，应当注意两个原则：一是法定的原则，即政府去管的事情必须是法律明确规定和授权的。① 这也是有限政府的基本原则，是政府依法行政的基本原则。只有通过法律限定政府的权力，才能保障政府权力自身的合法性。政府管理一件事情的合法性基础必须经过论证，而且通常应该是法律授权上的论证。相反，对于市场和社会而言，凡是法律没有明确禁止的事情，都可以去做。社会事务和公民个人的事务是大量的、繁杂的和难以穷尽的，法律也不可能明确地加以规定。公民可以做法律没有禁止的任何事情，这本身也是公民自由的基本体现。在一个社会中，各种组织和个人只有拥有了这样的自由才可能具有从事各种事务的积极性，才能激发他们的创造性，社会才会进步，教育事业才能发展。从民主和效率两个方面看，这一原则都是正当的。二是当法律规定一件事情政府和市场都可以管的时候，应让市场和社会去做。这是因为，在中国，在政府和市场的关系中，政府是强者，市场（或者说民间）是弱者，根据弱者优先的原则，在处理政府和市场之间的关系时，必须遵循市场优先的原则，市场先于政府，是有效且有限政府的基础。有学者甚至提出，“作为扩展秩序的市场扩展到哪里，政府的规模和范围就应该收缩到哪里”②。这种简单的模型推论并不是盲目的市场中心主义，而是在对自由主义精髓深刻把握的基础上作出的理论抽象。政府的职能在以上两个原则的基础上，一般就可以大致确定了。

当下的中国，意识形态上看处于一种很微妙的阶段。如果说强政府，

---

① 这是自由主义的基本理念，即用法律的方式限制政府的权力，保障人民的权利。个人行动在理论上无须证明其合理性；相反，国家的干预行动却必须证明其合理性。参见 Joseph W. Bendersky, Carl Schmitt: *Theorist for the Reich*, Princeton, New Jersey: Princeton University Press, 1983, pp. 107 – 122. 应当承认，我国 2004 年实行的《行政许可法》在这方面作出了初步努力。

② 毛寿龙、李梅：《有限政府的经济分析》，上海三联书店 2000 年版，第 101 页。

势必让人联想到计划经济时代的全能政府。似乎主张政府权力，主张加强政府对公共事业和社会的控制和管理能力是历史的倒退，是落伍的；另一方面，如果主张“去政府”，又会被戴上自由化和无政府主义的帽子。学者们能做的只能是就某项政策发表意见，而不敢贸然从整个体制上对政府的强弱作严谨的科学研究，不敢跨越雷池和禁区。这一问题在对待自由主义的研究上表现得尤为明显。但事实上，在教育领域内谈论政府的强弱，不可能绕过自由主义的门槛。

怎样的政府才算得上是强政府呢？追根溯源，对这一问题的解答应回归到基本政治思想和理念上。这里需要阐明的是自由主义的思想。我国学者，尤其是教育界的学者，在谈论政府在教育中的作用以及政校关系时，往往对自由主义存在误解。由于冷战结束以后相当长时间内对自由一词有所忌讳，自由主义往往被人们过于意识形态化而束之高阁，即使主张市场化的学者往往也未必愿意打着自由主义的招牌。其实，围绕着教育改革，尤其是围绕教育的民营化与市场化的讨论，人们观点间的分歧完全可以还原为自由主义与保守主义之争。但人们对争论的焦点——自由主义——本身的理解在很大程度上被冷战时期的话语所制约，这种话语限制了我们思考问题的视野。[1] 以至于人们倾向于强调自由主义反对国家专断权力的一面，强调个人权利和国家权力的对立。自由主义的理论家开始强调自发秩序的可能性与合理性，声称理性的个人通过博弈或重复博弈就可以构建理性的制度，相信各种利益群体、社会力量追求自身利益最终可以通过竞争达成妥协。这种力量似乎成为第二次世界大战以来自由主义国家理论的主流。在这样的语境下，加强政府权力就是与自由主义背道而驰，就是保守的、不合时宜的。

一般认为，亚当·斯密等人是自由主义的鼻祖，提倡“看不见的手”发挥自我调节的作用，政府则只需充当“守夜人”角色，从而“管得最少

① 李强：《宪政自由主义与国家构建》，载王炎、李强、汪丁丁编：《宪政主义与现代国家》，生活·读书·新知三联书店2003年版，第21页。

的政府是最好的政府”的理念成了自由主义在政府职能定位上的核心理念。[①] 一些学者甚至认为自由主义做的就是“去政府”的事情，自由主义导致的必然是弱政府。

这是对自由主义的极大误解。其实，在霍布斯、洛克、布兰克斯通、亚当·斯密等早期个人主义者与自由主义者的著作中，现代国家一直是他们构筑理论体系的基本前提。自由主义的国家观至少包含两个方面的内涵。一方面，自由主义强调个人的自由与权利。个人行动在理论上无须证明其合理性，而国家的干预行动却必须证明其合理性。另一方面，自由主义不大为常人所知道的特征是，“自由主义高度强调国家的重要性。自由主义在主张限制国家权力的同时，强调经济和市民社会需要一个有效的现代国家，强调国家在提供公共物品与保障一定程度社会正义中的积极作用”。[②] 自由主义国家可能是强有力的国家，而依赖专断进行统治的国家却可能是软弱无能的国家。

近代自由主义者对国家和政府权力的重视往往被我们忽视，那么，现代和当代的自由主义者对政府权力是怎样看的呢？我们一直习惯于将哈耶克和弗里德曼视作新自由主义者，他们主张进行市场化改造，反对政府对公共事业的垄断。并且，我们还习惯于将里根和撒切尔政府执政后的英美国家政策视为当代新自由主义的典型。其实，新自由主义和新保守主义之间并没有泾渭分明的界限。在经济上，相对于凯恩斯主义的政府控制论，我们当然可以称上述人物及其主义和政策为新自由主义，但在政治上，在

---

① 这里值得一提的是围绕“斯密问题”的持续的争论。尽管斯密在《国富论》中提出了“看不见的手”的观点，从而“第一次把最初以道德哲学问题形式出现的利己与社会利益之间的关系问题系统地转化为经济学的伟大主题”（参见杨春学：《经济人与社会秩序分析》，上海三联书店 1998 年版，第 11－12 页）。但斯密早先出版的《道德情操论》中则提倡利他与合作。这里，利己和利他看似矛盾，实则是斯密试图向人们展现一个建立在活生生的人而不是冷冰冰的“经济人”基础上的真实社会秩序。这种社会秩序对于教育的意义尤为重要，否则我们无法解释那么多教师的“红烛”精神和无私奉献的道德风范。倡导这种利他的秩序和风范也是政府（尤其是学校面对的政府）的应尽之责，这也许是斯密的原意。

② 李强：《宪政自由主义与国家构建》，载王炎、李强、汪丁丁编：《宪政主义与现代国家》，生活·读书·新知三联书店 2003 年版，第 24 页。

亚当·斯密所说的“公共机构和公共工程”上，我们可以说，这里的自由主义者们都对国家的强执政能力持赞成态度。

回到中国，我们说中国是一个典型的后发型国家。我国经济体制改革才进行了30年，教育体制改革也才历时20余年，尽管其间我国包括教育在内的各项事业已经取得了长足的进步，但比之发达国家仍很落后，我们仍然还处于发展中国家阶段。由于现代化起步落后于外部的发达国家，因此遵循一种“追赶型”的现代化模式，政府主导特点非常鲜明，这在学术界基本上是一个共识。① 政府在教育发展中的主导作用仍不容质疑，问题是政府怎样发挥这个主导作用。

（三）教育中的自由与保守

进入21世纪后，中国理论界开放程度明显提高，学者们不再避讳谈论自由主义了。的确，自由主义和保守主义等理论话题并不只是涉及政治领域的意识形态问题，更是关于经济、社会乃至教育改革的路径选择的理论体系。然而，国内学者们对于自由主义等理论的研究毕竟刚刚起步，对许多基本理论和观点的理解尚不够准确。在中国大陆，自由主义曾经是革命队伍内部所斥责的不遵守纪律、自由散漫、自私自利、贪小便宜的代名词，当然这与作为政治哲学的自由主义相去甚远。② 尽管我国学界自20世纪80年代后就陆续译介了许多相关的理论著作，但至少在教育理论界这种理论努力是远远不够的。笔者在学术期刊网教育类文章中搜寻近年来题目中含有“自由主义”或“保守主义”字样的文章，仅有不超过10篇。③ 而且一些还是与自由教育等教育理论而不是与政府、市场相关联的社会理论研究。即使目前教育研究学者关注自由主义，也大多是谈论当前流行的新自由主

---

① 任晓：《中国行政改革：目标与趋势》，《社会科学》，1994年第4期。

② 顾肃：《自由主义基本理念》，中央编译出版社2003年版，第73页。

③ 其中较有代表性的是石中英的《中庸之道：超越激进主义和保守主义》、阎光才的《新保守主义与美国大学自由教育的危机》、杨旭东的《试论近代中国自由主义高等教育思想立场》、高益民的《日本教育改革的新自由主义侧面》、易红郡的《“第三条道路”与当前英国教育改革》、周兴国的《从政府控制到市场运作——哈耶克自由主义教育政策观的思路与困境》、蒋衡的《全球化背景下英美自由主义国家国民教育制度的改革》、孙发利的《新自由主义对我国教育体制重构的启示》等。

义（Neo-liberalism），而对于古典的自由主义（仅限于经济学）以及对于保守主义等仍缺乏研究和关注，使得对于教育与政府、市场和社会关系问题研究的理论深度难以得到提升。[①] 我们对于自由主义和保守主义的研究往往更多的是一种“印象式的捍卫或否定”。但正如邓正来先生在对《自由秩序原理》译后所写的序中所说，“真正阻碍国人把握西方自由主义理路及其根本问题者，最主要的便是这种印象式的论辩，而其结果只能是在实践中陷入非此即彼的逻辑：要么对自由主义施以滥用，要么对自由主义作简单却彻底的否定”。[②] 总体看来，对于自由主义和保守主义等相关理论问题的研究，国内仍缺少一支足够强大和成熟的中坚力量作为稳定的基础，甚至有人将之归因于“新型知识阶层不成熟的性格”[③]。

对于自由主义的理论脉络的把握是将其运用于分析学校外部关系的前提。自由主义[④]是人类历史上迄今为止生命力最为旺盛的一种哲学理论。一般将自由主义分为古典自由主义和新自由主义。根据我国著名的自由主义政治哲学研究者顾肃的观点[⑤]，自由主义的思想渊源起自古希腊晚期斯多葛

---

① 事实上，不理解古典自由主义和保守主义的基本原理，也很难真正理解和把握新自由主义。一些论者动辄自诩为新自由主义，这也表现出一定程度的学术无知。

② ［英］弗里德利希·冯·哈耶克：《自由秩序原理》，邓正来译，北京三联书店1997年版，中文序。

③ 龙潜：《百年中国保守主义考》，载《贵州师范大学》（社科版），2002年第4期。

④ 有人认为新自由主义有广义和狭义之分。从最广泛的意义上说，新自由主义是指20世纪30年代凯恩斯革命以来出现的一股经济思潮，其目的是要“复兴”19世纪的传统自由主义。属于新自由主义的学派包括现代货币主义、供给学派、理性预期学派、伦敦学派、弗莱堡学派、奥国学派、公共选择学派和新制度经济学派。狭义的新自由主义则特指新自由主义中比较极端的经济学家，如哈耶克、张五常、弗里德曼、萨克斯等。（参见刘小怡：《新自由主义述评》，载《学习论坛》，2004年第8期）也有学者则认为新自由主义专指华盛顿共识后的自由主义，否认广义的新自由主义，认为“新自由主义与古典自由主义经济理论既有联系又有区别，并且通过对凯恩斯革命的反革命而著称于世”。（参见何秉孟等：《新自由主义研究》，载《马克思主义研究》，2003年6月）。国内学者研究以狭义为主，本书大致也取此意。

⑤ 本书这里关于自由主义理论谱系的梳理主要是阅读顾肃的《自由主义基本理念》后的理解和体会，可能与国内其他学者（特别是教育学者）的观点不尽相同。

学派的个人权利学说，经由英国光荣革命和法国大革命时期的发展，成为现代意义上的古典自由主义。英国的古典自由主义黄金时期的大家包括休谟、柏克、亚当·斯密、边沁、密尔和斯宾塞等人，观点是个人权利至上、减少国家干预以及一些功利主义的价值标准等。到19世纪末20世纪初发展为当代自由主义，包括实用主义、凯恩斯的国家干预理论等，这时候国家的地位在自由主义理论中开始上升。第二次世界大战后，自由主义沿着两条路径发展，在经济上是哈耶克、弗里德曼、波普尔等人为代表的新自由主义，理论观点又开始颠覆凯恩斯而在很大程度上回到古典自由主义的个人至上原则，再次强调市场机制的作用；在政治上表现为以罗尔斯、德沃金等人为首的自由主义，他们强调正义、权利对于个人自由的重要，但国家并不是无所作为，而是负有保护这种正义和权利的责任。也有人将布坎南（James M. Buchanan）和诺齐克（Robert Nozick）也包括在内，前者以兼顾政治和经济领域的公共选择理论著称，后者以极端市场化倾向的观点出名。至20世纪80年代后，自由主义理论界开始似乎发生了一定程度的混乱，学者们的观点越来越复杂，有的学者的观点搁在以前是绝对的保守主义，但现在却都自诩为自由主义。另一方面是来自所谓后现代理论家的冲击，尤以麦金太尔、桑德尔和沃尔泽等人为代表。这些人被理解成社群主义，他们认为以前的自由主义理论是个人主义的自由主义，而自己是社群主义的自由主义。之所以未将社群主义归为社会主义，是因为虽然他们强调社群的重要，但仍认为是个人而不是社会是理论的归宿，所以也被纳入自由主义的阵营。通过以上自由主义理论谱系的描述可以发现，我们现在谈论的自由主义大多是指新自由主义（虽然社群主义在很大程度上发扬了古典自由主义），而且是以哈耶克和弗里德曼等人为主的经济自由主义和罗尔斯、德沃金为主的政治自由主义。

经济上的自由主义和政治上的自由主义是有很大不同的。① 在经济上，

① 例如在拉美，“自由主义”被理解为与经济问题有关，而在英语中，“自由主义”与政治考虑的关系更密切。再如，在拉美、亚非发展中国家和前苏联、东欧等社会主义国家，新保守主义推行的政策主要是私有化、自由化和市场化。一些学者认为，西方的保守主义和我国的自由主义刚好一致（参见金元浦：《何以“保守主义”，而又“新”?》，载《读书》，1996年第5期）。

伊丽莎白·马丁内斯等人总结了新自由主义的五个理论要点：(1) 市场统治；(2) 削减教育、医疗等社会服务的公共开支，削弱穷人的“安全网”；(3) 放松管制；(4) 私有化；(5) 抛弃“公共物品”或“共同体”的概念，代之以“个人责任”。[①] 在美国，放松管制成为时尚。这意味着政府在交通、必需品、健康、教育以及煤气、电力等公用事业的定价方面不再起作用。市场是新的管理者，交通、医院、电信、煤气、供电、供水等部门的成本和利润都由私有公司来决定。甚至连邮政和部分监狱管理也被私有化和放松管制。在英国，“撒切尔主义实际上将学校搞得一塌糊涂，因为它以盈亏计算视学校为亏损者，而非赢利者。教学岗位被削减了许多，教师的士气低落，教学质量低下……学校被作为赢利的企业来管理，医院只给能看得起病的人提供服务，几乎没有人对此怀疑。公民需要国家保障的健康、教育和民主自由的权利都不再受到保障。”[②]在我国，持有类似观点较为明显的学者包括张铁明（主张教育产业化）和吴华（主张教育市场化和学校股份化）等人。显然，在此意义上谈论的自由主义是对我国的教育改革、学校（尤其是薄弱校）发展以及学生（尤其是贫困生）成长极为不利的，这也是教育市场化在我国并不能得到正式的和官方的认可的重要原因。

而在政治上的自由主义则谨慎得多，如罗尔斯的差别补偿的分配原则和德沃金的权利至上原则对于教育领域弱势群体的教育利益维护起到了很好的理论奠基作用，为政府的政治改革和教育改革指明了方向。这些自由主义理论受到了我国学者的广泛赞同和认可。以至于很多学者认为至今在自由主义理论中罗尔斯的《正义论》仍是巅峰之作，“自由主义绕不过罗尔斯这道坎”。[③] 这种自由主义在教育领域的运用仍是主要的，也是让学校和学生受益的。

但此后的自由主义（包括社群主义）则似乎被忽视了，个人教育权利是重要的，教育弱势群体是需要维护的，政府是要出面干预的，市场的作

---

①② 伊丽莎白·马丁内斯、阿诺尔多·加西亚、爱德华·赛义德：《关于新自由主义的三篇短论》，载《国外理论动态》，2002 年第 11 期。

③ ［英］韦恩·莫里森：《法理学》，李桂林、李清伟等译，武汉大学出版社 2003 年版。

用是有限的……这些都似乎可以归功于自由主义的理论贡献，但教育与社会的关系呢？似乎并没有人去运用自由主义理论去解释和指导，人们一下子进入了后现代，热衷于在“终身教育”、“学习型组织”等不入主流的理论上为学校、教育和我们整个社会规划未来，却离开了学校眼前还必须面对的现实：相当程度上的集权的政府、失序的市场和散乱的社会。

自由主义发展从英国古典自由主义算起已有近300年的历史了，其间的理论流派纷繁复杂，观点多如牛毛，尽管都冠以自由主义之名。也正因为此，自由主义的理论漏洞也容易显现。针对自由主义理论的批评接踵而至：在信仰方面，自由主义总是先验①地坚持人类的善良而否认邪恶的存在，即使有邪恶也是制度失当使然，没有看到人性也有堕落的一面；在对世俗世界的判断上，自由主义总是盛赞平等而无视道德不平等的现实；在价值唯一性上，自由主义总是从某种视角（或功利、或正义、或权利）论证世界的绝对性而否认同时存在的多种价值可能；在国家与个人的关系上，总是强调个人的自由和权利之优先，这样，当有些自由主义者预设了国家作为集体的责任时（如罗尔斯），反而被自由主义本身的自主核心原则所排除而显得自相矛盾。在批评者眼里，自由主义的理论不能自圆其说或者并不符合人们眼见的常识。这种批评主要来自作为自由主义对立面的理论体系——保守主义。②

显然，我们一直缺少对保守主义的关注，自1978年改革开放以来，“保守”似乎也成了“改革”的反义词，从而被意识形态化而带上了贬义。这说明，尽管保守主义、自由主义、社会主义是当今世界三大主流意识形态，但在中国现代化的过程中，社会主义和自由主义在不同程度上被国人

---

① 自由主义总是将自由、平等、权利、公益等视作无须证明的先验存在，但在卡尔·波普尔（Karl R. Popper）看来，无法“证伪”的往往站不住脚。

② 对自由主义的经典的理论批判具体可参见［美］约翰·凯克斯著：《反对自由主义》，应奇译，江苏人民出版社2003年版。该书与其姊妹篇《为保守主义辩护》一起，被认为是20世纪末保守主义对自由主义最系统也最有力的批判作品。

所接受，而保守主义对中国社会思潮却影响不大。[①]

美国政治学家克林顿·罗西特（Clinton Rossiter）曾把保守主义分为四类。第一类，性格保守主义（temperamental conservatism），指人对生活、工作和娱乐中发生的重大变化所持的本能的反对态度，例如人的习惯、惰性、恐惧和仿效等。第二类，占有保守主义（possessive conservatism），指人们保护自己已有的地位、名誉、权力、财产等利益，使之免受社会变革的损害。第三类，实践保守主义（practical conservatism），指人们不仅要维护个人利益，还要维护政治、经济、法律、宗教、社会和文化等传统，使它们不受社会变革的冲击。实践保守主义者将自己视为社会的卫道者。第四类，哲学保守主义（philosophical conservatism），它不是单凭习惯好恶，而是从思想理论上为现存制度寻找依据。前两类被称为是自然的保守主义，后两者被称为是作为政治信仰和意识形态的保守主义。[②] 如无特指，本书主要指后两者，即作为政治信仰的或意识形态的保守主义。[③]

当然，和自由主义相对清晰的理论脉络相比，保守主义的谱系显得并不那么明朗。保守主义是作为自由主义的对立面而存在的，但这种对立更主要表现在实践层面。保守主义更多的是一种实践的东西，“为保守主义辩

---

① 谢武军：《20 世纪 90 年代中国的保守主义思潮》，载《中共中央党校学报》，2001 年第 3 期。笔者认为，对中国而言，社会主义更确切地说是一种效法前苏联的、与“资本主义”相对立的意识形态，是中国共产党执政的思想和理论基础，但在政治哲学层面仍缺乏与自由主义、保守主义相沟通的基础。在某种程度上，自由主义和保守主义是超越意识形态的。本书不对社会主义对教育的影响作出评论，是因为那样的话，主要针对的是资本主义对教育的影响而作的比较，而不是在自由或保守的维度上的探讨。

② 王皖强在《保守主义的含义》中将这四类分别翻译为本质的、情境的、政治的和哲学的保守主义。参见［英］罗杰·斯克拉顿：《保守主义的含义》，王皖强译，中央编译出版社 2005 年版，中译者序。

③ 在保守主义是否是一种意识形态问题上，R. J. 怀特认为保守主义仅仅是一种思维习惯、情感方式和生活方式，而塞缪尔·亨廷顿则坚持认为保守主义是一种捍卫现状的意识形态。参见［英］罗杰·斯克拉顿：《保守主义的含义》，王皖强译，中央编译出版社 2005 年版，第 3 – 6 页。

护不在于提出一种新的理论”[①]，但正是来自这种实践的挑战促进了自由主义的发展。

和自由主义一样，保守主义也划分为传统保守主义和新保守主义。传统的保守主义强调对传统的继承和现状的维护。但每一次社会的剧烈转型和跳跃式发展都似乎是自由主义的功劳，以至于保守主义总是因无理论建树而被人遗忘。但20世纪新保守主义的发展（很多观点是和自由主义的融合）使得这种理论本身得以延续。新保守主义吸收了自由主义的自由市场和民主主张，以及传统保守主义的捍卫传统、重视道德的主张。20世纪末新保守主义在西方甚至取得了较为强势的话语权。这种话语权很大程度上来源于保守主义向其对立面——自由主义的转移。以致现在在很多地方我们发现两者并非像以前那样泾渭分明了。

的确，现在我们对于保守主义理论界限及其与自由主义的分野并不十分清晰。例如，我们熟知的西方新自由主义经济学家，像哈耶克、弗里德曼以及政治支持者里根、撒切尔夫人等人，正是最有名的保守主义者。[②] 再如，目前在西方学术界有人甚至把新自由主义与新保守主义作为同义语而统称为自由主义。关于这一点，按照金元浦先生的说法，新保守主义是从自由主义中分裂出来后加入保守主义阵营的。故而新保守主义一直没有放弃自由主义的基本原则。被称为新保守主义的诸公则更喜欢自称为“新自由主义者”。[③] 而且，正如自由主义在政治上和经济上存在不同观点一样，保守主义也存在这种差别。在经济上是自由主义的，可能在政治学者看来具有保守主义倾向。比如，包括萨缪尔逊（Paul A. Samuelson）在内的西方众多学者，把新自由主义经济学称之为右翼经济学或新保守主义经济学，是准确地描述了其思想特征的。在政治上，小政府理论是符合西方传统的，因而对它的保留属于保守主义的，而实际上自由主义的经济理论往往也会得出限制政府干预的结论。正如我国学者熊家学所认为的那样，西方自由

---

① ［美］约翰·凯克斯著：《为保守主义辩护》，应奇、葛水林译，江苏人民出版社2003年4月版，前言。

② 程恩富、曹雷：《当代外国学者对新保守主义经济思潮的研究》，载《财经研究》，2004年第2期。

③ 金元浦：《何以“保守主义”，而又“新”?》，载《读书》，1996年第5期。

主义和保守主义的关系已经从对立转向趋同。[①] 如果说新自由主义是将传统自由主义向保守的回归，那么新保守主义是将传统保守主义向自由的靠拢。

对自由主义的借鉴和利用使得保守主义自身日益强大。皮埃尔·布迪厄（P. Bourdieu）指出，新保守主义已成为当代世界居支配地位的“强势”话语体系。[②] 20世纪末的新保守主义在继承传统保守主义气质的同时，捡起了传统自由主义的国家不干涉私人经济的放任主义理论。美国著名的新保守主义理论研究者约翰·凯克斯（John Kekes）将保守主义划分为朴素的保守主义（来自实践）和反思的保守主义（强调理论），并提倡保守主义由朴素向反思的转移。他所著的《反对自由主义》和《为保守主义辩护》两本书为保守主义在20世纪末的大力发展奠定了强有力的理论根基。从保守主义的立场含涉自由主义和社群主义，阐发了保守主义的四个基本理念[③]，在普遍意义上汲取了自由主义的根本洞见，在社会层次上借鉴了社群主义的理论资源，在个人层次上既克服了自由主义的缺陷，又避免了社群主义的偏颇。

在中国，新保守主义创造性地运用柏克（Edmund Burke）的“社会有机体”理论和严复的“社会有机论”思想，主张在改革中建立某种“过渡性机制”，诱导社会机体内部各种微观因子的成活与发育，使之成为嫁接外来制度的“内源性基础”。在他们的“变革的历史连续性”理论中，“过渡性机制”又被称为新旧制度、规范、秩序之间的“中介”和“杠杆”。在当前的中国现代化变革过程中，这种中介和杠杆就是现存体制内的各种制度

---

① 熊家学：《对立、位移、趋同——西方自由主义与保守主义关系的演变》，载《湖南师范大学社会科学学报》，1997年第4期。

② 程恩富、曹雷：《当代外国学者对新保守主义经济思潮的研究》，载《财经研究》，2004年第2期。

③ 凯克斯归纳的保守主义四个基本理念包括多元主义、怀疑主义、传统主义和悲观主义。实际上他的保守主义已经是广义的保守主义，在很大程度上已经和自由主义的一些理论合辙。也正是由于这种修正，使得新保守主义一举奠定了当前的理论主流地位（参见［美］约翰·凯克斯著：《为保守主义辩护》，应奇、葛水林译，江苏人民出版社2003年4月版）。

资源和传统文化资源。而现存意识形态与现存权威政治形态正是首先要借助的中介和杠杆。客观上具有抑制“政治参与爆炸”（即政治参与涌动的速度超过了政治参与的制度条件发育程度，从而引发政局动荡、社会失控）的合理功能，以保持政治规范和社会稳定。

保守者要保守的是什么呢？中国的新保守主义者的目标取向是现代市场经济和中国未来民主，即中国的市场经济、市民社会、公民文化。这一点与自由主义大体一致。二者的区别在于，对现存的制度资源包括意识形态和权威政治形态的态度根本相反。在新保守主义的话语中，“历史的连续性”中的“历史”，包括20世纪中国现当代历史在内，“肯定传统”中的“传统”，包括20世纪中国革命传统和新中国社会主义传统在内。这样，新保守主义至少在政治上具有了意识形态的正确性。

笔者一直以为，保守主义的一些立场和观点更适合于中国政治体制的传统和中国人的精神气质。保守主义要保守的肯定是已经存在过的东西，而且大多就是现存的状态。对于现有状态的改变和陌生状态的来临（尤其是激进式的改革）及其带来的后果，保守主义有着天生的恐惧，颇有“习惯成自然”的意蕴。英国保守主义学者奥克肖特（Michael Joseph Oakeshott）说，“成为一个保守主义者就是宁可要熟悉的东西而不要未知的东西，宁可要经过考验的东西而不要未经考验的东西，宁可要事实而不是神话，宁可要现实的而不是可能的，宁可要有限的而不是无限的，宁可要附近的而不是遥远的，宁可要足够的而不是过多的，宁可要便利的而不是完美的，宁可要现在的笑声而不是乌托邦的狂喜。”① 保守主义这种谨慎态度对于教育改革是十分必要的。的确，当很多人为新课程改革、素质教育、高校扩招等教育政策的出台欢呼雀跃的时候，保守主义者的冷静气质是不可或缺的。

如果教育危机是真实的而不是虚拟的，那么当社会矛盾尖锐到不可调和的程度时，稳定就不可避免地要被打破。也正因为如此，新保守主义在批评当代激进主义时是有用而且有力的。在保守主义者看来，20世纪末21世纪初的中国教育远没有到千疮百孔的地步，不需要这么大动手术，不负责任的改革无疑是将教育当作自家的试验田，是贪图政绩的官僚对义务教

① Michael Oakeshott, “*On Being Conservative*”, *in Rationalism in Politics*, ed. Timothy Fuller (Indianapolis: Liberty Press, 1991), p. 408.

育的恣意蹂躏。保守主义是求稳派，认为“除非历史安排到了如此恶劣的境地、对生活的享有只限于非常稀少的人，对大多数人来说那些美好的未来前景是非常渺茫的时候，这种冒险（改革）才是合理的”①。保守主义的这种保守经常有助于形成稳定和秩序。例如，在对当下时髦的市场化改革进行评论时，保守主义者霍布斯鲍姆（Hobsbawm）不无讽刺地指出，在自由市场神学家如日中天的时节，国家观念甚至遭到更进一步的破坏，因为其时兴起了一股大风，使得许多原本在原则上由公共事业从事的活动，均被分解“回归”于“市场”之手。②

我国的基础教育改革已有二十多年，人们对于教育改革中的利弊得失自有评判，即使在学界也有不同的声音。办学体制转型、应试教育向素质教育的转轨、高等教育毛入学率提升、教育资源总量的急剧扩张等是改革带来的实实在在的成果，但同时，教育公平问题、教育乱收费问题、教育腐败问题等也显示了改革的负面影响。石中英将持不同的观点者区分为激进派和保守派。③ 保守主义认为，中国基础教育总体是好的，他们肯定了基于考试、选拔和社会规训的精英主义与国家主义，他们强调对基础知识的吸收，维护教师的传统地位和形象，突出学生的主要任务是学习。因而，在此基础上，保守主义对待当前轰轰烈烈进行的各项改革，从新课改到各种教育市场化改革都持有谨慎的态度，认为教育改革更应以一种温和的、稳妥的、理性的和渐进的方式进行。

基础教育改革同社会其他领域的改革一样，必然在宏观的改革走向和具体的改革政策、措施等问题上有不同的声音，这种声音也反映出自由和保守等不同的价值取向。为了便于行文论述，本书遵循一般的理论方法，将不同观点的持有者划分为自由主义和保守主义两个阵营，并不是想给某

---

① ［美］约翰·凯克斯著：《为保守主义辩护》，应奇、葛水林译，江苏人民出版社 2003 年 4 月版，第 9 页。

② 程恩富、曹雷：《当代外国学者对新保守主义经济思潮的研究》，载《财经研究》，2004 年第 2 期。

③ 石中英：《中庸之道：超越激进主义与保守主义》，载《宁波大学学报》（教育科学版），2004 年第 6 期。

些人贴上仅具有意识形态意义的标签。①

对于改革中的不同观点和主张，人们仍习惯于用“××派”加以区分。如张力在论述西方发达国家的教育政策以及由此引发的学校外部关系时，将其归为三类，即老左派、新右派和中间派。②

第一类是主张福利国家与保守主义的“老左派”，强化政府对公共事业的法定责任，纳税人在税后获得利益基本上是无须附加缴费的，从幼儿园到大学的公共教育基本上由财政负担，但是弱势财政一般难以支撑。这一政策取向注重公共事业均衡发展，充分关照了社会不同群体的机会公平，但是不能完全照顾选择，社会福利负担过重，还会形成低效和惰性现象。相应地，现代学校制度设计是公平优先的。第二类是主张市场化、私有化、新自由主义的“新右派”，认为财政支付的公共教育体系虽很公平，但是一种平庸的公平，缺乏效率甚至失灵。这一政策取向看重的是，将能够民营化的公共事业逐渐民营化，以增加竞争活力和提高运行效率。但是，在减轻财政负担的同时，若议事程序与监督机制不甚健全，政府可能匆忙推卸公共教育事业的责任，忽视社会弱势群体的公平，而出现公共政策的缺位。相应地，现代学校制度设计是效率优先的。第三类是主张“第三条道路”或“社会投资国家”的“新左派”，介于“老左派”和“新右派”之间，在注重公平和增加选择这些方面作出了新的探索。其教育改革的特点是：加大财政教育拨款，首要目标是基础教育，关注处境不利人群，在教育信息化领域，政府改变以往的民间运作形式而开展直接资助。同时，强化教育监督，提高教师素质，实施工资与成就挂钩的激励措施。鼓励私人参与公共教育事业，增强社会和家长的选择权，实行有利于竞争的教育基金和教育券制度，相应地，现代学校制度设计是兼顾公平与效率的。

正是由于以这三大不同思潮为基础的公共教育政策的相互交锋，才使

① 冷战以来相当一段时期内，我国学术界一般并不经常使用自由主义的称谓，或者自由主义会被扣上全盘西化的帽子，因此，使用较多的反而是改革派、激进派和保守派这样的词语。在本书中，如无特别指出，自由主义都将是和保守主义相对的概念提出的，是一种政治哲学理论流派而不仅仅是意识形态。

② 张力：《与现代学校制度相关联政策的再度思考》，载《人民教育》，2005年第1期。

得政府和学校的关系、教育提供方的所有权和管理体制，均呈现出不同的形式，相应地，现代学校制度的模式和规范，作为执行不同公共教育政策的载体或平台，会有不少差异。国外绝大多数教育政策的争论往往集中在居于上位的国家（地方）公共教育政策取向上。一旦某届政府的公共教育政策基本定型后，政府与学校的关系就基本上明朗了，无须再追究制度运行的细节。

这三类观点的划分很好地将政府政策这一宏观话题转换为中观或微观的政校关系，转换为我们可以直观感知的教育现象。对于我们理解教育中的自由主义、保守主义以及与此相关联的学校制度不无裨益。其实，在张力这里给出的标签中，老左派就是民主社会主义或传统左翼，新右派相当于新自由主义（也可以称作新保守主义），而中间派则意指目前在英美国家风头正旺的所谓“第三条道路”。

（四）第三条道路

第三条道路大致看来有三个渊源：一是19世纪末产生于欧洲的民主社会主义理论①，二是发展中国家在社会主义和资本主义道路之间的实践选择②，而我们现在经常谈论的是第三类，即20世纪末西方国家内部的超越左和右、弥合自由主义与保守主义（以及社会主义），更具体地讲，是跨越传统左翼（源于民主社会主义，重视针砭市场弊端，强调政府社会责任）和右翼（表现为重视市场，反对政府管制的新自由主义）鸿沟的一种政治实践运作模式，该模式试图中和第一条道路——政府和第二条道路——市

① 以恩格斯去世后，伯恩斯坦发表的《社会主义前提和社会民主党任务》中的“修正主义”以及其后《法兰克福声明》中对马克思主义原则的抛弃为标志。这种思潮认为应当对马恩的共产主义进行改良和再造以更贴近于西方国家的政治实践，但又不完全赞同英美的资本主义模式，这种民主社会主义在追求社会主义理想的过程中选择的是非苏联的方式。

② 第二次世界大战后许多民族独立国家面临着走社会主义还是资本主义的道路选择，为了既摆脱原宗主国，又摆脱苏联为首的社会主义国家的控制，保持民族的独立，许多第三世界国家选择了区别于资本主义和社会主义的第三条道路，这些国家包括秘鲁、阿根廷、印度等。这种试图跨越意识形态的思想在东欧甚至中国内部也曾在一定程度和范围上存在。

场。如果说前述两类还侧重于意识形态的争论，那么现在的第三条道路则指陈的是英美国家内部治国方略的选择，强调实用性。在实践上表现为英国新工党（布莱尔）和美国新民主党（克林顿）的治国策略的变革。

从英美国家的政治、经济、社会和教育改革实践看，第三条道路的确有别于以往任何一种执政理念：（1）在方法上，强调实用主义的政治哲学，突出变革和创新的作用。（2）在对待政府的问题上，认为虽然“二战”后凯恩斯式的国家干预在20世纪70年代后的西方“滞胀”中破产，但政府仍然需要在社会问题上（包括社会价值和社会福利等社会物品的提供）有所作为。突破传统意义上的大、小政府这样的套话之争，而强调政府对社会的合法而有力的控制以及政府责任，由此必须维护政府的权力和权威。（3）在对待市场的问题上，认为虽然放任自流的市场教旨主义在20世纪30年代的经济危机中被画上了句号，但市场中的竞争和责任意识应被保留下来。而在所有制问题上则打破了公、私的简单二元对立，主张社会所有制。第三条道路经常被称为市场社会主义。（4）在对待社会的问题上，第三条道路摒弃国家和公民社会是此消彼长关系的观点，认为通过政府和公民社会可以共同推进社会向前发展，提倡多中心的治理模式。认为应通过社会公众的广泛参与、责任意识的提高、共同精神的培养来促进社会进步。（5）在对待社会福利问题上，主张变消极福利国家为积极福利国家和社会投资国家，而且福利享有者也应有负责精神和独立意识。布莱尔认为教育是“最佳的经济政策”。在传统左翼的基础上加上了市场的和经济的成分。（6）在对待教育的问题上，主张在责任精神统摄下给学校、教师和学生施压。关闭不合格的学校，而不胜任的教师要被解聘，对不理想的学生必须加大课业负担和提高考核标准。

第三条道路尽管试图对传统左翼和传统右翼进行超越，但却被两者所共同反对，被指责为没有立场，而仅仅是“窃取别人的衣裳披在自己身上”，对于改革“没有提供任何出路”①。在美国学者杰夫·福克斯（Jeff Faux）看来，第三条道路在理论上是“虚无缥缈的东西”，它“更像一个政治的停车场而不是一条通向某个特定目的地的道路”②。应该说，第三条道

① Oskar Lafontaine, *Das Herz schlagt links*. Munich: Econ, 1999.

② Jeff Faux, “*Lost on the third way*” Dissent 46/2 (Spring 1999), pp. 67 –76, p. 75.

路起初并不是被当作一种清晰的哲学来构建的，它只是为了应对民主党和工党在美国和英国大选中的失败而设计的策略。[①] 而在其理论设计者安东尼·吉登斯（Anthony Giddens）看来，第三条道路是明确的，既有明确的价值追求（如社会正义、自由、民主、效率等），又有灵活的态度，因而绝不是昙花一现的一套思想。[②] 在第三条道路的改革设计中，左和右、自由主义与保守主义被超越了。如果非要定位第三条道路的实质，笔者以为它的实质就是“没有立场的立场”。

第三条道路在教育问题上并不能被视为简单的折中[③]。它的确为英美国家教育的改革和发展输入了活力。它既追求教育正义和价值，强调基本的教育保障；又提出这种保障要通过市场竞争和个人的责任意识而有效率地获得。因而可以说是对教育公平和教育效率的同时追求。在我国，一方面计划体制下竞争和责任意识匮乏导致了大政府下的低效率，另一方面政府对社会和教育的强干预手段并没有带来教育等社会物品的广泛提供。全能政府的低效率和社会（教育）保障的低水平的“双低”特征使得在教育发展上存在着效率和公正的双重缺失。在这方面，第三条道路强调效率和公正并举的灵活性和务实精神的确可以为我国的教育改革提供一定的借鉴。

（五）学校层面的自由与保守

微观层面，在学校外部关系中，政府、市场和社会应当处于什么样的

---

① ［英］安东尼·吉登斯：《第三条道路及其批评》，孙相东译，中共中央党校出版社 2002 年版，第 9 页。

② 吉登斯的观点集中反映在《超越左与右——激进政治的未来》一书中（社会科学文献出版社 2003 年版）。有时候我们在想，是否改革真的需要一种鲜明的立场，这种立场和教条之间究竟有怎样的区别？也许，在理论上是要有明晰的思路和鲜明的立场，但在实践中可能是模糊的，这种模糊性反映的是改革实践对灵活性的需要。

③ 英国学者杰夫·惠迪（Geoff Whitty）等人认为，英国的老工党坚持第一条道路——政府，新工党则倾向于第二条道路——市场，即在教育问题上，坚持社会正义的同时，更偏重于市场的责任和竞争。所以第三条道路并不是简单的折中，而是偏向右翼倾向的对左翼立场的改造。参见 Sally Power and Geoff Whitty, *New Labour's education policy: first, second or third way*? J. Education Policy, 1999, Vol. 14, No. 5, pp. 535 – 546.

角色，往往自由主义者和保守主义者会给出不同的回答。

西方各国教育改革的方向和策略具有很多相似的地方。究其原因，一是各国发展到了教育现代化大致相当的程度，导致遇到了很多具有共性的教改内容；二是全球化，包括教育全球化进程的加快使得各国更加注重别国的教改经验，通过取长补短来发展教育。一个重要的共同点是传统的自由主义和保守主义都不能占有绝对的优势地位，反而是一种混合式的第三条道路处于优先地位。这种道路可以概括为新自由主义或新保守主义。自由主义和保守主义的界限开始变得模糊。

但仔细比较，仍存在一些不同。比如，各国都发现需要将教育的权力下放，但是通过什么机制下放呢？主要有市场机制和民主机制。可以说前者是新自由主义的旨趣，后者则是新保守主义的立场。①（新）保守主义主张权力保留在政府体制内，或者说是通过民主的方式解决。如美国的校本改革中，学校委员会构成的民主性明显增强，最后权力主体是拥有公民权的社区成员和社会公众。这种放权机制强调的是民主。而（新）自由主义的主张则是将权力下放到更为基层的地方，促成教育市场的形成，最后权力主体变为作为消费者的家长。这种市场机制突出的是效率。

在中央和地方的关系问题上，大多数国家都认为应将权力下放给更基层的地方，中央层级的政府和教育主管部门只保留关系到国民素质教育的基本内容（如国家核心课程）和对贫困弱势群体教育利益的补偿方面的责任，其他的由地方政府和基层学区负责。对于义务教育的权力和责任通过一定的制度设计下移，但在不同的国家，这种权力下放并不完全相同。如果我们将权力下移简单描述成中央—省、州、郡—地方政府—地方学区—学校—教师—学生（家长）的权力下放链的话，保守主义认为权力可以下放到中间地带（地方政府和学区），而自由主义则主张一直下放到最基层的

---

① 劳凯声教授已经注意到这种政府改革的两种价值取向，认为一是市场思潮，二是参与思潮。只是未从政治哲学的高度加以区分。参见劳凯声：《重构公共教育体制：别国的经验和我国的实践》，载《北京师范大学学报》（社科版），2003 年第 4 期。

个体（学生和家长）。① 可见，在微观层面深入到基层和学校内部，自由主义和保守主义的观点并不合辙（见表1－2）。

表1－2　学校微观层面自由主义和保守主义观点界分

	自由主义	保守主义
学校运行机制	市场机制	民主（参与）机制
校长聘任	学校委员会（董事会）聘任	政府、学区任命
教师聘用	从（教师职业）市场招聘	政府招募（公务员地位）
学生入学	放开择校	就近入学
课程重心	地方课程和校本课程	国家核心课程
教育质量保证	迫于市场竞争的压力	加大政府投入和管理力度
学校行为监督与评价	在市场竞争中的表现（第三部门主导）	在国家统一标准考试中的表现（政府主导）
学校的法律地位	独立的学校法人	国家委托的办学机构

在校长产生机制上，保守主义认为校长要通过由民主方式产生的地方学区任命，自由主义则主张家长通过择校形成对校董会的压力，进而由校董会提出校长的聘任或解聘。在教师人事上，保守主义主张学区聘任（甚

---

① 有的国家下放得比较彻底，如英国1988年教育法出台以来家长择校权利明显加大，而位于中间的地方政府（LEA）则权力缩减；在美国一般权力还是掌握在政府手中，只是这种政府的层级较低，对学校拥有实际权力的是学区（如学校的人事权和财务权）。在中国和日本，教育权力是沿着中央到地方一级一级下放的。中国的教育权力下放经常遭遇截留，宏观上是省级政府的截留，微观上是校长的截留。而家长和学生的权力获得，在具有长期集权传统的国家仍十分微弱，参见 K. Riley，J. Docking and D. Rowles. *Can Local Education Authorities Make a Difference? See Educational management administration*，(199901). SAGE Publications (London，Thousand Oaks and New Delhi)。

至给予教师以公务员待遇)，自由主义主张通过市场招聘以形成教师职业人才流动的市场和机制。在学生入学上，保守主义主张政府在就近入学原则下的统筹规划（即使择校也需要有严格的人数限制），自由主义则提倡完全放开家长择校。在课程设置上，保守主义强调国家核心课程在公民教育和国家人力资源开发以及国家核心竞争力提升中的作用，而自由主义则认为应将课程设置权下放基层学校，加强教师的专业地位，开发地方课程和校本课程促进学生个性发展。在提高教育质量的方法上，保守主义主张加强政府在教育投入和管理及监督上的责任，制定统一的考试和课程标准规范教育质量，而自由主义认为应将学校彻底推向市场，由“家养”（政府划定学区，保证学校生源和财政支持）变为“野生”（在生源市场上自由竞争并获取相应的办学资源)，通过市场竞争促进学校提高教育质量。在对学校行为的监督和评价上，保守主义坚持由国家机关通过统一的标准考试对学校进行评价，自由主义认为由市场通过竞争性选择自动地对学校进行奖惩，有关事务的评价也应由社会第三部门作出。在学校的法律地位上，保守主义视学校为政府委托的办学机构，自由主义则更强调学校的独立法人地位。

实际上，这些分歧往往在具体实践中很难分清，因为这种理论划分的明晰性早已被自由主义和保守主义的现实融合所遮掩。但我们研究自由主义和保守主义，毕竟需要在纷繁复杂的教改现实面前理清头绪，找出改革背后的理论（理性）逻辑，使得教改本身不至于迷失方向。

而且，即使选择了相同的改革方向，在具体的改革策略中自由主义和保守主义也有着不小的差别。前者主张进行大刀阔斧的改革，因为改革需要创新，需要对既得利益进行调整，为了达到目的甚至不惜采取“休克疗法”的方式对原有体制的顽疾进行革除。然而在保守主义看来，稳定压倒一切，既得利益集团往往是社会的主流阶层甚至是上流阶层，对他们利益的触动很可能带来秩序的混乱。这种理论争论在近几年我国的社会领域改革中已经出现。在我国，2004 年由国企改革引发的争论，到 2005 年已经演变为对改革方向与路径的全面思索。正如吴敬琏所说，改革进入了第三轮大讨论的阶段。在这场讨论中，针对医改、教改、房改等出现的问题，有人开始质疑市场化改革的方向，还有人提出改革可以先放一放，理清思路再走。这是保守主义倾向的态度。而在激进者看来，开弓没有回头箭，改革只有深化而没有回头路可走，这显然又具有自由主义的理论气质。[①] 这里的改革指的就是我国 20 世纪 90 年代以来的市场化趋向的社会改革，其实教育改革亦然。

总之，在包括教育改革在内的社会改革的所有领域，自由主义与保守主义的争论将是长期的。也只有两者之间的不断砥砺，才能避免教育改革走向一个极端而使得教育发展和学校改进受到影响。

第二节　权力与责任——政校关系的核心概念

根据前文论述，教育的治理需要政府是强政府，强政府的表现主要是政府对于教育事务的决策以强有力的权力为保障。我们难以想象没有权力的政府何以称强。尽管古典自由主义坚决要求限制政府权力，但新自由主义却并不希望政府在公共事业管理中离场；尽管保守主义也对过于强大和权力集中的政府保持警觉，但传统保守主义骨子里却总在希望一个悲观主义的霍布斯式的强大国家。无论哪种立场，政府权力在包括教育在内的公共事业治理中总是必不可少的。[②] 现代社会，人们对于政府在教育发展中的责任有了越来越高的期望。怎样看待政府在教育治理中的权力、责任以及两者之间的关系，是我们将政治理念逐步引向执政实践的重要一环。

一、政府对学校的权力

政府对学校拥有权力，一方面，学校培养的人的规格、素质需要符合国家的要求，而政府需要代表国家对学校的课程设置、教学质量和效果进行监管；另一方面，在公办学校，学校资产是国家的，政府作为投资人代

---

① 有关论述参见搜狐新闻网，http://news.sohu.com，《理性地反思改革，张维迎称左派对手“骂得好”》，2006 年 2 月 16 日。

② 不同的可能是，自由主义只将政府（权力）看作手段，而保守主义则将政府（权力）本身视为目的。和自由主义对政府的抑制相比，保守主义对国家的角色和政府的权力的观点往往表现出一种矛盾和模棱两可。参见［英］罗杰·斯克拉顿：《保守主义的含义》，王皖强译，中央编译出版社 2005 年版，第 10 页。

表国家要保障国有资产不流失。学校的教师算是国家人员（在日本、德国等国家的教师属于公务员，在我国教师属于事业单位人员），政府拥有使人力资源效用最大化的义务（包括吸引优秀师资，保障教师待遇和人员稳定等），这些职能必然使得政府对学校拥有各种权力。以上所提到的两个方面，即政府对学校的权力一般被大致概括为人事管理权、财务管理权和课程管理权，有时候简称人权、财权和事权。这些，都是我们可以从经验上感知的政府对学校的权力。

我们可以进一步追问，政府对学校拥有的权力究竟是什么样的权力？具有哪些权力？如何使得这些权力的配置和运行合理化？

的确，长期以来政府对学校统得过死，以至于学校办学活力不能得以展示。可以说，政府对学校的权力问题又是政校关系的核心。但是，是否简单地进行政校分离、政府向学校放权就能了事？政府与学校的关系同政府与企业等其他社会组织的关系有哪些区别，以及这些区别导致政府对学校的权力同政府与其他社会组织和团体的权力应在质和量上有什么不同？这些都需要我们对政府对学校的权力进行深入的理性思考。

（一）政府对学校权力的分层分析

政府对学校的权力可以在个体和团体两个层面上来分析。

首先，政府对学校的权力在个体上表现为怎样的形态呢？我们说，政府是由一个个公务员组成的，学校也是由一个个教职工（包括校长、教师和学校其他工作人员）组成的。在现实中，我们看到的经常是诸如教育局长和党委书记可以任免某某校长，教育局人事科的干部可以根据法规决定是否颁发给某某教师资格证书以及是否为其评定职称等现象。权力就此在个体之间产生并表现出来。

在个体层面上谈论政府对于学校的管理，毋宁说是政府的官员和教职工个人之间的一种支配与被支配、影响与被影响的关系。这种作为个体之间的权力，是指（官员）一方因职位的存在能带来对另一方的事务进行管理，进而影响对方的教育、教学、工作行为的能力。

个人对个人的权力是什么呢？我们说是官员对教职工个人的一种支配、控制关系，这种关系在学校场域表现出强制性，这种关系往往以命令—服从的方式体现出来。这种关系既能在体制内影响教职工个体的切身利益（如入职、薪金、职称、晋升等），也能在体制外给官员带来一定的利益。

人总是有意志的，个体之间的权力首先是官员一方意志的体现。正如韦伯所说，“权力就是将某人的意志强加于他人行为之上的可能性”①。美国社会学家丹尼斯·H. 朗（Dennis H. Wrong）也承认权力的意志性，他将权力的定义限于“某些人对他人产生预期和预见效果的能力”②。官员的意志要表现在学校个体的行为上，必须使得官员的命令能得到教职工的服从。服从是权力得以完成的一个重要的标志。这种命令不以教职工的意志为转移，而且在大多数情况下，越是教职工在主观上不认同而又不得不在行为上执行命令，才能更加彰显权力的力量。美国人类学家乔纳森·哈斯（Jonathan Haas）认为，“权力，在其最基本的方面，一直被理解为驱使的能力，是强迫他人做本来不愿做的能力”③。还有学者甚至尖刻地指出：“真正合法性的试金石只是当主子没有力量去惩罚反抗者的时候，他的属下是否还愿意服从他的意志”④。

当然，这么说并不是鼓励官员总是要违背教师意志去对学校及其员工发号施令。果真如此，长此以往权力的合法性也会受到质疑，最终这种官员会被其他官员替代，官员个体拥有的权力就会转变为另一个官员个体对学校的权力。如有的官员一意孤行，置教职工利益于不顾，常常拖欠、克扣教师工资，时间长了（由于中国的官员实行的是任期制），自己也失去了官位，从而也失去了这种权力。

中国长期存在的人治传统使得人们更多看到的是这种个体层面的政府对学校的权力。于是，为了达到某些目的，教职工个人首先想到的是找熟人、托人情，毕竟“熟人好办事”，以至于一些本可以通过正规程序和途径加以处理和解决的问题，也需要通过个体之间的“关系”来解决，如学校要向教委争取资金和办学优惠政策，到了规定期限要评定职称等原本属于

---

① ［德］马克斯·韦伯：《经济与社会》（上），林荣远译，商务印书馆 1997 年版，第 81 页。

② ［美］丹尼斯·H. 朗：《权力论》，陆震纶、郑明哲译，中国社会科学出版社 2001 年版，第 3 页。

③ ［美］乔纳森·哈斯：《史前国家的演进》，罗林平译，求实出版社 1988 年版，第 139 页。

④ ［英］弗兰克·帕金：《马克斯·韦伯》，四川人民出版社，第 125 页。

公务的事情，在中国这个讲究人情的社会里，变成了个人之间的交易，这就是所谓“公事私办”的怪现象。还有一种奇怪现象是“私事公办”，如某人要将自己的亲戚安排进某效益较好的学校，不是通过正常途径让其到人才市场合法竞争进入，而是通过熟人关系，在社会招聘过程中通过暗箱操作将其他竞争对手淘汰掉，从而达到私人的目的。这种现象是将原本属于私人的问题，通过伪装的公事公办的方式得以解决。可见，这种将政府对学校的权力仅仅停留在个体层面是有很多问题的，对学校的合法办学、政府的依法行政构成很大危害，对教育秩序也是很大的威胁，容易导致教职工个体与官员之间的权钱交易和教育腐败。

当然，个体层面的权力关系并非一无是处，在有的情况下，这种权力关系会使得权力关系中的被支配者心悦诚服，提高“命令—服从”的办事效率。这样的关系是建立在权力享有者个人的魅力基础之上的。韦伯认为，权力的合法性依据在于权力的来源是正当的。权力来源又分为传统型、法理型和克里斯玛型。克里斯玛型的权力关系也称为魅力型关系，它的有效发挥是建立在权力者个人拥有强烈的个人魅力基础上的，并由此得到权力受众的高度认可。这种权力有时候是无形的，甚至能发挥体制内正式权力无法达到的目的。如一些教育局的老局长退休后，因其在长期在位期间与学校校长和教职工建立了深厚的感情，以前的下属对其执政能力和个人专业素质以及个人品格高度认可，致使其在退位后仍能对学校发挥巨大的影响力。但是，这种克里斯玛型的权力来源并不可靠，有时甚至没有理性。如果官员对学校的支配和影响经常停留在这种基于官员个人素质和道德自律基础上，风险无法避免。所以，韦伯等人大力提倡基于正式职位和有着体制上法律保障的法理型的权力，因为这种权力来源即使可能不是最好的，也往往却是最可靠的。

其次，政府对学校的权力表现为团体间或组织间的关系。如果将上述个体层面的权力关系归于权力意志论，那么将政府对学校权力视为团体关系则是秉持了权力关系说和权力结构说。从理论上看，一些持权力结构论的学者并不赞同权力是意志的结果。在他们看来，谁拥有权力、权力如何得以运行，都不是个人根据自我意志、通过自我努力就可以决定的。如法国学者福柯（Foucault）所认为的，在日常生活中人们虽然常常感觉到权力的实际存在，但同时无法看清这种权力中谁是真正的支配者，谁又是纯粹的被支配者。社会中的权力是一种“看不见”的无形权力，看似无所不在，同时又没有任何单一的人类代理人控制着这种权力。不是单一的统治权大厦，而是社会有机体内部发挥作用的多重形式的镇压。① 在现实千变万化、层出不穷的权力关系背后，起决定作用的是某种特殊的、非人格化的社会结构。② 对于一般教职工而言，他们在日常教育教学过程中，的确时刻感受到来自政府的权力，如笔者在对一些学校进行访谈的时候，校长和教师们经常抱怨教委对学校管得过宽，“学校人事时刻要向教委人事科负责，学校财务时刻要向教委计财科负责”，等等。在他们看来，教委是作为一种机构、一个组织在对学校施加权力。在某项权力的运行过程中，究竟谁最终发号施令，校长和教师往往并不十分清楚，他们接受的只是来自于上一级组织的决定，不管这个决定是由上级组织中的哪个人作出的。只有长期在学校从事管理工作，经常和教委打交道的学校领导才有可能对某些决定的出台背景和内幕有所知晓，才能对教委权力结构中的核心人物和实权人物有所了解，而且，即使这样，一旦上级政府的官员发生变更，他们会立刻服从新上任的体制认可的官员“个人”，学校对教委的服从就会再次回到服从作为一级组织的教委上来。

政府和学校间的权力关系的优点是这种权力关系是正式的、符合法律法规文本的，更是符合理性的。因为政府对学校的支配地位是建立在有法可依的体制内认可的基础上，减少了对官员个人素质的依赖。缺点是这种作为机构、团体、组织间的政府与学校间的权力关系往往在遵规循章的同时，牺牲了办事的效率，降低了政府对学校管理的人性化，更有甚者，当

---

① ［法］福柯：《规训与惩罚：监狱的诞生》，刘北成、杨远婴译，生活·读书·新知联书店 1999 年版。

② 这只是对权力结构论的理论主张的一种简化。其实，即使在大体上认同权力现象与社会结构密切联系的学者之间，各自的基本主张还是有较大差别的。比如，物质机构主义认为权力能够化约为物质结构；批判结构主义者认为权力来自于经济、政治、意识形态领域的基础性结构；后结构主义则认为权力深入到更广泛的、社会成员之间的交往与沟通之中。本书在此不详细论述。相关文献可见：［希腊］尼科斯·普兰查斯：《政治权力和社会阶级》；［法］福柯：《规训与惩罚：监狱的诞生》；［法］福柯：《性史》，姬旭升译，青海人民出版社 1999 年版；［澳］马尔科姆·沃特斯：《现代社会学理论》，杨善华等译，华夏出版社 2000 年版，第七章；还可以参见胡水君的研究成果《法律与社会权力》（中国人民大学 2002 年博士论文），第 23－28 页。

某一项管理出了纰漏时，可能导致政府与学校间以及各自内部人员间的责任推诿。

（二）政校关系的独特性与政府权力

有比较才会有了解。我们要了解政府对于学校权力的特性，应将这种权力同政府对其他社会组织的权力作一比较，认识才会深刻。在现代社会，最大量存在的正式组织无疑是企业。下面我们不妨将政府对企业和学校两种不同的权力关系进行比较。

和政企关系相比，政校关系对政府与学校间的权力关系有着更高的要求。学校的扩大办学自主权和企业扩大经营自主权并非一码事。政府对学校的权力绝不是简单的放权就能了事，政校间的权力关系还需要遵循教育自身的规律，这种权力关系会带上很强烈的教育色彩。因为，这种权力毕竟是发生在教育场域的。根据吉登斯的观点，权力与场所（locales）之间有着密切的联系。这里的“场所”不同于“地点”（place），前者指的是互动情境，包括情境的物理维度及其“结构”，是互动体系与社会关系的聚合所。① 权力主体所具有的控制能力并非是一种“量”上的直接延伸，在很大程度上，这种控制能力的强弱程度取决于权力所在的场所。②那么，政府对学校的权力面临着怎样的教育情境呢？在此情境下，政府对学校的权力应具有哪些个性和特色呢？

政校关系与政府对学校的权力是一体两面的问题。政校关系确立了，政府对学校权力的范围和强度也随之而定；同样，政府对学校有着什么样的权力，也能够折射出政校关系是否恰当。政府对学校的权力同政府对于企业的权力相比显然有许多不同，这种不同有些是权力强度的差异，有些则是权力属性的不同。我们这里从权力角色、权力属性、权力资源以及权力的范围和强度等方面来考察政府对于学校权力的特殊性，从而考察政校关系相对于政企关系而言的特殊性。

这里先从政校关系与政企关系中表现出的权力主体角色的比较来分析。首先，对于政府而言，企业为政府挣钱，而学校是花政府的钱，这些钱就是政府的税收和财政。在政企关系中，政府对企业的权力作用所处理的管

---

①② ［英］安东尼·吉登斯：《民族——国家与暴力》，胡宗泽、赵力涛译，生活·读书·新知三联书店1998年版，第10、13、14－18页。

理事务属于社会的第一次分配领域，在此领域中，企业主要是和市场打交道，政府只是在产权保障和秩序维护等方面提供管理和支持（亦即权力作用过程），作为回报政府获得税收。而政府对学校的权力作用所处理的管理事务属于社会的第二次分配领域，在此领域中，学校是与家长和学生打交道，政府需要学校提高学生的素质和技能，从而为本地区人力资源的开发和学生全面素质的提高作出贡献，学校本身创造的成果是无形的人力资本增加，没有具体的物质价值产生，无法为政府创收却要消耗大量的政府财政。企业在创造利润的同时为政府带来看得见的税收收益，企业依赖市场而不是政府；学校教育教学创造了无形价值却花费了政府的财政。学校，尤其是中小学校对政府具有强烈的依赖性。对政府依赖程度的不同，导致政府对企业和学校的发言权必然不一样。在市场经济时代，政府已经不能对企业指手画脚，而对学校却可以事无巨细地加以过问，其间的权力关系自然差别巨大。拿政府对于企业和学校的干部任免来说，对于企业的领导者，政府看重的主要是候选人的经营管理能力，政府用人失误和决策失当会受到市场的惩罚，从而严重影响政府财政收入以及官员们自身的仕途，所以即使是挑选国有控股公司的经理，政府也会因受到市场的掣肘而顾忌重重，选命干部远不能为所欲为。相比之下，政府对于校长的任免则自由得多，因为除非校长违法乱纪给政府带来麻烦，否则政府可以像对待自家儿子一样对候选人呼来唤去，任意调遣，而没有任何需要顾忌的因素和需要承担的风险。这就是为什么目前企业亏损了，厂长经理要就地免职，而一个学校搞不好，校长却可以平级调动到其他单位继续担任领导职务的原因。再拿政府财权来说，政府对企业的要求仅仅是依法纳税，企业只要能合法经营并保证给政府带来预期税收，那么企业内部经营过程中的账簿开支政府无权过问，也没有必要过问；但学校则不然，公立中小学校的资产是国有的，政府代表国家行使所有权，学校花钱实际上是政府掏腰包，政府当然会对学校的各项开支的合理性和合法性进行严格审查，学校内部用款的自主权必然要受到政府权力的干预。政府利用收支两条线、政府采购等制度和规章严格履行和实践着对于学校经费的控制权力。这也难怪经常听到校长们抱怨自己只有一点决定权，那就是决定少得可怜的教学经费的日常开支。可见，政府对企业的权力是刚性的和强条件约束的，而政府对于学校的权力则是弹性的和难以约束的。

从政府对企业和学校权力的不同属性，可以进一步分析两者的区别。企业提供私人物品，以利润等经济效益为导向；学校提供公共物品，以提高人的素质等社会效益为导向。对于企业和学校，政府的权力性质是不同的。主要表现在：政府对企业的权力带有经济权力的性质。所谓经济权力，在经济学上是指一种经济组织行使的权力，如分配利润的权力，决定投资和指导生产的权力，制定价格的权力，招募和解聘职工的权力，处置资源和财产的权力，等等。[①] 可见，这些权力在现代市场经济体制下都应交由市场负责，政府垄断这些权力必将抹杀企业的活力。这就是我国在三十年来的经济体制改革中将企业推向市场的原因。但政府对学校的权力，我们则认为更多的是一种政治权力。所谓政治权力是指某一政治主体依靠一定的政治强制力，为实现某种利益或原则而在实际政治过程中体现出的对一定政治客体的制约能力。[②]这里的政校关系中，政治主体是政府，政治客体是学校，这种制约能力就是政府对学校的权力。其实，政府对学校的权力不能严格地称为政治权力，因为学校从事的是教育活动而非政治活动，教育过程也不是政治过程。但笔者认为，对于政府而言，学校的教育活动的政治意义重大。且不说以往将教育视为培养革命接班人的活动，即使今天我们也仍然承认，学校为提高公民素质，提高综合国力作出了巨大的贡献。而且，根据亨廷顿（S. P. Huntington）的观点，教育提高了居民的识字率，增强了民众对民主政治的期待，这都对政府和政治产生深远影响。正如我国学者指出的那样，“教育不但不应躲避政治，还应为政治的健康发展尽力。在发展中国家的教育发展中，首先需要突出的是政治的权威性”[③]。在此意义上，本书认为政府对学校的权力带有政治性，是一种政治权力，主要是和经济权力相区别的。既然带有政治性，作为现代国家政治权力的合法享有者，政府对学校进行干预即属情理之中的事了。当下的中国，经济权力正逐步返归市场，政治权力仍集中于政府之手。所以，政府对企业和学校的权力从强度上讲当有强弱之别了。在建立现代企业制度和现代学校制度过程中，政企关系和政校关系的差异使得政府向企业放权和向学校放

①② 卢少华、徐万珉：《权力社会学》，黑龙江人民出版社 1989 年版，第 114、119 页。

③ 褚宏启：《教育现代化的路径》，教育科学出版社 2000 年版，第 130－136 页。

权遵循着不同的逻辑，前者仅仅是将经营权还给企业，只有下放了权力，政府才能够将企业推向市场，让其自负盈亏；而校本管理中向学校下放的自主权，无论从哪个角度讲都不能说这些权力本就应属于学校，适度向学校下放权力的解释仅仅只能是调动学校办学的积极性，提高政府委托和学校代理的效率，其目的也仅仅是通过基层的活动削减以往高度集权的科层制管理的弊端。

从政府对企业和学校行使的权力赖以运行的资源看，两者仍有较大区别。所谓权力资源，是指权力主体为了保障自己的权力意志得以实现必须整合可以利用的各种力量。美国政治社会学家莱曼（Lyman）将权力资源分为功利性资源、强制性资源和规范性资源。功利性资源具有物质上的好处，能够作为奖励物换取他人的服从；强制性资源能够对他人产生不利影响，从而迫使他人服从；规范性资源指的是能够产生共同信仰、价值观和情感的价值方面的资源，其中最普遍的是名声、尊敬和认可。① 从组织管理学角度看，管理者对被管理者的有效影响往往需要综合利用上述三种资源。但政府在对企业和学校的管理中，资源利用的侧重点显然不同。政府对企业的权力，在作用过程中主要是利用功利性资源，如政府可以通过调整金融利率和给予税收优惠等政策措施促使企业投资转向政府鼓励的产业和行业，以“利诱”的方式行使自身权力。而对于学校，一方面政府可以利用委托人的地位和身份，通过政策和法规对学校运行进行强制干预，如撤换校长，通过学校布局调整直接将学校关、停、并、转、迁等，均不需要征得学校的同意。这种行政行为所利用的权力资源属强制性资源。另一方面，政府更多的是利用规范性资源，即通过政府和学校公共的教育信仰、价值观和情感影响学校，这样的资源利用往往具有政治和意识形态上的正确性。学校对于这种权力资源的运用往往无力抵抗，否则会违背社会普遍的价值规范，无异于和社会公益对抗。以上两种权力资源的比较要求政府在对学校进行管理时应更多地从公益出发，从教育培养人的教育特性出发，着重关注权力行使的社会效益而不是像对企业那样专注于经济效益。

---

① E. W. Lehman, *Political Society: A Macrosociology of Politics*, New York, 1977, pp. 47 – 48. 转引自刘军宁：《权力现象》，商务印书馆（香港）有限公司 1991 年版，第 30 页。

（三）权力性质及使用

一般而言，教育权力需要在与教育相关的各社会主体（包括政府）之间进行合理配置。我们经常强调依法行政。法治的意义在于，通过合理地配置、平衡各种权力，使得各个社会主体的权力制度化。一个国家内部的教育权力配置大致可沿着三个方向展开：通过制度来合理地配置国家权力、社会群体（包括学校）的权力以及个人的权力。这里主要讲国家权力的配置，后两种权力的配置留待第三章讨论学校与社会关系时论述。

正如前文论述教育发展需要强政府时所指出的那样，政府的权力是毋庸置疑的，任何对政府权力进行质疑的想法在理论和事实两个层面上都经不起推敲。人们需要质疑的最多是政府的某项权力是否恰当，这种权力的运行是否规范，等等。

这里需要对人们（包括一些学者）常挂在嘴边的一种论点进行纠正，就是所谓的“权力即服务”。这是一种需要澄清的理论上的谬误。长期以来，我国的理论界只强调国家和社会的一致性，这种“一点论”的偏颇长久地影响着人们的思维，这事实上是对权力和责任两者不加抽象的混同。权力就是权力，它具有利得性。当一种理论公开否认权力的利得性，从而将其描述得神圣无比，甚至“权力就是服务”时，就只能作为一种意识形态的说教而存在，其结果不但无法确保权力的高尚纯洁，而且只能损害权力的应有形象。当然，这种利得性应限制在恰当的范围内，如果超越了社会主体的普遍认可，那么，只能导致对社会权利肆无忌惮的侵犯。① 如果否认权力的利得性，将权力视为服务，就会混淆权力与责任的关系，就会对权力的实践和责任的履行都造成不利影响。现在我们经常在谈论学校校本变革和政治体制改革的时候强调政府对学校的服务功能，强调教研、培训和督导部门对于学校发展的作用，这本没有问题，但如果以此为由否认政府对学校的权力（而且是强制性的权力），就会走上另一个极端，教委行使权力如若真的只是在为学校提供服务，则政府与为学校服务的其他社会组织和团体又有何区别？这种理论发展下去，只会回到政府与社会不分的老路上去。所以，我们应毫无顾忌地承认政府权力的利得性，只有正视之，才能改善之。

---

① 谢晖：《法学范畴的矛盾辩思》，山东人民出版社1999年版，第264页。

另一种关于政府权力的观点则似乎积极得多，这种“积极权力论”认为教育是造福人类的活动，因此政府在行使职责时应将权力最大化，他们认为社会和个人都是自利的，存在机会主义倾向，政府应积极采取措施加以限制，大公无私的政府才是人民教育福祉的推动者。所以，我们在教育领域和学校场域经常看到一些所谓的“政绩”，政府对学校的人、财进行了“合理”的分配和调度，对学校课程设置进行了事无巨细的安排，甚至学校节假日的起止日期都需要按照教委的统一规定执行，美其名曰“合理统筹”。在这种政府积极作为下，学校的自主性一步步被抹杀了，剩下的是对政府越来越强的依赖性。其实，这无疑是全能政府观念在教育领域的当代翻版。自由主义传统早就对政府的这种“好心”加以警惕。在当下中国的教育改革中，如果不纠正这种政府的过多参与的主动作为，那么不但学校的自主权无法保障，教育的自治精神和自治能力也必将遥遥无期。这种积极权力论者挂在嘴边的不是要加强政府权力，而是以“不能推卸各级政府对于教育的责任”为名，然后再以履行责任的名义霸占和垄断各种教育的权力。这种观点隐蔽性极强，危害也更大，每当学校办学自主权下放遇到障碍，总会遭遇这种充满对教育发展“人文关怀”的观点。值得警惕的是，持有这种观点的不仅是享受权力利得性的政府官员，更有许多关怀天下的学者，他们在发觉教育中的一些负面现象的时候，往往不是从法治和自治的角度分析问题和针砭时弊，而是大呼：“政府哪里去了？”

这就涉及为政府对学校的权力进行划界的问题。政府权力当然是要有边界的，但这种边界在什么地方，应采用什么方法确定呢？

英籍奥地利哲学家卡尔·波普尔（Karl Popper）认为，除非必要，国家权力的行使应该以不损害公民的自由为限度。政府的正当目的是减少苦难，而不是增加幸福。“反对可避免的苦难的斗争应该成为公共政策的一个公认的目标，而增加幸福应主要留待个人发挥首创精神去解决”。① 有学者干脆将政府的权力界定在维持秩序上，即国家权力的合理性基础在于维持秩序，保证社会稳定。比如，根据美国政治学家塞缪尔·亨廷顿（Samuel Huntington）的看法，国家最重要的使命不在于促进经济的发展，也不在于是否扩

---

① ［英］卡尔·波普尔：《猜想与反驳》，傅季重译，上海译文出版社 1986 年版，第 493 页。

大了人民的自由权利，而在于是否保持了社会的政治稳定。因为，“人类当然可以无自由而有秩序，但不能无秩序而有自由”。①

由是观之，政府对学校的权力应该是有边界的。自由主义者从来就强调这种边界，只不过不同的学者分析和观察这种边界的视角可能不同而已。

（四）权力边界

对于政府权力进行制约，在当下的中国无疑仍不是一件容易的事情。人们对于政府权力的约束要依赖政府自身对此问题的认识，政府认识到自己权力过大了，超出了社会可以容忍的范围，才有可能对权力进行约束。自荀子以来，“君者舟也，庶人者水也，水则载舟，水则覆舟”② 的古训成为对政府永恒的约束。这种约束时时刻刻警示着政府官员，为政时需要以被管理者——百姓的准绳作为自己执政的道德自律。但这种约束是软约束，因为某一个官员或某一类官员的不当作为需要由整个统治阶级来承担，多有经济学上常讲的“外部性”。在中国官本位传统导致了人们习惯于对“清官”的依赖。这种传统的“草根思想”导致对政府及其官员权力的制约具有有限性、软弱性、被动性和自发性③。这里，有限性是指制约力量对权力并不必然产生效力，这一效力的取得还往往有赖于掌权者本身的道德修养和城府修造；软弱性是指制约没有刚性的法律责任机制，因此，监督结果往往是一种道义上的评判；被动性是指监督者对最高权力很难主动作为，如有也是以牺牲监督者自我巨大利益为代价的；自发性是指监督机制并不是人们的刻意安排，因此也无自觉的效力，从而使得许多监督无法借助于体制内的合法理性，而只有求助于体制外的非理性。

那么，应怎样对政府权力进行约束呢？换言之，政府权力的边界应在哪里呢？

关于政府对学校权力的边界问题，可以从以下几个方面来阐述：

第一，从形而上的层面讲，权力的边界就是权力达到极限时的物极必反。当权力遇到其抗体时，权力便找到极限。显然这是一个过于抽象的结

---

① ［英］卡尔·波普尔：《猜想与反驳》，傅季重译，上海译文出版社 1986 年版，第 7 页。

② 《荀子·王制》。

③ 谢晖：《法学范畴的矛盾辩思》，山东人民出版社 1999 年版，第 261 页。

论。这种抽象无法进入操作层面，人们也很难在现实中找到自发性的抗体，这样，人们对权力过界的期待或许只能变成“多行不义必自毙”的道德鞭挞。①

第二，从政治上看，政府权力的边界就是学生的利益。当政府权力在行使过程中不利于学生受教育权益的保障时，权力就应退守到边界。然而学生这一群体的利益有时候并不是铁板一块，内部也有矛盾和冲突，以哪些学生的哪些利益为政府权力设界又会陷入“公说公有理、婆说婆有理”的境遇。比如，来自富贵家庭的子女会认为择校是他们的权利，而贫困生则会认为高昂的择校费只能保障有钱人的受教育权。其实，学生在教育中应享有的权益，无论在理论上还是在法律上都研究较多了。笔者认为政府能够保障的学生权益应是社会各个阶层、各种利益集团能够达成共识的那部分利益，是各种群体利益的交集。这个交集在《经济、社会和文化权利国际公约》第十三条第二款、《儿童权利公约》第二十八条第一款以及《圣萨尔瓦多议定书》第一条的规定中已得到较为明确的表示。②

第三，更为实际也可操作的边界是政府对于学校的责任。政府的权力应是学校发展所需要政府发挥的权力，表现为政府对学校的业务上、法理上更是道德上的责任。这种责任使得教育权力能够在学校机构内有效运行，责任既不能大到对学校的大包大揽式的全能政府，也不能小到政府不能主导教育的发展方向的放任的地步。政府对于学校的责任是一个复杂的问题，

---

① 谢晖：《法学范畴的矛盾辩思》，山东人民出版社 1999 年版，第 275 页。

② 这些公约和协定对学生的受教育权益以及政府权力发挥作用的范围概括为 7 个方面：1. 初等教育对一切人都应该是义务性的、免费的；2. 应当提供各种形式的中等教育，并对一切人开放；另外，根据需要，应该逐步实行免费教育并提供必要的财政支持；3. 高等教育应根据能力对一切人平等开放，并应逐步做到免费；4. 对那些未受到或未完成初等教育的人的基础教育，应尽可能加以鼓励和推进；5. 应该为残障者开设特殊教育项目；6. 消灭愚昧和文盲；7. 应积极加以发展各级学校的制度；应予设置适当的奖学金制度；应不断加以改善教员的物质条件。另外，各级教育应展现下列基本特征：可提供性、可获取性、可接受性、可调适性。参见 Committee on Economic, *Social and Cultural Rights*, General comments No. 13 (21th session, 1999) *concerning the right to education*. 转引自：国际人权法教程项目组编写：《国际人权法教程》（第一卷），中国政法大学出版社 2002 年版，第 370 页。

下文将作进一步的探讨。

二、政府对学校的责任[①]

权力的利得性必须以责任的给付为前提。权力具有利得性，既然政府从对学校的权力行使中获得利益，不管这种利益是属于整体性的作为统治阶级和阶层的获益还是政府内部官员个人的收益，都需付出代价。这种代价就是必须履行政府对于学校的责任。

政府在对学校行使权力时必然要履行责任，这种责任是政府合法性的基础，也只有明晰了这种责任，才能给政府权力划界。人们对政府责任并不陌生，而且大多对其重要性亦持肯定的态度。韦伯甚至将责任上升到责任伦理的高度。他将从事政治的人分为官吏和政治家两类，认为合格的政治家必须具备责任感。他指出了现代政治之隐忧所在，当官僚化过分侵犯社会领域时，造成毫无生气的“秩序人”。[②] 为此，韦伯开出的良方是用克里斯玛型统治弥补法理型统治的不足。的确，作为教育的政治领导，需要拥有教育的情怀，他们的工作需要牢固的基于教育的信仰和基本的价值判断。对教育的领导和管理需要更多的人性而不是冷冰冰的官僚机器以及机械的运行规则。

（一）政府责任的含义及特性

政府的责任是一种公共责任。公共责任有广义和狭义之分。广义的公共责任是指国家行政管理部门的行政人员，在工作中必须对国家权力主体负责，必须提高自身职责的履行，来为国民谋利益。狭义的公共责任仅仅

---

① 严格说来，政府责任和国家责任是有区别的，后者范围大于前者。政府是国家的行政机关，是作为代理行使国家管理教育事务的机构。教育中的国家责任来源于公民权利；而政府责任就是代表国家通过各种方式保障公民的受教育权。（相关讨论可参见郭小聪：《论国家职能与政府职能》，载《中山大学学报》，1997 年 2 期）但本书出于讨论的方便，仅仅将政府责任等同于国家责任，如无特殊说明，本书中政府在用法上等同于国家。

② “秩序人”（Ordnungsmenschen）是韦伯在批评官僚化趋势下，人们失去积极创新的活力，沦为顺服适应现状的小螺丝钉时创造的词。关于责任伦理的论述参见顾忠华：《韦伯学说》，广西师范大学出版社 2004 年版，第 169 – 173 页。

指国家的公务人员违反行政组织及其管理工作的规定，在违反行政法规所规定的义务和职责时所必须承担的责任。① 本书的政府对学校的责任是一种广义的责任。政府对于学校应承担的责任是比较广泛的，包括在道义上、政治上和法律上的责任。②

一般而言，政府责任具有收缩性、被动性、给付性。收缩性是指如果没有外力约束，政府会将自己对于学校的责任最小化，使得政府责任仅仅依赖于政府的自觉与自律。我们经常听到教委的人抱怨，某某事情实在没有办法，是上面的意思或者政策是这样规定的，从而为自己的失责开脱。这种责任的收缩性是和权力的扩张性相对的，后者意指政府及其官员会自觉不自觉地将自己的权力最大化。被动性是指政府对学校履行责任不是自己主动出击的，大多是迫于外力，如受到上级政府的要求或者民众的强烈愿望影响，等等。如果说权力是主动的和处于支配地位的，那么责任就是被动的。责任的大小会影响权力的发挥，倘若责任的被动性过大地抑制了权力的主动性，从而导致权力功能难以发挥，权力设定无所作为，则意味着责任的被动性程度过大，因此，需要相应地降低或减轻责任的压力；相反，倘若责任的被动性并未影响权力的主动性，从而使权力任意扩张、无所约束，那么，要么是责任不合理，要么是责任太小而需强化。在各国政府教育管理的实践中，民主国家普设宪政诉讼、行政诉讼及其他申诉申告制度，如对教师聘任存在歧视、教师对政府的一些规章存在异议等都可以通过上述渠道加以反映，其实质就是借外力以约束责任的落实，使责任的被动性不但通过权力者对其相关的责任自觉履行以达到制约权力，也通过权力受动者对责任的外压而强制地制约权力。责任的给付性则是相对于权力的利得性而言的。这一点比较容易理解。权力越大越好，责任越轻越佳，这是许多为官者的仕途诀窍。毕竟权力能给政府及其官员带来各种收益，而责任则需要政府对学校付出，这种付出既有心智上的，也有行为上的，还有物质上的。我们承认权力利得性的存在，但否认它无边无界。权力的

---

① 陈振明主编：《公共管理学》，中国人民大学出版社 1999 年版，第 531－532 页。

② 法学上一般将政府的责任区分为政治责任、行政责任、法律责任和道德责任，本书在论述政府对学校责任时以此为参考。参见高秦伟：《架构政府责任体系的理论探讨》，载《行政与法》，2002 年 1 期。

利得性必须以责任的给付为前提。前面已经分析了权力服务论者对权力利得性的否定，但我们这里要指出责任的给付性是与权力的利得性平衡的，唯其如此，才能使责任和权力的价值得以充分发挥。

（二）政府责任的类别

要清晰地分析政府对学校的责任，除了掌握政府责任的含义外，还需要对其分类有一定的把握。这里，我们主要从两种视角来看待政府责任：一种视角是积极责任和消极责任，另一种视角是长线责任和短线责任。

首先，从政府主动作为还是被动不作为看，政府责任可以划分为积极责任和消极责任。积极责任和消极责任的区分是和英国哲学家伯林（Berlin）对自由的经典划分①——积极自由与消极自由——相对应的，只是自由是从民众的角度出发而责任是从政府的角度出发。这里无意详释两种自由的含义，只是理清建立在伯林理论基础上的两种责任的含义。如果说消极责任是指政府为保障学校、教师、学生的最基本的自由（消极自由）而履行的最低限度的责任的话，那么积极责任则是政府出于对教育发展、学校发展、教师和学生的成长的考虑而将责任扩大化的表现。消极自由和消极责任是英美思想家的偏爱，积极自由和积极责任则是费希特、黑格尔、卢梭、拿破仑、卡莱尔以及其他浪漫主义权威者的良苦用心。前者是英美等具有长期自由主义传统国家对政府责任的限定，而后者则是欧洲大陆国家以及广大发展中国家所秉持的执政理念。消极责任易于理解，也是西方长期以来的一贯主张，它和最小化国家的理念吻合。而积极责任则是人类的一种政治智慧。这种责任需要政府主动出击并对社会和个人的发展承担责任。在教育方面，主张积极责任的人往往大力主张国家多征收税收，为政府大范围地干预社会提供财力，教育可以为政府所包揽。打个比方，我们经常看到一些家长在管教孩子的过程中，认为孩子自己对前途不懂得什么，所以不惜把繁重的课业负担强加给孩子，逼迫孩子学习他们并不感兴趣的各种艺术技能，并认为完全是为了孩子们好，因为孩子自己不懂什么，只有长大了才知道现在的不自由是为了将来的自由。这样，孩子现时的自由和权利消失了，家长也平添了许多更大的积极责任。这种积极责任走过

---

① 有关伯林的两种自由的划分可参见 I. Berlin，“*Two Concepts of Liberty*”，in his Four Essays on Liberty，New York：Oxford University Press，1969，pp. 121 – 133.

了头变成了对孩子的“奴役”。家长作为教育者，在精神或理性上高居于非理性人之上，家长成了康德所说的“理性的裁判”。其实，这种家长保护主义是最大的专制主义。[①] 同理，许多时候政府对学校也会有许多家长式的积极责任。在这里，政府就充当了“理性裁判”的角色，裁判的责任过大了，学校就成了囚徒。

相信消极自由的人想要约束权威本身，而相信积极自由的人则要把权威握在自己手上。[②]强调积极自由的人赞成政府掌握强有力的公共权力，即卢梭所说的干涉每一个公民的全部生活的权力。虽然我们说教育的发展、学校的发展需要政府拥有强有力的权力，虽然政府无论如何都需要对学校的办学进行干涉（只是不同的时期干涉的度有区别而已），但我们并不赞成积极自由和积极责任，至少要对其谨慎对待。尤其是当这种所谓的积极责任和积极自由的观念和非理性结合起来的时候，无疑对学校、教师、学生、家长以及整个社会的教育权益会带来侵犯，后果无疑是可怕的。这种现象在“文革”期间曾经发生过，上山下乡、学工学农给学校正常办学带来的长期混乱可谓前车之鉴。需要指出的是，这种所谓的积极责任是容易和前述的积极权力论密切结合在一起的，往往因其强烈的“天下关怀”而具有相当大的隐蔽性，而且事实上在中国这种具有长期的官本位传统的国度容易滋生和蔓延，需要在确定政府对学校的责任时加以提防。毕竟，政府在维持教育秩序和教育公正上的责任属于消极责任，这些基本的责任才是政府对学校责任的根本，而那些打着发展旗号恣意利用公权的行为，即使有时成果辉煌也不足取。深刻理解积极责任和消极责任的内涵，对于我们明晰政府的责任以及日常工作的职责具有重大的意义。

对于教育责任的另一种划分是长线责任和短线责任，政府责任属于长线责任，利用的是政治机制；而短线责任是学校的责任，利用的是市场机制（政府对公立中小学校的责任落实状况可见图 1－1）。当然，即使是短线责任，政府也负有对学校进行监管的责任。这种责任划分是在 2004 年世界银行的发展报告《让服务惠及穷人》中作出的区分。该报告将教育服务中

①② 顾肃：《自由主义基本理念》，中央编译出版社 2003 年版，第 73、82 页。

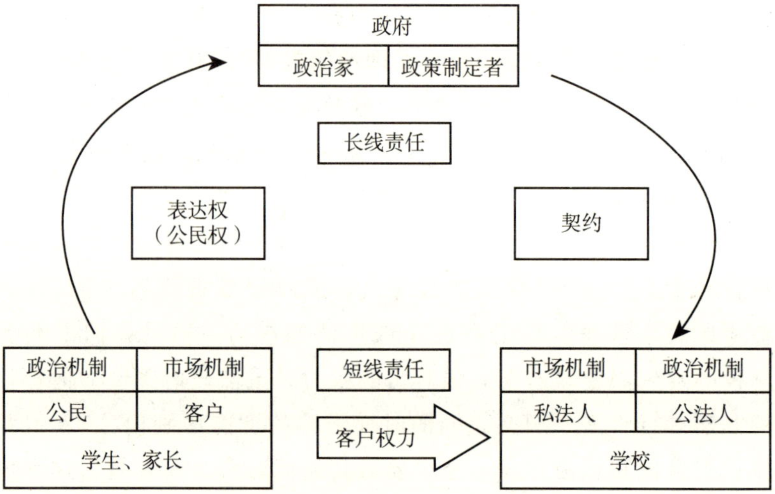

图 1－1 政府的教育责任模型

的责任关系确定为四种[①]：（1）政治家与公民，相当于政府和家长的关系；（2）机构提供者与政府，相当于学校和政府的关系；（3）一线专业人员与机构提供者，相当于教师和学校的关系；（4）服务提供者与公民—客户，相当于学校和家长的关系。基础教育作为一种基础服务和设施，怎样才能到达最终客户——学生和家长手中呢？报告从权力和责任的角度给出了一种抽象模型。在长线责任中，客户通过表达权将自己的利益诉求传达给政府，作为代理人，政府再将这种民意以政治权力的方式向服务提供者（即学校）传达，传达的方式是和学校签订契约。学校在政府的委托下，按照专业要求为学生提供服务，替代政府实现教育责任。这种模型属于一种基于契约论基础上的委托—代理模型，因周期较长一般称为长线责任。在这种责任上，学校似乎执行的是一种代替政府的政治责任。而短期责任则路径较短，只需要客户与学校直接发生关系，往往遵循的是市场的逻辑，属于一种经济责任。在短线责任的履行过程中，政府的义务是为交易的达成和服务的落实提供外部环境的顺畅和有序，保证交易的公平与效率。报告认为，在对待服务提供中的责任问题时，"有效的解决方法可能是短线责任和长线责任的战略组合，使其成为一个系统，其中客户、政策制定者和服

① 《2004 年世界发展报告》，中国财政经济出版社 2004 年版，第 50－51 页。

务提供者由责任关系联系在一起，从而使服务惠及穷人”①。在短线责任中，政府已经不是在履行政治责任，而是更多地依赖市场，因此本书将放在第二章市场部分来讨论。本章探讨的政府对学校的责任属于长线责任，强调政府政治权力的行使。而且即使是在短线责任中，政府也不是无所作为，学校作为服务提供者也需要接受政府的管制。

（三）政府责任的理想类型

大致来讲，政府对于学校的责任可以分为三种“理想类型”②：包办、主导和不干预，人们常说的政府的“越位、错位、缺位”也涵盖于此。

对学校的包办主要以对学生教育实施“从摇篮到坟墓”的北欧传统福利国家为代表，政府实施全面干预，从通过税收融资到建立庞大的行政机构以充当直接管理者的角色。新中国成立后我国长期以来实行的就是政府包办学校的政策，对于学校的资产全部国有化，学校的教职工均为国家干部，学生的就学、招生和分配都由国家包下来。政府包办的方式由于不仅给政府财政带来了沉重的负担，而且助长了学校的懒惰行为而受到广泛的批评。政府包办既增加了财政负担，又不利于激发学校活力。近年来福利国家的政府也在不断反思，普遍改变以往将教育视为社会保障的制度做法，寻求更好的既能避免高福利对政府财政的压力又不至于降低人们现有的教育水平的途径，英美国家的第三条道路就是一种尝试。

不干预形式是指政府没有直接出面建立起系统化、正规化的教育制度体系。在部分发展中国家，由于各种原因政府不愿或无力承担起教育中的责任，尤其是无力对众多中小学校提供庞大的财政支持。而事实上，在世界各国，即使是发展中国家，完全的政府不参与形式已经找不到了，在不同的教育项目中政府都或多或少地有所介入。根据联合国教科文组织统计，全世界有170多个国家宣布实施免费义务教育即是明证。“只要公共财力运

---

① 《2004年世界发展报告》，中国财政经济出版社2004年版，第162页。

② “理想类型”（Ideal type）这一概念来源于韦伯，意为理念类型结构，它只是对各种经验事实中的典型特征进行抽象，而并非经验世界的完全对应物。笔者借助这一概念，旨在抽象出教育中的政府责任的三种模式，以便于分析，尽管在历史经验和现实经验中都可能不存在完全的对应模式。参见［德］克斯勒：《韦伯的生平、著述及影响》，郭锋译，法律出版社2000年版，第216页。

行，各国均在实施免费义务教育。”① 既然政府提供了经费，对学校的干预就顺理成章了。可见，不干预是不现实的，即使是最讲究自由、有着长期不干预传统的国家和政府迫于国内社会问题或实际福利水平、舆论的压力也在以某种方式开始逐渐介入教育领域，履行政府在教育中的责任，尽管这种责任在不同的国家仍有着较大的区别。

所谓政府主导型，简单说就是介于包办和不干预之间的一种方式，政府在教育中坚持“有所为，有所不为”的原则。这也是当今大多数国家正在实践的一种政府对于学校责任的履行方式。需要指出的一点是，尽管各个国家都在向政府主导型发展，但在具体的做法上肯定不会相同，这跟各个国家的历史文化传统、社会发展水平、经济发展阶段、政治体制以及所选择的教育保障体系有关，各个国家都在根据自己的具体国情、社会需要选择最适合的政府治理形式，并且根据形势发展不同而进行调整。因此，不宜简单地评价政府对学校的责任承担问题，而应该结合具体情况分析。比如不能把英美国家的私有化改革看成是政府放弃了对学校的责任，事实上，即使在经济上再放任的国家，在教育问题上国家的力量还是被强调的，只是各国政府发挥作用、履行责任的方式存在差异而已。

（四）政府责任的变更

随着社会经济的发展，教育形势的变化，政府对于学校的责任并不是一成不变的。如我国部分发达地区经济迅速发展，政府通过工业得到的财政收入迅速增加，已经可以用工业反哺农业，完全可以取消农业税而仍能保证农村学校的正常开支。2006 年我国农业税的取消也印证了政府对农村教育的责任发生了变更。再有，国内一些城市，如上海等发达地区甚至已经明确提出将实施 12 年的义务教育。这样，政府对学校的财力支持责任发生了变化。再如教育行政部门对于学校的评估职能在一些地区已经逐步向社会中介组织转移，甚至连考试等以往政府需要控制的核心教育事务，也出现了去政府化的趋势。20 世纪 80 年代中期以来，这种政府责任的变更总体趋势是政府单方面负全责向政府、社会、学校共同负责的多元责任体制转变，政府从许多以往负全责的领域逐步退出。

---

① 张力、韩民、汪明：《国际义务教育制度的比较分析》，载袁振国主编：《中国教育政策评论 2004》，教育科学出版社 2004 年版，第 25－38 页。

政府责任的变更并不是随意的，而是有条件的。一方面，政府对于教育的底线责任不能放弃；另一方面，有些是过去全能政府和计划体制下本就不应属于政府的责任范畴的内容，可以在改革中逐步变更。但即使对于后一种可以变更的责任，也应该认识到，政府退出有两个必要的前提，一是社会上有承载政府所退出功能的载体来承担原本属于政府的教育责任；二是政府对这些载体的表现（包括其运行的过程和结果）具有有效的监控和评估手段。信息不对称不只是市场中才存在的问题，在政府与各种市场和社会组织的关系中也是一个普遍的现象。只有政府解决了这一问题，使各种组织的运行和结果透明化、规范化，才可以退出，否则便是政府缺位。西方发达国家强调放权和多元化，在很大程度上是因为各种经济和社会组织的运行具备了这些条件，同时也因为在政府之外存在着制衡组织行为和保护个人利益的机制。然而在中国尚不具备这两个前提。市场经济虽然有了显著的发展，但市场的秩序和规则等尚未完全建立和完善起来，老百姓需要非常警惕地与各种市场组织打交道，否则便会陷入陷阱；而公民社会组织更是处于萌芽状态，不仅远未形成任何制衡的作用，对学生和家长的利益保护作用也非常有限。在这种情况下，政府不仅面临规范和培育社会组织的任务，还需要在各种组织与公民个人的交互行为中承担起维护公平和公正的角色。换言之，在中国，政府仍然是保护和维护公众利益的主要的甚至是唯一的主体。特别是在大多数人的基本社会保障尚未得到满足的情况下，任何形式的放权或授权行为都会使弱势群体处于更加不利的局面。我们认为，政府对学校责任变更的一个基本前提是学校、学生和家长的权益得到保障，各种保障的机制和条件应比较成熟，否则恣意变更责任主体就只能是责任的推卸。另外，从当前世界范围的教育管理共性看，有些责任是永远不能变更的，比如对弱势群体受教育权的保障和维护教育公平的责任。“在社会主义市场经济条件下，政府的责任在于给强者以‘发展权’，给弱者以‘生存权’，以有效地防止‘弱肉强食，适者生存’的纯生物式的市场竞争。”① 如果这些最基本的责任主体都发生变化，不管责任主体是变成了社会组织还是其他什么部门，政府也就没有存在的必要了。即使世界

① 桑玉成等：《政府角色——关于市场经济条件下政府作为与不作为的探讨》，上海社会科学院出版社2000年版，第100页。

上最自由的政党和最小范围职能的政府，都不会妄言对教育公正的维护和弱势群体的扶持的责任可以推向社会和市场。

（五）政府责任的边界

正如我们时常倡导要为政府对学校的权力设界一样，政府对学校的责任也需要设立明晰的界限。没有边界的责任，要么导致责任缺失，要么导致滥施责任。政府责任的边界可以从质和量两个方面讨论。

从质上看，政府应对学校履行什么样的责任呢？早在20世纪30年代，美国学者艾萨克·康德尔（Kandel）就曾关注过国家作用的合理限度问题。他提出教育应该有外在事项和内在事项之区分：国家对于公共教育的外在事项（如教育经费、教育设施和设备、教育制度等），必须介入国家权力的干预；但是对于教育的内在事项（如教科书、教学教法、教育评估、学校管理等）则必须尊重教育的专业自主权，排除国家权力的干涉。①

政府对学校责任的问题可以从政府对学校所扮演的角色来分析。对于学校而言，政府履行的责任使得政府应当担当的角色主要有六种，即：（1）教育体系的构建者；（2）教育条件的保障者；（3）教育服务的提供者；（4）教育公平的维护者；（5）教育标准的制定者；（6）教育质量的监管者。② 政校关系调整后，政府角色的变化必然带来政府责任的变迁，这也是建立良性政校关系、保障学校办学自主权的关键。在上述作为质的政府责任中，第一种是各国政府都已经做到和正在做的，我国政府在新中国成立后对于学校的责任重点一直是第二种和第三种，今后应加大第四、五、六种责任方面的执行力度。

---

① Kandel, I. L.（1933）Comparative Education，转引自薛化元、周志宏编著：《国民教育权的理论与实际》，稻乡出版社（台北）1994年版，第9页。

② 褚宏启：《审视现代学校制度》，载《中国教育管理评论》（第2卷），教育科学出版社，2004年12月，第96页。根据褚宏启教授的观点，政府既不是“夜警政府”，也不是“全能政府”，而是介于两者之间的“混合政府”。其观点类似于著名经济学家斯蒂格里兹的“混合经济”的观点，在斯氏看来，政府戴有六套面具：立法者、调控者、生产者、消费者、保障者和再分配者。这与褚宏启教授认为的政府在教育中的六种责任极为类似。（参见［美］约瑟夫·斯蒂格里兹：《政治经济学》，春秋出版社1988年版，第26页。）

在此基础上，褚宏启对政府新的教育职能进行了描述①：（1）放弃“不该管”的职能。“不该管”的职能是指属于学校自主办学的职能，这些职能要坚决下放给学校。例如，学校内部一些具体的人事安排，如中层干部的任用、职称评聘、报酬待遇等，应让学校有更多的权限。（2）强化“该管”的职能。这些职能包括：对教育规模、结构、布局等方面进行宏观调控；制定教育政策和法规，规制有效的制度并承担制度推行的责任；制定各类学校设置标准和质量标准；制定教育发展规划；通过公共财政分担学校的教育成本，并通过转移支付促进教育公平；建立支持教育改革发展的服务体系；组织对各类学校教育质量的检查评估。确立教育标准、为学校提供保障和服务成为政府的重点。政府作为公共利益的维护者必须履行公共责任。在宏观调控、社会责任承担、教育公平环境建设、教育制度和法规健全等方面，政府权能应极大加强。

从量上看，政府对学校的责任应是底线责任。如果一些学校搞超标工程、豪华校舍是使用了政府的钱，则是对纳税人权利的侵犯，政府有责任加以制止；如果是使用了学生所交的费用，则存在学生和家长是否愿意的问题，如果是学校的单方面决策，则无疑属于乱收费范畴。优质教育资源的提供不是政府的责任，而应该由第三部门或私人提供。这种优质教育资源的提供理应退出公共教育财政的范围。在市场领域，以家长自愿为原则，学校和家长达成协议，这种协议以家长择校方式实现。从法律上讲，这时学生和家长在学生收费上的关系已经变成民事法律关系，要由民法而非义务教育法和教育法来调节和规范。

给政府责任划界，要树立“积极责任不张不弛，消极责任勿枉勿纵”的原则。政府不能为了显明政绩而不顾地方财力和当地实际，人为地抬高责任标准，这样做既是对纳税人的损害，也容易对学校自由造成侵犯。当然，更不能以财政困难为理由推卸政府应尽的基本责任，如维护教育秩序和保障教育公平等，政府最底线的责任（消极责任）也是学校基本权利的体现。

（六）我国政府对学校责任存在的问题

前面是对政府责任的理论抽象，如果回到实践层面，各国政府对学校

---

① 褚宏启：《审视现代学校制度》，载《中国教育管理评论》（第2卷），教育科学出版社，2004年12月，第93页。

履行的责任类别、履行程度等存在一定差别。就我国而言，本书认为我国政府对学校责任存在的问题主要表现在以下三个方面。

一是政府对学校履行责任时存在责任主体不清的现象。因为我们不能仅仅停留在理论上的阐述，在实践中，政府对于基层学校而言就是一个个的组织和机构。但谁应对学校承担责任？承担什么样的责任？如果不厘清这些问题，就会出现学校发展无人负责，出了纰漏互相推诿的问题。虽然我国政府在法律上从不推卸自己对于学校，尤其是农村中小学的责任①，但在具体的实践中，责任究竟是哪一级政府负责则似乎并不那么清楚。政府也具有经济理性人的特征，利益最大化也是各级政府的政策诉求。在义务教育责任承担上总是倾向于将责任“推卸”给低级政府，这种推卸的路径是省—县—乡（镇）—村，因此，县、乡、村在政府层次中处于最底层，也处于最无奈的境地。“以县为主”的管理体制经常被篡改为投入体制，给这种推卸以法律上的支持。

这实际上就是责任的转嫁问题。有学者指出，在我国义务教育投资中存在着不同程度的政府责任转嫁问题，主要表现在：（1）义务教育投资责任由中央政府向地方政府转嫁。中央政府对义务教育投资分担比例过小，在义务教育发展中的整体保障和宏观调控力度过小；（2）义务教育投资责任由政府向社会转嫁。原本应当由各级政府按照职责范围，由本级财政负担的义务教育投资责任以不同形式不同程度地向民间转移，包括以捐资集资的形式转嫁责任、以向受教育者收取各种费用的形式转嫁责任、以拖延支付的形式转嫁责任。② 义务教育投入中，政府责任转嫁的原因主要有三方面：第一，政府追逐自身利益的驱动使然。现代经济理论认为，政府具有

① 1985年《中共中央关于教育体制改革的决定》、1986年《中华人民共和国义务教育法》、2000年召开的全国基础教育工作会议《关于基础教育改革和发展的决定》以及2003年全国农村教育工作会议《关于进一步加强农村教育工作的决定》，无一不在强调：举办义务教育，特别是农村义务教育，主要是政府的责任。但具体落实到哪级政府头上，则并不明晰。关于政府经费责任问题，目前学界有两种较有代表性的看法，一是认为义务教育管理的重心应该上移至省一级；二是认为各级政府应按照教育项目将所发生的支出拨付责任落实到各级政府头上，通过财政分担履行政府责任。

② 王红：《论义务教育投资中政府责任转嫁问题》，载《教育理论与实践》，2003年第4期。

"经济人"的特征，在政府行为中存在着机会主义的倾向。相对于其他投资而言，对教育的投入是一种长期的、效益滞后且政治利益不明显的投资，因此，只要条件允许，政府总会采取投机取巧的做法，将对教育投入的责任进行转嫁。第二，体制原因。"地方负责，分级管理"的体制没有明确规定中央政府应当担负的具体责任，为中央政府的责任转嫁提供了方便。而"多渠道筹资"却使地方政府过多强调"广开财源"，从而忽视了政府责任，并为地方政府责任转嫁找到了借口。第三，公共教育资源分配不合理。由于公共教育资源更多地分配到高等教育领域，在教育资源总量短缺的条件下必然导致义务教育公共经费的不足，在无力筹集更多公共资源的情况下，政府自然会通过转嫁责任来缓解义务教育公共经费投资不足的现状。

所以，在对学校进行财政支持时，往往并不能完全从学校发展的实际需要出发，而是从当地的政治、经济和社会发展的全局出发，量力而行。在投入方面，没有教育投入法的硬性规定也导致政府对学校的经费支持责任只是软约束的责任。而且，没有明确各级政府在义务教育中的具体责任的政策，只能造成政府在对中小学校履行责任时出现主体不清状况。

除了经费责任外，在人事、课程等管理上的责任也不十分明确。在人事上，以县为主要求县教育行政部门负责整个地区的教师人事安排，但笔者在对一些县教育局长的访谈中了解到，其实他们根本不需要这个人事调配权，也不想承担责任，"这么多学校和教师，哪里顾得过来?"事实上，即使在以县为主的管理体制中，许多乡撤销了以前的乡文教办，但乡里多了乡长的教育助理，其日常工作事务同以往的文教办无异。与其说他们是对国家政策和法规的曲解和对抗，毋宁说是国家法律法规和政策对管理主体的规定不够明确造成的。① 在课程管理上也是同样的。以新课改中的校本

---

① 目前一种较为普遍的观点认为，以县为主是指经费体制而非管理体制。这种论点似乎为乡里现在的做法提供了理论上的合法性。但对此目前我们在正式文件中无法找到政策支持。毕竟财权和事权相分离的可操作性仍值得怀疑。应该说财权和事权的关系是很复杂的问题，在西方国家，一般政府在推行分权改革时财权相对集中、事权相对分散。（参见张立荣：《中外行政制度比较》，商务印书馆 2002 年版，第 383 页）但在我国，财权更多的意味着政府对于教育投入的责任，这种权力是多级"理性"的政府想推卸的，而事权更多的代表了一种资源分配的权力，是各级政府努力攫取的。在这里，权力和责任的关系变得非常微妙。

课程为例，按政策设计者的初衷，校本课程由学校自主决定，也不需要教材。但事实上许多县教育局对本地农村学校实施新课改的能力显然表示怀疑，硬是规定了统一的校本课程并统一发放了教材，“校本”二字已形同虚设。对于课程管理的责任主体究竟是中央政府还是基层政府？责任不清问题已经直接进入教育教学内容这样的教育核心领域。有些基层官员和校长直接将责任推给了“高考指挥棒”式的考试制度，而基础教育终极的考试评价制度又远非作为教育基层的校长和教师所能决定的。

二是政府对学校的责任内容不明。权力是利得的而责任是给付的，理性的政府在出台政策时自然不愿给自己上“紧箍咒”。我国的教育法律法规中，多见的是权力条款，而责任条款则是隐性的和不明确的。仍以对义务教育学校的经费责任为例，我国《义务教育法》第十二条规定：“实施义务教育所需的事业费和基本建设投资，由国务院和地方各级人民政府负责筹措，予以保证。”随后又规定了“两个增长”、城乡教育事业附加费、自愿捐资助学等内容。这些规定仅仅是对政府筹资权力的规定，并没有按照学校的经费需求来规定，也并不是按照政府对学校履行的经费责任来规定的。在具体办学过程中，学校的日常开支和办学成本在一定时期具有刚性的特征，学校只要开办，这些费用必然发生。学校在财政拨款问题上和政府几乎没有讨价还价的余地，学校经费支出只能依赖政府自觉履行责任。如果政府因各种原因不能履行，就应该在法律上明确规定学校教师的工资和福利以及办公和教学经费、基建费用等应由哪级政府财政承担，承担到什么程度，等等。近两年教育投入法呼之欲出，明确各级政府对于学校办学的具体责任也是其中一个重要原因。

三是政策履行的措施失当。最常见的就是通常所说的“好心办坏事”，在这种情况下，政府通常已经意识到自己对学校的责任，但却开错了“药方”。应该说，现时的中国政府，至少是中央政府，已经意识到自己对中小学校的重大责任了，这从十年来教育总投入的极大增长上可以看出，但愿望不代表现实。从西部（农村）远程教育工程的例子就可以看出政府责任履行措施的失当。2002 年 5 月，教育部下发了《关于实施“农村中小学运用多媒体资源，提高教育教学质量项目”的通知》，要求至 2005 年底，完成所有乡镇以下独立建制的农村中小学校的多媒体配备工作，包括电脑、电视、DVD 播放机等硬件设备。应该说政府的初衷是不容置疑的，在网络化社会，应缩小西部农村地区和东部发达地区的差异，让农村的孩子也沐浴着信息化的春风。于是，中央政府大力拨款支持西部农村地区中小学的信息化工程，为每个学校配备了电脑，应该说政府算是尽责了。但我们在对一些西部校长的访谈中，了解到并不是我们预想中那么的欣喜，而更多的是一种无奈。原来配备这些电脑以后，一是学校无人会用（师资培训没有跟上）；二是电脑耗费无法承担（包括电费、维修费用、购置软件的费用等），造成许多学校将电脑作为摆设放在那里，即使校长也舍不得用，更别说是普通的教师和学生了。作为高技术含量的电脑，用不了几年就会过时，谁能说这些锁着的电脑不是一种浪费呢？当我们回过头来发现许多农村中小学校教师工资都勉强维持，教师培训几乎遥遥无期，教师上课用的粉笔甚至都需要定量领取时，我们仍要追问，政府在其中担负的对学校发展的责任履行方式显然不够恰当了。同样的资金怎么分配，如何使资金能够真正解决基层学校教师最急迫的需求，不仅需要增强政府履行责任的决心，还需要增加履行责任时的政治智慧。

（七）政府责任承担——问责制的推广

政府在执政过程中，容易存在失责的情况。加大问责制度成为当前政治体制和行政体制改革的一项重点。在教育领域，问责制度即责任追究制度。追究政府和学校的工作人员没有履行义务所承担的责任，并规定追究责任的程序和进行法律救济的途径（包括教育申诉制度、行政复议制度、行政诉讼制度等）。[①] 问责制要求政府及其官员在未履行职责或在自己所管辖事项范围内出现重大事故时应承担责任。一般而言，问责中政府可以在集体或个体两个层面上承担。集体问责要求集体承担责任，如国外一些政府首脑以集体辞职的方式来表达自己对失责行为所负的责任。这种团体承担方式在国外较为普遍，而在我国主要还是个人承担责任。这是目前我国在政府体制改革中特别强调首长负责制的必然结果。问责制度在我国目前还属于较新的政府承担责任方式，而且大多是以官员个人的“乌纱帽”作

① 褚宏启：《审视现代学校制度》，载《中国教育管理评论》（第2卷），教育科学出版社，2004年12月，第96页。

保证的。① 为强化官员的工作责任心，国务院在2005年3月印发的《全面推进依法行政实施纲要》中明确规定："行政机关违法或者不当行使职权，应当依法承担法律责任，实现权力与责任的统一。依法做到执法有保障、有权必有责、用权受监督、违法受追究、侵权要赔偿。"总之，政府承担责任机制的明确，才能真正促使政府及其官员依法履行责任，毕竟教育和学校的发展不能仅仅依赖政府的自律和官员的道德自觉，问责制等是必要的外力保障。②

三、学校的权力与责任

（一）学校权力失范

中小学校办学自主权的缺乏一般被认为是一个历史遗留问题，而且是世界范围内带有共性的问题。这主要与第二次世界大战以后各国普遍加大了教育发展的力度有关，而且这种发展是在以凯恩斯思想指导下的政府控制为主的。在中国这样一个有着长期集权传统的国家，中小学校的自主权更是少得可怜。有学者在对全面深化改革以来的中学教育政策作了纵向回顾之后，也得出了类似的结论："我们（的）学校仅仅是被动者、被决定者、追随者、服务者、从属者，没有相对独立的个性，缺乏自主性、更谈

---

① 中国官员问责制于2003年"非典"期间启动。包括卫生部部长张文康和北京市市长孟学农两名省部级高官在内的上千名官员，因隐瞒疫情或防治不力被查处。"非典"过后，从中央到地方开始加快推进问责制的制度化。摘自 http://news.sohu.com，2005年12月3日，《中国官员问责制趋健全，环保最高官解职敲响警钟》。

② 在我国当下的政校关系中，并非没有问责制，但遗憾的是这种问责的重心过低，过于强调对校长的问责而非对政府官员的问责。在笔者对北京市宣武区、西城区、崇文区以及江苏省盐城市的一些学校的访谈中了解到，校长们经常抱怨"权力有限，责任无限"。目前，教委（教育局）对学校管理的许多事项都采取责任状的形式，而且为了便于管理（或者对学校其他人员负责该项事务的效率和办事质量不放心），往往都采用一票否决制，什么事情都只要求校长一人负责。学校的教学质量、学生德育、校园安全、教师权益保障甚至计划生育等，都是一票否决制。千根"线"对校长一根"针"，使得校长们普遍感到压力很大。许多校长没有休息日，就连寒暑假都要经常到学校加班。每天校长需要最早到校，晚上最晚才能离开。其实，只要有了完善的办事制度和责任追究制度，并不是事无巨细都需要校长过问，校长最主要的精力还是应放在教育教学和学校的发展与规划上。我们认为，对校长负责制的落实，应有更详细、更具有对校长人性化关怀的制度和规则。

不上创造性”。①

20 世纪 80 年代以来的教育改革从国际和国内看都是政府权力向学校的转移，学校办学自主权的增加成为学校自主发展的根本保障。在英美国家，一般表现为校本管理（school-based，school-sited，self-management）。在我国，更多表现为 1985 年以来的校长负责制改革。两者有一定的区别，表现在学校的权力和责任上。②

从学校权力上看，教育改革二十多年来学校自主权虽然获得较大扩展，但仍有许多不尽如人意的地方。学校仍处于外控的管理模式下。一些学者指出，我国长期实行中央集权的教育行政体制和计划经济模式，形成了学校和政府之间的“婆媳关系”，学校只是被动地接受教育行政部门的指挥，而不能依法自主办学。③

① 薛化元、周志宏编著：《国民教育权的理论与实际》，稻乡出版社（台北）1994 年版。

② 校长负责制是我国自 1985 年《中共中央关于教育体制改革的决定》颁布以来我国中小学校权力变化的合法路径。近年来理论界仍存在对此问题的争论。北京师范大学教育·经济·管理博士论坛曾组织博士生和名校长对“校长权力过大还是太小”问题在《中国教育报》（2004 年 5 月 11 日）展开争论。也有学者在分析我国的校长负责制时，将我国的中小学校长负责制划分为第一代和第二代，认为第一代校长负责制着眼于校内党政之间权力转移，第二代校长负责制所追求的是自主管理学校将着眼于权力由政府向学校转移；第一代校长从书记手中接过权力而第二代则是学校从政府手中接过权力；第一代校长负责制使校长几乎集权力于一身，而第二代校长负责制的结果是校长部分权力的依法分散。（参见冯大鸣：《美、英、澳教育管理前沿图景》，教育科学出版社 2004 年版，第 188 页。）这样看来，西方的校本管理更类似于我国第二代校长负责制了。笔者以为第一代和第二代的划分仍属于一种理论上的区分，是应然和实然的区分，但至少为我国校长负责制的改革指明了方向。

③ 陈大超：《基础教育课程改革与学校管理模式的转型》，转引自全国教育管理学科专业委员会第六届年会交流论文，2002 年 9 月。其实在教改初期这种判断是正确的，但在校长负责制实行了 20 年后，已经不能笼统地谈论学校权力是大还是小了。一方面有些学校应有的权力现在不能享有，如许多学校对于校本课程的管理权、对于教师职称评定的权力等都非常缺失；但另一方面，有些是学校不应该享有的权力却有了，如一些城市公立学校可以到银行大笔借款，校长们可以借考察之名公费旅游等。所以，精确地讲学校权力存在的问题是权力不能和其所履行的教育教学责任相匹配。

学校权力的失范主要表现在：

一是政府和教育主管部门不愿意真正放权。如前所说，权力是具有利得性的，我国教育改革造就的巨大的利益场使利益占有者总是试图利用各种机制强化而不是分散自身利益，政府及其官员的“经济人”角色决定了政府本身也是一个利益主体，而且通常情况下还是一个较大的利益主体。教育体制每当触动这种利益形成机制，总会触犯既得利益群体的现实利益，政府在教育利益场中的传统的优势地位必然会受到撼动。如果学校校长的任命是由学校教职工和学生、家长说了算，政府何以让校长们俯首听命？如果学校自主确定收费标准后自由开支费用，政府统筹经费的既得利益何以保障？如果完全推广校本改革而使政府置身于事外，或者相当一部分权力转移到学校或第三部门手中，无事可做的官员们何以使自己的“铁饭碗”甚至“金饭碗”得到保障？改革是困难的，牵涉到权力和利益重新调整的改革更是举步维艰，这也是造成中央一级的教育改革政策出台后在地方和基层容易走样的重要原因。我国学者范国睿和赵中建等人就担忧道，“政府部门不肯真正放权将构成现代学校制度建设的障碍”。①

二是下放到学校层面的权力并未被合理使用。在中央集权体制下，上级政府的威信还是能够在教育改革中显露出来的，下级政府在基本层面和正式场合在中国现有政治体制下尚不能成为上级政府的博弈对手。这样，校本改革需要的放权还是能够在一定程度上反映出来的，学校也因此获得了越来越多的权力。但是，遗憾的是，下放到学校层面的权力并未被合理配置和充分使用，校长对权力的独占成了改革至今一个比较普遍的现象。这是另一种权力失范的情况，即所谓的“英雄校长观的强化”。下放到学校层面的有限权力，往往也容易被校长个人所垄断，而不能使得权力被教师、学生、家长这些最贴近教育实践第一线的主体所享有。“英雄校长观”是冯大鸣对那些独占权力的校长的礼貌称谓，其实就是指校长专权。我们经常听到的“一个好校长就是一所好学校”往往更容易促成对这种观念的误导，这种误导容易造成人们把办学成败之宝押在校长一人身上。其实，“英雄校长观”在20世纪曾于美、英、澳等国风行一时，但这些国家此后的教育管

---

① 赵中建：《权力下移，走向校本——关于创建现代学校制度的思考》，载《中国教育政策评论2004》，教育科学出版社2004年版，第251页。

理实践和教学领导、分布式领导方面的研究均证明了“英雄校长观”的偏谬。因为“英雄校长观”的日益强化，既漠视了学校民主的价值，也弱化了教师、家长以及学生本人在学校效能改进方面的作用。① 为此，褚宏启开出的药方是“二次放权”②，即校长把政府下放的权力再进一步下放给教师和学生，这就需要学校内部民主管理制度体系的建立和规范。

三是学校对政府、教师对学校的长期依赖致使基层对权力不能正确看待和合理使用。权力虽有利得性，但在学校内部更体现了一种对权力享有者和权力使用者的教育责任和道德义务。遗憾的是，学校（包括校长和教师）经常过多地关心权力利得性，当权力不能给他们带来利益（物质的或精神的），甚至还会带来义务和责任，带来工作压力和更多劳动付出的时候，权力就会被贬值。用一些校长们的话说，权力成了“烫手山芋”（如对校内不合格人员的名义解聘权）。在笔者访谈的学校中，不少校长希望教委行政部门能收回这些权力，这样才叫“支持我们校长的工作”。③

当然，我们这里谈论的似乎完全是以放权为价值取向的，似乎权力越下放越好，权力下放得越低越好，越多越好。其实，政府并不是妖魔，学校、教师和学生也并不个个是天使。学校、班级层面仍然存在着大量的机会主义倾向，这是由社会主义初级阶段社会成员的道德素质所决定的，而

---

① 冯大鸣：《美、英、澳教育管理前沿图景》，教育科学出版社2004年版，第185－186页。

② 褚宏启：《审视现代学校制度》，载《中国教育管理评论》（第2卷），教育科学出版社，2004年12月，第97页。

③ 在笔者对北京市宣武区十几所学校的调查中发现，不少校长希望自己拥有实际的学校控制权，但在制度上仍不需要过于明确。比如，对于一些素质较差的教职工，校长们会通过自己能够掌控的教代会而“解聘”，但在最后决定时希望是教委行使表面的和制度上的解聘权。这样，被辞退职工也只能到教委说理。因此校长们建议不要用正式的制度形式明确校长和学校的一些权，以避免工作中的麻烦和矛盾。而在教委看来，这种矛盾应化解在基层学校。因而经常会发生一些被辞退教职工的上访事件，影响了上级对学校的印象和教委的正常办公秩序。这种经常发生在教委和学校之间因解聘权归属问题而“踢皮球”的现象，已经成了一种政府—学校关系的潜规则。笔者认为，背后原因既有学校的不当权力观的问题，更是一种中国人特有的行动逻辑。这种国人气质短期内很难用制度和规范改变，而只能有赖于社会长期的变迁。

且这种素质短时间内是无法改变的。至少目前，还远没有到马克思所说的“抛开拐杖”的地步，政府仍对学校具有管制的义务和责任，也就要求对学校享有各种监管、监控和监督的权力。无视管制而妄论放权是对教育实践的不负责任。

（二）学校责任失范

学校责任失范主要表现在责任的失衡和过度。

学校责任失衡是指学校所承担的两种以上的责任之间，在责任实现资源和责任履行方式上的不均衡。学校面对的两种基本责任分别是面对政府和学生。从本质上说，现代学校应同时对上级主管部门和学校教育的当事人（学生及家长）负责。前者是学校对政府的责任，从学校作为公共设施为政府所设的角度必然得出这种责任存在的合理性和合法性。后者是学校对社会的责任，这是因为从根本上讲，政府的最终上级是国家，而国家是人民的代表。正因为此，一些西方国家才会把教育改革背后的文化变迁定义为：有关的权力和利益向教育的终极消费者（end-user）转移。其中的终极消费者，系指学生及其家庭。① 可见，学理上看后一种责任具有更加根本的效力。但现有的学校管理体制设计使得后者被虚化，尽管“一切为了学生的发展、为了一切学生的发展”已经成了我们耳熟能详的话语，但体制决定了学校真正需要向其负责的只是能够直接决定他们的经费来源、人事安排的政府。正如一些学者指出的那样，我国现行的学校管理制度框架结构中，原本就没有给家长、社区参与管理留下什么空间。即使从现象上看，学校与社会的联系搞得轰轰烈烈，如设立家长委员会、定期召开家长会、设立家长开放日、明确班主任家访制度、举行好家长评选制度、使用家校联系册、开通校长热线、采用校长信箱、印制社区报到卡、对社区居民开放校内教育资源以及组织学生参与社区宣传、卫生和扶贫帮困活动等各种制度形式，但这些制度形式无一能够对校长和教师构成硬性约束。试想，

---

① Caldwell, B. J. and Haywand, D. (1997) The Future of Schools, The presentation at the Annual Conference of the BEMAS, Cambridge University, September 19 - 21. 转引自冯大鸣：《美、英、澳教育管理前沿图景》，教育科学出版社2004年版，第186页。

如果我国中小学校治理结构改为芝加哥校本管理模式①，那么学校从校长到教师还能眼睛只向上看吗？我们不能责备校长和教师的觉悟，更应反思学校本身的责任体系以及责任履行方式本身的合理性与有效性。

学校责任过度是指政府赋予学校的责任以及由此顺延下去产生的学校对教师、教师对学生的各种责任高于应然的状态。主要表现在两方面：

一是学校拥有的法律地位和学校责任的非对称性。在法律上，学校应是享有充分办学自主权的法人单位，以致学校对自己的人、财、物、课程和信息等各种教育要素的配置拥有根据办学需要和学校教职工自主意志进行自决的权力，在此基础上产生的学校对内对外的责任主体地位或资格。但是，就目前来看，学校责任较之法律赋予的自主地位而言远远过剩和过度了。公立学校办学经费应由政府充分保障并且学校能够根据教学需要自主决定，但实际上学校资金不到位以及到位的资金由政府计财部门统得过死。而在一些达标检验或示范校评比时，学校硬件不到位引起的责任由学校自己承担。而且，学校不能自行决定收费的标准，即使重点校收取的赞助费或择校费，也由政府单方面决定返还学校的比例，有的学校甚至要承担定期完成教委“创收”的指标的责任。在学校内部，学校的法律责任也并不明晰，往往超过学校承担的范围。比如，尽管2002年颁布的《学生伤害事故处理办法》第七条否定了学校的监护人责任，但一旦在校学生的人身或财产出现意外，家长和社会仍会习惯性地找学校理论，教委和学校往往也只能息事宁人而承担了本不必承担的责任。为了减轻这种可能发生的责任，许多学校甚至开始减少学生的户外体育活动，取消了利于学生身心健康的春游活动等。结果法律责任是避免了，但在学生身心健康方面的道义责任却不能实现了。制度化学校教育的责任困境使得学校表面的责任不断扩大而内在于教育活动本身的教育和道义的责任却不断丧失。

二是学校内部各种群体的责任过度。校长负责制的负面效应是“千线一针”现象，校长们比以前更加大了负担和责任，他们不仅对教育教学，而且对学校的卫生、安全、绿化等都要负起比以前多得多的责任。教师们

① 芝加哥校本模式是校本管理模式中较为激进的一种，家长成员占半数的学校委员会除了有权对学校各项事务作决策外，还有权聘任或解聘校长。参见冯大鸣：《美、英、澳教育管理前沿图景》，教育科学出版社2004年版，第147－148页。

的压力大了，不仅对学生的学习成绩和升学率负责，还要对付学校各种具有市场化倾向的管理制度，对付独生子女和家长们更复杂的要求，以至于教师职业倦怠成了教师教育的热门话题。学生和家长们责任也增加了，虽然高校扩招，但毕竟还是要通过统一的高考才能进入理想的大学，而当今的社会阶层间的向上流动通道并不顺畅，选择的途径也非常单一，通常只有金榜题名才有美好的前程，所以我们看到越来越多的家长带着孩子在节假日参加“奥数”、英语或其他艺术课程的培训，学生休息和娱乐的时间越来越少，中国家长们肩上的担子和责任也越来越重。为了家庭和子女的未来，他们委曲求全，甚至不惜成为反对“减负”的主力军。这种责任的过度带来的是素质教育的尴尬，教育丧失了生命力而不再鲜活。

第三节 对于学校与政府关系的思考

一、我国政校关系的现状考察

本书对我国政校关系的现状考察分文本考察和实地考察，其中文本考察分别对国家中央层级的政府和区县教委（教育局）两个层面的政策文件文本进行分析，实地考察包括对北京市 17 个区县发放的 960 份教师问卷的分析和对浙江省宁波市 12 所中小学校的实地访谈调查。

（一）文本解读

文本考察不同于实地的调查和访谈，在方法上有别于传统的实证主义，而趋向于解释主义。解释主义是 20 世纪 50 年代后兴起的一种强调人文社会现象和自然现象差异性的方法论。在解释学早期的代表人物狄尔泰看来，“精神科学”应当有自己的基本方法，那就是理解和解释。他说：“如果系统的精神科学由这种对个别物的客观把握中推出普遍的和规则的关系和包罗万象的联系，那么理解（verstaendnis）和阐释（auslegung）的过程对于这种精神科学就是基础。”① 就解释学的共性而言，可以宽泛地定义为解释

① 狄尔泰：《诠释学的起源》，参见洪汉鼎主编：《理解与诠释——诠释学经典文选》，东方出版社 2001 年版，第 74－92 页。

文本（text）意义的理论或哲学。它以作者的心理状态、文本的意义、读者的理解这三者的关系为主线。不同的解释学流派，或重视消除读者对文本的误解（如方法论解释学），或关注对人的存在方式的揭示（如海德格尔），或强调恢复“实践智慧”、解决社会与交往的合理性问题（如哈贝马斯）。当然，对文本的解读通常需要研究者脑中事先有一定的假设，文本解读的过程也是不断验证（证实或证伪）假设和命题的过程。正如伽达默尔（Gadamer）所说，“只有理解者顺利地带进了他自己的假设，理解才是可能的。”① 为此，需要在前述政校关系理论假设的指导下，对我国政校关系的欲然层面进行文本分析。

本研究选取的文本包括两个部分，一是教育部基础教育司2003年编纂的《新编基础教育文件汇编》②，书中收集了中央层级的政府机构于1999—2003年发布的关于基础教育管理事项的文件，共222份。之所以这样选取文本是因为中国毕竟是中央集权制下的政府管理模式，从最宏观的角度研究政府有助于把握政府的整体属性；二是选取一些基层的学校，查看一定时段内区县教育行政部门和学校之间的文件（公文）往来，这些基层层面的政府是学校够得着的政府，对于有关文本的解读可以了解在具体学校办学过程中政府如何作为，国家层面的教育政策在基层如何得到落实，从微观的角度研究政府有助于把握政府的具体属性。

1. 国家层面的政策文本解读

首先，对国家层面的政策文本进行梳理和归纳。发文机关包括中共中央（办公厅）、国务院（办公厅）、教育部（党组、各司、局）、财政部、人事部、科技部、文化部、卫生部、民政部、中宣部、中组部、中央机构编制委员会、司法部、建设部、农业部、公安部、国家经贸委、国家计委（发改委）、国家体育总局、共青团中央、全国妇联、中华慈善总会、新闻出版总署、质量技术监督局、国家工商行政管理总局等（部分为联合发文）。从内容看，文本分类见表1-3（文件具体的标题编码见附件1）：

---

① 伽达默尔：《解释学》，载《哲学译丛》，1986年3期。

② 教育部基础教育司编：《新编基础教育文件汇编（1999—2003）》，北方交通大学出版社2003年版。

表 1-3　中央层级政府教育文件分类表

文件类别	文件数量（份）	比例（%）
综合类	17	7.66
“两基”工作	9	4.05
高中教育、幼儿教育与特殊教育	7	3.15
德育与校外教育	24	10.81
课程教材与教学	38	17.12
信息技术教育与技术装备	12	5.41
考试与评价	11	4.95
体育、卫生、艺术教育与国防教育	33	14.86
教师队伍建设	21	9.46
经费与基本建设	20	9.01
教育督导	8	3.60
其他	22	9.91
合计	222	100

虽然从总体上看，我国的教育改革是将权力逐级下放到地方（省）、县市、学校的，但就当前而言，我国的教育管理体制仍属于中央集权型。中央层级的政府机构，五年中下发给地方的文件总数达到222份之多，内容几乎涉及基础教育的各个方面，而且，在国家政权强有力的控制和监督之下，这些文件对地方教育发展和基层学校办学有着很强的约束力。在我国，教育权力归于中央政府，由中央政府或主管部门统一领导和监督全国教育事业发展，制定全国统一的教育课程标准和教学计划，中央直接干预和支配全国教育系统运作，使全国形成整齐画一、自上而下的垂直型组织体系，地方教育行政机构必须贯彻执行中央政府制定的方针政策，很少或没有自主权，一般只能奉命行事，在授权允许的有限范围内处理教育事务。

从中央政府对下级政府行使的管理权力类别看，可以将教育管理权分为财权、人权和事权。在计划体制下，这些权力都被牢牢地控制在中央层级政府中，即使是地方政府也没有什么实质性权力，更不用说基层的学校了。教育管理体制改革以来，权力逐级下移，但下移后经常会造成中央政策在下级政府和基层中走样，中央又必须再次颁文纠正。实质上，权力最终仍合法性地垄断在中央层级，很多权力只是授权性质，既然是授予就随时可以收回，使得下级政府的权力获得没有法律的硬性保障。从权力行使的内容看，(1) 中央层级的政府对课程管理的权力很大，对于义务教育的课程的各个方面都进行了规范和统一，毕竟对于这些政策的出台不需要中央政府太多的物质成本；(2) 对于人权一般只规定教师和校长资格，而具体的聘用和任命权并不行使。事实上全国中小学校校长（包括副校长）多达 100 多万人，由中央负责人事任免不切实际；(3) 在中央层级的文件中，政府财权只是表现在两个方面：一是在《教育部关于学习和贯彻"国务院关于基础教育改革与发展的决定"的通知》、《教育部关于加强基础教育办学管理若干问题的通知》等少数几个文件中单辟章节，规定地方（省、市、县政府）的职责，以及教育费附加征缴办法等，分级办学的改革思路使得中央层级政府对办学标准进行规定而并不参与教育的实际投入（转移支付除外）；二是在督导中加入了教育审计的内容，避免地方和基层的财务违规。

中央层级政府行使的教育权力和应当履行的教育责任范围虽然很广，但其实并没有硬性的和固定的约束。许多文件的出台往往是社会改革的应急性措施，如 2000 年几个省份出现了在校学生发生了食物中毒事件，为此教育部、卫生部、国家药检局、质量技术监督局、国家经贸委等部门于 2000—2002 年分别联合颁发了关于集体用餐、学生营养餐、学生饮用奶、加强营养工作等有关内容的 4 份文件。再如 2000—2004 年教育乱收费问题连续 5 年成为价格投诉的重点，因此，这几年关于教育乱收费的中央层级的政府文件就多达 30 多份。在中央层级，教育改革经常需要面对的是来自社会的压力，而并不一定是针对教育本身存在的违背教育规律的问题。在这个意义上看，与其说是教育改革文件，不如说是社会改革的文件。

再者，从许多文件的内容看，中央层级的文件很多只是表明某些观念、意见、标准和姿态。如果是与经费有关的，则只是提出标准，而没有具体的经费支持政策，这与美国中央层级政府的做法完全不同。在美国，如果联邦教育部要对各州的学校行使教育权力，则在文件下发和政策引导的背后必然有资金投入伴随，这也和美国教育管理重心在州有关。而在我国，如国家教委条件装备司颁布的《2000 年前全国中小学实验教学普及县和各类实验室建设工作的意见》，要求在 2000 年以前，全国应基本实现中小学实验教学普及，即中小学理、化、生、自然课实验项目按教学大纲全部开齐。类似的各类达标工程，规定了学校办学设施和基础建设的硬件标准，但经费却留给学校自己解决。“以县为主”的财政支持政策导致这些资金缺口必须由县财政弥补，但事实上县财政普遍存在软预算现象，最后只有通过学校收费自谋出路了。2001 年国家计委、财政部联合下发了《关于全面整顿住房建设收费取消部分收费项目的通知》，明令取消了教育基础设施配套费、教育住房建设费和城镇中小学校舍修建附加费三项有关基础教育的收费，但并未明确用制度来保障教育经费的相应缺口，致使教育的权力和责任脱节，中央层级的政策在地方走形的可能性加大。

总之，如果我们从中央层级在政府职能的角度上对其作角色划分，可分为教育体系的构建者、教育标准的制定者、教育条件的保障者、教育服务的提供者、教育公平的维护者、教育质量的监管者六类，目前可以看出，在第一、二类职能上基本做到了，但由于财税体制和教育管理体制的不一致使得第三、四、五类职能往往无法履行，这样对于最后的教育质量的监管和保障的基本职能则势必无法实现。

2. 对地方教委（教育局）层面的政府文件的文本解读

因为笔者学习和工作的关系，本书选取了北京市某区和浙江省某市 2004—2005 学年度下发给中小学校的所有文件作为解读对象。对文件分两类进行分析，第一类是以北京某区教委名义下发的文件，这类文件一般涉及本年度该区重大教育政策，包括课程改革、升学招生实行办法等，数量较少，一年仅 14 项。第二类是浙江省某市教育局与学校之间的公文往来。由于无纸化办公的普及，教育局的日常管理工作一般都在网上传输给基层各个学校，这为我们收集文本提供了方便。这类文件涉及学校日常的各项具体办学行为的管理、指导和协调，内容庞杂，数量达 546 项之多。

从第一类文件中可以看出，教委对区教育发展的大计方针负责，在不违背国家法律和北京市教委文件的基础上，根据地方实际作出教育教学管理、人事管理、财务管理的文件规定。（按照人权、财权和事权的划分，文件内容分布情况见表 1－4）其中对于财权的规定，包括对校长财务经费使用情况的任期经济责任审计，保障国有校产不流失以及办学经费的规范化使用等。人权主要是涉及教师学科带头人等评优的标准和教师资格认定的规定。事权的内容最为广泛，从招生入学政策、课程改革方案到教育信息化建设等，占到一半以上。其中，对学校的教育服务功能逐步提升，而约束性管理的数量逐步减少。

表 1－4　京某区教发［2004 第 1－14 号］文件内容分布比例

文件内容	数量（份）	比例（%）
财权	2	14.29
人权	4	28.57
事权	8	57.14
合计	14	100.00

第二类文件内容复杂，笔者作了文本标题编码（编码内容参见附件 2）。从文件内容看，涉及财务经费管理、人事管理和课程教学事务管理的比例分布见表 1－5。从表中可以看出，文件的绝大多数内容涉及的是学校的教育教学工作，其中主要是教研和培训。而经费管理只占 3.85%，这和学校作为教育教学单位的特殊性有关，同时也反映出政府职能朝向服务方向转变的趋势。

表 1－5　浙江省某市教育局与学校间公文（2005）往来文件内容分布比例

文本内容	数量（份）	比例（%）
财权	21	3.85
人权	85	15.57
事权	440	80.58
合计	546	100.00

在经费管理方面，公文往来中很少涉及，这主要是由于：（1）经费管理法规和政策在时间上变化较小，而且各校基本统一，执行人只涉及各校领导和财务管理人员；（2）收支两条线、一费制、学校收费公示制等在上一财政年度已经公布，现在只要继续执行即可；（3）该地区学校的经费投入直接来自区（县）政府（财政），教育局在这方面不需要参与经费分配，学校经费使用只要执行区（县）财政局和浙江省教育厅的有关政策即可；（4）一些和经费类密切相关的内容散见在其他文件中，比如学校收取的捐资助学款、择校费等需要由教育局统筹再分配，尽管大多数返还给原收费学校，但教育局都会对各校（尤其是重点校和示范校）收取一定的比例的

费用，这部分经费一般用于薄弱校改造等需要统筹的项目。而这些内容是不适合单独列文下发，只能暗含在“体改校管理办法”、“招生管理办法”这些看似事务性管理文件中。

在学校人事方面，目前改革的步伐较大，一般教育局控制教职编制，学校原则上可以到教育人才市场上自由选聘（事实上很多教师是通过区县教育局集中组团招聘的）。但在校长人事上，因为各校正校长、书记为正科级干部，所以名义上需要由区县的组织部门任命。在不合格教师解聘问题上，政府为了保持稳定，一般要求教育部门内部消化，教育局也会要求学校自行解决而不是把矛盾上交。在日常教育人事管理中，教育局只负责教师资格认定、职称审批、教师评优等事项。

在学校教育教学上，教育局承担的任务和以前相比反而加大了，因为教育局不仅要承担以前对学校的各项管理事务，而且需要增添出许多新的事务，包括教研、培训和督导等都包含了更多的政府职能。

（二）实地调查——以北京市和浙江省某市为例

1. 对北京市 17 个区县发放的 960 份教师问卷的分析

调查共设计问题 26 题，内容涉及学校与外部的各种关系。具体说来包括学校与政府、社会和市场的关系，以及由外部关系的变化给教师的工作带来的变化。其中，关于政校关系的问卷共 15 题。问卷共计发放 1 000 份，重点校占 1/3 比例，其他为一般校和薄弱校。回收 960 份，有效回收率为 96%。问卷处理分析的工具为 SPSS14. 0 软件。

（1）学校办学自主权明显扩大

随着校本管理的逐步推广，总体来说，政府在努力将办教育的权力下放给各办学单位，学校的办学自主权有了很大提高。86. 1% 的被访教师认为学校有较大的自主权，只有 14. 9% 的教师认为学校自主权较小。在将政府对学校放权程度和学校办学质量进行相关分析后发现，越是示范校和重点校，对政府放权的要求越迫切。在问及“学校发展面临哪些压力”时，重点校的教师更注重政府放权，认为政府“对学校办学放权力度不够”的比例占到 24. 7%，而在一般校和薄弱校，这一比例只占到 14. 9% 和 4. 3%。这说明重点校在教育市场上更具有适应性，需要通过政府放权使学校获得市场上的“自由”，而一般校和薄弱校则期待政府扶持而不能轻言“不需要政府管”。

政府下放的权力一般可分为用人权、经费使用权和课程管理权三大类。目前，基层学校教师感到这三类权力中最急需下放的权力依次是经费使用权、课程管理权和用人权，选择这三项的教师比例分别是 43.4%、31.6% 和 25%。

按照校本管理的本意，校长应将政府下放给学校的权力进一步下放给教职工，进行“二次放权”，而不能截留权力，在学校内部形成新的专权。总体看来，教师们普遍感觉到校长的权力较大。69.3% 的教师认为本校校长权力较大，认为校长权力一般的占 21.9%，认为校长权力较小的仅占 8.8%。

（2）政府办学责任加大

从教师们的角度看，他们对待政府的希望和要求越来越多，政府承担的角色需要多元化。99.7% 的教师对政府提出了各种角色要求，按照政府角色的重要性排序为：教育质量的监管者、教育体系的构建者、教育公平的维护者、教育标准的制定者、教育服务的提供者、教育条件的保障者。

教师最需要得到教委的服务和专业支持的是“教师管理和教师专业发展”、“课程整合、校本课程开发和课堂教学指导”、“拨款方面的优惠与倾斜政策”和“教育信息化和教育技术使用”，比例分别占到了答题教师总数的 25.3%、23.6%、17.5% 和 11.9%。而在“招生方面的优惠与倾斜政策”上仅有 4.3% 的教师选择。

但从现实情况看，教师们对于政府承担的责任履行状况并不完全满意。分别有 27.8%、32.6% 和 29.6% 的教师认为政府在履行对于学校的责任时“责任主体不明”、“责任内容不明”、“责任履行方式失当”。

对于当前政校关系中存在的突出问题，33.4% 的教师认为是政府对学校经费投入不足，可见，经费紧张是各校的普遍现象，在经费短缺问题的掩盖下，教师们对于政府在财权和人权的下放问题上反映并不强烈，仅占到了 3.6% 和 2.6%。同样，高达 32.8% 的教师认为办学压力最主要来自于“办学经费筹措难”。另外，26.5% 的教师认为压力来自于“学生成绩和升学率不理想”。

在政府向学校放权的同时，普遍加大了对学校的问责，而责任首先往往落在了校长们的身上。据调查，68.9% 的教师认为校长的责任较大，19.4% 的教师认为校长责任一般，11.7% 的教师认为校长责任较小。

（3）政府管理学校的方式以及相关制度有待完善

政府对学校的管理主要通过政策法规、经费控制和督导服务进行。事实上，仍有38.4%的教师认为教委习惯于通过行政指令直接安排学校的事务。认为政府主要通过政策法规、经费控制和督导服务三个方面对学校进行管理的教师分别占到24.9%、14.8%和19.9%。政府对学校的服务功能仍亟待完善，仅11.5%的教师认为政府管理学校的主要方式是指导和服务。

教师们的专业成长和发展需要教委提供服务和支持，这一点在调查中得到了验证。在具体的专业指导服务事项上，有25.5%的教师希望教委在“教师管理和教师专业发展上”提供支持，有14.1%的教师选择“课堂教学指导上”需要教委的支持，10.1%的教师选择了“课程整合和校本课程开发上”教委应提供帮助。另外，教育信息化越来越受到中小学教师的重视，11.7%的教师认为他们最需要政府在教育信息化和教育技术使用方面提供指导。

对于当前的各项教育管理制度，教师们认为最需要改进的三项制度依次是评价制度、教育投入和教育财政制度以及校长、教师人事制度，选择这三项的教师比例分别为24.3%、24%和11.8%。可见，教育评价制度是各项制度改革的关键。另外，教师们最为满意的制度是教育监督制度和问责制度，只有2.4%和4.9%的教师认为这两种制度需要改进。

2. 对浙江省宁波市12所中小学校的实地访谈调查

经过“十五”期间和“十一五”前半段期间的努力，目前宁波市教育局对学校的管理在科学化和民主化等方面已取得了明显的成效，政府的宏观调控和服务职能正在加强，但在具体事务的管理上仍存在很大的改进余地。从理论上讲，政府除了利用法律、法规和政策影响学校外，另外还可以通过对学校的资金投入和教育督导两个途径影响学校。但目前政府对学校的办学仍是全方位管理，在有些事项上管理过多、过细。我们这里将教育局对学校的管理分为财务、人事和课程三类。

（1）财权方面

目前校长们反映，政府对学校财务控制仍比较严格。收支两条线制度的实施的确保障了学校资金使用的规范，但校长们最关心的一是部分区县的校长只能支配少量的教学经费，在学校教师的绩效工资部分校长还有一定的筹资压力，用于学校的发展及特色办学所需的资金往往无法考虑；二是现有资金使用上的管制过严，在大额款项使用上，政府采购难以满足学校的办学灵活性和多样性的需要。

（2）人权方面

教师素质的高低是宁波市教育发展最根本的保障。在研究中我们发现，宁波市目前在教师的聘任、教师流动、教师的教育教学管理、教师考核与评价、教师教研和培训、教师职称管理和教师合法权益保护等方面存在一些问题。按照业务属性的分类大致归纳如下。

教师聘任制度

宁波市近年来的教师人事制度改革，如教师资格制度、全员聘用合同制、教师定期考评制等各项制度的改革取得了很大进展。但在具体制度的设计和实施上，仍存在不足之处。如合理的聘任制度应使好的教师能留下来，不合格的教师离开。目前，宁波市在这两个方面都存在一些较为明显的问题。

与其他区相比，因个人发展和经济利益原因所导致的优秀教师流失问题在宁波部分区县表现得尤为突出，流失趋势多为：本区薄弱校—本区优质校—外区（海曙区、江东区、江北区为代表）优质校。接收一个应届大学毕业生，直至将其培养成为一位合格的甚至是优秀的教师，区县教育局，包括学校所付出的不仅仅是时间、经费、精力，更重要的是培养者的信心和诚心，当花费大量心血培养的人才流向外区时，更为受挫的实际是后者。在一定程度上，奉化、宁海等部分薄弱区县已经成为了外区县的“人才培养和输送基地”。从宏观上讲，国家鼓励人才流动，离开不违反政策；从法律角度讲，流失的教师聘期已满，离开原单位并不违反法律。因此，如何在不违背法律和政策的前提下，解决这个问题，就需要在制度方面进行更有效的创新。

教师考核与评价制度

宁波市各级各类学校近年来都已经建立了较为完备的教师考核评价体系，这种制度安排对促进教师的规范化管理起到了很好的作用。但在具体的实施过程中，仍存在不少过于注重形式、注重硬件的问题。具体表现在：

从硬件条件看，宁波市对优秀教师评价有较为严格的申报课题、论文发表或获奖数量方面的要求。但问题是，薄弱校的教师往往不具备取得科研成果的条件，有的学校甚至没有进入政府师资培养工程的教师，或仅有

“教坛新秀”等较低层次人才而没有学科带头人和市、区骨干教师，使得市教育局的高级人才激励机制对薄弱校发挥的影响和激励作用较小。

在评价形式上，优秀教师的评价条件之一是上公开课，部分学校教师为了参加迎评而将大量的精力放在公开课的准备上，而对日常的教育教学存在放松现象。不少教师反映目前的年度考核工作流于形式，且考评程序复杂，因考评项目很细导致填表、画钩对教师而言工作量很大，缺乏规范化和人本化的有机结合，没有真正使考评成为有效的激励措施。

从考评主体来看，虽然目前大多数学校能够将领导评价和学生评价、同行评价等结合起来，但大多学校在考核教师时领导的意见占的权重过大，而学生评价、家长评价和同行评价的作用没有得到体现，这样的评价起到的导向作用是教师工作仅仅对上负责，而不再关心自己的工作对学生和同行的影响，既不利于教学质量的提高，也不利于和谐的校内人际关系和良好的师生关系的发展。

从考评的标准看，目前对考评结果产生实质影响的仍是学生的成绩，而忽略了对教师教学过程和教学态度的综合考察。这种评价的导向是激励教师踏踏实实搞应试教育，对学生的全面发展却产生不利影响。这种现象在一些高中校和初中校普遍存在，尤其是对于毕业班教师的评价，通常只限于升学率评价，指标过于单一。

从考评结果的使用上来看，目前的物质奖励和精神奖励结合的力度还不够明显，和教师的提干、职评、福利待遇结合的程度仍有待加强。

从考评的反馈机制看，大多数学校校长表示，会将考评优秀的教师在全校公开，但对于考核结果不理想的教师，一般不会在全校公布。校长担心影响教师的工作积极性。

教师职称管理

教师职称的高低是教师教育教学专业水平的体现，现实中因职称等级直接与教师的工资、福利待遇挂钩而成为教师普遍关心的问题。在调查中我们发现：一是将科研成果作为职评重要的硬件条件之一，这对小学和初中的教师，尤其是薄弱校的教师有相当的难度；二是随着新进教师初始学历的提高，达到符合中、高级职称的年限大大缩短，使得职称的指标额度与目前各学校实际符合条件的教师数相差甚远，一定程度上挫伤了教师的工作积极性；三是由于取得高级职称的教师日益年轻化，在没有进一步的优胜劣汰机制的情况下，教师缺乏进一步发展的目标和动力。

教师教研和培训

教师专业水平的提高有赖于在工作后进一步不断地加强继续教育和培训。在调研中我们了解到：一是教师对继续教育培训的认识存在差异，教师更喜欢一些与他们的课堂教学内容和具体教学工作高度相关的教研和培训。二是培训的形式相对单一。在一些学校，除了教育局例行组织的教研活动以外，某些学校自己搞的活动仍处于散兵游勇的状态，有些校长对教研的重视程度明显不够。三是在新课程改革的背景下，许多学校尤其是薄弱校的综合课师资严重短缺，至于校本课程的资源，学校不能有效开发，有的学校要求班主任一人要教五门课。这既影响了学生的学习效果，又加大了班主任课任老师的工作负担。

教师合法权益的保护

《教师法》规定的教师权益是教师的基本权益，任何组织和个人都不得侵犯。在宁波市普通中小学、幼儿园，教师权益的保障程度较好。但在社区的街道幼儿园和一些系统举办的学校，教师则普遍没有享有其他校教师的同等待遇。如暑假不上班就只能拿到800元的基本生活费，甚至教师们还在担心是否会被由自筹自支事业编制转为企业编制，从而失去事业单位教师才能享有的生活保障。

校内民主管理的一个基本的条件是建立完善的教师申诉制度，使得教师个人对单位、领导及其他问题拥有正式的反映渠道。从教师申诉制度来看，虽然2004年宁波市就开始实施《宁波市人事争议仲裁办法》，但具体实施中，有时因考虑到诸如求稳定等因素，很难做到既符合学校改革发展的需要，又满足教师个人基本权益的维护。在现实情况下，教师维护其自身权利的主要途径仍是人情，而非法律、法规和正式制度。未聘或辞聘人员往往会采取私下托人情，或干脆到教委人事管理部门“坐班”的方式来“解决”自己的问题。这种现象的存在严重影响了宁波市教育发展的规范化和法制化进程。

（3）事权方面

在教育系统内部，最重要的事情是教育教学，培养合格人才，学生的发展是构建现代学校制度最根本的目标。如何使学生身心健康发展，使他们既掌握知识又培养情感是学校各种制度都需要解决的问题。我们在调查中了解到，学生的课业负担仍较重，高中阶段的学生迫于高考的压力，没有充足的时间休息与娱乐。学生的身体健康状况受到了影响，近视率较高。教育局虽然禁止学校举办课外补习班，但中学尤其是高中阶段的学生课外作业量明显加大，平均达到了每天3小时以上。另外，小学阶段虽然没有升学压力，但宁波中学、效实中学、镇海中学等名校的初中部仍在宁波全市举行入学考试，学生的课外压力并未减轻。处理好素质教育、快乐教育与应试教育之间的协调关系仍是目前需要深入探讨的问题。

在日常教育教学的管理方面，一是目前宁波市不少学校已经推广了小班化教学制度，一些小学班额甚至已经稳定在25人左右（部分是因为生源减少造成的）。这为正在实施的新课改创造了良好的条件。但从另一个角度看，对于奉化等少数教育经费并不宽裕的地区来讲，很大程度上增加了成本。二是备课制度。教师备课从研究教材转向研究学生，教案的形式趋于多样化，由以前的纸质的备课笔记，向多种备课形式方向发展，如课本批注、多媒体软件等，丰富了课堂教学，但现在学校对教师教案的检查仍要求纸质的备课笔记，没有能够将评价教师备课成果的方式多元化。三是授课制度。主要是新课改要求学生有一个轻松活泼的学校环境，但不少教师仍习惯于维持严肃有序的课堂纪律。怎样保证在课堂中做到严肃而不失活泼仍需要对课堂评价制度作相应的调整。四是学生评价制度。目前宁波市实行的小学生综合评价制度已经取得了良好的效果，对学生的评价更全面。但有些评价程序较为烦琐，不适应小学生的年龄特征。而且，在小学毕业班，虽然不要求升学考试，但学生成绩仍是学校评价学生的基本依据。为此，需要全面调整评价的多元性、差异性与统一性、规范性之间的关系。

目前，中小学校都已进入新一轮课程改革，新课改的理念要求加强对学生的情感和素质的培养，这对中小学的素质教育提出了更高的要求。但实施新课改需要有新的管理制度配套，保证课改的课程资源和必要的人力、财力、物力。从调研的情况看，一般校和薄弱校的课程资源开发力度不够，如校外活动只能去离校较近的公园和娱乐场所，许多学校已经没有了春游和秋游，这一方面是资金的问题，但更重要的是校长们担心出事故，毕竟校长们都已和教育局签订了安全责任状。其实，目前的《学生伤害事故处理办法》中已经明确了学校的非监护人地位，相应的制度应适当调整，使学生的学业以外的管理制度更具弹性和人性化。再者，新课改强调“以生为本”，但许多校长和教师在教育教学实践过程中难以做到既爱护、关怀学生，又能根据教育的规律对学生严格要求。

从课程上看，教育局统一要求各校除了大纲明确规定的国家课程外，都应开设相应的校本课程，但存在一刀切的现象。如对校本的课程要求是区县教育局统一的，各校的课程缺乏特色。在少数一般校和薄弱校，甚至大量存在着因人设课的现象，课程设置不能满足学生的实际需求。对学生素质的评价标准也存在片面性，如只重视艺术考级和各种竞赛和运动会得奖，各校往往只重视有形的、可量化的“硬素质”考核指标，而对一些培养学生内在修养和心理素质的“软素质”缺乏具体可行的评价标准。有些学校对素质教育的理解存在误区，认为除了语文、数学课以外的才是素质教育，因而在课程安排时，对小学语文安排的周课时过少，这对刚刚接触母语教育的孩子来说是不够的，毕竟文化课程的教学是学生素质的基本考核指标。

关注学生发展要求教育部门关注弱势群体子女的教育。如特殊教育和打工子弟学校等。在这方面，宁波市做得比较好，有些做法和制度值得在更大范围内推广。如育才小学的特教儿童随班就读制度。将心理专家和儿科医学专家请到学校，在单独准备的儿童生理矫正实验室进行治疗和教育，使得孩子在接受正常教育的同时得到治疗和矫正，而没有“上医院”的感觉，对于孩子从小培养自信心和他们的正常人心态起到了很好的作用。在外地务工人员子女入学就读方面，近几年宁波市也进行了大量的改革和制度创新。如建立一批像江北区红梅中学和镇海区爱心小学这样的打工子弟就读的学校，虽然部分区县的学校外来人员子女已经达到了90%左右，但通过制度创新仍能基本缓解外地人员的子女入学难问题。现在存在的问题是，在初中阶段外地务工人员子女流失现象较为严重，这与当地对外地户口学生不给予高中学籍有很大关系。这种做法虽然控制了教育移民，但对民工子女的高中阶段的教育有很大的影响，在社会公正方面需要采取必要措施加以解决。

二、政校关系的变革方向

现代以来，世界绝大多数国家都将义务教育纳入国家公共事业范畴，通过立法和行政的手段建立起普及义务教育的公共教育体制。但在我国这样具有长期集权传统的国家，教育的治理仍受到计划体制的影响。各级政府机构和教育行政部门行使着对各级各类学校的领导权和管理权，存在管得过严、统得过死的现象。政府与学校间仍主要是一种领导和被领导的关系，政府管理的范围过宽、力度过严，学校缺乏促使自身发展的办学自主权，办学的积极性和主动性受到影响，以至于教育似乎总是政府的责任和负担，学校对政府产生了习惯性依赖。为此，转变政校关系是义务教育改革的当务之急。这种关系的变革主要应体现在以下几个方面。

（一）教育权力向社会回归

这是针对政府和学校之外而言的。政府向学校放权其实包括向学校和其他社会主体放权，政府要将教育管理责任不仅下移到学校，更要使社会能够担当教育发展的重担，而政府只在底线上坚守教育的公平的维护责任和基本教育秩序的保障责任。在对待教育问题上，怎样面对政府与学校之外的社会。如教育的投入是否可以通过私人部门提供，教育的事业管理（包括教育评估和监督等）是否可以部分地交由第三部门操作。在这方面，近年来兴起的新公共管理给出了一些有益的启示。在教育的治理上，新公共管理不只是对公共部门进行改革，它表现为要求公共部门转换机制并改变其与政府和社会的关系。

就本身的理论气质而言，新公共管理理论的提出和新自由主义的理念十分相近。新公共管理强调政府干预的削减，转而将教育事务交由市场导向的机制去完成。其目标主要是为了提高政府自身的行政效率。“在降低成本的目标下，将公共部门活动与私营部门活动之间的分界线后移，扩大二者融合的范围”。在教育经费的投入和管理上，主张将生产和提供分离。通过契约的形式由私人或社会第三部门介入。在被称为“新合同主义”的理论下，任何人们所能想象到的公共服务都可以通过合同提供。内容明确的合同的本质在于将政府的“购买者”与“提供者”角色分离开来，由购买者决定要生产什么，而提供者则提供经购买协议认可的产出与成果。①

所以，政府的角色是掌舵而非划桨，是对教育事业的宏观规划和调控，而不是沉迷于微观的具体事务。只有这样，政府的放权才能彻底和到位。

---

① ［澳］欧文·E. 休斯：《公共管理导论》（第二版），彭和平等译，中国人民大学出版社 2001 年版，第 69－82 页。

政府放权并不是以教育秩序的丧失为代价的，这种秩序的维护除了学校本身的自觉以外，还要充分利用市场机制和社会参与机制来制衡，唯有如此，才能在政府放权之后不会留下教育权力的真空，才能限制学校自身的机会主义倾向，才能为学校发展营造一个良好的和稳定的外部环境。

（二）政府服务功能的加强

这是针对政府本身而言的。政府和学校之间的权力—责任关系发生改变后，其自身运行的模式是否需要调整以及怎样调整？这方面的理论根据是服务型政府理论。一般认为，西方公共行政理论发展到今天大致可以划分为三个阶段：第一个阶段是以官僚制理论为基础的传统公共行政阶段；第二个阶段就是新公共管理时期，即新公共管理运动的兴起；第三个阶段是新公共服务阶段。新公共服务理念认为政府不应该仅是掌舵，而更应该是服务。① 这个服务是新公共服务。的确，如果仅仅是掌舵，政府仅仅规定教育的发展方向，或停留在一些规划性的事务（如学校布局）上，那么政府对于依赖性强和基础薄弱的学校而言就不是一个合格的政府。如果我们仍承认教育是一种技术性强的专业活动，那么学校的一些专业活动就应该由政府进行指导和服务，只是这种指导和服务不再是以前的那种强制性权力的形式，而是基于民主原则的合作和协调，是一种为了学校自身发展所需要的服务的提供，比如课程改革服务、教师科研平台的搭建、教育信息的搜集和整理等。

近年来服务型政府的理念②在我国政府改革的理论和实践中声势浩大。服务型理念的提出是为了更好地为政治和行政体制改革指明方向，使政府在教育在内的公共事业管理中实现治理模式的转型。我国学者张康之在《公共管理伦理学》一书中提出了基于服务型政府理念的社会治理模式的分析框架。“在公共管理中，控制关系日渐式微，代之而起的是一种日益生成的服务关系，管理主体是服务者，而管理客体是服务的接受者。所以，这

---

① 丁煌：《服务型政府的理论澄清》，载《中国行政管理》，2004 年第 11 期。

② 本书主要是对服务型政府理念的借鉴，而未涉及具体的政府治理的技术。在技术层面上，有学者认为服务型政府的评估要素包括以下 11 个方面：服务理念、服务品牌、服务承诺、政务公开、电子化服务、公众的服务体验、服务效率、执法水平、组织文化资源、组织制度资源、信息技术资源。参见孙学玉、周义程：《服务型政府的评估及其要素设计》，载《理论前言》，2004 年第 9 期。

是一种完全新型的管理关系，在这种管理关系的基础上，必然造就出一种新型的社会治理模式，是一种服务型的社会治理模式。”① 新公共管理强调顾客导向。在政校关系中，顾客就是学校。因此，政府的一个主要任务是考虑怎样为学校的办学提供指导和服务。

政府职能转变首先表现在政府影响学校的方式上。传统的教育管理模式下，政府对学校行使的都是实质性的权力，包括人事调动、财务经费的进入和运营以及课程设置等各项权力。背后的理论逻辑是对学校自身能力的不信任，政府作为对教育事业发展的第一负责人，需要加强对学校的管理，而且是最直接的管理，学校自主发挥的空间十分狭小。在校本变革的大背景下，学校自治能力显著增强，政府应当起到的不仅仅是传统的管理作用，更应是服务和保障学校办学的作用。大胆地将权力下放到学校层级，而只在经费保障、课程指导等方面提供支援。这样，政府就会由传统的控制型政府向现代的服务型政府嬗变。这种转变主要体现在以下几个方面：一是政府的职能要明确，政府要把握好积极责任和消极责任的界限，做到既不越位也不缺位。政府在处理事关学校的教育事务问题上，要摆放好自己的位置，在教育体系的构建者、教育条件的保障者、教育服务的提供者、教育公平的维护者、教育标准的制定者和教育质量的监管者之间达成平衡。二是政府的机构设置要符合职能发挥的要求。比如当前，传统的计财科、人事科等职能部门作用弱化，而教研部门、培训部门和督导部门的职能增强。三是政府发挥权力的形式改变，由直接管理向间接调控转变，由学校办学的参与者和控制者转变为教育教学的保障者。在关乎学校切身利益的行政决定上，是和学校协商后在充分尊重学校意见前提下的政校合作，而不再是传统的强制命令。

（三）学校权力的规范化

这是针对学校变革的指导。学校是教育具体实施的部门，它直接面对教育的对象。在政府各项政策的落实、政府教育意图的实现上学校扮演着代理人的角色。但代理人并不总是和委托人的意志保持一致，学校面临的各种诱惑往往使得学校本身也带有了机会主义的倾向，其结果是在政府下放权力后，学校谋求的并不完全是学生的利益，也并不完全代表政府的取

---

① 张康之：《公共管理伦理学》，中国人民大学出版社 2003 年版，第 7 页。

向。因此，需要用制度来进行制约，否则，如果权力下放给并不会使用权力的主体，结果往往是不可预料的，甚至对教育发展而言会是灾难性的。对于下放给学校的办学自主权的形式，除了通过市场机制和社会参与机制进行制约外，在学校内部也应当通过适当的民主机制使权力与责任之间形成制约，最终保障最基层的教师、学生和家长的权利。在这方面，当务之急可能首先是对校本化趋向中的学校权力扩大的非正常现象进行整治，如校长负责制在基层的扭曲，往往会造成权力下放到学校层面后的微观集权。

正如一些学者所指出的，校本管理不是以校长为本，而是以学校为本，校本管理强调全员参与共同决策的机制，在校本管理制度下，权力下放到学校，往往不是交给校长一个人，而是交给一个学校委员会，学校委员会一般由校长、教师、行政管理人员、家长和社区代表（在一些中学还包括学生）组成。学校委员会在经费的预算、人员的聘用、课程的编制、教材的选择以及其他各种事务方面参与学校的各种决策。① 就目前而言，途径有两个：第一，将学校内部已经获得但仍被截留在校长身上的办学权力在学校内部进行二次放权（正如褚宏启所提出的那样）；第二，在政府今后进一步下放权力时，事先就进行科学和民主的制度设计，使权力从政府流向社会、学校中的教职工，减少校长截留权力后造成校内集权的机会。这里需要注意的另一种可能的倾向是，政府基于学校内部的专制和校长个人素质不高的考虑，很可能会重新将原本已经下放的权力收回，在当前的教育管理体制中政府是很容易做到这一点的，但这样做将是学校改革的倒退。政校关系变革中的根本性方向，是权力向下，向基层和最贴近教育教学活动的教师和学生下放。“因噎废食”也许能够暂时解决一些“实际”问题，但长此以往则得不偿失。政府要给予学校充分的信任，更要注重学校自治能力的培养。

（四）教育责任在政校间的明晰

我们不能理论上以为政府和学校都对教育发展负有责任而一旦教育实践中出了问题则互相推诿，或者无关痛痒地“各打五十板”。责任就是责任，“什么责任、谁的责任、怎样履行责任、未能履行怎样处理”等都必须明确。前文已经对政府责任和学校责任进行了探讨，这里需要指出的是，

① 范国睿：《政府·社会·学校——基于校本管理理念的现代学校制度设计》，载《教育发展研究》，2005 年第 1 期。

目前责任制在教育中表现得并不明确，教育责任不同于经济责任，不能用简单的利润数字作可比性分析，而往往是柔性的，在实践中甚至可能是含糊的。职责和权力的划分并不明确，政府对责任“收放自如”，一纸文件可以授予或剥夺学校的责任和权力。而且，对于政府和学校各自履行责任程度的大小和完善程度，公众往往只能从媒体等有限的渠道获得，对己不利的信息往往不会被政府和学校及时披露。因此，教育责任制的加强，必须做到以下几个方面：一是责任划分本身要明确、具体和科学；二是公众能够知情和参与；三是对于失责人员的追究要推广问责制，尤其是对政府官员的问责制。归根结底是要加强教育治理中的责任意识，这种意识对于政府、学校、家长和社会都很重要。

（五）以生为本的价值取向

这是价值取向上的问题。我们应当承认，政校关系的调整并不只是政府和学校之间的博弈，并不只是权力、责任和利益在政府和学校之间的再分配。如果那样，学校和其他社会单位就没有区别，教育性本身也不会得到张扬。以人为本在教育中首先表现为以生为木和以师为木，教师和学生不是学校变革的工具或试验品，而是目的本身。这样说当然容易，但其实不难发现前面讲到的新公共管理等改革理念本身有时候是和这个目的相冲突的。如市场取向下教师和学生的利益可能受到损害，如有时我们为了追求学校事务的处理效率而忽略了教师和学生的参与，等等。正如美国学者波利特（Pollitt）所说，始于20世纪七八十年代的管理主义改革方案“被关于效率和经济价值所支配，而效能只排列在第三位”，而其他的价值“诸如公平、正义、代表性和参与，等等，不是被剔除出议程，就是被视为迈向高产之路的绊脚石”①。政校关系的变革不能以维护一些小集体的利益（政府的或学校的），不能只是做表面文章或是迎合某些官员或校长的所谓政绩，而应使教师和学生实实在在地受益——来自教育的利益。教育改革的理论支持不仅仅是来自技术性的学说，更是来源于教育自身追求的善。因此，各种改革新理念的实施都需要我们坚守教育的根本，即教育目的是最终为谁服务的，否则，改革本身会导致逻辑混乱或只是一时的赶时髦式的跟风。

---

① Pollitt，Christopher（1990）*Managerialism and the Public Service：The Anglo-American Experience*. Oxford：Basil Blackwell，p. 138.

三、政校关系变革的限度

政校关系是需要调整的，理论者需要探索，实践者更要践行。但多年的顽疾非一朝一夕所能根除，权力的分配、制度的设计以及作为制度执行者的个人的素质高低都将在很大程度上对政校关系的变革构成障碍。本书主要从权力、机制和素质三个角度对政校关系变革的限度进行分析。

（一）权力：政府放权与既得利益

在教育领域，权力同样是具有利得性的。权力拥有者可以通过对学校人事、经费和教学业务的干预实现自己私人的利益。这种权力的主体主要是政府，当然还包括基于差序格局原理①产生的私人权力网络，如政府官员、普通公务员、对学校利益构成直接影响的社会人员、学校的管理人员以及他们周围形成的利益圈子（亲戚、朋友、同事、同学、熟人等构成的关系网络）。在择校盛行的时候，他们可以不交或少交择校和赞助的费用；在学校人事调整的时候，他们可以寄生于体制内而无解职之忧；在考试选拔的时候，他们可以以各种名目为自己的子女加分或挑选就读名校的捷径；甚至在学校内部的教育活动中，他们常在的各种权力会直接影响到教师的课堂教育，使得自己的子女受到教师更多的眷顾和关照（比如在课堂里给安排更合适的座位，上课多给发言机会，课后安排吃“小灶”等）。凡此种种，经常为百姓指责为教育的不公甚至腐败。不能否认这种现象在中国的实际存在。这些教育领域的当权者长期以来已经形成了一个所谓的既得利益群体。②

---

① 差序格局原理一般用于说明中国社会人际关系和社会成员身份划分依据。按照费孝通先生的解释，差序格局是：“社会关系是逐渐从一个一个人推出的，是私人联系的增加”，“以己为中心，像石子一般投入水中……像水的波纹一般，一圈圈推出去，愈推愈远，也愈推愈薄。”参见费孝通：《乡土中国》，生活·读书·新知三联书店 1985 年版，又见杨晓民、周翼虎：《中国单位制度》，中国经济出版社 2002 年版，第 116 页。

② 有学者又将既得利益根据利益获取的动机和手段分为合法和非法两种（参见赵宏兴、刘勇：《既得利益与法的调控》，载《东北大学学报》，2002 年 2 期）。本书主要指的是那些不符合教育公平和教育价值观念，不符合广大人民群众根本利益，仅仅依赖教育权力的不当行使获取的既得利益，即使有些利益的获取似乎并没有明显地违背当前法律法规的明文规定，也均属于非法既得利益范畴。因此，对这种既得利益本书均持否定和批判之态度。

问题在于，这种利益群体在社会中往往是强势群体，各种教育政策首先需要经由他们才能得到贯彻和落实。教育变革的这种路径依赖特性①使得任何能够触动他们既得利益的改革首先需要绕过这些群体，这无疑增加了教育权力变迁的难度。

对于教育领域的既得利益集团应该采取遏制的态度，这种遏制不能仅仅依赖于官员和既得利益占有者的道德自觉，而更应从体制上进行变革。由于既得利益者对于自己教育利益（既得的不当得利）的维护，他们必然会在政府放权改革中形成阻力。对这种非公正的既得利益群体的革除是不现实的，我们并不能盲目地乐观，一项政策或一个文件是不能根除这种利益集团的。相反，如果没有对权力下放和既得利益关系问题的深入认识，只是采取一些表面的和短期的政策加以解决，势必会产生一些负面的影响，轻则使教育政策走样，重则危及教育秩序本身。笔者以为，稳妥的方法一般有两个，其一是利用市场机制去逐步削减既得利益者继续实现自身利益的可行性，将传统的教育利益的免费获取变为有成本的市场获取，将各种私下的和暗中的利益变成教育市场中的明码标价，使得既得利益不是基于权力而是基于消费品出价的利益，这样至少比教育腐败式的既得利益更为正当。这种途径往往见效较快，只要通过教育领域的费用机制的调整和经济改革就能达到。如有人赞成将学校股份化，将入校费用公开化，将“条子生”转化为“票子生”，等等。其二是利用民主机制，强调既得利益者在身份上和社会其他成员是相同的，教育利益的获得只是基于平等的公民权利而非任何特权。这一点虽然是根本性削减既得利益，为各种教育利益获得正名的途径，但在现实中往往更困难，因为它不仅涉及根本的政治体制的改革，还要受到人们固有的思想观念的影响，因而需要更长期的变革才能达到。

（二）机制：所有者缺失与监督失效

公立学校的所有者是全体人民，政府作为人民的代表，接受人民的委托才拥有学校的所有权。这是公有体制的本质特点。因此，从法理上讲，

---

① 卢现祥在讨论诺思（North，D.）提出的制度变迁的“路径依赖”性时分析到，路径依赖形成的深层次原因就是利益因素。一种制度形成以后，会形成某种在现存体制中有既得利益的压力集团。参见卢现祥：《西方新制度经济学》（修订版），中国发展出版社 2003 年版，第 91 页。

公立学校产权属于国家全体公民，由政府代表人民行使所有权，并不存在许多人所说的“产权或所有权不明晰”的问题。问题在于，委托代理链过长导致了监督成本过高或根本就没有人监督，从而造成教育的低效、失效和无效。人民委托政府，却无法对政府进行监督；政府委托学校，却无法对学校进行有效监控。这就是所有者缺失和监督失效的问题。

所有者缺失与监督失效的问题实际上是委托代理中出现的问题。在学校和政府的关系中，一般认为存在四层委托—代理关系：第一层发生在公民个人和政府之间，即公民将其（子女）教育权力委托政府行使，这样既避免了家长由于自身知识和能力不足造成对孩子教育的影响，又可以相对节约教育成本；第二层发生在政府和学校之间，即政府将公众托付的责任再次委托给学校，这样有利于教育的专业化，又可以提高政府自身的行政效率；第三层发生在学校内部，即校长和学校管理者将接受的政府委托再次转移至教师，由后者直接实施对学生的教育和培养工作，这种委托是科层制社会下提高管理效率的必然要求；第四层则发生在学生家长和教师之间，即将自己的孩子委托给教师进行教育，这种介于学生和教师、学生和学校之间的委托代理是基于学生和家长作为教育消费者应当享有的权利。如果说前三层是政治层面的公民权利的获得，第四层代理则是经济层面的消费者权利的实现。按照2004年世界银行的发展报告《让服务惠及穷人》中作出的区分①，前三层委托代理构成了政府、学校和教育工作者承担的长线责任，第四层委托代理则是属于只限于学生和学校之间的短线责任。一般而言，对短线责任可以利用市场机制进行有效的控制，代理人如果存在道德风险而违背了委托人意志，将会受到市场选择的处罚。相比而言，长线责任则具有模糊性而难以评价责任履行的好坏，委托人难以察觉代理人的代理失误，或即使察觉到了也需要通过长线的机制才能对代理人进行处罚。这样，对于作为代理人的政府和学校而言，学生和公众的监督往往不能构成直接的制约，其机会主义动机就会大大增强。在实践中，政府的官僚主义和教育信息不对称等因素的存在更加剧了监督的难度。

怎样对现存的委托代理关系进行有效的控制与监督呢？笔者以为，（1）从政府角度看，应从直接经营学校、干预学校事务的微观管理中解脱出

---

① 《2004年世界发展报告》，中国财政经济出版社2004年版，第50－51页。

来，将精力用于激励制度和监督制度的制定与落实上。激励制度包括对优质的学校和称职的校长进行各种表彰和奖励，对教育质量存在问题的学校进行责罚。监督制度包括制定合理措施使公众能够参与到学校事务中来，加强教育质量信息的公开，对公众举报的问题及时反馈处理意见等。（2）从学校角度看，需要及时有效地搜集委托人的各种意见（政府的意见和家长的建议等），校内进行教育教学的规范化改革，努力提高教育教学质量，履行好这种最本质的代理责任。同时，利用自己的专业化特色，培养学校特色，尽可能在满足政府政策要求的前提下实现学生教育利益的最大化。同时，如果作为学校委托人的学生家长（一级委托人）和政府（二级委托人）的观点出现差异时，学校应更多地从专业的角度，本着对学生负责的态度化解矛盾，使各方能就学校事务达成共识。（3）从个人角度看，在学校内部应加强学校运行的规范性，校长和教师的聘用逐步从直接由政府决定转向由政府和家长、社会成员等一级和二级委托人共同决定。学校应建立起易于考查的中长期规划。在学校外部逐步建立公众参与学校事务决策的可行性渠道，完善对学校办学质量的检查、监督、评价、举报和奖惩制度。

（三）素质：集权传统与民主素质缺失

现代学校制度的构建关键在于调整政校关系，而在政校关系的调整上我们有着许多不同的价值追求，比如自由、公平、正义、权利和民主，等等。在自由主义看来，这些诉求的真理性是不证自明的。我们往往很少考虑它们之间的关联，或者说我们的政校关系变革最好能够统摄这些美好的目标。然而，如果作一些冷静、理智、现实和相对保守的思考，就会发现其实在教育改革的每一步，各种价值取向的地位和作用并不是完全相同的。① 本书以为，就当前而言，政校关系的调整首先需要做的是加强政校之

---

① 在教育改革的价值取向问题上，日本学者藤田英典对第二次世界大战以后的世界各国进行了对比，认为从 20 世纪 40 年代至 90 年代，美国教改分别重视的是能力主义、平等、人性化、卓越和平等兼顾、选择参与与效率性，几乎每 10 年是一个跨度；英国则在价值取向上分别追求能力主义、平等和卓越性；日本和英美国家不同，甚至有时候相反，分别包括平等、能力主义、平等、个性化和自由化。（参见［日］藤田英典：《走出教育改革的误区》，张琼华、许敏译，人民教育出版社 2001 年版，第 17－18 页。）笔者以为，新中国成立后教育的价值取向往往并不十分明晰，但大致仍可以分为效率、秩序、效率和公平兼顾、公平这样四个阶段，而且几乎也都是 10 年的阶段间隔。

间、学校内部以及学校与社会之间的民主化程度，尽管由于长期集权传统的存在使得这种民主化改革可能会比市场化更难取得实际效果，但至少这样的改革是以民主的方式决定，且获得大多数人认可的，其出错的风险性会大大降低。

民主是美好的，但并不那么容易获得。美国学者科恩（Carl Cohen）在论述民主的条件时指出，民主的实现需要物质的、法制的、智力的、心理的和保护性的条件，其中“心理条件是最根本的，其他条件主要取决于此”。“民主的条件是气质方面的，它们是促使许多社会成员按自治所要求的方式去行动的习惯和态度。”① 在科恩看来，这些心理条件包括相信错误难免、重视实践的验证、持批判态度、灵活性、现实态度、愿意妥协、能容忍、有信心、客观等。显然，这些心理条件并不是纯主观的和唯心的，民主的实现对于公民这种基本素质的要求是我们在教育实践和社会生活中完全可以感知的实在。

在教育领域，民主的实现是有障碍的，这种障碍既来自于前文论述的体制本身，在很大程度上还来自于教育活动参与者（包括校长、教师、学生、家长等）自身素质的缺失。而且根本上来自于科恩所说的那种心理条件的缺位。表现在：（1）过于相信并最终依赖权威。人们会将自己的教育利益获得交付给所谓的“清官”，一旦得不到满足就指责政府的官僚和无能，而不习惯于检讨自己是否积极通过合法途径参与并争取。（2）缺乏民主议政和参政的理性。“文革”中的狂热以及随后的政治热情冷却就说明了这种民众理性的匮乏。（3）不习惯于妥协，缺少政治谈判中需要的容忍和灵活性。（4）习惯于搭便车而不是依靠自身的努力获得教育权益，或者说不愿意承担和分担政治参与的成本。（5）经常将原本应正式获得的教育利益转为地下的私人交易，只要自己能够获得教育利益，就不再关心和追究政府及其官员、校长是否已经承担了职务范围内的规定义务和责任。（6）对于他人的利益的获得或失去缺乏关注，各人“自扫门前雪”，缺乏民主社会公民具有的道德责任感。（7）缺乏结社的能力，也缺乏对于教育事务进行合议和决策的能力和技巧。（8）义利分离的伦理观。人们习惯于正式场

① ［美］科恩：《论民主》，聂崇信、朱秀贤译，商务印书馆 2004 年版，第 172 页。

合论义而私下夺利，对政府谈义而对自己取利，表面上重视“重义轻利”而实际上行动的逻辑却是“重利轻义”。这种对于个人、集体和国家关系的习惯性理解往往会扭曲公民心目中的公共观念和社会影像。政府面对的是怎样的社会呢？中国人心目中的社会建构方式其实是一种已被复制和放大了数千年的从家推广到国，从个人推广到社会的建构方式。遗憾的是，这种现象虽然我们在现实中时常能感受到，但研究时经常予以忽略。“直至今天人们仍然在讨论的民主问题、市民社会问题和私人与公共领域问题，都是建立在这种忽略的基础上的”。① 许多时候社会和政府、学校在教育上的交涉仅仅蜕变为公民个人源于自身利益的考虑而与作为组织和团体的政府和学校之间的博弈，用学术的话说就是不能让公民社会与政府（包括学校）进行集体抗衡。在这些条件的制约下，政府放权不仅没有压力，整个教育体制乃至政治体制改革也缺乏动力。政府会站出来充当康德说的“理性的裁判”的角色，将学校、公民的事务集于一身，改革又回到了原点，也形成了放权—混乱—集权的怪圈。

这样的描述并不完全是主观主义的恣意推断。对于政府放权，学校、学生、家长事实上仍没有做好充分的准备。民主素质的欠缺有时是十分明显的，而且也包括我们自己。这种心理条件和民主素质并不是短时期内可以造就的。当然，我们学校发展中的民主化变革更不能以“群众素质不够”为借口而恢复专制和集权，相反，我们只有清醒地认识到民主化进程的艰巨性，才能进行不懈努力，最终改革政校关系中的不民主的现状。②

① 翟学伟：《中国人行动的逻辑》，社会科学文献出版社 2001 年版，第 37 页。

② 有时候我们不得不考虑，民族素质变迁和提升的长期性是否会给当前我们正在进行的教育民主化进程和政校关系的调整设置了一个无法克服的先天障碍。我们可能这样追问，是否存在一种在儒家集权传统下的合理的表达民意和基层教育诉求，从而实现民主的改革方式？本书第三章在论述学校—社会关系时提出的基于法团主义理论的思考将是一种新的尝试。

第二章　学校与市场

一直以来，在我国现代化发展道路上，存在着两个因西方革命带来的神话：一个是英国工业革命带来的市场神话，另一个是法国大革命带来的民主神话。我们不否认市场和民主的合理性和合法性，但不加分析地简单套用必然会给我国自身的发展带来巨大的损害。以至于有学者直接将这些神话视为西方给我们设下的“囚徒困境”。[①] 就市场神话而言，在教育领域，随着市场经济体制的逐步确立，教育中的各种“市场”因素也都蠢蠢欲动，人们似乎对教育领域各种现象的研究完成了建立在“需求、交换、消费、竞争、付费”等语汇基础上的话语转换，对市场的批驳容易不慎落下“反对改革、守旧”等骂名。尤其是在20世纪90年代后期，不少学者甚至在对民办学校发展研究的基础上纷纷提出了教育市场化、教育产业化、教育民营化的口号。[②] 教育与经济、学校与市场在中国从未如此接近。

不可否认，在现代国家，市场机制和国家干预是两种重要的社会治理机制。[③] 其实，和国家相比，市场有着更悠久的历史。前边已经探讨了政府

---

① 韩德强：《萨缪尔逊〈经济学〉批判》，经济科学出版社2002年版，导言第3页。

② 在这方面，尤以张铁明的《教育产业论》为代表。吴华等人也大力主张发挥市场在教育资源配置中的基础性作用。令人欣慰的是，在世纪之交这个教育与市场关系嬗变的关键时刻，一批意识到自身对中国教育发展责任的学者开始站出来发出反对这种市场神话的声音。在国家决策层面，教育市场化的提法得到遏制，即使是2001年加入WTO后签订的教育服务贸易协定，我们也比以往谨慎得多。至于教育民营化和教育产业化，目前并未能成为教育研究的主流声音，而至多在少数沿海地区处于小范围的试点和操作阶段。

③ 米切尔·黑尧：《现代国家的政策过程》，赵成根译，中国青年出版社2004年版，第9页。

与学校的关系，如果说政府是人类文明发展到一定阶段的人类自身进行社会治理的发明物，那么市场对人类而言更具有自发性。这种自发性使得人类任何故意回避或抑制市场的行为往往不可避免地失效和失败。事实上，自20世纪70年代以来，西方国家大都进行了市场取向的教育改革。① 即使在我国，学校也已经不再是所谓关起门来与世隔绝的一方净土，不管我们是否情愿，它正在和市场发生着千丝万缕的联系。对于教育的市场化以及学校与市场发生的密切联系，赞成者有之，反对者亦众。对于其间的是非曲直，自有时间的检验和实践的回答。作为研究者，我们对市场的评判当然不能仅仅停留在一时一地的基于有限感觉经验的道德义愤，而应有更深远的理论视角。既要有对于国外尤其是发达国家先进经验的有力借鉴，也要有基于当前我国教育情势的实证考察。在此基础上得出的结论才可能具有说服力。本章在对近年来的有关教育市场化的各种讨论进行梳理的基础上，着力探讨当前教育情势下市场存在的合理性、可能性以及在市场与教育和学校结合时产生的不适应性，并由此得出一些教育应如何结合经济、学校应如何利用市场的可能的应对措施。

第一节 学校与市场关系及教育市场化的理论省思

要厘清学校与市场的关系，首先必须对市场的有关概念作一个较为明确的界定。本章对学校与市场关系的探讨就从梳理基本的市场（包括市场机制和市场经济）观念入手。

一、市场与学校——从经济的视角看学校

经济学中的市场概念是千差万别的。如：保罗·萨缪尔森（Paul Samuelson）强调市场的机制作用，认为市场“是买者和卖者相互作用并共同决

① 盖浙生：《教育经营与管理》，师大书苑有限公司（台湾）2004年版，第91－114页。

定商品或劳务的价格和交易数量的机制”①，而马克思则强调市场交换背后的人与人之间的关系。

就教育领域而言，人们在论及市场这一概念时，一般从下列五个层面展开：商品—买卖方—界定明晰的产权—交换过程—空间场所。这其实也是市场的五个基本要素。② 我们可以从一些基本的经济要素来看待教育与经济、学校与市场发生联系的可能性与必要性。③

（一）商品需求和服务选择

正如商品是马克思主义政治经济学的元概念一样，如果这个基石性的概念在进入教育领域就被否认，则人们现在所热衷的对教育市场（化）的讨论以及在此基础上建立起来的教育经济学大厦就会轰然倒塌。从商品的角度看待教育，首先涉及的是教育需求以及基于需求多样化基础上的选择。

一般认为，市场产生的逻辑是先有人类的需求，需求的存在使交换成为可能，交换频繁发生则产生了市场。这是经济学教材对市场合理性的一般论述次序。对教育而言，人们首先是产生对子女教育的需求④，这种需求导致人们将教育（服务）看作是一种商品，并在价格机制的作用下进行交

① ［美］保罗·萨缪尔森：《经济学》（第16版），萧琛等译，华夏出版社1999年版，第21页。

② 曹沛霖：《政府与市场》，浙江人民出版社1998年版，第40页。

③ 刘复兴在论述市场机制对教育发生影响时，从竞争、选择、权力下放、付费与利润、服务与回应性五个方面展开。（参见刘复兴：《市场条件下的教育公平：问题与制度安排》，载《北京师范大学学报》，2005年第1期。）本书认为，这些分析虽然几近涵盖了需要分析的内容，但缺乏经济学意义上的严谨。更何况，权力是政治学概念，应放在政校关系中讨论。在经济领域更多存在的是（消费者）权利而不是（政府或其他以民主为诉求的单位）权力。对市场与学校关系的论述应更多地遵循经济学的逻辑。

④ 这种需求主要指的是微观层面的家庭对子女素质提高的教育需求以及对于子女参加社会选拔和就业的需求，是一种个体需求和私人需求；而不是指国家对于提高国民素质和国家竞争力带来的社会需求和公共需求。对教育的公共需求会将教育视为公共物品由国家集体提供，从而排斥市场存在的必要性。本书认为这种需求区分在理论上是必要的。劳凯声教授把教育消费区分为公共消费和私人消费的特征，从而论证私人消费带来的教育市场的可能性与必要性，在理论上是和这里对教育的公共需求和私人需求相一致的。参见劳凯声：《教育市场的可能性及其限度》，载《北京师范大学学报》，2005年第1期。

换，从而满足供需双方的需求。既然具有交换，那么无论是交换的场所还是交换关系本身，都意味着市场的存在。只是按我们以往的理解，不能把交换场所理解成教室，否则教书育人的行为本身就成了交易，这在观念上往往是不能被接受的。而且，如果按照经济学话语分析，教室是加工产品的场所，那么势必将学生看作产品，又会引起争议。对此，澳大利亚学者普兰特（Plant R.）认为，“在教育市场上，学生既是消费者又是商品。他们身上的价值不仅体现在他们能够（为学校）带来收入，而且体现在他们在参加测验和考试过程中表现出来的能力和潜力。”同时也承认这样会与“对人的尊重就不应将人本身当作商品来对待”的原则相违背。① 总之，在这里我们似乎在微观经济学层面遇到了障碍，要么是基本的经济学原理失效，要么我们就需要对教育中的价值和人性进行祛魅。那么，怎样克服这种解释上的障碍？又怎样理解这种经济学与教育学的理论矛盾呢？我们可以从市场经济的基本原理入手。市场经济的元概念是商品，教育活动中是否具有这种对应物呢？在目前已有的研究中，一般认可教育（服务）具有商品性，因为从商品的基本属性看，教育服务也具备使用价值和价值两个基本属性。一是与食物可以填饱肚子一样，教育（服务）这种精神食粮可以提升人的素质，满足人的精神需要，当然也可以作为人们在获取学历后掌握的谋生手段，从而具有了使用价值。教育的使用价值是指教育满足人的具体需求的功能；二是与商品生产一样，教师的教育活动产生的教育（服务）也凝结了无差别的人类劳动，从而具有商品价值。教育的商品价值是指人们彼此交换包含使用价值的教育服务时，服务中凝结的社会抽象劳动。既然教育（服务）同时具备这两个基本属性，其作为商品这种交换物的可能性就存在了。②

需求产生了选择和交换，使得教育中的市场产生得以具备最初始的条

---

① Plant, R. "*Enterprise in its place: the moral limits of markets*", in Heelas, P. and Morris, P. Morris, P. (eds) *The Values of the Enterprise Culture: the Moral Debate*, London, Routledge, 1992, p. 92.

② 周海涛博士糅合了经济学与教育学的概念，将教育的价值总结为使用价值、商品价值和人的价值三类，认为三类价值彼此之间存在冲突的可能性，但本质上三种价值在教育活动中互为条件、互相促进。这种努力似乎是在弥补经济学的价值缺陷。参见周海涛：《教育效益的价值基础和基本向度》，载《教育研究》，2005 年第 10 期。

件。需求互补、各取所需是建立在人性“自利”基础上的，但我们经常会见到一些中小学教师关爱学生、无私奉献的现象，他们付出却不图回报。这些教师到底有什么需求呢？他们的奉献动机何在呢？这种“春蚕”精神和“蜡烛”精神不能仅仅用人学和伦理学解释，其实在经济学上也是认可的。在新制度经济学者看来，人类“利他”行动的动机和动力往往出自三个方面①：一是出于爱、团结或其他各种利他主义而努力有益于他人；二是行动者受到胁迫；三是他们按照自己的自由意志行动，但出于明智的自利动机，因为他们预期能获得充分的回报，他们为别人做的事会产生对自己有利的副效应。如果是这样，我们只能将教师的利他（甚至经常是损己基础上的利他）解释为第一种，即无私的爱。爱与被爱不仅存在于家庭这种具有原始共产主义色彩的社会细胞内，也存在于学校当中。在学校这种小群体中，“个人对他人有较好的了解，人与人之间的相互控制也因个人间彼此的深入理解而变得温和”。教师和学生在学校和教室这种小场域的“精神对话”经常会对教师产生这种动力，因为教师的工作面对的是一个个鲜活的生命，教师会逐渐熟识、理解并进一步爱自己的学生，教师会得到一种精神上的愉悦和满足。但这种源于爱的动力“在大型的群体中就不合适了”，“在与陌生人交往时，人们通常需要有别于爱和团结的动力”②，需要遵循市场中的各取所需、等价交换的动力机制。如此，杜威所说的“学校即社会”需要我们作进一步阐释，就是学校只是微型的、有限的、重精神生活而轻物质享受的“爱”的社会，而不是外部复杂社会在学校场域的简单移植，学校内外人们遵循的是不同的需求和动力机制。

所以，真正的经济学不应排斥人类的情感和精神需求，不能对爱和团结这些字眼熟视无睹。不打通物质性需求和精神性需求之间的樊篱，经济学就无法进入教育，学校也无法走近市场。

事实上，一般的经济分类将教育（服务）业确定为第三产业，WTO的《服务贸易总协定》甚至直接将教育视作服务贸易领域③，可见将教育（服

---

①② ［德］柯武刚、史漫飞：《制度经济学》，韩朝华译，商务印书馆2003年版，第73、74页。

③ 吴松、熊思远主编：《WTO与中国基础教育发展》，北京理工大学出版社2003年版，第91页。

务）界定为市场可交换物——商品已经得到实践上的认可。换言之，我们要将经济学的理论运用于教育经济学研究中，完成话语转换，必须对原有观念进行变革。任何没有深入研究的、无根据的对市场的武断排斥只会限定我们固有的思维，从而不利于教育自身的改革和发展。其实，即使理论上人们还没有厘清教育与市场的关系①，20 世纪 90 年代以来的教育改革，尤其是民办教育的大力发展已经在昭示着理论变迁的可能性。当前，我们需要做的是拿出一套有针对性和解释力，并且符合教育学和经济学基本原理的理论，去解释我们眼见的事实，界定教育和学校本身在经济方面的属性和特征。

（二）交换过程和交换关系

经济领域的最一般关系是买方和卖方之间的交换关系。这种关系是建立在双方对对方所有物的所有权差异和需求差异基础之上的。如果说市场本质反映的是人与人之间的关系，那么这种关系首先表现为现实中买卖双方之间的关系。我有钱，你有商品，交易达成。当然，现当代经济学的交换关系要比这个复杂得多，如双方要考虑市场信息，看是否有竞争对手的存在而决定抬高或压低价格，交易达成需要建立精确的贸易法规和制度，需要对假币和假货进行防范，甚至可以将交易在时间和空间上分割，等等。但无论怎么复杂，这种基于互取所需基础上的交换关系是存在的而且是最基本的。

在教育中，这种交换也是存在的。首先，人们对教育是有需求的，国家从提高国民素质和增强国家竞争力方面对教育产生需求；社会中的个人迫于择业的需求和自我发展的需要也对教育产生需求，而且随着社会分工的深化，这种需求呈现出多样化和多元化。这种需求的存在激励着社会的机构和个人从事教育的供给，学校成为相应的载体。为此，国家和社会举办学校，家长将学生送入各种学校。学校收入的是资源（国家提供或家长提供），输出的是服务（人力资源的开发和人力资本的提高）。对于学生和家长而言，付出的是学费，得到的是知识、技能以及学生各种素质的整体

---

① 劳凯声教授认为目前在对于教育与市场的关系问题上，存在的只是“灰色的理论”。正如劳教授所判断的那样，“在我国，有关教育与市场的关系问题大致是在 20 世纪 90 年代初开始成为一个热点的。可以说这个问题对我们头脑中的基本价值观念构成了强烈的冲击，因此争论的激烈程度在理论界是少见的”。参见劳凯声：《重构公共教育体制：别国的经验和我国的实践》，载《北京师范大学学报》，2003 年第 4 期。

提高。虽然没有市场中那种一手钱一手货的交易那么直接明了，但不能否认这种交换关系已经确立，“教育的自由交易关系已经出现”①。

（三）付费、投入机制

教育是需要资源的，资源由谁提供和怎样提供是当前教育经济学研究的热门话题。付费是教育投入的必然方式，由付费和投入形成的教育产权及其保护是激励教育资源进一步扩大和教育可持续发展的必然选择。从付费、投入（体制）和产权的角度看待学校与市场的联系更具有现实意义。

交换需要提供等价物，获得教育服务应当付费，即使经济学上如此简单的道理却在现实中引起了很大的歧义。这种歧义既有历史的因素，如新中国成立后政府对教育大包大揽带来的对政府依赖的惯习，使人们错误地以为教育的提供完全是政府的责任，而付费就是对百姓权益的“侵犯”；也有理论上的偏谬，如片面理解教育的属性，以为教育是纯公共物品和核心公共物品，应该由政府全包。其实，我们没有必要在付费问题上遮遮掩掩，教学收取学费、办学获得回报是天经地义的事情。没有物质支撑的教育是不可能实现的，物质支撑的途径在经济学上就是付费原则。同交换原则一样，付费也是对教育的世俗化改造。问题是，该由谁来付费？国家还是个人？这里需要纠正的是对于公共物品理论的错误理解。

在全国人大2000年的题为《中国事业单位改革：模式选择与分类引导》的研究报告和国家科技部2003年题为《中国事业单位改革：回顾与展望》的研究报告中，不约而同地将改善中国教育、卫生、科技等公共服务的理论立足点放在区分公共物品与私人物品上，并指出政府必须在提供公共物品方面承担主要责任。②

公共物品理论是新自由主义经济学理论大厦的基石性假设。这种理论将人们消费的物品（物质产品、非物质产品和服务）分为公共物品和私人

---

① 劳凯声：《教育市场的可能性及其限度》，载《北京师范大学学报》，2005年第1期。

② 成思危主编：《中国事业单位改革：模式选择与分类引导》，民主与建设出版社2000年版；科技部（科技发展研究中心）：《中国事业单位改革：回顾与展望》，在2004年10月23日的国际研讨会上的报告。参见世界银行2005年《中国：深化事业单位改革，改善公共服务提供》，第24－25页。

物品，并通过对公共物品性质[1]的分析，得出政府在公共物品提供上的有效性，而“私人提供公共物品会造成资源配置缺乏效率”[2]。国内学者用这种理论来解释我国教育，将义务教育看作是纯公共物品（pure public goods），而非义务教育是混合性质的公共物品。因而义务教育应该由政府提供，而高等教育等非义务教育可以由学生和家长个人埋单，为多渠道筹集办学资金找到了理论依据。[3]

---

① 这种特性包括外部性、非竞争性、非排他性等。

② 方福前：《公共选择理论——政治的经济学》，中国人民大学出版社 2000 年 12 月，第 34 页。

③ 其实，公共物品理论对教育提供者安排的理论说服力至少从目前的研究看十分牵强，至少对于以下问题无法解释：1. 根据外部性理论，为什么不将幼儿园教育看作纯公共物品和义务教育？2. 公共物品无法收费的特征决定了对提供者的激励不足，但现实中为什么一些投资人举办中小学还能“营利”？3. 根据理论，公共产品增加的边际成本为零（至少纯公共物品应该这样），但稍有一点教育常识的人都知道，班额扩大到一定程度会导致办学质量的下滑，因而政府提倡小班化教学，对班额实行一定的控制。4. 上海等地提出将义务教育扩大到 12 年的目标，那么高中阶段的教育现在就成了纯公共物品而以前不是吗？所以，至今为止国内学者对于教育的公共物品属性仍未能有令人信服的研究和结论，大多仍是闪烁其词地称教育为“准公共物品”。由于现代企业制度针对非政府营利性的“第二部门”，也就是提供经济学意义上“私人物品”的企业或公司，界限是清晰的，特点是鲜明的，与传统企业制度的最大差异在于产权关系、管理制度或者治理模式。但是，现代学校制度面对的学校法人、服务类型十分复杂。正如张力教授分析的，大部分学校提供的是经济学意义上的“公共物品”或“准公共物品”，属于准政府的“第一部门”或非政府非营利性的“第三部门”，还有一部分非政府营利性学校，事实上提供的是“私人物品”，这样，界限就不很清晰了。特别是当一种公共物品，不管是垄断型还是竞争型的，提供方既有公办学校也有民办学校，呈现出多元化的态势时，就更是如此。学校，尤其是中小学校，提供的教育服务究竟是怎样的公共物品，在进行这些物品提供时政府担当怎样的角色，是一个理论上很复杂的问题，无论哪种解释都具有一定的模糊性，从而对现实中政府如何作为不能提供很强的合法性论证。笔者以为，公共物品理论仅仅是一种支持政府加大对教育投入的经济理论，在推及教育领域时，许多教育特性和教育规律的存在导致了这一理论并非像其在卫生、交通等领域的运用一样有效。如果完全按照这种理论，我们只能得出一个结论，就是教育是否是公共物品，完全取决于政府的政策，政府可以根据自己的意愿决定将某类、某级的教育规定为公共物品并利用税收对其进行财政支持。换言之，这种理论在构建教育付费模型时能拥有逻辑上和模型上的自洽，但作为论证各级教育是否该由政府埋单的理由时似乎仅具有工具性的权变的价值，而非严格的科学价值。

其实，义务教育和国防教育等核心公共物品和纯公共物品还是有区别的。表现在和公共物品的非排他性和非竞争性相比，教育有时候是具有竞争性和排他性的，如班额的限制使得达到拥挤点后其他学生不能进入，造成排他性；优质校超过学额扩大招生必须建造新校舍，造成追加一个学生的边际成本大于零，从而造成竞争性。理论上将这种具有排他性和拥挤性的公共物品称作非纯粹公共物品（inpure public goods）。在西方国家，即使财力充足，政府也将义务教育视作兼有私人物品和公共物品特性的混合物品，使得教育具有私人消费者享受的私人消费利益成分，同时又具有这个社会其他成员享受的公共消费利益和外部性。[①] 因此，如果从公共物品和私人物品划分的角度看待教育付费机制，得出的必然是义务教育的付费者是公民个人（学生和家长）以及政府。正如2005年世界银行一份名为《中国：深化事业单位改革，改善公共服务提供》的报告所指出的，付费不仅是指社会（包括家庭）付费，还包括政府由财政对教育提供的资金支持。[②] 实际上这里已经将政治学意义上的政府职能添加到原本纯经济学意义上的民间交易中作为等价物存在的付费上，但至少说明了付费作为市场（机制）在教育领域存在的合理性和现实性。

根据人力资本理论，这种对于教育的付费无论在微观上对于家庭而言还是宏观上对于国家而言，都构成了对人力资本的投资。这种投资的价值是增加凝聚于个人（受教育者）身上的人力资本存量，表现为后者在素质、知识和技能方面的提高。而且，这种投资会在将来给投资者带来巨大回报。对于义务教育，其回报周期长，而且投资具有较大的外部经济性，所以往往造成家庭对子女义务教育投资和地方政府对当地义务教育的投资积极性不高，国家作为其外部经济性的享有者，理应为消弭外部性而对义务教育进行投资。事实上，世界上大多数国家，包括发展中国家，也都实行免费的义务教育。政府在教育投入上的经济责任在理论上已经没有太大的争议。

---

① 方福前：《公共选择理论——政治的经济学》，中国人民大学出版社2000年版，第33页。

② 报告认为，付费分为政府付费和社会付费，在中国，所谓的事业单位创收导致了存在将付费责任向社会转移的现象，从而损害了公共服务的提供。参见世界银行2005年《中国：深化事业单位改革，改善公共服务提供》，第17－21、45页。

问题在于，国家的资源往往也是有限的。即使是发达国家和一些老牌福利国家，政府也不堪忍受日益增加的教育财政投入。这里，付费的问题又转化到教育投入机制的问题上来。

关于教育投入机制问题，世界银行在 2005 年的《中国：深化事业单位改革，改善公共服务提供》的报告中在对公共服务中的政府责任进行界定时作了比较经典的论述，在明确了政府和市场分工的前提下，十分清晰地勾勒出了教育的付费和投入机制问题的框架，为我国教育投入机制改革明确方向提供了借鉴。本书将其表述简化为图 2－1：

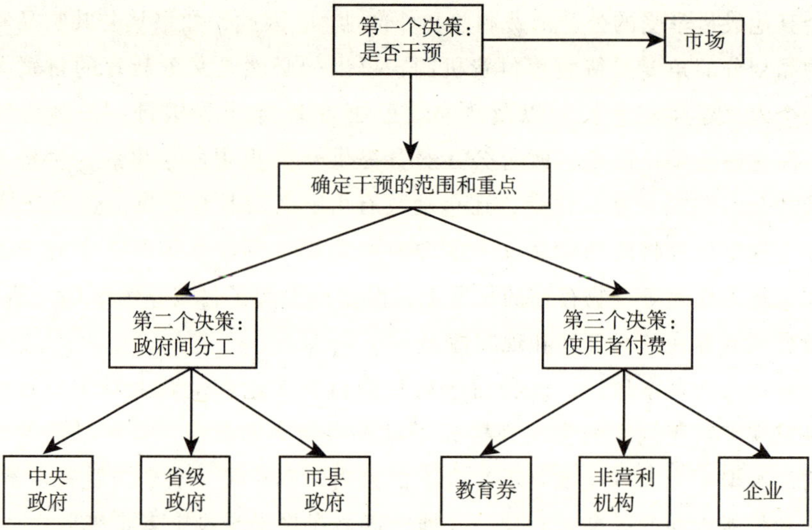

图 2－1　教育付费机制中的政府决策

一般来说，为了重新界定自己在教育服务提供中的角色，政府需要作出三个基本决策。首先，它需要决定对教育干预的范围和重点。并不是所有教育服务都需要政府干预。实际上，今天中国作为事业单位的学校所从事的很多活动，都可以被看作私人物品或服务的商业化生产（如学校教学楼的冠名权拍卖，学校为学生提供的后勤服务，举办课外艺术训练班等），这类活动最好留给非国有部门和市场去做。只有当私人市场失灵，不能产生在公平和效率方面都令人满意的结果时，政府干预教育服务的提供才有合理依据。市场没有能力实现教育公平，是众所周知的。除此之外，还存在四种情形使得市场很可能无法产生效率最高的结果：公共物品、外部性、优质校的自然垄断以及教育信息的不对称。在决定政府干预教育服务提供的适当范围时，需要仔细判断每种教育服务的提供是否存在市场失灵的情况，同时要考虑可以获得的公共资源。

当政府决定干预教育服务提供之后，它需要作出的第二个决策是进一步确定各级政府之间的分工：应该由中央政府干预，由省级政府干预，还是市（县）政府干预？不管哪一级政府干预，政府都需要作出第三个决策，即如何干预。政府应考虑，是由非国有部门生产该种物品和服务而由政府进行监管，还是由国家直接提供。如果政府决定提供，它应该考虑是只为服务付费还是自己直接提供？如果政府决定为教育付费，就应该进一步决定如何付费，是外包给一家企业或非营利机构，还是以教育券等形式直接向学生和家长提供付费手段？最后，政府也可以自己提供服务（事实上政府对于义务教育大多是这种方式，即自己出资举办公立中小学），这时它就需要决定公共部门中哪一类组织①最适合提供何种服务。

（四）产权

投入的结果形成产权，对教育的投入也会形成教育产权。经济学上对产权的重视是空前的，这种重视在 20 世纪 90 年代中后期的新制度经济学中更加显现出来。经济学上的产权是基于经济人理性、资源稀缺的假设基础之上的一种激励机制。首先，资源是稀缺的，否则无人会作出努力去争取资源。在我国穷国办大教育的背景下，资源的稀缺性已经无须再费口舌去论证。其次是人性假设的问题。围绕“理性经济人”假设的争论在教育领域里从来没有停息。教育是培养人的活动、精神的活动、高尚的活动，因此教育中的人性是道德人。这为经济理论进入教育设置了极大的障碍，经济学研究向教育的挺进必须先将教育职业者以及教育本身从不食人间烟火的纯精神层面拉回物质层面，完成世俗化的转变。其实，学校内部发生的各种唯利是图的现象已经大量存在，对于教育的发展和改善我们不必再像过去一样只注重教育和教化，只主张所谓的思想政治工作，经济学原理本身完全可以为我们治理各种流弊提供最现实的利器。我们必须承认，即使在教育中人也有自利的一面，具有经济学意义上的理性。最后，产权的激励功能是社会进步与教育发展的动力源。如果政府在未经当事人同意的情

① 这也是目前将学校划分为全额拨款、差额拨款和自筹自支三类事业单位的依据。

况下就可以将学校"充公"（正如新中国成立之初对学校私有制改造那样），谁还会有举办教育的热情和动力？此谓"有恒产者有恒心"。世纪之交我国出现的围绕民办教育的一些争论无疑是对产权激励机制不合理的争论，在这场争论中，政府的政策和法规从"不得营利"退到"允许合理回报"，从强调所有学校的"非营利性"退到将学校明确区分为"营利"与"非营利"①。这与其说是简单的国退民进，毋宁说是政府已经看到了缺乏激励功能的产权机制对教育资源供给造成的巨大威胁。

当然，仅仅承认产权是不够的，还需要保护产权。产权作为一种权利，不是自证的，而是需要他者对这种权利认可并不予侵犯。他者出于自利的考虑容易侵犯产权所有者的利益，这里他者既可能是其他个人，也可能是国家本身。所以需要法律明确这种权利，政府的责任就是相应法律的制定和落实。正如著名产权经济学家巴泽尔（Y. Barzel）所说，"他们实际的权利到底有多大，在一定程度上取决于国家对他们财产的保护效果如何"②。在教育领域也存在着教育产权。教育产权就是教育财产权利，即参与教育活动的组织和个人围绕教育财产而形成的一组权利关系③。从内容看，教育产权不是单项的权利而是一组权利或称为一个权利束，是包括对教育财产的狭义所有权、占有权、使用权、收益权以及处分权在内的权利结合。因此，无论从教育产权所有者权利的保护、投入和经营积极性的激发的角度，还是从市场秩序和教育秩序的建立和完善，社会整体教育资源的扩大和优化的角度，政府需要做的都是承认并保护教育产权。唯其如此，教育资源的扩大才有可能，教育的发展才有物质基础可言。

承认并保护产权是以产权的明晰为条件的。然而学校的产权往往并不

---

① 从1986年的《义务教育法》和1995年的《教育法》，到1997年的《社会力量办学条例》，再到2003年的《民办教育促进法》以及2004年的《民办教育促进法实施条例》，可以看到这种转变以及其背后反映出来的对于教育产权的理论和政策思考。

② ［美］Y. 巴泽尔：《产权的经济学分析》，上海三联书店1997年版，第153页。

③ 徐文：《教育产权论》，华中师范大学博士论文2004年，中文摘要部分。

是那么明晰，这在很大程度上导致了教育中的产权失灵。①

产权失灵是指产权不存在或者产权的作用受到限制而出现的资源配置低效甚至无效的现象。正如前面所述的，教育领域应当而且事实上也存在产权。那么教育中的产权失灵就只能是因为产权本身受到限制而造成的。导致教育产权失灵大致有三种情况②：第一种情况是学校产权并未明确财产所有人，每个人都有产权往往意味着实际上没有人真正享有产权，因为没有人能够真正对产权负责。这一问题应从产权的明确性和唯一性两个方面来看。一方面，义务教育是公共的事业，公立学校是大家的学校，这种公共产权无论是在概念上还是在法律意义上，无论是对于公立学校还是国有企业，产权本身都是明晰的。另一方面，有人认为问题不仅在于这种所有者是确定的，还在于所有者是唯一的。正是这种唯一性的缺失，导致了学校产权的模糊性。唯一性的要求使得对学校产权的分割成为需要。为此，有人主张从明确所有权唯一性的角度来明晰学校产权，方法是股份制，将过去规定笼统的学校产权精确分解到具体的个体手中。比如公立学校产权中，政府、学校教职工、家长和社区成员占有多少股权都应具体和明确，并认为这是新时期我国公有制的新的实现形式。在他们看来，产权是具有可分割性和可转让性的。“股份公司的股份代表了典型的、可分割的、可转让的集体产权。”③ 笔者以为，这种将公立学校股份化的想法是不现实的，其一是容易导致国有资产的流失；其二是导致政府管理学校时容易出现角

① 有人认为公立学校的产权是明确的，理由是我们从来都说公立学校属全民所有，由国家（政府）代表人民实现这种所有权。但在另一些人看来，公立中小学校产权并不明晰，明晰的仅仅是所有权，而产权是一个更上位的概念，除了所有权外还要包括占有、使用、收益和处分等实质性的权利。在这些权利束上目前的学校产权是缺乏激励功能的，因而也是失灵的。自科斯（Coase，R.）《社会成本问题》（1960）发表以来，不少经济学家开始认识到，与“市场失灵”和“政府失灵”相对应的更深层次的失灵是“产权失灵”。产权失灵的领域越大，导致市场失灵的领域也越大。（参见卢现祥：《西方新制度经济学》，中国发展出版社2003年版，第185页）

② 斯蒂格里茨在《经济学》中指出三种情况下会出现产权失灵，一是范围不明确，二是有限制的产权，三是作为产权的法定权利。教育产权失灵显然和这三种情况都有关。

③ 卢现祥：《西方新制度经济学》，中国发展出版社2003年版，第170页。

色混乱的现象，即政府的政治角色和经济角色的混乱，出现政府到底是股东还是对教育事业实施宏观调控者的争论，这就又回到了“裁判”还是“运动员”的角色纷争上来了；其三是政府外的股东对股权收益的追逐容易导致学校产权运用出现偏向，即学校资产会被运用到非教育领域和市场营利性活动；其四是这种将学校产权进行原子化分割的产权明晰过程本身需要花费大量的成本。“当产权的界定及实施费用太高时，就不得不采用模糊产权的形式，如社团产权。”① 总之，在学校产权的制度设计上，不仅要考虑经济因素，更要考虑教育的、政治的和意识形态的因素。

造成教育产权失灵的第二种情况是产权受到限制。学校的仪器、设备和场地是教育性的场所，应用于教育性的服务活动。比如，如果利用学校场地和房屋出租给社会人员开舞厅或网吧就不会得到政府和学校的认可，即使这种租赁活动可能会带来产权使用的最大经济效益。

第三种情况是法定权利，即法律上规定的学校产权的形态客观上造成了产权激励功能丧失，最终产权配置低效或无效。如法律规定学校财产所有权归学校法人，校长和教师拥有对资产的管理权，学生、教师拥有学校财产的使用权。这样，校长的高效管理行为意味着国有资产的增加而自己却并不能获得对“剩余”的索取，学生对学校财物的不当使用造成的财产损失也以国有资产减损而不是自己受罚的方式承担。法定权利的规定使得行动者并不因个人行动获得奖赏或惩罚，产权就此失灵。

以上三种情况的综合存在使得公立学校产权的失灵总是存在。但市场经济是需要产权明晰的，教育市场如果存在，那么明确产权似乎是明智而符合逻辑的选择。正如前文所述，产权实际上是一组权利束，而不仅仅是所有权。在这种权利束中，有些权利是应该明确的。如我国学者文东茅在对民办学校产权进行研究时，认为学校的控制权（校长的长期在位）是需要明确的。② 其实，公立学校亦然。校长作为在位者，对学校享有的财产及有关事项的重大决策权应该明确。控制权既可以与财产所有权结合，也可以相分离。这样就会把精力从单一对所有权问题的关注转移到学校办学和

① 卢现祥：《西方新制度经济学》，中国发展出版社 2003 年版，第 168 页。

② 文东茅：《民间办学的逻辑与政府政策选择》，载褚宏启主编：《中国教育管理评论》（第 1 卷），教育科学出版社 2003 年版，第 340－357 页。

运营的实际过程控制上来，对于学校本身的发展显然是有益的。

至于所有权乃至产权本身还是应保持公共所有的属性，即使存在一定的模糊性。这种模糊性给政治力量和民主势力提供了发挥作用的空间。有人认为产权问题是现代学校制度建设绕不过去的一道坎，但事实上国外对教育改革和学校变革的研究中围绕产权的争论几乎并不存在，这种现象应当引发我们冷静的思考。这里可以假设，国外在学校产权明晰性问题上只存在两种可能：一是他们的学校产权制度设计是科学的，产权归属是明晰而且合理的（如规定可以存在营利性学校，但这些学校不能享受土地使用和银行贷款等方面的优惠条件，营利的空间需要受到政策和法律的规约）；二是他们的学校产权也是不够明晰的，学校的边界并不像企业那么明了，学校只是一个模糊的公共领域，产权不明晰的损失由公共领域的集体承担，教育的进步和学校的发展以产权激励缺乏和效率损失为代价。应该说这两种情况都具有一定的合理性，问题在于，我国的学校产权严格说来不属于其中任何一种，一方面我们的学校产权制度的设计不能带来产权激励功能，另一方面产权的合理模糊又不能为校内的公共民主生活提供可能。在我国，更多的是校长在垄断办学权力（权利）的同时，又试图非法地将学校私有化。前者是政治民主的丧失，后者是经济效率的失范。在此意义上形成了我国目前围绕学校产权的“民主和效率”的二律背反。

社会的民主依靠教育，教育需要资源，资源需要投资，投资需要产权，产权需要激励，激励产生效率。在这个民主和效率连接的链条上，尽管存在着不少的疙瘩，但社会发展和教育进步的动力总是不断地推动着链条本身的通畅。学校产权问题的解决需要政治智慧、经济智慧和教育智慧之并举。

（五）竞争

这里所讲的竞争并不是教育意义上的竞争①，如学生之间为了学习名次

---

① 在教育学意义上，竞争的概念也是有分歧的。虽然教育家们相信课堂中的竞争是推动学生勤奋学习的最好方法，但英国学者罗素认为，竞争会带来反对合作的教学，带来大量的过度教育以及在疲劳竞争基础上的对学生生理和心理健康的影响。参见［英］罗素：《教育上的竞争》，王承绪译，转引自瞿保奎主编：《英国教育改革》，人民教育出版社 1993 年版，第 61－72 页。

的争先恐后，而是经济学意义上的竞争。在亚当·斯密看来，个人的利己行为通过一只看不见的手（invisible hand）就能自动达到社会的最大福利。自此以后西方经济学者便将由竞争自动调节的市场奉若神明，竞争在经济学上的地位无人能撼动。

教育中显然是存在这种竞争的。为了让孩子进入更好的学校，家长们的热情“捐助”使择校费扶摇直上；学校之间为获得优秀师资高薪“挖人”；有些学校为了获得优质生源而提高升学率，不惜重金招揽来自农村的高分生；为了抢夺生源而在各种媒体上大做广告；甚至竞争已经渗透到学校内部，用奖金刺激教师为提高学生分数而竞争，为了提高教师工作绩效而推出末位淘汰制，等等。在我国教育资源相对匮乏的情况下，必然存在竞争。优质校的招生是卖方市场，薄弱校招生是买方市场。教育交换的双方在利益的驱逐下，利用各种符合经济原则的理性的手段展开日益激烈的竞争。竞争正在以各种面目和形式进入教育的各个领域，不仅是高等教育，也包括义务教育。

对此，不少学者认可其合理性，认为竞争是打破教育垄断、提高教育效率的必要手段，“市场条件下学校与学校之间、区域与区域之间、受教育者与受教育者之间的竞争不可避免”①。更有学者乐观地认为，“教育质量和学术水平成为教育生产者之间进行竞争的主要手段，竞争必然促成能力与收入挂钩，并促成教育生产者在系统内外的流动，其结果既可以提高教育质量，又能改变教育劳动收入不合理的现象，使教育真正成为一种欣欣向荣的产业”②。而另外一些学者则表现出对于教育市场秩序混乱的担忧，以及对竞争给薄弱校带来的负面影响感到愤慨，认为导致了强校越强、弱校越弱。从社会学意义上看竞争，它只能使富裕阶层得利而贫困学生却享受不到教育发展的盛宴。从教育自身角度看，竞争使得校长们将宝贵的时间用于制作花里胡哨的广告上而远离了教育教学这一学校的本质任务。

不管如何，毕竟以上两种意见均承认了竞争在教育领域存在的事实。我国刚刚起步的市场经济改革必然波及学校以及工作、生活其间的教师和

---

① 刘复兴：《市场条件下的教育公平：问题与制度安排》，载《北京师范大学学报》，2005 年第 1 期。

② 张铁明：《教育产业论》，广东高等教育出版社 2002 年版，第 153－154 页。

学生。教育竞争的效果才刚显现，我们感知的往往还只是过于狭小的经验世界，从宏观角度和理论层面对教育竞争下定论还为时尚早。目前的假设是：教育中竞争的存在是必要的，但竞争的现状是不令人满意的。问题在于，完善竞争体制依靠的是政府还是社会，这种根本的问题必须在对竞争现象有了充分了解的基础上，由负责任的学者作严密的理论推理和论证。

事实上，竞争理论在教育领域并不是完全自洽的，这主要表现在竞争的手段和结果上。

从竞争的手段看，经济学上经常依据竞争的手段将其分为价格竞争和非价格竞争。前者如商家之间以产品降价而展开的对客户群的争夺。后者则包括产品创新、广告宣传、融资支持、发展灵活的销售组织和售后服务等非价格形式的竞争。比较而言，非价格竞争对于市场的影响更为持久，更能体现竞争促进社会经济发展的意义。① 在教育领域，因为教育的非营利性使得成本具有一定的刚性，如果降价竞争势必容易导致为节约成本而偷工减料，导致教育质量的下滑。一些民办学校压缩课时、聘请不合格的师资造成质量受到质疑，即可证明价格竞争手段在学校间竞争中的有限性。所以，教育竞争应更多地以非价格竞争为主。而且，即使是非价格竞争，也应以产品创新为主，在教育中就表现为加强教学管理，提高教学质量，这样才能使竞争之树长青。相反，如果将精力过多地放在广告宣传上，则会产生偏离教育的后果：一是学校会分散教学的精力；二是广告等竞争行为的成本必然会反映到学校的收费上，加重学生和家长的经济负担。

从竞争结果看，往往造成达尔文式的优胜劣汰，从而造成优胜者对市场的垄断。市场从来就不是平等派，在市场中，我们鼓励能者多劳，劣者退出。但教育中能否实现这种淘汰呢？如果资源（物质资源和人力资源）最终在各种正式和非正式的竞争中都集聚到优质校，那么薄弱校能退出吗？即使所谓的竞争是公平的，薄弱校也会在竞争中失势，造成的结果能是教师下岗、学校关门、学生回家吗？对于在我国大量存在的类似薄弱校，尤其是农村的中小学，这样做显然不现实，也不合乎人们基本的价值观。竞争对于学校和企业可能遵循着不同的逻辑。“赢者通吃”式的垄断结果不是

① 袁祝杰：《竞争秩序的建构——行政性限制竞争研究》，北京大学出版社 2003 年版，第 17 页。

教育竞争的诉求。如果说对于企业，竞争的目的是为了淘汰劣质生产者，那么对于学校，竞争还需保护落后者。这种保护不是因为一般意义上的所谓对弱势群体的关怀，而是由学校的性质本身所决定的。学校作为公共服务的提供者，是在实现国家对义务教育的责任，从而实现教育的公平。国家对于学校不但不鼓励拉开差距，相反会出于均衡化的考虑而在资金和师资的配置上趋向平等，甚至对弱者要采取倾斜的政策。近年来对重点校制度、择校制度的反对和对财政性转移支付制度的加强说明了这一点。即使在经济上鼓励自由竞争的发达国家，对教育领域的竞争和经济领域的竞争也会区别对待，在德国和日本，教师、校长作为公务员是由政府调遣的，政府实行的是一种拉平的政策。如果说在经济领域实行的竞争是对强者的鼓励，那么在教育领域内实行的竞争则需要更加考虑对弱者的关怀。如果说前者强调机会平等，那么后者则更注重结果平等；前者重视效率，后者关注公平。这在本质上是由经济与教育、商品与教育服务、市场与学校的属性区别所决定的。

谈到竞争，往往还要谈到合作。竞争是市场机制和经济效率的产物，合作来自人类基本的道德需求。两者似乎是矛盾的，因为从人性假设看，竞争以经济学“理性经济人”为假设，合作则以伦理学“道德人”为前提。其实，从学科渊源看，经济学产生的来源之一就是伦理学，所以有人认为两者的矛盾并不是不可以调和的。① 如果竞争存在于学校之间，那么合作也应该存在于学校之间。但我们往往更多的见到的是学校内部成员间的合作，

---

① 传统经济学对竞争作了比较完整的分析，现代契约经济学则从不同的角度对合作进行了分析。（参见王玉珍：《道德秩序的经济学分析》，经济科学出版社 2005 年版，第 139 页）如此看来，经济学并不是只讲竞争而不谈合作的。现代经济学在一定程度上在向作为其来源的伦理学回归，市场伦理的研究受到了越来越多的重视。人性是复杂的，既有基于经济人理性下竞争的一面，也有基于道德人假设下信任与合作的一面。人类行为既有利己的一面，也有利他的一面。为此，本书也将合作作为竞争机制本身的一种市场需求提出。合作遵循的是伦理学的诉求，其实也是经济学本身的诉求。

而在学校外部的合作往往是缺失的。[1] 如果说竞争作为学校行为具有自发性，那么校际之间的合作显然需要更多的激励和惩罚机制。毕竟我们不能指望学校（尤其是校长）道德自觉和慎独，不能在市场伦理失范和信任缺失的情况下强求学校在以经济理性为主导的市场中实行道德行动机制。对不合作者是需要监督的。

对合作的监督机制可分为三种。第一种监督是行为者自我良心的监督，表现为一种道德自律。当人们选择不合作而给合作者带来利益损失时会受到自身良心的谴责。这种约束显然是一种软约束，约束力只能来源于康德所说的道德律令，虽然在很多时候并不奏效。如一些学校违背市场诚信，利用高薪到邻校"挖人"，导致后者优秀师资流失从而教育质量下降，这种不合作行为应该会给其校长带来良心上的自责。可惜的是时下这样的良心发现实在太少了，这种不合作行为经常被认为是市场机制的技术性设置，美其名曰人才的合理流动或是教师的个人自由。这种不合作行为多了，在教育市场上就会形成劣币对良币的驱逐，不合作者占尽便宜而合作者蒙受损失。第二种监督来自合作利益相关者。因为对合作的拒绝经常意味着对合作剩余的放弃，而这在原本可以从合作中受益的相关人眼里是不可以接受的。相关者对自身利益的敏感性使得这种监督往往是最及时的。比如，在一个学区内存在着几所优质校，原来的合作契约是"小升初"时都实行免试入学，随机录取，这样合作的结果是"苗子生"的均摊，各方都会因此而获益。但如果一所学校突然退出合作，自行采取考试方式以便事先挑选优秀学生，这时其他学校作为合作相关者往往是最敏感的，他们会立即对这种不合作行为进行纠正。但纠正的力量往往不能仅仅来自这些学校之间的协议，更多的时候必须向第三种监督机制转移。第三种监督是指采取法律和制度的形式，由政府出面对不合作者进行监督，对违规者进行责罚，使其退回到制度规定的合作的轨道。这时，无论是竞争还是合作都已经纳入到政府的行动框

---

① 科斯在 1937 年发表的一篇题为《企业的性质》的论文中就明确地提出企业作为市场价格机制的替代，其存在的理由是在其内部降低交易成本从而在整体上提高整个社会的效率。企业内部交易成本何以降低？其实就是以合作代替了竞争，节约下因过度竞争导致的效率损失。在此意义上，阿克斯罗德（1984）在《合作的演进》一书中认为，竞争存在于企业之间，而合作发生在企业之内。

架内，而不再仅仅是市场自发的行为。

通过以上基于需求、交换、付费、产权、竞争这些经济视角的分析可以看出，市场（机制）可以而且已经和学校发生了某种联系，尽管这种联系本身还有许多不尽如人意的地方。反过来，我们也可以从教育的视角来考察学校与市场的联系以及这种联系的可能性和合理性。

二、学校与市场——从教育的视角看市场

如果说以上是从经济学的角度看教育与经济的关系，以经济要素分析学校与市场的关系，那么，也可以反过来，以教育的要素来分析学校何以需要市场。

（一）教师

新中国成立后我国公立中小学校实行的是和社会相对隔绝的单位制度。作为为社会提供教育公共服务的事业单位，学校往往会对教师实行编制管理。在这个编制的固定下，教师在教育系统内外部之间或学校内外部之间是很少流动的。但随着事业单位的改革，教师身份开始由国家干部向专业技术人员这种职业身份发生转移，教师可以和单位实行聘任合同制管理的契约管理方式，教师的终身制被打破，教育改革也越来越呼唤与市场机制相适应的教师人才市场。这样，从经济学意义上说，教师可以作为一种生产要素在市场上流动，如同工人可以选择企业，技术人员可以选择公司一样。这种流动为教育市场得以实现提供了人力资源的保障。

（二）学生

经济学话语下的学生是教育服务的消费者。① 在市场上，消费者理应具

---

① 这种嫁接是有问题的，最大的悖论在于，作为理性的消费者一般总是要在付出货币后尽可能多地得到商品或服务，学生作为教育服务的消费者也应试图尽可能多地得到教育服务，即在学费一定的情况下，学生理应争取多上课。但不少中小学生选择逃课令人费解，学习过程在经济学上应是消费和享受，而在教育学上还意味着一定的艰辛和痛苦，这至少在经济学上无法解释。为此，笔者以为存在两种解释：其一，对于中小学生，将其视为商品（产品），而只有家长具有消费者身份（尽管将人视作商品不符合大多数人的伦理观念）；其二，学生是理性的消费者，但其货币付出是为了购买学分、学位、文凭，这样就可以在经济学意义上将学分、学位、文凭等视作商品（这又似乎违背大众认可的教育精神）。当然，在微观经济学意义上，无论怎么嫁接都会受到教育学者和伦理学者的批判。这也是教育市场化无论怎么搞，理论上的批判永远也不会穷尽的根本原因。

有选择权，即选取自己满意的厂家和商家提供的商品和服务。在我国，义务教育阶段实行的是就近入学的政策，学生没有选择户籍所在地以外学校的自由。但是，随着户籍制度的改革和公民迁徙权的恢复，学生跨越学区、乡镇、县和省选择就读学校的现象越来越普遍。在发达国家择校也是一种普遍的趋势。近年来我国对打工子弟学校的重视、对教育乱收费（主要是择校费和赞助费）的治理都说明了我国对于学生选择学校的权利越来越重视。如果说学校是教育服务的生产商，教师是生产工人，两者共同构成卖方，学生作为消费者就是买方。市场经济是以买方的自由意志实现为前提的。有了这种需求，就会转化为购买行为，才能使得教育市场的其他各种要素流动起来，从而实现马克思所说的价值和使用价值的转移。

如果说从市场付费者身份看学生是消费者，那么从微观的和技术的角度看学生则是产品。学生和家长购买的不只是知识和课程本身，更是一种知识在学生身上的内化以及在此基础上的个人素质的提升。在此意义上，可以说学生购买的就是学生本身。

（三）知识与课程

按经济学逻辑，学生购买的应是知识与课程，后者是市场中的商品。但一直以来我国对中小学生的课程和所学习的知识是统一规定的，即使作为知识和课程是否被学生掌握的监测标准也是由各级政府的统一考试规定。但我们不应忽视这样的趋势，知识和课程越来越具有选择性和流动性。新课程改革将大量的课程设置权和管理权下放到地方和学校，即地方课程和校本课程。学生也可以根据自己的爱好和需要有选择地学习。一些职业高中甚至已经尝试对课程实行菜单式管理，学生可以像在餐厅点菜一样自由选择所学习的课程。国家课程只是相当于国家质量监测部门对所有商品进行的最基本的质量控制，在此意义上对消费者——学生的利益提供保障。再者，知识和课程一般会以书籍、影像资料等物质形态为载体，后者作为市场的一般商品当无异议。所以，知识和课程也可以作为学校与市场发生关系的一种方式。

（四）各种教育资源

教育资源包括资金、校舍、教学仪器设备、教学场地等。虽然这些物质形态的教育资源在以前也并不具有市场属性，由国家无偿提供。但是，在政府越来越讲求财政绩效的今天，对这些资源的控制和管理也越来越显示出市场化的趋势。拨款体制中的“拨改贷”改革、政府采购中对各种教育仪器设备购置和校舍施工承揽的招标、教学场地的租赁，等等，无不是在努力利用市场机制对教育教学资源进行符合经济理性的配置。

（五）其他教育服务

其他教育服务包括教研活动、教学质量评估、考试、教育信息咨询等。这些活动类似于企业的技术开发、职工培训和质量控制等。当前的改革方向是将其向社会（教育中介）组织转移。虽然从目前看，这些还属于政府或其下属事业单位的重要职能，但越来越多的咨询服务公司、民间教育科研机构、教育评估院、考试院（后两者目前虽仍属于事业单位，但其改革方向仍是社会化与市场化）等社会团体的出现说明了教育服务向社会和市场转移的可能性。

（六）学费制度

如果作为市场交易达成的标志——学费收缴还像以前那样由政府统一规定，如果教育服务质量的优劣不能在价格上反映出来，那么教育和学校是没有市场性的。如果说将学校和市场进行联结在经济学理论上遇到障碍的话，笔者以为最大的障碍在于学（杂）费制度。按一般经济学理论，消费者会自主在市场上识别商家和厂家，各种具有不同质量和不同市场需求的商品在价值规律和供求规律的作用下应是有区别的。但我们眼见的事实却是地方政府在区域内实行统一的价格——一费制。而且，广大西部农村自2006年起将取消杂费。零收费制度的实行标志着完全的免费义务教育在中国变为现实。这使得以上所有的理论阐释上的努力功亏一篑，因为一费制说明了价格不能精确地反映质量。最终的解释只能是，教育毕竟和市场存在差别，学校不同于企业。学费制度不仅是市场上买卖双方自动博弈的产物，它体现的不仅是一种市场关系，还包含着政府与学校以及政府与家长的关系。政府有责任为学校提供经费（事实上教育经费占了政府公共经费的大半部分），但同时也拥有了约束学校擅自定价的权力；政府有责任和义务为作为公民的家长提供由政府埋单的公共服务。由此看来，学费制度本身不仅仅是学校与市场、社会的关系，还涉及了政府与市场、政府与社会的关系。这使得单单从经济学语境分析学费制度显得力不从心。教育服务作为公共物品，和私人物品相比，在提供的性质和流转的过程上至少目前还存在一定的理论灰色地带。这也是在企业市场化改革时理论界投来一片赞许之声，而教育的市场化和学校的市场化则遭遇了理论界和政府共同的质疑和冷遇的缘由。至少目前来看，教育市场化还远未成为我国教育改革的主流声音。

以上的探讨只是说明了教育要素可以在一定程度上和市场相结合，可以利用市场的有效机制，实现要素的市场上的自由流动，以提高要素和资源配置的效率。但对学校而言，市场是外在的一股力量，教育（尤其是义务教育）本身并不是市场，中小学校主要利用的是教育规律而不是市场规律进行教育教学。这样看来，市场在进入校园、进入班级和课堂、进入教师和学生面对面的交往活动中显然具有天然的缺陷。如果说对于这些微观教育教学领域有外部影响力存在的话，那么对学校的外部影响力首先来自于政府，而不是市场或以市场原理和竞争法则运行的任何社会组织。不加分析地将市场引入学校，可能损害的是在学校内部生存的教师和学生，即使这种引入在短期内会给学校带来辉煌的经济业绩。①

对于市场，我们也应区分在教育的什么层面上谈论市场。人们反对教育市场化一般不是笼统地反对，而是反对不分青红皂白地将所有教育领域市场化。教育领域涵盖了太多的子系统和分领域，至少目前，较被人接受的市场所能进入的教育领域按学校性质和层次分包括私立学校、职业学校和高等学校；按办学要素分包括内部市场（师资市场、生源市场）、中介市场（如资金）和外部市场（即劳动就业市场）；按进入市场的教育商品属性分包括教育劳务市场、教育物质市场、教育产业市场。② 不管人们愿不愿

---

① 有些学者在未对市场进行具体深入分析的情况下提出将教育教学活动市场化，将教育活动和市场活动糅为一体，观点虽新潮，但对于教育的影响将是非常深远而不确定的。如吴华认为，为了使市场机制在教育资源配置中发挥更积极的作用，政府应从一切可以由学校自主决策的领域逐步退出。这些领域包括：(1) 专业设置；(2) 课程方案；(3) 招生计划；(4) 收费标准；(5) 学制（义务教育除外）；(6) 毕业生资格认定等。（参见吴华：《让市场机制在教育资源配置中发挥基础性作用》，载《教育发展研究》，1999 年第 11 期。）笔者觉得对此应保持谨慎。按当下中国教育发展之态势，这种市场化带来的可能是天下大乱。即使具有长期自由主义传统和发达市场经济体制的欧美国家的教育改革激进派也会反对在以上有关教育活动的所有方面让市场自发调节。

② 这里对教育市场的大致分类参照了靳希斌主编：《市场经济大潮下的教育改革》，广东教育出版社 1998 年版，第 21、23、88 页。

意，事实上市场早已和教育贴得如此紧密，笼统地赞成或反对教育市场（化）变得毫无意义。只有在某一层面、某一领域以及市场运作的某一形式上继续探讨和深究才是现实可取的学术姿态。

三、教育市场（化）何以可能——赞成派的呼声

（一）经济的观点

对教育市场化的争论区分了赞成派和反对派两个阵营。在赞成派看来，市场化带来的学校运营和发展的境界是：（1）学校能够自主发展，按照供求规律和竞争法则在资本市场上找来资金，在师资市场上找到优秀的教师，在生源市场上招来合格的学生。然后学校就像工厂一样将各种元素进行组合、加工和转化。最后，学生获得了必要的知识和技能以及各种素质的提高，作为合格品“出厂”，学校再进入下一个循环。（2）教师作为自由职业人，享有充分的自主和自由。根据人才市场的供求确定自己就业的学校，在讨价还价中和学校签订就业契约。教师的利益由此得到保障，其福利和待遇由市场供求规律（如择校费的高低）和教师在校内工作的努力程度决定。作为加工产品的“技术工人”，教师还享有充分的专业话语权。（3）学生作为消费者，更是受益匪浅。他们可以根据自己的兴趣爱好，选择其购买力承担范围内的最优学校就读。在学校内的学习并不是一个痛苦的过程，而是以“上帝”般的消费者身份享受着花钱购买的服务。教师的辛勤劳动会流淌到学生身上，最终学生会带着提高了的素质满意地离开学校，进入就业市场去出售凝聚其身的人力资本或到高一级的学校继续购买教育服务。（4）政府则比现在清闲得多。和所有自由市场派主张的一样，此时的政府是“小政府”，它的职责是通过立法维持各个学校间的竞争，对于违规者进行责罚，对于学校在市场行为中形成的产权予以保护。当然，除了维持竞争秩序，对于因各种原因被市场淘汰的选手给予基本的补助和补偿，这种保护的目的不是鼓励学校在竞争中的懈怠，而是避免因学校破产而失学的学生来给政府找麻烦。

（二）教育的观点

如果说上述的境界太企业化了，容易被人指责为对教育规律的忽视，那么赞成派还会拿出更富有教育性的论证。他们并不否认教育是培养人的活动（其实在高举市场化大旗的时候，教育中进行人的再生产活动的属性与企业进

行物的再生产活动的属性之间的界限已经并不那么清晰了）。进一步讲，培养人的活动是靠全面提高教育质量来保证的。在这方面，市场（机制）也大有作为。他们的论证包括以下几个方面：

第一，市场化需要政府职能转变，就是将原来不应管和管不好的事务让渡出来。哪些教育管理事务不需要政府再事必躬亲呢？“更高的学术标准、严格的课程要求、提高教师工资等教育改革——需要政府科层制机构的立法或政策支持，其他方面（如与其他学校的合作关系等）则无须太多的自上而下的规定。”① 政府侧重于宏观的间接管理，干他们擅长干的事，而将办学这种学校擅长的事情让给学校来做。

第二，市场激励机制本身给学校和教师造成的压力会带来教育质量的提高。“在市场条件下，当教育作为一种商品或服务提供给消费者时，教育者与受教育者之间、学校与学生之间就建立了一种服务提供者与消费者的关系，传统上建立在宪法、教育法等公法基础上的学校与学生之间的教育关系、管理关系和保护关系并不能涵盖这种新型关系的内容。在服务者与消费者关系的语境中，学校和教育者成为服务者，必须对作为消费者的学生的多样化教育需求表现出更为强烈的回应性。”② 这种回应性必然促进教育服务水准和教育质量水平的提高，否则学生和家长会“用脚投票”。可见，市场机制对教育质量的保证是通过对学校和教师的压力机制形成的，主要表现为三个方面：（1）学校对办学效益的追逐；（2）客户选择权的加强增加了学校对学生退出的担忧；（3）学校对在激烈竞争的自然淘汰机制下被市场淘汰的担忧。

第三，学生和家长的选择权会使他们得到更好的服务，从而推动教育质量的提高。在美国学者丘伯和默看来，如果学校的教育质量不令人满意，市场条件下的学生和家长会选择③：（1）迁居，因为义务教育阶段就近入学的政策使得家长在学区内选择其他公立学校遇到政策障碍；（2）选择私立学校；（3）如果以上两种选择方式因经济成本高而使得贫困家长实际没

---

①③ ［美］约翰·E. 丘伯（John E. Chubb）和泰力·M. 默（Terry M. Moe）：《政治、市场、学校》，蒋衡等译，教育科学出版社 2003 年版，第 21、36－37 页。

② 刘复兴：《市场条件下的教育公平：问题与制度安排》，载《北京师范大学学报》，2005 年第 1 期。

有选择权的话，至少他们可以“通过民主的控制结构来弥补这一处境”。这些方式都会迫使学校对办学宗旨、教学方法、教师管理和学校其他事务的运作等方面进行全面变革，提高教学质量以吸引学生和家长的选择。

（三）对“保守者”的回应

面对那些对教育市场化进行的指责，市场赞成派是如何回应的呢？他们往往会在价值观、制度变迁理论、既得利益理论和政府对市场失灵的补救理论等方面为自己作辩护。

第一，赞成派往往总嫌反对派的思想不能与时俱进，过于因循守旧。守着亘古不变的教育信条而坐失改革和发展的良机。这种观点在一些重点校校长中非常普遍：“利用有钱人的钱大办特办教育有什么不好呢？家长情愿交钱又有什么不妥呢？”“任何理论在实践面前都要接受检验。现在摆在我们面前的现实是，学校的面貌焕然一新，固定资产连年翻番，我们的教育收到了良好的社会效益与经济效益”。以所谓“社会发展和教育发展的代价”理论来应对对于学校侵犯家长权利的指责，以家长捐资助学款的交费单来证明消费者的自愿性和市场的公允。在他们看来，“时代变了，办学理念应时而变。”

第二，赞成派认为在学校制度变迁中，反对派过于依赖政府，并讥讽其为长期计划经济体制遗留下的顽疾。在赞成派眼里，任何制度在发生变迁时，大多数人都有路径依赖的思想。根据与教育市场化在我国同时兴起的新制度经济学的理论，“初始的制度选择会强化现存制度的刺激和惯性，因为沿着原有制度变迁的路径和既定的方向前进，总比另辟蹊径来得方便一些”①。在他们看来，改革总需要一部分人挑头发起，而反对市场化的人只能怀揣着对于市场化改革可能引发的不良影响的恐惧，只有进行市场化改革的人才具有“第一个吃螃蟹”那种敢为天下先的勇气。

第三，赞成派认为，反对派之所以反对市场，还有一个心照不宣的原因，就是反对的人大多是原有计划制度下的既得利益者。他们惧怕这种利益的丧失因而会对改革百般阻挠。最典型的是“条子生”和“票子生”的例子。在计划体制下，公立学校都会买教委官员的账，官员的孩子会拿到条子进重点校，如果市场化了（譬如实行股份制改造），他们子女入校可能

---

① 卢现祥：《西方新制度经济学》，中国发展出版社2003年版，第91页。

就需要票子了（至少一般级别的官员如此）。

第四，也是被赞成派认为最科学的一点，主张市场化改革的人会认为政府在最低限度上还是必不可少的。市场赞成派往往站在自由主义的立场，而新自由主义并不是主张无政府的，政府至少可以在对市场垄断的制止、对信息不对称的不完全竞争的克服、对公共物品外部性的消弭等方面发挥作用。一旦这样立论，反对派便很难反对，除非举出政府超出这些职能的“强干预”手段，而超出的度是大多反对派无法把握的，论证不当就会落入“全能政府”这个早已被对手设置好的圈套。

四、教育市场（化）的理论缺陷——反对派的思考

教育市场化潮流，无论在中国还是在英美等具有长期市场传统的国家中，都受到了很大程度的抵制。主流理论观点并不赞成教育市场（化），至少不能盲目地市场化。1998 年 10 月，联合国教科文组织召开的世界教育大会一致认为“市场规律和竞争法则不适用于教育，包括高等教育。”①

和经济领域相比，教育具有很强的独特性。教育的功能一般可分为两个层面：本体功能和社会功能。前者即教育自身所具有的职责和能力，也就是“通过人类已有的文明的传递促进教育者从无知转化为有知，从知之不多到知之较多，从智力的沉睡状态到激活状态，从能力较低到能力较高，从一个出生时软弱无知的个体到逐渐成为一名合格的社会成员”②。后者即在发挥本体功能的基础上进而对社会的诸多方面发挥作用，如人口功能、政治功能、经济功能等。如此看来，教育不是经济的一个分支，教育过程、教育目标、教育结果或教育产品都不能与经济相提并论。教育实际上具有自身存在的功能。教育工作者，无论是实际工作者还是理论工作者，如果将教育视为经济活动、将教育事业视为产业，就很可能会本末倒置，扭曲教育的本体功能，导致学校的非教育功能（办产业、搞创收）的膨胀。

进一步说，教育市场（化）的反对者在一些基本的理论问题上进行论证，试图对一些时髦的教育话语的经济学转换进行批驳。在他们看来，市场（化）远非教育的福音，市场神话的泡沫无疑会在教育的天地破灭。

---

① 张孝文：《“教育产业化”的思考》，载《光明日报》，1999 年 10 月 4 日。

② 柳海民：《教育原理》，东北师范大学出版社 1998 年版，第 98 页。

（一）对教育市场化的理论批驳

我国学者韩德强在其《萨缪尔逊〈经济学〉批判——竞争经济学》的开篇中就对当前最流行的十种市场神话进行批驳。[①] 作者赖以立足的不是斯密以来的西方经济学理论，而是我们每天都能感受到的现实，其分析无疑是有力的和中肯的，切中了时弊。毕竟，经济学家的任务首先不是去构筑一套理论的大厦去对经济的发展作“救世主”般的引导，而是要用理论去解释我们眼见的事实。试看近几年教育领域中的“泛市场化”倾向，对市场化的顶礼膜拜当然应引起我们的警觉，理论工作者的任务就是消解市场化的泡沫，打破市场的神话，还教育以本来的面目。这里，试着对这些所谓的市场神话作粗浅的分析，以经济学之矛攻市场神话之盾，破而后才能立。

神话一：市场经济能满足人的教育需求。

学校的功能有两个：教育与选拔。人们对教育的需求大致也类似于此。市场经济满足的是有钱人的需求，“票子生”带来的是平庸者登名校之门而贫困的优异生却在高昂的择校费面前止步。二十年前许多农民的孩子能够通过教育改变命运，今天的农家子弟却只能选择廉价的课程，接受廉价的教育，向上层流动的通道越来越狭窄。[②] 他们对于教育的需求是不能通过市场实现的。

神话二：竞争对消费者有好处，因而对学生都有好处。

在市场经济下，消费是有条件的，教育消费对许多穷人而言已变成奢侈品，这种消费不是天上掉下的馅饼或免费的午餐。即使穷人的孩子对教

---

① 韩德强：《萨缪尔逊〈经济学〉批判》，经济科学出版社 2002 年版，导言第7－9页。

② 2006 年 4 月 20 日《南方都市报》奉献了一篇很有分量的调查报告，考察重庆涪陵 541 名高三学生主动放弃高考背后的社会学意义（这些学生绝大多数是农村学生）。我们似乎不能简单地指责这些学生舍弃“十年寒窗”时缺乏冷静。4 年大学学费相当于普通农民 35 年的收入，即使没有人教他们高深的经济学知识，可他们却懂得对投入产出比进行精细分析。现今，不只是大学才存在高学费，如果想借读书改变命运，必须进入名校，而即使优质中学甚至小学的择校费和赞助费都高得惊人，远非农家子弟所能承受。在市场化“盛行”的年代，通往精英阶层的道路就此闭塞（参见 http://learning.sohu.com/20060422/n242927041.shtml）。

育甚至是优质教育有着旺盛的需求，但有效购买力的不足以及熟人“关系”的缺失使他们的消费者身份难以实现，因而这种需求也不能得以实现。

神话三：教育竞争使得交易成本最低。

教育市场是非完全竞争市场。[①] 信息不对称（家长需要通过各种途径去比较学校的办学质量、各校的招生政策，还要托人情和拉关系）以及政府对混乱的教育市场监管力度的加大都导致总体交易成本的上升，更不用说学校花在广告、包装和招生人员的开支上的巨额费用。

神话四：教育资源配置最优化。

市场通过价格机制的确能使资源往最富有效率的地区和学校集聚。但盲目的资源转移会造成：一方面一些学校大搞豪华校舍和高档教学设备，以及引进硕士和博士等高级人才；另一方面一些极需资源注入的学校却仍要等米下锅，教师也纷纷跳槽。前者带来的是资源的浪费，后者导致的是资源的盲目排斥。这样的资源配置即使不从公平的视角而仅仅从经济学效率的视角也不足取。

神话五：教育中的“双赢”。

所谓双赢，是指市场交易是双方自愿的、公平的，因而是对双方都有利的。从静态来看，每一笔交易似乎如此，家长“心甘情愿”的“赞助”使自家孩子进入名校，学校、家长各取所需，但学校的总容量必然是有一个限度的，“票子生”的增加挤走的是原本不需要掏钱就能进入的优秀的贫困生。从动态看，交易是强者间的对话，其结果总是强者赢，弱者输。作为混合物品的教育所具有的排他性和竞争性，往往不能带来“帕累托最优”的效果。

神话六：市场经济反对教育垄断。

尽管我们反对垄断，但垄断总是无法避免。“市场经济的历史就是一部从竞争到垄断的演变史，竞争到哪里，垄断就跟到哪里。”[②] 学校间竞争的结果就是少数优质校胜出，而竞争只存在于为生存而挣扎的薄弱校之间，

① 即便是教育市场化和产业化的倡导者也不能否认教育竞争的非完全竞争属性。参见张铁明：《教育产业论》，广东高等教育出版社 2002 年版，第 154 页。

② 韩德强：《萨缪尔逊〈经济学〉批判》，经济科学出版社 2002 年版，导言第 8 页。

存在于为择校费“斤斤计较”的贫困家长之间。现今，即使国家取消重点校政策，但多年的倾斜政策造成的事实上的垄断地位无人能撼动，百姓对优质校的评判早已心知肚明。市场需要鼓励竞争，竞争需要让市场自动将优秀者识别出来，这种识别自然需要对各个学校的升学率等指标进行对比。即使政府不对学校排名，市场自己也会通过加大交易费用的方式产生学校间的优劣序列。即使政府反对垄断，不搞重点校政策，消费者仍会打破头往名校挤，造成事实上的垄断。

神话七：教育总量增大了，教育利益将点滴下流，穷人的孩子也能收益。

我们不能指望城市的名校、富人的孩子，在自身教育利益得到很高程度满足之后会回过头来将收益下流，将各种闲置和多余的图书和仪器捐助到落后和贫困地区（事实上这种反哺也是很少的）。现实中享受优质教育资源的领头羊并不会放慢进一步追逐自身教育利益的脚步，名校成功后做的是再开办各种分校、抢占市场、扩大利润，从而继续挤压弱势校和弱势群体的生存空间。弱者的利益会越来越被边缘化，而不是在市场发展中分得一杯羹。如果指望强者的怜悯和施舍，教育就不再是市场而成了慈善机构了。另一方面，教育利益是要靠弱者自己去争取的。事实上穷人也并非铁板一块，让他们形成统一的集体理性是不可能的，阿罗不可能定理和囚徒困境在我们周围时常显现。比如我们无法想象家长们能联合起来抵制名校（如统一不为孩子选择某个名校而迫使其降低赞助费和择校费）。虽然在理论上这样会使得名校降低招生的门槛和索要的价码，然而集体总是无意识的，市场能惠及的至多是最接近优质教育资源和市场交易价格门槛的少数弱者，他们仅仅是极少数的所谓“弱者中的强者”。

神话八：教育竞争促进社会进步。

竞争给学校带来最多是技术的进步，技术的进步并不等同于社会的进步和教育的进步。我们需要的是罗素所说的教育竞争，而不是依赖经济上、物质上的竞争。前者带来的是学生学习上的进取心，后者的异化只能导致教育中对物质利益的贪欲。办学条件的改善本是好事，但专注于教育的经济利益只能弱化教育的本真意义和终极关怀。最极端的例子就是电脑技术的推广使得学生的写作和表达能力退步，至少是书法能力的退步。课堂以外的竞争都是教育的物质条件的竞争，以技术理性为主宰。在作为精神流转的教育活动中，价值是难以竞争的。技术理性的张扬往往伴随着价值理性的缺失，从而整体上可能造成社会的退步。

（二）对市场偶像化倾向的反思

人们对教育市场化的批判最集中地表现在将市场偶像化上，具体表现在产权偶像化、交换偶像化、货币偶像化。虽然市场行为以产权的合理界定为基础，一般等价地进行平等自愿的交换。但是，现实中我们经常看到一些教育工作者直接将产权本身作为目的而不是构建教育秩序的一种手段。从 20 世纪 90 年代初至今，我国存在着为数不少的民办学校，其创办者举办时都打着公立学校的名号，获得了国家在土地提供、税收减免、银行低息贷款等好处后能够仅仅用几年时间就得到了巨大发展，但 2004 年《民办教育促进法实施条例》要求他们自证为营利或非营利的性质后，他们却感到“民办教育进入了举步维艰的地步”。如果他们办学果真如当初所许诺的那样完全是为了公益事业而不取回报的话，哪里来的困难呢？他们在取得合理回报和获得政府优惠政策方面面临两难选择。其实，这是产权偶像化导致的。如果民办学校如国外一样是由宗教组织、慈善机构等非营利机构举办，压根就没有打过产权的主意，何来困境可言？在教育领域，如果办学者为了获取私利，不惜以侵犯他人边界为手段，那么产权偶像化就出现了。在产权偶像化下，个人主义成了偏执的幌子，异质性冲撞凸显，这是一个“霍布斯式世界”，显然是走向了市场原则的反面。① 批判产权偶像化并不是要否认个人自利的正当性，而是要杜绝对产权的追逐建立在不惜损害他者权利和利益的基础上，什么利益都要独占，为的仅仅是学校的产权。这从根本上丧失了教育的精神和教育中应体现的公益性。

货币偶像化其实早在 100 多年前就在马克思那里被当作货币拜物教批判了。“人和人之间除了赤裸裸的利害关系，除了冷酷无情的现金交易，就再也没有任何别的联系了。这种关系变成了纯粹的金钱关系”。② 原本很难度量的教育（服务），在货币拜物教者看来成了可以用货币等值计算的东西。于是，教师的课酬费、学生的奖励甚至对迟到学生的惩罚都可以用元、角、分来表示。似乎人只有在物质刺激面前才是人，学校培养的教师和学生成了金钱的奴隶。人性在金钱面前得到扭曲，人没有了对真、善、美的主动

---

① 曹沛霖：《政府与市场》，浙江人民出版社 1998 年版，第 159 页。

② 《马克思恩格斯选集》第 1 卷，人民出版社 1995 年版，第 275 页。

追求而只能被对物质的贪欲所征服。这样的市场化带来的必然是教育性的丧失。

交换偶像化本质上和上面两种偶像化是一回事。不仅在经济领域，而且在教育领域甚至"生活世界"里，把交换奉若神明。这种状态下的人处处斤斤计较、事事怕吃亏，一切教育事务都需要为"平等交换"而偿付信息代价、谈判代价和监督代价。在他们眼里，教育仅仅是师生间的钱、货（教学服务）交易，远不是社会性交换或者哈贝马斯所说的"生活交往"。果真如此，那么一个下课铃声一响扭头就走、不愿在教室里和学生多待一分钟的教师同市场上收钱后不愿多给顾客一块面包的商人何异？

出错的不是市场本身，而是人们对市场的不同态度以及在此态度下的不合乎理性和道德，从而也不符合教育性的行为。

第二节 前车之鉴——国外学校市场化的经验与教训

一、学校是如何与市场结合的——西方教育市场化的状况

在英美国家20世纪80年代以后的教育改革中，市场化倾向是显然的。以下从理论背景、社会背景、教育背景以及具体的市场化措施等方面对西方国家教育市场化进程展开描述，从中发现国外学校与市场结合的实际路径。

（一）理论背景

教育市场化不是凭空产生的，在理论上有其深厚的渊源。目前公认的市场化理论代表人物并非教育学家，而是经济学家。这本身就说明教育市场化改革主要是作为社会经济改革的一项措施推出的，而非教育理论演进的必然逻辑。

第一位是获得诺贝尔经济学奖的美国经济学家弗里德曼（Milton Friedman）。他于1955年撰文《政府在教育中的作用》，首先提出教育市场化的观点。他认为当时的美国公共教育制度导致了效率低下和资源浪费，因而是失败的。唯有进行市场化改革才能拯救美国公共教育体制。在《资本主

义与自由》一书中，弗里德曼在理论上论证了教育向市场过渡所必需的条件①：一是要在“消费者”（consumers）和“生产者”（producers）中形成市场观念；二是要形成取代免费集体服务的市场交换关系；三是建立起全国统一的生产者机构市场，在这个市场中所有的机构（无论私立还是公立的）均是独立的和竞争的企业，社会无论是对私立的还是公共的机构都应一视同仁。他为指导教育改革开出的良方是“教育券”，家长取得政府发放的教育券，其子女可以借此进入经政府认可的学校就读，政府可借此来维护对教育的最低限度的资助。在弗里德曼看来，“学校系统就像是一个竞争市场，在那里，个体‘企业家’将会争着以最低费用提供最佳服务。这些企业家会积极聘请最好的教师，在学校的课程表上列出顾客会要求的特殊教育，并加速实现更有效的教学改革。每个家庭都可以根据分派自己收入用途方面的特殊偏好，选择最适合的学校送子女就读”②。

第二位是英籍奥地利经济学家哈耶克（F. A. Hayek）。他也从 20 世纪 60 年代起便将经济学理论运用于教育领域。作为经济学家，哈耶克十分重视教育作为投资所能取得的回报，反对那种认为应尽可能促使所有学生在学习上获得最大限度成功的观点。他指出，一个社会如果想要从有限的教育投资中得到最大限度的回报，就应该将投资集中于对少数尖子生的教育。他反对片面的社会正义和所谓的“教育公平”，而大力主张经济学意义上的“市场公平”，而这种公平是基于“在教育市场中进行竞争的权利”③。

对于弗里德曼和哈耶克的市场化倾向，不少英美学者应声附和。如英国经济学家皮科克（Alan Peacock）和怀斯曼（Jack Wiseman）也提出了“不必由国家直接投资教育，而应通过给家长凭券、资助或贷款的方式在自

---

① Milton Friedman. *Capitalism and freedom*, Chicago: University of Chicago Press, 1962, pp. 85 – 107.

② ［法］亨利·勒帕热：《美国新自由主义经济学》，李燕生译，北京大学出版社 1985 年版，第 211 页。

③ J. Donald&S. Hall (eds). *Politics and Ideology*, Milton Keynes: Open University Press, 1986, p. 41.

由市场状态下进行自由选择的主张”。[①]

学校系统的改革离不开政府自身的改革。市场化不是简单地将学校推向市场，而是需要政府将传统的教育管理模式进行变革。以学校为市场主体的市场化变革必须以政府的保驾护航为前提。教育的市场化需要政府自身首先改变。在这方面，在新自由主义思想的影响下，20世纪90年代初西方国家出现了新公共管理理论以及与此相应的英美等国政府进行的以市场为取向的公共管理模式改革，这些理论和理念都对教育市场化起到了推波助澜的作用。美国的奥斯本和盖伯勒在《重塑政府》一书中提出的“企业型政府”代表了这种观点：“大多数企业型政府鼓励提供服务者之间的竞争……宁可采用市场机制而不是官僚机制”[②]。

（二）社会背景

如果说在20世纪五六十年代就提出的教育市场化思潮，在当时大力主张教育民主化与机会均等的社会环境和教育背景下仍缺乏孕育的土壤的话，到了70年代后就不再是曲高和寡，而是附者甚众了，甚至直接推动了80年代以来英美国家大规模的教育改革实践。

教育市场化理论是否完备需要在实践中进行检验才能显示出来。20世纪70年代以后的西方各国的社会、政治、经济和教育发展实际状况为这种理论接受检验提供了巨大的舞台。这些社会背景包括：在政治上，第二次世界大战以后西欧国家实施的福利国家政策受到了质疑。民众普遍对政府对社会的过度干预表露出不满。在经济上，70年代后，石油危机导致的西方国家普遍的经济不景气使得各国无力再维系庞大的公共教育体制，纷纷削减了对公共教育的投入。在教育上，第二次世界大战以后办学条件得到极大提高的各国公立学校并未能满足人们预期对教育的期盼。科尔曼报告等研究成果显示，在学业成就上公立学校与没有政府资金注入的私立学校拉开了差距。这些社会现实迫使政府、理论家和民众对学校发展模式进行反思，必须对公立学校进行改革成为社会广泛的共识。在以新自由主义

① 许明、胡晓莺：《当前西方国家教育市场化改革述评》，载《教育研究》，1998年第3期。

② ［澳］欧文·E. 休斯：《公共管理导论》，彭和平等译，中国人民大学出版社2001年版，第2页。

（neo-conservatism）与新保守主义（new-liberalism）为主要哲学体系组成的“新右派”在西方政坛崭露头角的时候（以里根和撒切尔在美、英的上台为标志），教育市场化成了最及时的改革良方。与当时社会其他领域的改革一样，在教育领域，也需要允许个人自由选择，减少政府干预，加大市场化的力度，以此提高公共教育体制的绩效。

（三）实际举措

英美国家的教育市场化改革是围绕着择校与放权展开的。择校是利用政府的主导力量形成可供消费者选择的教育市场和学校市场。市场经济需要重视消费者的权利，这种权利首先应表现为家长对子女就读的学校能够选择，再通过学校间争取家长选择的竞争促成学校改进教育质量。但仅仅鼓励择校还不行，学校还需要具备市场主体资格及相应的自主权，所以必须相应地调整政校关系，即通过权力下放使得学校获得“自由身”。放权调整的就是学校与政府的关系，学校需要在课程设置、教学安排、招生与考试、经费使用、教师聘任等各个方面拥有更大的自主权，教育市场化需要的竞争必须在自主的学校间才能展开，为此政府必须将原本垄断在手的权力下放给学校。放权思想在教改实践中主要表现为校本变革。英美国家的教育市场化改革的逻辑是沿着“放权—自治—选择—竞争—服务”展开的。在这个市场化链条上，最核心的是自治和选择，自治是放权的结果，选择是竞争的条件。表现在教育改革中就是择校和校本。为此，以下从英美国家的择校制度变革和校本管理制度变革两个方面对其教育市场化的实施途径进行分析。

1. 择校制度

市场化竞争的效果势必通过学生和家长的择校显现出来。因此，通过对英美国家择校制度的考察可以对其教育市场化的效果有更深的认识。择校制度（school-selecting system）是和“就近入学”相对应的一个概念。“就近入学”是指中小学生在其居住地附近的公立学校入学就读，它是世界各国在普及教育以后所采取的通行做法，在20世纪80年代以前曾是发达国家在义务教育阶段所普遍遵循的基本原则。如美国在80年代以前各州均实行“划分学区，就近入学”的政策。通常适龄儿童被学区随机地分配到儿童家庭所在地社区的公立学校就读。“就近入学”政策的确在保障儿童受教育权利，保障教育公平，节约儿童和家庭的时间和精力，确保地方教育资源合理、均匀分配，便于地方教育行政当局统筹规划方面起到了巨大的作用。然而，学校之间毕竟会在教育课程、授课方式、教育质量、社会影响等方面产生差异。儿童和家长对学校和教育的需求是多样的，80年代后，随着各国教育改革的推进，家长的教育选择权的加强，以及公立学校系统自身发展过程中的僵化和低效导致择校现象逐步盛行。

美国择校制度

在美国，所谓学校选择（school choice），泛指任何用于打破学生居住地与就读学校所在地之间的关联、旨在降低传统公立学校地理位置限制性的政策措施。①

2001年小布什上台后，颁发了《不让一个儿童掉队》法案，在其第四条款"促进家长选择和革新计划"中，指出"促进家长的选择，并增加各州和学区可得到的用于改革教育项目的有弹性的基金的数量"。在其方案中规定：（1）扩大择校；（2）创设特许学校；（3）提高教育储蓄金账户额。②小布什政府的教育改革蓝图又恢复了老布什有关公共教育经费补助私立学校的教育券计划，但同时强调公立学校系统的改革，公立学校如果连续三年不能改进其办学绩效，则家长有权用公共经费为其子女选择其他公立学校或私立学校。③ 为此，也加大了教育质量评估和教育信息发布的力度，以便于家长择校权的行使。2002年12月4日，美国联邦教育部发布了一份题为《公立学校选择》（*Public School Choice*）的政策指南，非常细致而详尽地阐释了联邦政府的"学校选择"政策导向和基本要求，并对一些"学校选择"的争议性问题，表明了联邦政府的态度，并作出了具体的回应。④

---

① Goldhaber, Dan D. and Eide, Eric R. *What Do We Know (and need to know) about the Impact of School Choice Reforms on Disadvantaged Students?* Harvard Educational Review. 2002, Vol. 72, No. 2.

② 吕达、周满生主编：《当代外国教育改革著名文献（美国卷·第四册）》，人民教育出版社2004年版，第203-204页。

③ 赵中建：《不让一个儿童落后——美国布什政府教育改革蓝图述评》，载《上海教育》，2001年第5期。

④ 参见冯大鸣：《美、英、澳教育管理前沿图景》，教育科学出版社2004年版，第173-176页。

虽然美国各政党政府采取的择校措施和政策仍有较大差别①，但择校仍是教育市场化改革的总体趋势。具体来说，20 世纪 80 年代至今美国的择校方式主要有②：

（1）开放入学（open enrollment）。从家长所选择的学校区域范围来看，学生可以在学区内（intra-district）或州内跨学区（inter-district）择校。明尼苏达州于 20 世纪 80 年代初率先通过立法，允许家长跨学区择校，只要对方学区和学校有容纳的空间而且有相关的反歧视法律。目前，越来越多的州制定了开放入学的政策和法规。

（2）建立特色学校。为了给择校的学生提供可供选择的多样化学校，近年来各种具有特色的学校应运而生。主要的几种类型是：①磁石学校。在教育特性上强调以数学、科学、艺术或基础类教学为特色，以此吸引学生入学。但大多数磁石学校招收具有某种潜力的学生，并要求学生通过考核达到其相应的入学标准。磁石学校在消除种族歧视方面起到了很大的促进作用。遗憾的是磁石学校只在较大的学区能实现，至今只有极少数学生在这类学校就读。②高品质学校。对于优异学生，一些大城市也建立了特殊学校加以培养，如波士顿的拉丁文法学校、纽约的布偌尼克斯科技高中、旧金山的拉威尔高中等。③微型学校（minischools）。特色是提供个性化的课程与教学。如设计一些独立的课程来吸引残疾学生、怀孕学生、劣迹学生和其他有特殊教育需求的学生以提供特色化服务。④多数对少数计划（majority to minority）。为那些从自己种族占优的地区择校到本种族占少数的地区的学生提供服务，包括免费提供校车接送等。⑤“二次机会”学校（second-chance school）。对于一些曾被学校开除的问题学生，提供有别于传统学校的特色学校，这些学校的授课时间和课程设置等均与其他学校不同。⑥特许学校或合同学校（charter school）。这种学校由公共教育经费支持，由教育团体或个人开办并负责管理，在一定程度上独立于学区。特许学校虽仍属公立学校，但具有一些不同于美国传统公立学校的特征，如在学校

---

① 主要表现在共和党和民主党在择校政策上的分歧。前者主张家长在公、私立学校间选择而后者试图将择校限定在公立学校系统内部。

② Michael W. La Morte. *School Law.* Allyn and Bacon. A Division of Simon & Schuster, Inc. 1993, pp. 384 – 386.

人员的聘用、课程设计、经费使用方面，都有更大的自主性，通常有较高的教育质量。这种类似民办公助的实验学校，收费低于私立学校，而质量高于公立学校，因此受到欢迎。⑦家庭学校（home-schooling）。针对制度化学校教育在人的培养中的呆板、机械化、模式化的弊端，伊里奇等学者提倡“去学校化”运动。在教育权的归属问题上存在着学校与家庭间的对抗，甚至为争夺教育权走上法庭。

（3）教育券计划（educational voucher）。增强择校家长的“教育购买力”。政府发行给学生家长的一种证券，它代表一定数额的现金，作为专门帮助家长为其子女选择学校的费用。① 至今美国国内对教育券的效果仍众说纷纭，但有一点看法是一致的，即教育券的使用并没有取得预计的效果。明尼苏达州和加利福尼亚州分别于1978年和1980年通过允许使用教育券的法案，但采取的措施及其效果并不理想。

（4）私人签约者（private contractors）。这种方式允许公立学校系统与私人公司签订合同，把某些教育服务（如提供外语教学）甚至整个学校承包出去。在协议中通常要注明服务要求达到的水平及学生的学业表现成绩预计取得的水平。1990年加利福尼亚率先进行了全美最大胆的实验，将100所公立学校签约给私人组织，由它们来具体承办。但目前对这种私人签约者经营的学校也是毁誉参半，怀疑者质疑这种以营利为目的的企业是否会损害教育的公共性和公益性本质。

（5）学费税收抵扣制度（tuition tax deductions）。对于孩子在私立学校就学的家长而言，每年自己还要缴纳用于支付公立学校系统的税收。为此，学费抵扣制度的设计是，凡是自己孩子在私立学校读书的家长，在缴纳州所得税时，从其毛收入中扣除缴纳的其孩子的学费。

虽然美国的择校对加强学校间竞争、促进学校变革、鼓励学校多样化发展等方面取得了相当大的成就，但在一些具体的择校政策中仍然存在争议，主要表现在违背宪法中的政教分离原则、违背宪法和州有关法律中的平等保护法律、违背反种族歧视的法律规定、资金缺乏问题、私营公司的

---

① 教育券的具体政策可参见 Joel Spring. *American Education—An Introduction to Social and Political Aspects.*（fifth edition）Longman Publishing Group，1991. p. 240.

不正当竞争以及公立学校系统因择校造成的自然淘汰境况等方面。①

英国择校制度

英国的择校制度严格来说是从《1988 年教育改革法》出台后才开始。可供学生选择的学校绝大多数还是公立学校，如直接拨款学校、基金学校以及一般的公立学校，等等。撒切尔政府在择校问题上认为：（1）在决定子女的有关事务方面，家长拥有基本的权力；（2）就子女的需要而言，家长能比科层制作出更好的判断；（3）选择将提高家长的参与性，而家长参与的结果将有助于儿童动机的激发；（4）学校间的竞争将导致学校产生更好的绩效；（5）竞争将使学校变得更具有回应顾客的特征。②

根据《1988 年教育改革法》，实行“开放入学”（open enrollment）的政策，地方教育当局不再像过去那样为了不使质量差的学校面临就读人数不足而采取限制好学校招生数量的平均主义做法了。该法注重消费者的权利和机会，规定在地方教育当局所辖的范围内，家长有权选择其子女就读的学校，要求所有的公立学校公开招生，不受地区限制，直到额满为止。另外，该法还规定了学生的“标准数量”，规定每一所中小学每一年级招生人数的最高限额，在没有达到最高限额时，学校不能拒绝家长的要求。并且这个限额数要比 20 世纪 80 年代末的平均入学率高得多。家长的选择权使得学校必须为生源而竞争。然而，一旦学生的数量超过学校的招生量，那些热门学校就会获得“反选择权”，将竞争推给家长。显然，该法虽然强调了家长的择校权，但由于地方教育行政当局为热门学校人为地设置了招生上限，使许多家长经常失望而归。于是，《1988 年教育改革法》对此提出了新的安排。③ 自由入学政策的实施，使各个学校的招生不再得到地方教育行政当局计划的保护，而更多地依赖标准招生数之内家长的选择。这无疑强

---

① Joel Spring. *American Education—An Introduction to Social and Political Aspects*. (fifth edition) Longman Publishing Group, 1991. p. 240.

② Walford, G. *Choice and Equity in Education*, London: Cassell. 1994, pp. 2 – 5. 转引自冯大鸣：《美、英、澳教育管理前沿图景》，教育科学出版社 2004 年版，第 162 页。

③ 英国择校中的学额问题具体可参见 Bradeley, Steve, Johnes, Geraint, Millington, Jim. *Market forces schools to improve* [J]. The Times Educational Supplement, 1999, (6): 25.

化了学校间的竞争，更促使它们注意倾听“消费者”的呼声，不断提高自己的办学水平。①

开放入学是保守党政府尝试创建准市场的主要举措，采取按人头补助（per capita funding）的做法，允许普通学校至少在它们空间容量许可的情况下尽可能多地吸引学生，取代了以前为使得其他学校继续开办而将招生控制在下限或严格的学区内就读的做法。② 开放入学的实质就是地方教育不再负责中小学的入学分配，而完全由家长自由地为其子女选择学校。这样做的结果，必然是“好的学校”更加兴旺，“坏的学校”最终被淘汰。这样，既可以使教育重视“消费者”的要求，减少“生产者”对教育的限制，另外，还可以促使学校之间为争夺生源而展开激烈的竞争，最终提高学校的办学质量。

英国的教育改革实行择校制度，试图利用市场机制在保障家长选择权的同时促进学校的竞争和发展，但事实正如威尔斯指出的那样，学校一旦像受利益驱动的私人公司那样运作，就会对消费者的要求作出反应并获得成功。人们需要在“家长为其子女选择学校的权利和当局促进所有儿童教育的义务之间寻得更好的平衡”。③

2. 校本管理④

校本管理制度，即以学校为本的管理制度模式，它是相对于以政府为本而言的。校本管理是一种以权力下放为中心的学校管理思想和模式，其核心就是强调教育管理重心的下移，强调教育行政部门给予学校更大的权力和自由，使中小学成为自我管理、自主发展的主体，可以根据自身的需要确定自己的发展目标和方向，从而提高学校管理的有效性，创办出更有

---

① 刘怡、王敬：《英国的学校间竞争：十年的经验》，载《外国教育研究》，2004年第1期。

② ［英］杰夫·惠迪、萨莉·鲍尔、大卫·哈尔平著：《教育中的放权与择校：学校、政府和市场》，马忠虎译，教育科学出版社2003版，第23页。

③ Wells, A. S. *The sociology of school choice: why some win and others lose in the educational marketplace*. In E. Rasell and R. Rothstein (eds) *School Choice: Examining the Evidence*. Washington, DC: Economic Policy Institute, 1993.

④ 在美国称为school-based management，在英国称为self-managing school，在澳大利亚称为school-sited management。

效的学校。①

教育近代化以后，各国加大了对教育的干预和控制力度。在法国等中央集权制国家，中央政府对于教育在各个方面进行了严密的控制。即使是在美国这样的分权制国家，虽然各州对教育具有实质的领导权，但相对于学校而言，地方政府和州政府对教育的控制也是没有其他力量可以比拟的。所以，对学校的政府控制是各国教育发展的共同现象，只是在不同的国家由于历史原因造成体制上教育权归属的“层级”有差异而已。对于学校，这种政府主导的“外控型”教育管理模式一直到80年代都没有发生根本性的变革。

在20世纪80年代以来的改革中，人们首先想到的是将政府垄断的教育权力下放到更基层的部门、学校、组织和个人。校本管理就是在这样的背景下走上历史舞台的。校本管理最基本的定义，是将权力下放至学校。“权力下放”的意思是指教育当局给予学校更大的权力和自由，按学校自己的情况去决定资源分配，对学校的财政预算、课程设置、教科书选择、学校人事决策等方面实施改革。其目的是改革学校的管理系统，优化教育资源，以提高教育质量。校本管理采用一种由集体管理学校资源的方式，集体的组成人员有学校委员会、学校监督人员、校长、教师、社区成员以及学生。校本管理的基本假设是：一旦学校掌握了办学自主权，包括财政预算、人事聘任、课程设置和教育决策等方面的权力，那么学校就会提高管理效率，更经济、有效地利用教育资源，教师会获得民主权力而更具责任感从而有利于学校稳定，家长和教师会有权代表学校进行决策而有利于学生学业成就的改进。

美国校本管理制度

美国教育管理的核心在学区层级。1980年5月美国联邦政府成立教育部，教育行政体制上虽由联邦、州、地方学区和学校四个层次组成，但按照美国的传统，教育部对地方的教育只起一定的协调和影响作用，实际并不作过多的干预，学校教育的实际管理权掌握在地方学区手中。学区教育行政当局设立地方教育委员会统一负责学区内各中小学的经费分配、人员聘用和课程设置等，束缚了学校的自我发展能力，影响了学校的办学质量。而学校改革首先需要赋予学校办学的自主权，只有这样学校才能够承担相应的责任。

① 刘宝存：《校本管理：当代西方学校管理的新模式》，载《比较教育研究》，2001年第12期。

虽然教育权在美国归于各州，但中央在校本管理改革上起到了极大的推动作用。一些全国性的组织，如1986年美国全国州长协会建议各州帮助学区排除法律和组织方面的障碍，鼓励各地实施校本预算和校本教师聘任制度，并赋予学校教育资源使用的决定权。协会主席还提议，如果实施校本管理，州将放弃大量常规的教育管制权。①

美国的校本管理运动最初是作为一项改革实践出现的。这场运动从20世纪70年代的得克萨斯州开始，到80年代中期逐渐波及全美。1989年，美国有14个州推动了校本管理项目，到1991年，美国全国已有千余个学区在实验各种形式的校本管理。② 美国校本管理主要有三种模式：戴德模式、洛杉矶模式和芝加哥模式。③ 这三种模式下，政府放权的重点对象分别是校长、教师和家长。

如果说以上三种校本管理模式是第一种校本管理版本的话，那么20世纪90年代后的特许学校则成为了美国校本管理的第二种版本。在前述的一般意义上的校本管理模式中，学校自主权的大小基于学区的承诺，学区是否放权、放多少、放了以后是否会再收回，完全是由学区决定，美国教育改革中对标准化和学校效能的控制使得学区牢牢地将有关教育权力掌握在自己手里，这也和美国传统的教育权力集结于学区相一致。而特许学校版本的校本管理则远远超出了这种模式，特许学校在成立之初就以合同的形式明确了学校享有的各项权力，非经法律程序，学区不能恣意剥夺或收回下放的权力。特许学校自主预算，自我管理并自我负责。虽然特许学校仍隶属于公立学校系统，但其“去规章”程度和自由度仅次于私立学校。随着特许学校的发展，由地理位置相对较近的特许学校组成的特许学区在美国出现，它已经从根本上动摇了美国传统的教育管理体制格局，政校关系发生了巨大的变化，学区和学校的关系已经完全由过去的行政管理关系转变为合约伙伴关系。至今为止，美国的特许学校和特许学区是世界范围内

---

① Razik, T. A. and Swanson, A. D. *Fundamental Concepts of Educational Leadership and Management*, Prentice Hall, 1995, p. 328.

② 赵中建：《近年来美国学校管理改革述评》，载《教育研究》，2001年第5期。

③ 详细内容参见冯大鸣：《美、英、澳教育管理前沿图景》，教育科学出版社2004年版，第147－154页。

校本改革最彻底的学校组织形式。今天，特许学校在美国的蓬勃发展也昭示着校本管理在美国的彻底性和强大的生命力。

从美国校本管理变革的效果来看，虽然大多研究者在校本管理带来的管理效率、教师表现、学生出勤、家长参与以及教育公平等方面持积极和肯定的态度，但也有学者指出，校本管理在改进学生学习和提高学生学业成就方面仍没有明显的影响。① 改进学生成就要比建立一个分享决策的学校管理委员会复杂得多。在美国，校本管理现在已经不再是对某种模式的特指，而变成对一种去规章的管理体制改革思想和改革实践的泛指了。②

英国校本管理制度

在英国，校本管理是随着《1988 年教育改革法》的颁布而发展起来的。撒切尔首相执政期间，大力提倡直接拨款学校（Grant Maintained School），将其作为完全独立于地方教育行政当局（LEA）的新型学校，使之在学校的人事、财务、课程管理等多方面只需向中央政府负责，从而拥有相当大的自主权。但由于这类学校只占整个公立学校系统的一小部分，而且直接拨款学校在发展中存在较大的争议，所以布莱尔上台后逐步取消了直接拨款学校，而以基金学校（Foundation School）取代。基金学校和直接拨款学校相比，和地方教育行政当局的关系更为密切，学校的自主权也受到了一定的限制。但政府承诺，绩效好的学校可以获得更大的自主权，直至取得和自我治理学校（Self-Governing School，一般指不受中央政策框架限制的私立学校）大致相当的学校自主权。③

根据英国 1998 年的《学校标准和结构法》（School Standards and Framework Act，SSFA），目前英国的中小学都建有管理委员会（governing body）。学生数在 600 人以上的中学，管理委员会由 6 位家长、5 位地方教育当局的

---

① Edge，K.（2000）School-based Management，转自 http://www. world bank. org/education/Global education reform/.

② 冯大鸣：《美、英、澳教育管理前沿图景》，教育科学出版社 2004 年版，第 154 页。

③ Caldwell，B. J. *Self-Managing School in Australia*：*Outcomes and Outlook*，Paper presented as an invited address to the Annual conference of the Australian Council of State School Organizations，2002. 转引自冯大鸣：《美、英、澳教育管理前沿图景》，教育科学出版社 2004 年版，第 156 页。

代表、2 位教师、1 位职员、5 位共选的成员①以及校长组成。学生数在 100 人以上的小学，管理委员会由 5 位家长、4 位地方教育当局的代表、2 位教师、1 位职员、4 位共选的成员以及校长组成。② 管理委员会主席由管理委员会选举产生。管理委员会负责决定学校的战略性事务，包括制定学校的战略架构、目的和目标、有关学生成就的政策和指标以及评议学校的进步并根据学校的进步情况评议学校的战略架构。管理委员会可以把某项职能授予校长，但授权的同时都附有合理行使该职能的说明，校长必须遵照说明行使职能。新校长的遴选和在任校长的工作评估都由管理委员会实施。校长负责校内事务的组织和管理，并可以向管理委员会提出有关战略架构方面的建议。总体来说，校长与管理委员会的关系，类似于总经理和董事会的关系。③

和择校等其他市场化改革措施相比，校本变革在英国更受到研究者的肯定，但也存在争议。英国的塞克尼和迪博斯基（L. E. Sackney & D. J. Dibski）认为校本管理是否真的达到了预期成效还需认真检讨，至少在以下方面尚存疑问：校本管理是否提高了学生的学业水平；当学校委员会拥有决策权时，学校能否有效运转；校长忙于学校教学以外的事情，是否有利于学校的发展。④

至今，教育市场化改革在英美等西方国家已经进行了近三十年，可以说教育市场化改革是教育近代化以来教育领域最深刻的变革。在这场变革中，学校与政府、市场、社会的关系呈现出从未有过的活跃。对于英美国家的这场教育市场化改革，各国政府官员、理论工作者、社会各界人士、家长以及校长、教师等教育实际工作者的评价并不完全一致，在某些方面

---

① 共选的成员（Co-opted Member）是指在管理委员会成立后的第一次会议上根据学校的实际需要和选择确定的具有特别专长和技能的管理人员，如财务管理、公关事务等方面的专才。

② 关于管理委员会的组成，参见《1996 年教育改革法》s225 和《1998 年学校标准和结构法》Sch9. 转自：John Ford, Mary Hugher and David Ruebain. *Education law and practice*. LAG Education and Service Trust Ltd, 1999. p. 29.

③ 冯大鸣：《美、英、澳教育管理前沿图景》，教育科学出版社 2004 年版，第 156 页。

④ Sackney L. E., Dibski D. J. School-based management: a critical perspective. *Educational Management and Administration*, 1994, 22 (2), pp. 104 – 111.

的观点甚至出现了很大的分歧。对此，需要我们不仅对英美等国现行的制度有所了解，更需要对变革背后的东西作进一步的挖掘。

二、市场侵袭下的义务教育：国外教育市场化的实践反思

西方国家自20世纪80年代以来的教育改革和教育体制重建中的市场化趋势是显然的，各国“提倡把市场竞争的某种形式作为学校改革的基础”。[①]赞成派欢欣鼓舞，认为市场作为“公共垄断教育”现象的替代品，显然符合过去十年西方世界教育政策的潮流。在他们眼里市场模式被理想化，而垄断体制则遭到嘲讽。他们看到了一个市场乌托邦，那里每一所学校都能办得更好，竞争的魔力能够让每一位顾客高兴。

但市场派的反对者则要冷静得多。他们通过自己的研究得出结论，发觉市场拥戴者的观点得不到充分的证据，而反对或者至少怀疑（市场）的证据却很充分。[②] 对他们而言，市场化最遭到质疑的是学生学业成就和社会公平两个方面，认为至今为止所有对教育进行市场化改革的国家在这两个基本方面都未取得令人满意的结果。[③]

---

① ［美］罗伯特·G. 欧文斯：《教育组织行为学》（第七版）［M］，窦卫霖、温建平、王越译，华东师范大学出版社2001年版，第174页。

② ［英］斯蒂芬·J. 鲍尔：《教育改革——批判和后结构主义的视角》，侯定凯译，华东师范大学出版社2002年版，第138－161页。

③ 有一种较为有趣的现象：从总体看，英国市场化的步子比美国要快，学校似乎和市场离得更近。但正因为此，英国的研究人员有了更多一手的资料对教育市场化进行详细研究和解剖，进而进行批判。从研究结论看，更多的反对市场化的声音来自英国而不是美国的学者。其中，斯蒂芬·J. 鲍尔、杰夫·惠迪、萨莉·鲍尔、大卫·哈尔平等人是代表性人物。他们的代表作《教育改革——批判和后结构主义的视角》、《教育中的放权与择校：学校、政府和市场》等已被译介过来，能够为我国教育领域的一些带有市场化倾向的改革提供很好的借鉴。本书在市场化对基层学校、教师、学生、家长以及弱势群体影响等方面的资料和观点上对他们的研究成果进行了参照。这一方面是因为他们的市场化比我们走得更早，步子更快，许多利弊得失也能比我们在中国看到的要更早和更深入，另一方面其实也和我国学者过多地侧重于对教育市场化进行的大而化之的、过于笼统和理论化的研究有关。虽然英美学者的分析因其所在国家及其教育所处的发展阶段和我国有差异使得其研究结论对我国教育市场化研究的影响具有局限性，但本书更看重的是学校发展机理与发展模式在世界范围内的共性的东西。

在实践层面看，市场化给基层的学校、校长、教师、学生、家长等各参与主体带来了什么呢？身处其中的人对此无疑有着更深的体悟。如果说市场化改革不能使得学校发展更快和更加均衡，如果说校长、教师这些身处学校的人并没有享受到如市场化初期乐观派所断言的那种快乐，如果家长的利益并未加强反而受损，如果学生并不能自由快乐地成长而只是待价而沽的商品，那么市场化显然是需要我们重新审视的。因为市场化无论走多远也不能离开这些公认的教育价值和人们固有的社会观念。

（一）学校

在市场化改革中，学校的办学方式发生了巨大的变化。杰夫·惠迪（Geoff Whitty）等人在《教育中的放权与择校：学校、政府和市场》中认为，学校的办学方式变迁主要表现在放权和择校两个方面，前者是政府对学校控制权发生转移，后者是将学校推向市场，通过家长对子女的就读学校选择激励学校间竞争，从而在政治和市场两个方面促进学校效能的提高。学校的办学环境被形象地称为完成了从“家养”向“野生”的转变，前者指政府包揽、学校无任何办学风险的办学模式，后者指学校需要自己向市场找资源（包括资金和生源等）的自主觅食的风险性办学模式。

在一定时空范围内，教育市场上的资源显然是有限的，这样必然导致了学校间愈演愈烈的竞争，而“学校间的竞争往往导致跨学校的合作减少”①。资源共享、共存共荣的景象没有了，取而代之的是激烈的市场竞争。政府对学校的办学实绩进行记录并发布，更推动了竞争的加剧。“市场以一种更为透明的方式生产着输家和赢家，任何一种只产生赢家的教育政策是难以想象的”②。这种教育竞争中更多表现出的是“卡尔多－希克斯”式的你输我赢的效应，而并不是人们想象中的“帕累托”式的均衡和共赢。

竞争区分了作为生产者的学校——优质校和薄弱校。双方共存于一个教育系统内，却存在着两种截然不同的生存状态和运营方式。优质校作为教育生产者会录取更多优秀的学生，这样他们自己的日子就好过些，也能保证教育有好的产出。由于学校在录取、筛选和选择过程中享有自主，学校在招生的每一步都建立了具有强烈倾向性的程序和标准，这样的招生过

①② ［英］杰夫·惠迪、萨莉·鲍尔、大卫·哈尔平：《教育中的放权与择校：学校、政府和市场》，马忠虎译，教育科学出版社 2003 年版，第 72、180－181 页。

程能过滤掉“问题”学生。这样，学校的办学重点不是放在教学上，而是放到了招收优质的学生上。市场看到的只是最终输出的结果，如最终的升学率，而学校通过教育教学对原有学生的提高方面所作的努力则被遮蔽了。招生是市场化行为，教育教学才是教育行为，可惜的是市场化改革后学校将重点放到了前者。市场的评价是无情的，“最好的学校不是那些能最大限度地提高学生学习成绩的学校，而是那些能充分地筛选和选择学生的学校。”① 即使在美国推出的磁石学校被人们普遍赞誉时，也受到了“仅挑好学生”的质疑。是学生成分而不是学校的教学和管理，使得学校走向成功。

对于生源充足的优质校，他们的日子显然就好过了，他们进一步提高教学质量的动力被削弱了。所谓的市场能激励学校增强顾客回应性，从而提高办学质量的神话被击破了。正如鲍尔所评论的，安全、稳定和生存不能简单地等同于市场反应能力。市场不能自然地产生这种能力，尤其是当个体消费者（家长）对学校整体利益的影响微乎其微的时候。“不管是为公共利益服务，抑或受市场利益驱动，大型组织都有一种内在的压力，需要去追求组织自身的目标和利益，而不是去满足多样的而且通常是混乱的顾客需求。”② 优质校关心的对象是两类人：一是学习基础好的学生；二是能给学校带来资源的家长。除此以外的学生和家长，则不再列入学校的关心之列。对于他们，我们经常看到的是名校抬高了入学的门槛，而拒绝学生却起到了“欲擒故纵”的效果，反而增加了学校对学生和家长的吸引力。在这种处于垄断地位的卖方市场条件下，学校关心的是自己每年的收支盈余和所谓的学校发展规划，而教学、学生和家长则不再是他们需要过多操心的对象。

和少数高高在上的名校相比，薄弱校的处境显然更让人担忧。他们无法在师资、教学环境、课程深度等方面与名校竞争。他们只能“勉强度日，低落的教师士气、紧张氛围、工作压力和互相矛盾的政策目标等方面的物质和道德现实却被置之不理”③。而且，即使是为了维持这样的境地，学校

---

①③ ［英］斯蒂芬·J. 鲍尔：《教育改革——批判和后结构主义的视角》，侯定凯译，华东师范大学出版社 2002 年版，第 86、146－150 页。

② Saltman, R. B. and von Otter, C. *Planned Markets and Public Competition*, Buckingham. Open University Press, 1992, pp. 99－100.

办学还必须保持小企业家般的精明。除了日常开支精打细算，还要派遣教职工和营销人员外出宣传和招生，将本就不宽裕的经费花在扩大学校影响的各种广告上。如果投放到学校的资金没有到达教学领域（即教师和课堂），那么它的效用就值得怀疑。比如英国学校每年用在花里胡哨的广告上的费用高达 2 800 万英镑。资金被导入因政府要求而大量增加的行政事务以及市场运作策略之中，学校办学注意力出现了转移。

总之，到目前为止，没有任何证据显示放权、择校和其他市场化改革使学校在其教育使命上做得更好。学校并没有成为学生的精神家园，而成了逐利场。市场化改革给名校和弱校都带来了负面的影响。

（二）校长

如果我们把镜头拉近，可以进一步发现，市场化对学校内部生存的各种利益群体也带来了相当程度的影响。不能否认其中有正面的，但我们更应警惕其中的一些负面影响，尤其是对校长从事的一些关乎“学生”（教育意义上的未来公民，而不是经济意义上的消费者）方面的工作造成的消极影响。这样，就需要考察校长的变化。他们的工作环境、管理方式、享有的权利和承担的责任以及他们对教育教学的关注程度等究竟发生了怎样的变化呢？

校长的身份发生了变化，他们不再是“吃穿不愁”的政府办学的代言人，而是需要在政府和市场之间寻找到合适的平衡点。许多人认为政府放权了，学校管理“校本化”了，校长的权力大了，对学校办学中各种资源的调配能力提升了，因而校长的日子好过了。他们成了改革的受益者。研究表明，即使在西方校本变革最先展开的英美等国，这样的推论也是难以成立的。“权力下放”及“校本管理”的文献中那些概念性的和经验性的东西太过简单化。其实，校长既是改革的受益者又是改革的牺牲品。校长有控制权又无力控制。校长管理的角色的自由是有限的，他受到其他力量的控制。与其说校长是自主的，不如说校长是“政府代理人”或“以国家为中心的体制的一部分”。①

校长的权力是有限的。在人事权上，教师聘任需要政府通过各种教师资格证书进行论证，美国的教师聘任还需要地方学区派遣候选人而不是校长在

---

① ［英］斯蒂芬·J. 鲍尔：《教育改革——批判和后结构主义的视角》，侯定凯译，华东师范大学出版社 2002 年版，第 115 页。

人才市场上随意挑选。甚至校长本人的任命权还紧紧地攥在政府（学区）和学校委员会手上。在财权上，校长们只能支配少得可怜的日常教育办公经费，还要面对各种监督、审计和评估制度。对课程设置和管理的权力，英美国家的校长更呈现出权力失落的境况，国家课程、核心课程和各种统一的考试制度使得校长们要按照规定的要求教授学生，灵活性反而比改革前削弱了。

与权力的有限性相比，校长们的责任显然呈现出不成比例的增加。校长们肩头的担子加大了，他们需要面对政府和市场的双重压力。在分权最彻底的地方，校长们逐渐站到了政府和当地股东、特别是消费者之间的结合部位。这一位置要求他们一方面要疲于应付评估型政府的要求，即达到中央确立的目标；另一方面又要忙于日常“营生”，即经营学校并确保它在教育市场中生存下来。在应对政府方面，校长都需要对学校发展承担越来越大的责任。其实学校与上级教育行政部门的过多往来对学校教育教学的影响不仅仅在我国普遍，即使在英国等西方国家也同样存在。如鲍尔在对英国校长进行实地研究后发现，“校长似乎被无数的地方教育当局的检查和压力淹没了。校长的角色发生了巨大的变化，过去他们主要兴趣在课程革新上，现在却要跑东跑西伺候别人。”① 在应对市场方面，校长们更要花费大量的精力和时间去从事他们本不熟悉的工作。校长们要更多地考虑财政预算问题，与此相应的是，与以前相比他们投入到教学领导岗位的精力将会减少。与我国实行校长负责制后校长面临的各种形式和名目的“一把手负责制”相类似，英美国家的校长们也会发出“千条线对一根针”的感慨。“校长一个人在招架林林总总的改革主张。”“校长们越被要求实行个人负责制，他们的地位也就越脆弱。”②

美国学者布赖克（Bryk）等人在芝加哥学校改革研究的结论表明，成功学校的校长把教学问题作为长期关注的焦点。然而在市场化背景下，校长真的要成为企业家而不再是教育的领导吗？他们的专业地位和专业发展怎么样了呢？从市场化改革所给的答案中，至少可以判断这种专业性（或教育性）下降了。“学校的控制权不再建立在专业性权威的基础上，而是建

① ［英］斯蒂芬·J. 鲍尔：《教育改革——批判和后结构主义的视角》，侯定凯译，华东师范大学出版社 2002 年版，第 85、107 页。

② ［英］杰夫·惠迪、萨莉·鲍尔、大卫·哈尔平：《教育中的放权与择校：学校、政府和市场》，马忠虎译，教育科学出版社 2003 年版，第 80 页。

立在管理技能的基础上。”① 这里，管理技能显然是指驾驭市场而不是驾驭师生从而驾驭课堂和教学的能力。

同样，作为一个组织的领导，尤其是教育性组织的领导，校长们和教师、学生的关系也日益疏远，背后隐藏了更多的源于市场的物质利益关系，而不是源于教育教学的精神关系。校长们和教师的关系疏远了，他们更像是教师的雇主，更像是经理而不再是专业权威。同时，他们已经不再是“学生教育过程中的伙伴”。对于校长（尤其是薄弱校的校长）个人的艰难处境我们不难理解，但市场化带来的学校管理者及其管理方式的非教育性转化对学校发展的负面影响显然让人担忧。

（三）教师

教师作为“传道、授业、解惑”的专业人员也不再那么“单纯”了。对他们的评价也不再仅仅局限于所教的学生在知识、技能和态度、情感、世界观上发生的变化，而是看他们是否能给学校带来市场认可的效益。教师的工作越来越多地从单纯的产出（测验成绩和考试表现）和成本（上课时间、班组规模、资源需求）之比考查和评价。他们需要将学生视为能给学校带来收益的顾客，而不再单纯的是教化的对象。在市场化改革“彻底”的地方，如在实行教育券的美国，教师需要直接从事一些市场行为，每天花大量的时间去数学生上交的商品标签，再将标签拿到指定的商店兑换成教学设备。

教师的专业性消失了，取而代之的是市场认可的竞争绩效。在正常的学校活动中，要求教师养成市场意识、自我监督的能力和个人责任感。而事实上教师的专业主义与根据市场作出教育决策的做法存在冲突。如果教师坚持原来的清高，坚持“两耳不闻窗外事，一心只教圣贤书”，那么他们可能会受到市场竞争法则的惩罚。于是，教师的专业性在市场面前“脱魅”了，他们不再能专注甚至醉心于原先一直被认为的崇高事业，他们从事的也不再是“太阳底下最崇高的事业”，而只是从事市场分工体制下的一种普通劳动，这种工作在市场看来和其他交易性的工作并无多大差异。教师和学生的关系被打上了价格的烙印，他们不能再体会塑造人后的精神愉悦。想要爱心吗？——除非自己愿意承受利益的损失。“那些在教师看来符合教

① ［英］斯蒂芬·J. 鲍尔：《教育改革——批判和后结构主义的视角》，侯定凯译，华东师范大学出版社 2002 年版，第 85 页。

育规律的善举却受到预算或市场限制，或考虑到学校的生存而举步维艰，这里存在着严重的价值冲突。”① 如果说现在教师仍有专业性的话，只是经过政府认证后的迎合市场需要的专业性，教师只是适应学校市场生存能力的“专家”。虽然有人认为越来越多的教师教育责任下放到学校是对教师职业整体成熟性的认可，但更有学者经过研究后，悲叹教师们正在变成技术性的专家（technicians），而不是“反思型职业工作者”（reflective professionals）。校本实践的可变性可能在总体上限制了新教师对教师职业性核心意义的理解，把教师职业的共性主要局限于政府指定的技能。如果培训学生掌握一系列有限的教学基本技能，同时使学生在其他领域中的体验更加变得支离破碎，那么这种专业性只能是市场的专业而不再是教育的专业。

伴随着校本变革，教师成了改革的受益者了吗？他们是否对教育教学享有了更大的决策权和自主权？答案也是否定的。虽然“学校自治理论通常表明，正是那些最接近（教育）‘行动’的人——也就是教师——才是改革最该赋权的对象”②，但实际上在英美国家的校本变革中，教师的权力反而弱化了。他们成了“有待使用的资源”和“等待管理的对象”。教师在教育政策中的地位正变得名存实亡。事实上“已经成为话语客体而不是主体”。即使越来越流行的“学校发展规划”，实际上也是以管理者（校长）的规划取代了教师的规划，它旨在排斥教师，使教师服服帖帖。教师的行为受到了很大的束缚。③

学校对教师的管理也发生了很大的变化。对教师工作的要求，在文本中往往显示了所谓“后现代”的美好：可变性、职业自治、平级组织和多样性，但就实际效果而言，仍强制推行了现代主义的解决方案：线形管理、科层制、标准化和行政管理的增加。校本管理的结果在大部分情况下只是向教师施加额外的管理负担。④教师们为了应付政府的控制和评估，需要填写大量的各种数据和表格，做一些应付检查的表面工作，以此保住自己的

---

①③ ［英］斯蒂芬·J. 鲍尔：《教育改革——批判和后结构主义的视角》，侯定凯译，华东师范大学出版社 2002 年版，第 73－87、78－133 页。

②④ ［英］杰夫·惠迪、萨莉·鲍尔、大卫·哈尔平：《教育中的放权与择校：学校、政府和市场》，马忠虎译，教育科学出版社 2003 年版，第 82－100、88－111 页。

饭碗。教师既是改革的“替罪羊”也是改革的试验品。专业性被责任制取代，和谐的人际关系被成本计算和监督取代。①

教师的工作环境和工作状态怎样呢？和市场化改革以前的教师相比，现在的教师无疑承受了更大的压力。正如澳大利亚学者安俊斯（Andrews）用近乎调侃的笔调所反映的，教师的工作压力非常大。“匆匆冲向厕所”，“急忙抓起了一杯咖啡”等描述性话语是对教师“空闲时间”的真实写照。教师的周平均工作时间大大延长了。安俊斯等人1996年对昆士兰州71所小学的调查显示，教师的周平均工作时间超过50小时。②

如果说对于大量精力的耗费教师还可以忍受的话，那么校园内人文气息的缺失则给注重精神生活质量的教师以更大的伤害。在一些市场化改革后的学校中，教师和校长的关系恶化了。即使是同事间，“改革可能加剧了教学人员内部的分化”。但是，学校里却出现了“矫揉造作”的集体负责制与“被迫”的合作文化。③ 教师之间的竞争常常被人为地掩饰起来，取而代之的是“合作团队”、“学习型组织”等时髦而务虚的话语。同事间、班级间、学校间无处不在的竞争带来的是淘汰而不是共存，这种源于家长、学校和政府的压力使教师工作和生存的人文环境进一步恶化。

原本对于校本变革、课程改革、学习型组织构建、合作团队等各种琳琅满目的改革充满幻想的教师，终于逐渐消退了他们对于各种改革的热情，因为最根本的改革是市场化改革，而恰恰是这项最关键的改革给教师带来的结果并不如人们想象的那么美好。

（四）学生

近期人们对教育及其市场化的研究有一个缺憾，就是对课堂内部发生的事情所作的探究少得可怜。这种忽略反映了当前改革中人们对学生权利与经验的漠视。其实，如果教育市场化能真正给学生带来好处，那么其他

---

① ［英］斯蒂芬·J. 鲍尔：《教育改革——批判和后结构主义的视角》，侯定凯译，华东师范大学出版社2002年版，第91页。

② Andrews, C., Chant, D. and Smith, R. *Teachers' work: dealing with changing contexts.* Mimeo, Griffith University Gold Coast, Queensland, Australia, 1996, p. 9.

③ ［英］杰夫·惠迪、萨莉·鲍尔、大卫·哈尔平：《教育中的放权与择校：学校、政府和市场》，马忠虎译，教育科学出版社2003年版，第88－91页。

主体所承受的损失也许还是值得的。但这种假设显然不成立。离开了校园这个学生学习和生长的场所，离开了校长、教师这些学生每天接触的教育工作者，学生怎么可能受益？相反，我们认为各种各样的改革如果给学校、校长、教师造成负面影响，那么只会将所有的负面影响集聚到学生的身上。学生是教育改革与发展的各种结果的最终承担者。

市场化改革对学生的影响首先表现在学生观的变化上。学生不再只是被培养的花朵，被塑造的对象。对于已经被市场化的学校来说，每个学生都是被挂上价格牌的能给学校带来实实在在利益的顾客。这种利益的实现既可能是通过学生直接向学校交费完成，也可能通过政府按人头拨款的财政资助保证。总之，学生对学校意味着相当大的经济利益。名校可以通过抬高入学门槛和扩大招生数来敛财，薄弱校更要通过一定的生源来维持生计。

对于拥有经济优势的学生而言，他们是作为消费者来学校“享受”和“消费”的，而不是作为未来公民来接受原先意义上的教育的。在学习上，他们不再有以前那种激励，因为他们知道分数可以用金钱来换取。对于经济弱势学生而言，影响就更大了。名校抬高了收费门槛（即使义务教育免费，我国还存在着杂费和所谓的捐资助学款；英美国家的优质私立学校也大多收费昂贵），而且为了扩大收益，名校往往扩大了收费生所占的比例从而客观上限制了贫困生进入的名额。这样，经济上弱势的学生只能选择廉价的学校，接受廉价的课程。在市场经济下，价格是反映质量的。这意味着他们只能接受劣质的教育。教育的选拔和促进社会阶层之间流动的功能越发受到限制，教育本身也只能成为复制生产关系的工具。①

（五）课堂

进入课堂，市场是如何作为的呢？其实，学业成就和放权、自治及市场化没有必然关系，只要有基本的学习条件，对学生学习效果起决定性影

---

① 在这一点上，市场反对派和西方新马克思主义学派站到了一起。美国学者鲍尔斯、金蒂斯对美国教育制度进行研究后发现：“美国教育是非常不平等的，一个人获得很多或很少的学校教育，其机会实质上有赖于种族或父母的经济水准。”（参见［美］鲍尔斯、金蒂斯：《资本主义美国的学校教育——教育改革与经济生活的矛盾》，李锦旭译，台湾桂冠图书股份有限公司 1989 年版，第 45 页）。如果从文化资本的角度考察教育对弱势家庭和子女的不公平，又类似于布迪厄的“文化屏障”观点（参见钱民辉：《教育社会学——现代性的思考与建构》，北京大学出版社 2004 年版，第 138－140 页）。

响的是教师的职业道德和学生自身的努力程度。但事实上，课程被政府控制了，教学效果的评判权被交给市场，学校会对课堂进行成本和效益的经济分析，教师要对课堂得失进行算计，所有这些使得课堂越来越像个知识交易的场所而不是师生精神对话的空间。学校喜欢招收那些中等的学生，因为天才儿童和学习困难的学生需要花费学校更多的资源。学校“改善就学条件的驱动力主要是商业的，而非教育的”①。这样的环境和氛围最终造成的只能是学生人文精神的缺失。如果我们要未来的公民是诚实、正直、具有人文关怀而不拘泥于蝇头小利的，那么我们的教育系统和学校体制首先应该是这样的。但在市场化背景下的学校环境中，课堂无法作为“文化孤岛”而独善其身。

（六）课程

课程是教育的内容，是学生和其他一切教育要素接触的载体。在市场化背景下，课程产生和运行的逻辑发生了变化。从课程产生来看，各国通过颁布国家课程（核心课程）以及采取统一考试制度掌握着对于课程的控制权，但这种课程的设置是围绕着国家在国际竞争中的需要而设计的，而不是围绕学生的需要和人的全面发展设计的。一些课程（如美术、音乐等）被边缘化了。从课程运行看，学生要获得这类课程，只能花钱到市场上购买。一些艺术类家教市场出现了天价，艺术门槛过高使得艺术课程成了富裕家庭独享的奢侈品。对于核心的课程，随着评估型政府的兴起和国家统一选拔考试的存在，使得课程越来越变成应付外部世界的工具，“以生为本”只能成为教育家们的天真理想。对于课程结果和学生学习成绩的排名也是出于市场的需要，政府的校际排名、学校的班际排名增加了课程的功利主义色彩，毕竟缺少了这个评估工具就无法推动家长的市场化择校。课程是围绕着市场而不是教育的需要设计并运行的。惠迪和他的同事们在对英、美、澳、瑞典、新西兰五国的教育体制重建进行研究后发现，“商业对课程的渗透显而易见”。从课程的内容看，因材施教成为空谈。“市场本身

① ［英］杰夫·惠迪、萨莉·鲍尔、大卫·哈尔平：《教育中的放权与择校：学校、政府和市场》，马忠虎译，教育科学出版社 2003 年版，第 116－117 页。

似乎在加强传统的标准，而不像它的支持者们所宣称的那样在培植多样性”①。西方国家课程改革中也出现过进步主义与传统主义的争论，最终的结果是走向折中。“进步主义的某些方面与活力再现的传统主义一起成为学校改革的特色。”学校正是通过这种“双码信号”（double-signals）来促进自身的发展。② 从课程背后反映的价值看，一种新的市场化的隐性课程正在形成。英国课程学家巴尔（Power S.）认为，只要学生受到学校环境影响，那么学校“传授”的道德系统便越来越符合与企业文化相一致的价值观念。社区、合作、个人需求和共同价值等旧价值观念正在被赞美个人主义、竞争、重表现和差别的价值观念所代替。③ 而后者正是与市场体制和竞争社会相吻合的。

（七）家长

教育市场起初就是围绕着家长的选择权设计的，市场化理应成为家长的福音了。在市场条件下，原有学校的平衡和控制轴心正在发生变化：从教师转到家长，从学生转到家长，这一现象切合了布朗所谓的教育改革的“第三次浪潮”和“家长统治的理念”。其实不然。这里存在着对家长的理解问题。市场的观念建立在“理想家长”的模式上。如果市场失序或教育业绩不良，“要受到指责的既不是政策也不是程序，而是选择的主体——家长。”④

这里，“理想家长”可以从三个方面衡量：

一是家长总是积极关心、支持学生的学业，并因此而积极参加学校的管理。其实，自从学校产生以来，家长们在自己子女的教育问题上就产生了对学校的依赖。正如鲍尔在对教师进行访谈时所了解到的，家长们并不

① ［英］杰夫·惠迪、萨莉·鲍尔、大卫·哈尔平：《教育中的放权与择校：学校、政府和市场》，马忠虎译，教育科学出版社 2003 年版，第 116 – 118 页。

② Gewirtz, S., Ball, S. J. and Bowe, R. *Markets, Choice and Equity in Education*. Buckingham: Open University Press, 1995, p. 137.

③ Power, S., Fitz, J. and Halpin, D. *Parents, pupils and grant-maintained schools*, British Educational Research Journal, 1994, 20 (2), p. 146.

④ ［英］斯蒂芬·J. 鲍尔：《教育改革——批判和后结构主义的视角》，侯定凯译，华东师范大学出版社 2002 年版，第 136 – 156 页。

都是很想参与到学校中来。至少对很多家长来说，“他们不想了解学校，不想来此管理学校。在冬天，他们只想围坐在火炉边看电视；夏天在花园里享受一番。他们希望由你来教育他们的孩子，他们委托你来做这事”①。

二是家长总是理性的，而且总能做到理性。其实家长的理性是有限的，外界提供给家长实现理性的条件更是有限的。关于学校的信息是有限的，家长们只能知道学生学习的结果而不是过程，家长们看到的学校的各种宣传可能也是失真的，家长对于课程上的专业知识也是不充分的。特斯克（Paul Teske）等对美国关于教育选择结果方面的众多实证研究发现，虽然人们希望选择，从而有更大的教育自主性，但不同人群对选择的参与和判别能力并不一致，社会经济状况较差的家庭进行选择判断的知识相对不足，而社会经济状况较好的家庭更关心子女教育，对选择更加积极。② 可见，家长择校等市场化行为是要受到自身理性及其实现条件约束的。③

三是家长是带有资源的，要么是经济资源，要么是对教育和学校管理进行参与的政治资源。在经济资源上，“家长的价值要根据他们能带给学校的资源，亦即时间和金钱的多少来衡量。”④ 这样导致了身处弱势群体的家长失去了市场中的话语权。“对于那些因成本太高而无力支付的人来说，教育市场对他们就没有作用。市场只为一部分人而存在。公共选择的理论家们和市场政治家们似乎不愿以社会学角度去关心他人……这些人的选择权利被剥夺了，却被认为是市场乌托邦中的技术性失误。”在政治资源上，“家长们没有严整的组织，因此其力量也不太强大。在争取权力控制权的斗争中，他们的力量通常远不及教师工会、专业人员组织和其他既得利益者”⑤。也许在芝加哥校本模式中家长的权力是巨大的，家长代表占半数的学校委员会甚至可以聘任和解聘校长。但在其他地方，家长的结社能力、利益协调能力和对政府与学校施加影响的能力都非常有限。学校制度本身

---

①⑤ ［英］斯蒂芬·J. 鲍尔：《教育改革——批判和后结构主义的视角》，侯定凯译，华东师范大学出版社 2002 年版，第 134、140－152 页。

② Henry M. Levin. *Privatizing Education*. Colorado: Westview Press, 2001, p. 247.

③ 在中国，家长选择的权利还要受到户籍制度和居民迁徙权的制约。

④ ［英］杰夫·惠迪、萨莉·鲍尔、大卫·哈尔平：《教育中的放权与择校：学校、政府和市场》，马忠虎译，教育科学出版社 2003 年版，第 16 页。

给家长留的空间非常狭小。

第三节 国内对教育市场化的分析与批判

一、相关概念的明晰

当前，国内学者对教育市场化的争论存在一些偏颇，目前仍有一些值得深究的问题。这些问题集中表现在三个方面：

（一）市场

对“市场”二字的理解，代表性的观点包括：（1）市场体现了一种交换场所和交换关系；（2）市场体现了一种资源配置方式，市场是一种制度以及由此带来的市场秩序；（3）市场体现了一种市场伦理和市场精神。显然，上述三点在逻辑上具有一种递进的关系，前一种总比后一种更具体和现实，后一种总比前一种更抽象和本质。本书主张在探讨具体的教育实践问题时可以参照一些经济学的基本原理，此时是停留在第一和第二种层次上，但在对待市场问题上，作为理论工作者，最终应将研究上升到市场精神的高度。如果真的需要存在教育市场，那么我们必须搞清楚的是这种市场（化）最终的价值取向落在哪里？只有这样才不至于一叶障目而迷失了方向。市场需要的精神和伦理才应是我们的最终关怀。

（二）教育的市场化、产业化、民营化和私有化

在理论上和教育实践中，不少人容易将教育市场化（Marketization）、产业化（Industrialization）和民营化或私有化（Privatisation）① 等几个概念进行混同。笔者以为，产业化主要是从付费机制上讨论问题，即通过吸纳民间资金（主要是受教育者交费），从而将教育作为一项产业来运作，提高规模效益。民营化主要是指学校的运作方式转变中吸收民间组织的运行机制，如将学校承包给私人部门（私人企业或第三部门均可），使得学校内部能采

① 在英文中，“民营化”和“私有化”都是 privatisation，国内翻译时出于大众在意识形态上可以接受的考虑，增加了民营化的译法。但从字面上看，民营化和私有化似乎也有区别，前者强调民营机制，后者重视民属产权。

用私人组织的运行模式来节约成本，提高效率，学校产权可以是公有或私有。实际上美国的私人签约者和特许学校的方式都属于此类民营化措施。私有化是在产权层面上谈论问题，它要求将现有的学校产权从根本上转为民间所有，以私立学校的方式来实施教育。而市场化则是将以上所有的学校与市场的关系都吸纳进来，在更一般、更带有共性的层面来探讨的。在这个宽泛的意义上的教育市场化，是一个罩在上面所有观点之上的大帽子，其对应的问题是如何调整教育与政治和经济的关系。

本书在讨论教育市场化问题时也正是取此广义的教育市场化之意。如果绘制教育市场化的谱系，应当是：教育市场化—教育产业化—教育民营化—教育私有化，其市场化的程度越往后越高，直至将所有的学校均变“色”。因此，我们在研究和讨论教育市场化时，应表明自己是在哪个层面上来讨论问题，是赞成或反对哪个层面上的教育市场化。可能有的学者会反对教育私有化，但赞成教育市场化（如主张公立学校运营时应导入市场机制以提高效率和减少腐败，等等）。总之，不分清问题而笼统甚至盲目地争论教育市场化，不仅对理论发展无补，更对教育实践有害。

（三）教育的市场化改革和市场化变革

教育市场化“改革”和教育市场化“变革”不尽相同。前者一般是政府主动作为的自上而下的对教育治理方式的变迁，后者则主要是针对教育领域发生的现象和趋势进行的归纳和总结，在这种情况下，市场化选择可能是由民间作出的。按照制度变迁理论，前者是政府主导的强制性制度变革，后者是社会主导的诱致性制度变迁。从我国目前教改的现实情况看，教育市场化改革的逻辑和国外并不一致。国外的教育市场化改革是政府主导的，如美国的特许学校是作为政府的一项教育改革政策推出的，英国政府更是不遗余力地将学校推向市场。在中国，教育市场化改革首先是由民间发起并推动的，只有在其步入正轨、取得一定实效后才得到政府的有限认可。而且，即使这样，政府对待教育市场化改革也是十分谨慎的。虽然少数地方政府对于教育市场化情有独钟，如一些地方率先试行教育券，一些地方政府甚至将公立中小学卖掉，等等，但至少在中央政府层面，并未将教育市场化作为我国政府教育改革的一种目标。从中央有关政策的文本中我们看到，教育市场化并不是改革的重点，相反“扫盲”、“普九”、“义务教育均衡化”、“免费义务教育”等成为政府政策的关键词。所以，在中国谈论教育市场化具有和英美国家不一样的语境。我们需要认清，在中国，不是政府而是民间，不是中央而是少数地方在大力提出市场化改革策略。果真如此，我们在中国评判教育市场化的利弊得失时，就不能仅仅将功过归结在政府身上，虽然它对义务教育的发展负有不可推卸的责任。如果市场化趋向的改革在中国存在并且危及教育本身，我们需要明确责任应该落实的对象。其实，问责不仅仅是问政府的责，包括学校、部分地方政府的官员以及与教改联系紧密的社会人士（大多是市场化变革的既得利益者）都有可能需要对教育市场化可能存在的负面影响负责。当然，这种对教育市场化"改革"和"变革"的区分可能只是理论上的，毕竟"在社会实际生活中，诱致性制度变迁与强制性制度变迁很难划分开"①。实际上，在教育市场化问题上，在我们比较的各国中，总是政府和社会相互联系、相互制约，共同推进教育改革。这里笔者对教育市场化"改革"和"变革"的区分，只是要说明教育市场化在我国的发展并不具有英美国家的政策环境。与此相应的是，如果通过教育市场化来反映政府、市场、学校间的关系，理论演进所遵循的逻辑可能并不相同。

二、学校与市场的结合

（一）理论抽象

从学校与市场发生关系的机理上，我们可以将公立学校的市场化划分为三种类型：机制型、体制型和伦理型。机制型是指学校在办学过程中利用市场的运行规律，如价格规律、供求规律和竞争规律，有效利用教育资源，以提高办学效率为旨归的市场化行为。对于机制型市场化，只要不危害教育本身，仅是在教育外部条件、环境和制度上作改进，应该是得到鼓励的。比如学校教育设施和场所在闲置期间向社会组织和个人租赁、学校通过教育人才市场招聘合格教师、学校对教学仪器设备采取的招标和采购，等等。

体制型是指学校的投入和利益分配主体以及付费机制发生变化的市场化变迁。其中学校投入主体发生全部或部分转移，相应地，投资主体需要

① 卢现祥：《西方新制度经济学》，中国发展出版社 2003 年版，第 113 页。

参与对教育发展带来的收益的分配。在我国，主要表现为体制改革校①，体制型改革最极端的情况是将公立学校私有化和民营化。总体而言，体制型的市场化程度显然要比机制型更高。毕竟，义务教育阶段目前仍然应当而且现实也是主要由政府负责，学校的产权（主要包括对学校财物的占有、使用、收益和分配相关联的财产所有权）归国家和政府所有，学校只是在代理意义上获得有限的经营权，学校独立法人地位仍不完整，政府仍需要对义务教育承担终极意义上的责任。体制型改革有可能导致国有资产的流失，而且教育责任承担主体也不明确。更何况，在我们没有做好相关配套政策改革的前提下，一些力度较大的体制型改革带来的负面影响很难挽回，毕竟我们不会再走新中国成立初期依靠国家强制力进行私有制改造的老路。

伦理型是比较笼统的一个称谓。如果说前面两种市场化是表面的，可以用经验性数据感知的，这种市场化则是深层的和需要通过现象体悟的。它不像是一种类型而更像是一种境界。但只有达到这样的境界，市场化才是成熟的，也才能被认可。伦理型市场化不仅涉及教育领域人的行为的改变，更表现为教育行动者观念的提升。在这里，人们对市场的能量和缺陷、政府的责任和权力、学校的自治和办学行为的教育性特征会有更深的理解。比如，市场鼓励创新、公正、竞争、责任意识等现代价值和伦理。如果教育真能够市场化，这种类型的学校市场化才是最值得提倡的，才是一种理想的市场化。可惜在我们周围这种学校的市场化没有踪影，人们竭力批判的仍是机制型和体制型的学校市场化模式。在学校招生时，人们看到的是学校间的坑蒙拐骗、尔虞我诈和弱肉强食。体制改革中人们看到的不是学校教育创新和提升质量，而是举办者在考虑如何规避国家法律法规，从市场（家长）那里捞钱。对于一些薄弱学校，地方政府不是通过扶持来保障学校和教职工的切身利益，而是草率地将其推向市场，缩减教师编制以节

① 虽然一些公办民助的学校原有资产为国家所有，但国家如果不再拨付教师工资等学校基本运营费用而依靠学校自己从招生办学中获取经费，也可理解为学校投入由政府提供变为民间（哪怕是家长）提供的市场化变迁。这种变革和英国的市场化改革仍不相同，英国虽然将学校推向市场，但政府会根据学校招生人数给学校拨付经费，但我国这类学校的收入来源几乎完全依赖于学校的招生和创收。在这个意义上，我国一些地方对学校进行的事业单位改革，其市场化程度比英国更甚。

约本级财政预算。市场化的非伦理特征在我们身边时常显现，以至于我们无法相信教育的市场化能够成为我国义务教育发展的福音。劳凯声在探询教育市场的限度时首先就质疑了教育改革遭遇的伦理困境。①

应该说，机制型、体制型和伦理型三种市场化并不是可以截然分开的，相互之间经常会出现交叉关系。毕竟，任何一种教育市场化行为和现象，都需要运用市场机制，而市场机制对有效激励的追求必然需要在体制（包括产权）上有所诉求，而从整体上看，各市场主体间的竞争与合作以及在此基础上的市场秩序的达成都离不开市场的契约精神和公正伦理。教育如果真的要实行市场化，要追求一种完美的学校与外部的良性关系，那么需要追求的市场化境界就在三种市场化类型的交集当中（如图 2－2 所示）。

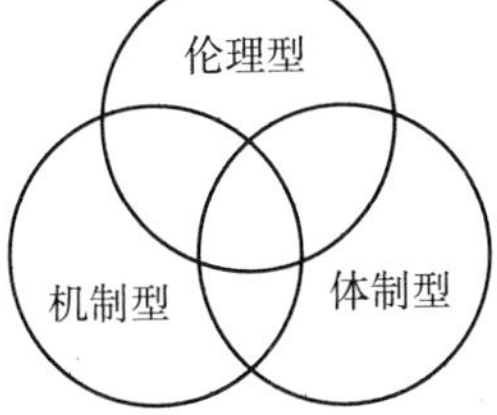

图 2－2 学校与市场结合的三种类型

（二）现实描述

在我国，市场是怎样和学校发生联系的呢？劳凯声在其《重构公共教育体制：别国的经验和我国的实践》一文中，根据市场介入程度的不同，将我国公立学校市场化运作归结为以下七种类型②：（1）学校的象征性市场化运作；（2）公立学校的局部运作市场化；（3）公立学校的“一校两制”；（4）转制学校的市场化运作；（5）股份制学校的市场化运作；（6）教育中介组织的市场化运作；（7）教育券制度。从市场化程度看，（1）、（2）、（6）三种是在较低层次和较保守的范围内的教育市场化；（3）、（4）、（5）三种是在体制上进行的较为深层的市场化变革，以至于使得学校产权制度发生变化；（7）则是政府履行教育责任的付费方式和付费对象的变化，其市场

① 劳凯声：《教育市场的可能性及其限度》，载《北京师范大学学报》，2005 年第 1 期。

② 劳凯声：《重构公共教育体制：别国的经验和我国的实践》，载《北京师范大学学报》，2003 年第 4 期。

化程度更高。可见，我国学校市场化变革存在着教育市场化（狭义）—教育产业化—教育民营化—教育私有化等不同的层次。

学校需要和市场走得如此近吗？在实际访谈中，我们得出了否定的答案。在对北京市学校管理状况作的大规模调查中我们发现，在谈及对学校发展的不利影响时，42.8%的教师认为影响因素是“教育市场化行为的负面影响”，认为是“政府对学校的投入不足”的占到30.8%，而认为是“家庭和社区不能积极配合”的仅占18.7%。高达65.5%的家长认为目前教育市场化对课堂教学的影响很大，29.9%的教师认为影响程度一般，否认教育市场化影响存在的教师比例仅为4.6%。

学校教学质量的层次和教育市场化因素对学校的影响之间有较强的相关性。越是薄弱校，教师越感到来自市场的压力。重点校19%的教师认为市场因素影响学校发展，而薄弱校则有31.9%的教师感受到了市场的压力，这也在一定程度上验证了我们关于市场化对弱者不利的假设。这里市场压力在教师们看来主要是指招生压力。与招生相关的是择校问题。本次调查发现，在择校问题上，56.2%的教师持赞成态度，但也有28%的教师反对，认为“无所谓”的占15.8%。和教育质量较好的学校相比，薄弱校的教师明显反对择校，比例高达50%，而在一般校，这一比例只为25.6%。在重点校，高达63.4%的教师赞同择校。这说明择校对不同教育质量学校的影响截然相反。

不管我们是否愿意，市场化已经在我们身边发生，我们不应回避其负面影响，而应认真审视并逐步削弱市场化对义务教育的侵袭。学校和市场遵循的是不同的运作机制，两者的结合至少目前看来并不令人满意。

第四节　对于学校与市场关系的思考

一、竞争限制与秩序维护

既然我们讨论学校与市场的关系，潜在的一个命题是教育市场是存在的。教育市场上存在着买方和卖方，供给方和需求方。那么，怎样实现市场平衡呢？经济学的基本原理告诉我们：必须通过竞争，否则就是没有效率的，也就没有存在市场的必要。竞争是“伴随商品经济的发展而产生并逐步扩展到社会其他领域的社会现象”①，当然也包括教育领域。

早在20世纪80年代后期，随着商品经济的发展，我国学者就对将竞争机制引入教育的可行性进行了探讨。在一些学者看来，长期以来我国教育缺乏竞争，学校责任主体不明，教育经费的分配制度是“吃大锅饭”，以致造成学校缺乏自主权而没有特色，教育脱离实际，缺乏创新精神，所以必须引进竞争机制以克服这些消极因素，进而促进教育事业的改革和发展。②提倡教育竞争论者大多有着这样一种论证逻辑，教育资源是匮乏的，教育中人的积极性是需要激发和调动的，而改变现状的手段就是竞争。教育竞争也可以区分为人才竞争、办学竞争和学习竞争。人才竞争是发生在宏观层面的国与国之间或地区之间，是一种基于教育的综合性竞争；学习竞争是发生在微观层面的学生、班级之间的竞争，是教育学意义上的竞争。而在国内的教育市场上出现的竞争大多是属于中观层面的办学竞争。办学竞争是伴随市场经济的发展而出现的一种竞争形式，是经济领域的竞争在教育系统的反映，表现为教育生产者之间为争取教育的质量和数量（如生源、升学率、就业率、师资等）而展开的竞争。这种竞争形式以市场经济中的竞争为参照物，其目的是增强学校内部的活力，提高学校的经济效益和社会效益。本书论述的竞争主要是这种中观层面的竞争，所谓教育竞争行为是教育主体为实现办学效益（包括荣誉）最大化目标和占有教育市场较高份额所采取的方式、方法和手段。

虽然教育竞争在20世纪末被许多学者奉为解决我国教育资源不足、提高教育绩效和基层学校办学积极性的良药，但事实上并非如此。竞争目的失范，各种非教育手段甚至非法手段的运用，教育秩序的混乱，对于薄弱校和社会弱势群体教育权益的侵犯，等等，迫使人们再次需要对市场竞争机制进入教育领域的可行性进行合理性辩护，而不再是想当然地运用。在我国，即使在经济领域市场化改革也刚刚起步，教育竞争的各种失范现象当然在所难免。现实中教育竞争的无序和混乱使人们发现竞争似乎并不应是中国教育改革的发展趋势。我国于20世纪90年代初曾激烈争论的教育竞

---

① 喻梦林：《关于教育竞争的探讨》，载《教育研究》，1987年第4期。

② 孙仁灏：《教育领域引入竞争机制的问题》，载《教育研究》，1989年第1期。

争理论问题一度陷入停顿。现在，人们必须回过头来重新梳理教育竞争的理论依据，反思竞争的实践途径。

如前文所述，竞争存在着两种基本样态，一是教育意义上的竞争，即学生为了提高成绩而争先恐后地学习，进行成绩上的竞争。二是经济学意义上的竞争，即教育供给方和需求方、生产者和需求者之间为了获得自身利益，争夺教育的市场或资源而进行的竞争。前者是知识的竞争，后者则是利益的竞争。教育竞争的复杂性在于和市场商品竞争相比多了教育性竞争，竞争的价值取向和衡量标准也因此而更为复杂。对于教育竞争，我们不能鼓励达尔文式的优胜劣汰，而更多地需要对弱者进行帮扶；对竞争手段的控制需要政府更多的管制，特别是当强者的获胜意味着弱者基本利益的丧失时，更需要政府出手。对于市场竞争和教育竞争，政府的干预和管制手段、方式和力度是有区别的。

理论上看，既然是竞争，就应遵循市场的法则，适用经济的话语，由优胜者决定市场的价格、供求。但义务教育作为国家公共事业，需要政府保障供给，这又必然造成事实上的办学主体资格的垄断，垄断和竞争之间必然存在着矛盾。政府治理和市场治理往往遵循不同的逻辑，这给竞争秩序的维护可能带来一定程度的混乱。如何化解这种矛盾呢？笔者认为，作为义务教育终极责任者的国家，应在维护公众教育权利和维护教育秩序方面起到基本的作用，而对于教育竞争，尤其是对学校、学生利益没有直接的社会功能和教育意义的竞争，应当利用公权力进行限制。

政府对教育竞争进行限制的理由可以在理论模式和现实情势两个方面进行论证。

（一）竞争限制的理论根据

在理论模式上，义务教育本身以及教育竞争行为的特点决定了需要政府对教育竞争进行限制。政府限制竞争的理由大致表现在以下十个方面。

(1) 教育竞争人性假设的特殊性。从最本质的人性假设看，人性在经济市场竞争中是性恶的，而在教育学意义上的竞争中人性是善的。经济竞争是以“经济人”为假设的，以人的自利为前提，即使促进公益也是无意识的“看不见的手”在掌控，而教育竞争是以“道德人”为假设的，以人的利他和合作为前提。教育竞争中经常排斥逐利的市场机制而需要道德机制替代[1]，这使许多经济学理论在教育竞争中容易失效。道德并不能从市场中自发产生，政府的道德责任需要对教育竞争进行干预。

（2）义务教育的外部性决定了教育的好坏不仅是学校自身的事情，也是政府的事情，即政府可能会从良好的教育受益，也会因低质的教育而受害。政府需要对竞争的最终结果负责，如果一些学校因各种原因在竞争中失败，为了保障公众的基本受教育权利不受影响，政府会为竞争失利者付账。

（3）教育竞争是不完全竞争。教育竞争和一般的市场竞争相比更可能存在市场失灵的现象。一是教育竞争主体并不完全具有经济理性，在很多情况下学校可能追求的是一种办学的理念，为此需要放弃经济利益，这与竞争所需要的以利润为标杆的经济理性不同，而且这些教育理性因符合公共信仰和价值观又需要政府进行物质支持，以使符合教育价值取向的学校不至于在市场中失势。二是竞争中信息不对称广泛存在于政府与学校之间、学校与学校之间、学校与学生之间。这种现象不仅与竞争的本质有关（如为了搜集市场信息，市场参与者必须反复博弈而花费成本，即使结果并未获得需要的信息，这部分成本也会变为沉淀成本，造成市场行为的低效和无效），更与教育的特质有关。在竞争中，“交易双方的信息不对称主要在买者一方”[2]，即学生和家长。比如，为了择校，他们需要通过各种渠道获得一些学校的关键信息，但政府对择校的反对使得他们无法通过正常渠道获得（如学校升学率排名信息），体制外获得更加大了教育消费者的市场成本。另一方面，政府体制本身的不透明也加剧了信息的不对称性，许多教育的非法竞争和教育腐败行为的发生都与政府自身对教育信息的封锁有关。

（4）学校产权制度本身决定了竞争的不完全性。公办义务教育学校的产权归国家所有，学校管理者只能争取到控制权和经营权，校长没有法定的义务对资产增值负责，而只对教育任务完成和教育政策的执行承担义务。产权归公使得校长们为学校利益进行竞争的行为缺乏激励，有时校长甚至

① 有关“道德人”假设和道德机制问题可参见王玉珍：《道德秩序的经济学分析》，经济科学出版社 2005 年版，第 156 – 169 页。

② 袁祝杰：《竞争秩序的构建——行政性限制竞争研究》，北京大学出版社 2003 年版，第 39 页。

会为了个人的现实利益（如职位升迁）而让渡学校经济利益。所有权和经营权分离的情况下，代理人行为存在的道德风险已经众所周知。政府根本无法鼓励公立学校像私立学校或私营企业一样进行充分竞争，因为在产权上看竞争的结果要么是校长们退出竞争或发生权力寻租现象，要么是竞争的需要导致国有资产向私人部门的流失。

（5）学校可利用竞争手段的有限性。市场竞争行为是市场主体在市场上为了利润最大化和更高的市场份额所采取的各种行为，竞争的手段包括价格手段和非价格手段。价格手段主要是供给方采取的低价策略，义务教育的非营利性使政府一般将价格限制在成本附近，学校通常没有竞争的降价空间（理论上看目前的择校费和所谓的赞助费是不合法的）。非价格竞争上，进行教育创新和提高教育质量应是根本性的策略，但这种努力已经不纯粹也不主要是市场行为而更多的是教育行为，教育是人的再生产而不是物的再生产。

（6）教育市场规模的限制。市场规模是指现实可能性的交易总量，竞争的各种方式和手段都落实于争夺尽可能多的交易和市场份额。市场规模的大小直接决定了竞争的市场结构和市场竞争程度。在义务教育方面，对市场规模的限制来自三个方面。一是政府采取的就近入学的政策在经济学上等同于供需的配给制，从而排斥了市场规模的无限扩大；二是教育的本质特征使义务教育需要家庭、社区和学校的结合，这种结合客观上要求学校与学生居住地不能远离；三是人口高峰过后的就读人口总量下降使得市场规模总量下降。

（7）教育市场壁垒的存在。根据动态的竞争理论，竞争不仅发生在现实的市场主体之间，更有来自潜在对手的挑战。市场壁垒是新进入市场主体必须负担市场中现存主体不需要负担的成本，市场新成员比老成员多负担的成本。[①] 在教育市场中，进入和退出都存在壁垒。[②] 对于潜在对手的进入，尤其是民办学校的进入，地方政府一般对于学校的申报条件和设立设

---

① 袁祝杰：《竞争秩序的构建——行政性限制竞争研究》，北京大学出版社 2003 年版，第 6 页。

② 徐志勇：《现代学校制度的构建逻辑与政策含义》，载褚宏启主编：《中国教育管理评论》（第 2 卷），教育科学出版社 2004 年版，第 102－103 页。

置了一系列前置条件，主要表现为首期办学到位资金比例或数额、学校自有土地和建筑面积、图书资料册数、教学设备折合的货币数额等。退出壁垒是各种限制学校终止的因素，如学校终止或解散后学生的安置问题、教职工下岗和福利损失等问题，决定了政府一般不会采取严厉的行为终止教育质量低劣的公立学校的办学资格。教育竞争中壁垒的存在是教育本身需要决定的，也会加大办学成本而对潜在的竞争者形成排斥。

(8) 教育竞争市场绩效可测性是有限的。和物质产品不同，教育的产品是凝聚在学生身上的增加了的知识技能和业已形成的情感、态度和价值观等。对教育绩效的考核遇到的困难在于内化于人的教育效果测量的非准确性，以及教育效果和在此基础上的学校办学质量显现的长期性。

(9) 社会转型期教育经济的特点决定了政府需要对竞争进行限制。和经济增长存在的粗放型和集约型相似，转型期教育的增长可能诱发学校的粗放型增长，即学校的重复竞争和过度竞争，而不关注教育本身的内在质量提升。这种粗放型竞争必然造成对国家财力的浪费，政府需要采取行政手段进行限制和干涉。

(10) 教育竞争本身不仅是经济现象，更是法制现象。教育产权需要法律保护，非法牟利需要政府取缔，合法利益需要法律维护，市场欺诈等不规范行为需要法律制约；良好的市场秩序需要依靠法律建立。作为法律制定者和执行者的政府在教育竞争中不能是旁观者，应在许多地方有所作为，积极的作为方式就是进行竞争的限制。

(二) 竞争限制的实践意义

从现实情势上看，政府也需要对教育竞争进行限制。

(1) 新中国成立以来形成的办学实践形成了公立学校、重点校和城市学校垄断的格局。① 对于竞争者而言，垄断是其获取市场超额利润的前提。在教育领域，垄断者对优质竞争资源的集聚（如优质师资、庞大的教育资金以及良好的市场声誉），客观上对于提高教育质量起到了保障的作用。教育均衡化应当是政府提供的资金和条件的均衡化，而优质校依靠自身努力集聚的优质资源往往仅靠政府的调剂和拉平是很难奏效的。在我们提倡教

---

① 教育差距的数据可参见《从人口大国迈向人力资源强国》、《缩小差距——中国教育政策的重大命题》。

育竞争之前就已经存在的市场优胜者和教育上的既得利益集团已是不争的事实。教育改革的路径依赖也需要政府对竞争进行限制而不是以教育秩序混乱为代价的竞争鼓励。当然，这种限制不是依靠优质校的不劳而获，而是鼓励为教育质量展开的校际竞争。限制竞争并不是为了使富校愈富，而是基于现实状况对于薄弱校竞争实力的担忧。

（2）市场竞争行为混乱，不正当竞争行为的出现使政府限制竞争成为必要的干预。教育竞争根据正当性和合法性不同可以区分为正当竞争和不正当竞争，但从现实来看，教育市场的秩序混乱表现为不正当竞争行为充斥了教育市场，对于正当竞争者起到了“劣币驱逐良币”的效果。这种不正当性表现在：①竞争目的不正当。竞争者往往会规避法律法规，竞争只是基于自身短期经济利益的考虑而排斥长期的、符合教育性的追求。②竞争手段不正当。竞争者不是依靠改善教育质量、维护学校声誉的合法手段，而是凭借非法招生、弄虚作假、偷工减料等不正当手段。③竞争行为的着力点不正当。竞争者不是依靠课堂质量取胜，而是将精力放在形式主义的表面文章上，依靠花里胡哨的虚假广告和教育评估时的虚报、瞒报的不正当欺诈行为获得竞争优势。④竞争结果不正当。竞争者不是维护作为消费者的学生和家长的合法利益，而是维护自己小集团、部门的利益，有时甚至不惜依靠贿赂等非法手段寻求政府的庇护。以至于现在人们在批评教育市场化和教育竞争时，实际上都是在声讨这种不正当的竞争。理论上似乎正确的教育竞争在实践中却成了批判的靶子。

（3）当前的秩序形成机制需要政府限制竞争。哈耶克将人类社会的秩序区分为“自发秩序”和“组织秩序”。前者是自生自发的人类演进的结果，后者是人类设计的人造秩序。显然哈氏更赞同自发秩序，认为“一种显见明确的秩序并非人的智慧预先设计，而是适应性进化的结果。这种结果就是自生自发的秩序和规则的文化进化”。但自发秩序需要长期的人类适应才能达成。在我国，市场经济是以政府主导的改革，各项制度本身带有很强的人类自身设计的痕迹，长期的儒家文化传统与市场机制格格不入，在此情况下，显然更需要一种哈耶克所说的组织秩序和人造秩序。这种秩序由政府出面制定，为政府限制和干预教育竞争提供了合法性。

（4）社会转型需要政府干预。我国自 1978 年以后社会进入转型轨道，首先是从农村走向城市的经济体制改革，真正的教育体制改革始于 1985 年。

但教育相对于社会的政治、经济和文化等其他领域只是处于较为边缘的地位，其他社会领域的改革往往涉及公众最直接的切身利益，如三农问题、城市下岗职工问题，等等，对这些问题的处理稍有不慎可能立刻会导致社会矛盾的激化而影响社会稳定，而教育似乎并不是政府需要当务之急解决的重大问题。即使目前的治理乱收费现象、农民工子女就读问题、两免一补问题等，更是一种社会问题。就改革动力而言，很多情况下的教育改革是中国高层政府迫于来自社会的压力而不是源于基层学校、教师和学生的改革诉求。这样，在教育领域内部，市场化冲动是有限的，教育竞争与否并不会涉及千千万万学校、教师和学生的最直接的利益，故而政府一般仍习惯于运用已经娴熟的教育管理技术，而不愿意担当市场化条件下的有限政府。即使竞争较为剧烈的教育领域（如民办教育），政府也会在社会转型的总体要求下进行规范和管理，竞争一旦出格，政府的力量立刻会显现，否则稳定无法保障会给政府带来社会压力而不是教育压力。对政府而言，社会利益高于教育利益，社会改革重于教育改革。社会转型期的社会治理现状要求政府对竞争进行干预。

（5）合作缺失加剧竞争风险。市场竞争需要秩序，而这种秩序是包括法律秩序和道德秩序在内的复合体。没有道德的竞争是你死我活、输者退场、赢者通吃的“卡尔多－希克斯”式的竞争，当然也就是没有人性的竞争。道德缺失的竞争和教育的人文思想相悖，教育竞争和市场竞争相比更呼唤道德在场。有学者认为，合作被认为是道德秩序和市场秩序的结合点，即使不从伦理学而仅从经济学上看，合作也是有价值的，因为会产生合作剩余。① 在我们眼见的教育竞争中，这种合作往往是缺失的，对于教育市场份额的争夺、学校招生中的惨烈竞争人们已经司空见惯。合作缺失已经不再是个别学校的个别现象，而已经变成了社会的普遍习惯。在整个社会普遍缺少这种基于合作的道德考虑时，竞争的风险会被放大，风险会被转嫁到学生和家长的肩上。为了规避这种风险，政府也应限制过度的教育竞争。

---

① 合作剩余是“合作者通过合作所得到的纯收益即扣除合作成本后的收益（包括减少损失额）与不合作或竞争所能得到的纯收益即扣除竞争成本后的收益（也包括减少损失额）之间的差额”。参见黄少安：《经济学研究重心的转移与“合作”经济学构想》，载《经济研究》，2000 年第 5 期。

由是观之，教育竞争并不是一匹能够脱缰的野马可以任意驰骋市场，而需要政府之手牵引和限制。

（三）竞争限制的目标与策略

（1）政府限制教育竞争的目标是：①避免学校重复建设，限制学校数量，减少潜在的竞争对手，将有限的资金投入到现存的中小学校。教育竞争只能是政府指导和控制下的不完全竞争。教育竞争应该在政府的指导和管理下进行，充分发挥政府在教育中的宏观调控作用，包括教育政策、法规的制定、监督和执行；教育发展的规模和速度；教育与经济、政治、文化等各子系统的协调关系，等等。②严格执行义务教育的非营利性政策，零利润必然导致现存或潜在的竞争者竞争动机不足，学校运行靠政府投入来保障义务教育数量和质量的维持和提高；③努力促使办学质量达到学生和家长的需求，学生和家长的满意并不只是关于服务价格水平（学杂费）高低，还包括教学质量和教育服务的多样性。当然，要实现限制教育竞争的目标，政府承担起教育方面的责任尤其是资金投入的责任是基本前提。这种限制在当下的中国是困难的，因为和经济领域不同的是，经济领域的市场化是政府推动的，而教育领域的市场化是民间发起的，政府如果阻碍民意，必须以自己承担责任、满足公众教育利益为根本。在此意义上，义务教育的竞争限制往往和政府强财政能力是正相关的。对教育竞争的限制是对政府执政能力的重大考验。

（2）在具体策略上，政府对教育竞争的限制应着重从以下几个方面进行：①在竞争的层次上，教育竞争尽可能放在宏观的地区之间的人才竞争（包括人才市场的竞争），以及微观的学校内部为了提高管理绩效的学习上的竞争，在办学竞争上，要加强控制竞争的力度。②在竞争的主体上，允许民办学校和非义务教育学校的适度竞争，而对于公办的义务教育阶段学校则不鼓励试图扩大市场份额的竞争，加大对薄弱学校的财政投入和转移支付力度。③在竞争的手段上，政府规定教育服务的指导价格，减少价格竞争手段的可运用性；对于学校招生广告、设立教育分支机构（分校）等市场行为严格限制，当然这种限制以不影响当地学龄儿童就读权利为基础。④改革学校法人制度，规范学校的法人行为能力，限制公立学校银行贷款行为和市场融资行为，从而削减学校尤其是优质公办校的竞争倾向。⑤完善学校治理结构，增强治理结构的民主性而不是市场性。加大家长和社区人员参与决定学校事务决策的可能性以及社会监督的力度，规避学校竞争中的收费行为，使得学校的收入（财政的和非财政的）流向教育教学活动过程，而不是用于扩大市场份额的再生产活动。⑥合理设计和严格执行教育市场的进入壁垒，对于不符合资质（包括师资、经费和场地等）的学校一律取缔，将一些一心获取回报的办学者驱逐出场。⑦改进各项配套制度，包括学校评估制度、考试制度、招生制度等教育制度以及就业制度和户籍制度等相关社会制度，使得制度本身是为了保障学生基本受教育权得到满足而非为教育竞争者牟取超额利润提供便利。如学校评价不能仅凭分数决定，学校招生的施教区划分也不应只限定极少量的计划内指标而将大多数的学校教育容量放到市场竞争中去，最后学校作为竞争获胜者收取所谓的赞助费和择校费。建立完备的考试制度和教育评估制度，避免教育市场的信息失真，给作为教育提供方的学校和作为教育需求方的学生和家长以真实的市场信号，降低无序竞争和无效竞争。⑧全面提高教育主体的整体素质。道德素质的高低，关系到其价值取向和价值行为，也关系到竞争行为的取向。要通过教育、社会约束与自我修养来弥补教育法制作用于教育经济的局限性，充分发挥教育经济与道德的互动作用，使教育竞争行为在具有经济价值的同时，更具有社会道德价值。

二、效率代价和公平优先[①]

效率和公平是一对矛盾，代表了不同的价值取向。在人类历史演进过程中，总是无法摆脱这种矛盾造成的困境，往往各种社会政策包括教育政策总是在两极之间摇摆。

（一）对效率的理解

教育总是需要耗费一定的物质资源的，既然如此，人们总是希望一定

---

① 严格说来，“效率”和“效益”是有区别的，“效益”比“效率”范围更广；“公平”和“平等”也是有区别的，教育“公平”包括教育机会均等和教育“平等”（参见翁文艳：《教育公平与学校选择制度》，北京师范大学出版社 2003 年版，第 2 页）。也有学者认为，“公平”带有价值取向，而“平等”只是事实状态的描述（参见孙彩平：《教育的伦理精神》，山西教育出版社 2004 年版，第 173 页）。但本书对这种概念间的区分并未加以研究。在笔者看来，效率是经济学术语，而公平是政治价值追求。“效率”和“公平”两者之间的差别和矛盾才是本质的，各自内部的概念差异并不是需要研究的重要问题。

的投入获取尽可能大的回报。自从经济学理论进入教育研究以来，对教育领域的效率关注一直是一个重要的话题。古典经济学将教育视作供给方与需求方的交换行为，人力资本理论将教育视作家庭和国家的投资行为，教育财政理论将教育视作国家的资金收支行为，总之都是一种需要以效率为导向的经济性的活动。

效率本身可以从教育学和经济学两个维度来理解。经济学上的效率表现为投入和产出的比率，往往以成本的节约和产出的增长等经济指标来衡量。教育学上的效率表现为利用有限的投入增强教育的效果。在教育问题上，产出表现为学生知识的内化以及由此带来的学生整体素质的提高，和经济产出相比，这种产出因凝聚在人身上而具有长期性和难以衡量性。课堂和班级的效率汇聚成学校的效能，学校效能难以考查的原因也在于教育效率的难以度量性。为了提高教育的产出，国际教育界从教育学观点出发，在探讨小班级规模、扩充授课时数、采用电脑辅助教学、个别辅导等方法。① 但这种基于经济学和教育学学科差异的划分往往又是相对的，后者需要以前者为基础（如小班化教学需要增加教学的单位经济成本），只是在前者的基础上增加了教育学和心理学的技术手段。归根结底效率是一种经济的术语和价值取向。

但另一方面，教育学意义的效率和经济学意义的效率也并非完全一致。比如，在我国教育资源配置中存在不均衡的资源“倒挂”现象：最需要教育资源的地方，却最缺乏教育资源；最需要接受教育的群体，却离教育资源最远。② 教育资源不能去最需要资源的地方，经常仅仅是因为受教育者不能支付教育提供方所期待的价格而不是考虑受教育者对资源的渴求。因此，在经济领域与教育领域，资源寻找落脚地的逻辑是不同的。我们批判排斥教育意义的效率逻辑，教育上的效率仅靠市场是难以自发实现的。

第二次世界大战以来，各国为了提高国家竞争力都大幅度地加大了对教

---

① 翁文艳：《教育公平与学校选择制度》，北京师范大学出版社 2003 年版，第 10 页。

② 我国目前存在的教育资源倒挂现象表现为三种类型：1. 城乡倒挂，我国 80% 的中小学生在农村，但农村的义务教育经费和基建经费占有量却低于 50% 。城市优质校有游泳馆、电脑室和塑胶跑道，对一间教室的投入超过农村一所学校的全部家当。2. 区域倒挂，主要指东西部地区的差异。3. 本末倒挂，教育经费主要投到了高等教育领域，占全国师生绝大多数的义务教育只占有全部教育基建经费的三分之一。参见 http://learning.sohu.com/20060309/n242189618.shtml.

育的投入，同时，在教育中都是奉行效率主义原则，这种效率主义表现在教育中就是能力主义，要求教育利用好国家的资金，多快好省地为国家输送高质量的人才。新中国成立以来也加大了教育的投入，底子薄弱使得对效率的需求更加迫切。在改革开放初期，效率优先的政策取向也波及教育领域，如加大对高等教育和城市学校的投入，实行重点校扶持的政策，等等。这种效率中心主义客观上的确对我国教育物质积累和教育自身的发展起到了很大的促进作用。

如果说效率的合理性在于资源的有限性，那么改革开放以来的物质积累已使我国目前摆脱了新中国成立初期教育一穷二白的状况，物质财富的增长是否能带来价值重心从效率向公平的偏移呢？从近两年的教育改革实践似乎可以看出这种迹象。① 我国学者杨东平于2006年两会期间就我国免费义务教育、推进义务教育均衡化等问题发表看法时指出："2005年从年初开始，教育界的论争不断，与以往不同的是，这些讨论促进了教育的公平价值和教育政策的调整、转变，取得了一系列的实效。"②

（二）对公平的理解

对效率和公平矛盾的否认在学术上是不严谨的③，我们需要做的是在两

① 我国人均国民收入已经超过1 000美元。2005年我国居民存款突破14万亿元（很多居民不敢消费是因为要对教育和住房进行投入），2006年一季度末我国外汇储备突破8 537亿美元而居世界第一。在一定程度上可以说是国富民强了。这种财富的积累为教育公平的实现奠定了物质基础，这使得效率重心向公平重心的偏移成为可能。（数据来源 http://news.sohu.com/20060328/n242502071.shtml）

② 参见 http://education.sohu.com，2006年3月3日，《民间报告盘点05教育：免费义务教育定时间表》。

③ 有不少学者将效率和公平的矛盾掩盖了，认为教育公平与效率的关系问题并非"鱼和熊掌不可兼得"的两难问题，二者是完全一致的（参见李慧：《教育公平和教育效率关系再探》，载《教育与经济》，2000年第3期）。笔者认为这在基本学理上是不严谨的。正如在公平和效率问题上，罗尔斯主张公平优先，弗里德曼主张效率优先一样，每个人应有自己的独立主张。学术上不能希图做不倒翁和常青树，肤浅的全面不如深刻的片面。学者的研究结论不能总是停留在两可之间，毕竟教育实践是需要有明确的方向和可操作的具体政策的。当然，有学者指出当前我国许多学校办学过程中存在效率和公平双重缺失的问题，笔者以为这种现象只能说明效率和公平不是"此消彼长"，并不否认两者的矛盾关系。不能以效率和公平都不足为由而再次高举效率化大旗，再次将公平的声音淹没。

极之间如何定位。在不同的历史发展阶段和教育发展时期，价值取向的重心是不同的。虽然任何市场都是以效率为基本价值维度的，教育市场当然也不例外，但是问题在于，教育市场和其他市场相比，对公平更加重视。

其实对公平的定义并不统一。正如美国学者阿瑟·奥肯（Arthur M. Okun）所说，“大多数软心肠的人与大多数硬心肠的人都认为竞争的市场会产生相当大的不平等，但对于这种不平等是否公平则看法不同”①。社会学的公平是阶级和阶层之间的平等，伦理学的公平是将其视为社会正义和道德规范，经济学的公平是教育资源的公平分配，法学的公平是受教育权利的保障和普遍化，教育学的公平是课堂知识、教学语言和学生评价标准上的平等。我国学者翁文艳在《教育公平与学校选择制度》一书中详细梳理了各种教育公平的概念。当代教育研究中，使用较广的公平概念是瑞典教育研究者胡森（T. Husen）的教育机会均等理论，他将教育公平划分为起点、过程和结果的平等。

美国学者南格尔（Nagel）的积极干涉主义的平等观对现代政府的教育责任提出了更高的要求。他将教育平等分为“消极平等”和“积极平等”两种类型。积极平等是干涉主义的：它要求公共教育超越正式的平等规定，采取积极的措施消除不同环境下的学校儿童固有的不平等，特别是与社会不利因素相关联的差别。这种理论在气质上颇类似于伯林提出的两种自由的观点，对政府制定公平的教育政策具有现实意义。

笔者以为，在教育领域，公平可分为两类，一是消费者主权主义意义上的公平，其标准是金钱；二是基于公民权意义上的公平，其标准是所有公民都得到基于公民权（甚至是居住权）的教育结果的公平，实现这类公平要采取罗尔斯所说的差异补偿原则。教育财政的目标就是要采取看似有违第一种公平的手段去促进第二种公平。政府要在不同地区之间、不同社会阶层之间、不同学校之间利用财政的手段促进这种公正，这种公正的表现形式不在于拨款的等额，而在于利用转移支付、专项拨款等形式对农村地区、西部地区和城市的薄弱校实行倾斜政策，以使教育资源分配和教育条件获得在不同的地方达到大致相同的水平。

---

① ［美］阿瑟·奥肯：《平等与效率——重大的抉择》，华夏出版社 1999 年版，第 1 页。

（三）公平优先

公平的实现是需要代价的，哪怕这种代价是教育经济利益——效率。公平是一种人类理想，具有更根本的意义，效率在公平面前只具有工具性的价值。在一定程度上，为了长远的公平的实现，可以放弃短期的效率。这种价值取向的实现除了需要社会对公平的努力追求，更需要政府为此牺牲教育发展的效率。在教育问题上，“发展”并不能成为硬道理，有时公平与社会和谐显得更为重要。比如，现在我国农村地区的寄宿制学校搞得红红火火，随着适龄儿童人口的减少，农村中小学校的合并无疑提高了学校运行的效率，政府也节省了开支。但是，如果农村的一些儿童从上小学开始就离家，那么他们读书期间就不能每天享受父母的哺育和家庭的关爱。学生尤其是义务教育阶段的学生需要的不仅仅是知识，更是一种关怀和爱，而且一般情况下这种爱首先来自父母。美国学者克林齐在《改革公立学校》一书中就对那种因关注效率而忽略学生关爱的行为进行了猛烈的抨击，指出“孩子们需要爱和被爱，他们需要有安全感，需要自己和他人都自在、舒适，需要感受亲密和爱意”①。遗憾的是，寄宿制学校在提高所谓的效率的同时，扼杀了这种需要。相比之下，日本一些地方政府的做法却更显示出政府在教育方面的责任，如在北海道的一些偏远村庄，人口稀少，交通也不发达，有的小学甚至只有一个教师，但政府从未提出将这所学校撤并，因为即使是一所学校、一个学生，政府对其也负有提供适合其发展的初等教育的责任。再如，在美国学校反隔离期间，政府将一些黑人的孩子分到白人居多的学校就读，但种族歧视的问题是客观存在的，一些黑人儿童开始时不敢去白人学校上学，政府为了显示消灭种族隔离的决心，甚至不惜派遣警车开道，出动大批警力，让手持枪支的警察将黑人儿童送入校园（当时现场拍摄的大幅照片后来被刊登在《时代周刊》上）。这种不计成本维护教育平等的决心背后，是政府对自己底线责任的坚守。在效率和公平问题上，应是公平优先。

在价值问题上，当两个或多个价值目标不能同时实现或相冲突时就需要付出代价。我国古代思想家孟子曾将生和义比喻成鱼和熊掌的关系，取

---

① Chinch. E. *Transforming Public Education*：*A New Course for America's Future*. New York：Teachers College Press，1997，p. 18.

舍的结果是舍生取义。所以，即使价值之间也存在竞争。就价值的分类而言，一般认为存在三类价值现象：第一类是主体生存本身的价值，第二类是人际关系即主体之间关系的价值，第三类是客体对于主体的价值。① 在笔者看来，效率属于第三类价值，他强调的是教育资源以及教育本身作为工具对人作为主体的有用性，而公平则属于第一和第二类价值，是人及人组成的集团自身存在的价值。因此，在一定程度上，效率的价值可以为公平的价值让路，正如康德所说，人不是工具，“人本身就是目的”。公平对于效率的优先性在价值基础上是可以获得支持的。根据社会发展代价理论，人类的历史是一部不断承担改革代价的历史。而且，从长远来看，人类的自由、平等、正义、权利等不能被交换和牺牲，相反，它们的实现需要其他方面的牺牲，尤其是以物质方面的牺牲作为代价。这种社会发展的代价思想从我国的老子、孔子、孟子，到法国的卢梭，德国的康德、黑格尔以及革命思想家马克思和列宁的思想和理论中都可以寻到踪迹。

当前，我国人均国民收入已超过 3 000 美元，处于关键发展期，任何国家在经历这一历史阶段时都容易出现社会矛盾激化的现象。为了避免社会失衡，首先应当在基础性的教育领域尽可能伸张公平。正如我国学者杨东平所说，“教育公平从社会正义、平等、自由、人权的价值中产生，是一个独立的社会发展目标。”②

（四）效率代价

理论上，竞争是产生效率的，而垄断和管制会导致效率损失。但笔者认为，学校间的竞争并不能贯彻教育培养人的目标，现实的混乱不仅是市场中的道德缺失造成的，也是竞争制度设计本身造成的。在我们没有掌握教育竞争区别于商品市场竞争的真正机理之前，应对教育竞争采取限制态度。这样，可能对教育资源总量的扩大不利，也可能带来一些教育资源配置的低效率。但为了维护教育公平，人们就应当承担效率损失的代价。在当前的教育管理体制下，应当由政府代表人民来承担，承担的工具就是取

① 袁吉富：《社会发展的代价》，北京大学出版社 2004 年版，第 176 页。作者对社会代价思想的理论渊源作了详细论述。

② 杨东平：《教育公平是一个独立的发展目标——辨析教育的公平与效率》，载《教育研究》，2004 年第 7 期。

之于民的税收和财政。

在实践中，效率损失的代价宏观上表现为教育财政制度的设计。根据罗尔斯的差别补偿理论，对社会中处于弱势群体的成员应给予更多的关照。这些弱势群体从学校总体上看，是农村地区学校、西部地区学校和城市的薄弱校。从人口构成上看包括农村留守儿童（尤其是女童）、艾滋病（家庭）儿童、残疾儿童、城市贫困（家庭）儿童等。地区间经济发展是有差异的，家庭间财富总量也是不均衡的，但作为儿童本身应当享有无差异的基本义务教育。只有通过教育财政的转移支付以及社会福利基金等方式，才能帮助这些处于弱势的学校和学生得到教育的公平对待。这样，就需要中央政府以及地方政府承担财政损失，牺牲财政效率。近年来我国经济总量持续提高，连续10年维持了9%的经济（GDP）高增长，但教育经费的财政性支出占GDP的比例却一直低于4%的既定目标，说明政府通过加大财政支出以维护教育公平还存在很大的空间。

在中观的学校层面，效率代价表现在学费制度上。学杂费制度如何反映学生学习成本和支出的比例仍是当前教改中争论激烈的话题。义务教育的非营利性使得中小学校的成本和支出大致相当，而且，国家前些年实行的“两免一补”（免杂费、书本费，补助住宿费）和刚刚推广实施的“免费义务教育”政策使得成本由财政承担。但事实上，国家的财力仅仅提供给学校基本运转的费用，学校提高教育质量的费用仍需要学校自筹。优质校可以在市场上获取收益，薄弱校则连基本的生源都存在问题。国家推行的“一费制”限制了学校（包括薄弱校）的经济收益能力，使得基层一般学校和薄弱校财力相当紧张。要么收费（政府不满意），要么不收费（家长因学生得不到相应的教育服务也不满意），学校面临两难选择。笔者曾撰文提倡调整“一费制”的收费标准和范围，因为，在笔者看来，学校发展的代价在当前不仅需要政府牺牲财政效率，家长也需要承担效率损失（即交纳少量的费用）。在政府不能完全支付基层学校生存和发展的所有费用之前，“一费制”和“完全免费的义务教育”一定要慎重。毕竟教育的改革不应是主要解决社会问题，更不是希图所谓的“政绩”，而要根据教育的规律考虑学校的独立的利益。①

在微观的学生层面，效益损失可能导致所谓的尖子生和高才生不能脱颖而出。新中国成立以后，我国教育程度的效率取向表现在举办重点校，加大高等教育投入，为社会主义事业培养栋梁之才。这种偏向是以牺牲弱势群体学生的受教育权为代价的。教育公平的诉求则相反，为了推广平等的受教育机会，可以以限制对少数优秀学生教育上的特殊提供为代价。目前，政府已经意识到这一问题，近几年取消了重点校政策。但阻力来自于一些基层学校和家长，他们仍旧对重点校、重点班情有独钟，地方政府评定的示范校实际上只是取代了以前的称谓而已。这种来自社会和市场的阻力需要政府以统一的政策加以规范和限制。

当然，教育公平的实现需要以教育效率的适度牺牲为代价，并不是说是对效率的盲目排斥。教育改革需要付出的是必要的代价而不是不计得失的任何代价。对于必要代价的界定，我国学者张明仓认为，衡量代价付出是否必要，包括两个方面的内容：一是实现主体价值目标是否具有必要性，二是代价作为一种成本付出是否具有必要性。② 在这两点上，教育公平价值目标的必要性无须赘述，而以损失效率为代价往往又是教育改革和制度设计的无奈选择。需要指出的是，在教育公平得到保障的前提下，效率仍是一项重要的价值取向，而且，为了教育公平而损失的效率应尽可能地保持在较低的水平。具体的效率代价的支付力度、范围和水平应在具体的教育改革和制度设计的情境中把握。

总之，教育竞争可能会激发基层学校办学的活力，调动学校和社会办学的积极性和创造性，扩大教育资源的总量。可惜在中国，这种完美和谐

---

① 有人推算，在我国农村中小学实行完全的免费义务教育需要 500 亿—700 亿元的财政支持。笔者曾主张在中央每年为农村地区推行（免费）义务教育提供的500 亿—700 亿元财政拨款的基础上，学校收费照旧（杂费不免），这样，广大农村学校就会平添 500 亿—700 亿元，学校发展就大有希望。否则，当前许多农村地区的中小学校的经费状况并不会因免费义务教育出台而有所改善，只是学校的经费提供者由家长变为国家而已。当然，这样就需要家长仍需承担经费负担。笔者认为这种代价是值得的。参见拙文：《学校收费行为的调查分析》，载《教育管理研究》，2005 年第 6 期。

② 袁吉富：《社会发展的代价》，北京大学出版社 2004 年版，第 161 页。

的竞争结构和竞争状态“可能和萧伯纳对于基督教所说的一样：它唯一的毛病是它从来没有被实施过”①。市场的盲目性在教育竞争中时刻存在着。市场对效率的偏爱经常会和教育公平的价值取向相抵触。在公平和效率问题上经常难以两全，需要取舍。教育公平价值的坚守需要以一定时期的效率损失为代价，只有如此，才会有教育的可持续发展和人的全面发展。

① ［美］保罗·A. 萨缪尔逊：《经济学》上册（第10版），商务印书馆1986年版，第62页。转引自曹沛霖：《政府与市场》，浙江人民出版社1998年版，第167页。

第三章　学校与社会

学校办学不是在真空中进行的，它要和外界环境进行合理、有效和良性的互动。在当前中小学校的办学过程中，外部环境往往使我们首先想到的是政府以及近年来愈演愈烈的市场，但正如前两章所述，政府和市场都有失灵的时候。于是，人们转而将目光投向更为广阔的社会，去研究和探索家庭、社区和社会公众对于学校办学的影响，以期对学校发展提供更加有利的外部环境。的确，政治学视野下研究政府干预、经济学视野下研究市场法则都有其天然的局限性，而在社会学和教育学关照下研究社会对于学校而言更具有教育性，毕竟学校作为一种组织，有别于行政组织和企业组织。因此，在研究学校与外部环境的过程中，如果我们还希望学校的办学过程和办学行为多一点教育的情怀，少一些政府的武断干涉和市场的冰冷法则，那么我们应当承认，社会是不容忽视的重要一极。

教育是一个大系统，中小学教育作为它的一个子系统，要从根本上改变教育与社会、经济发展相脱节的矛盾，打破学校封闭式办学管理模式，必须建立一种面向21世纪的学校、家庭、社会教育相结合的管理模式，形成学校—家庭—社会“三位一体”的教育网络，实现学校教育、家庭教育和社会教育的和谐统一。① 社会学家强调学校教育的社会性，因为作为社会结构中的一个机构，学校的存在是社会的需要，它是社会的一个有机组成部分，其培养的人才也是以各种各样的角色进入社会大系统的运转中，推动社会的发展，故而学校教育在本质上带有社会的特性。揭示并正确地把握，有意识地发展这种社会性，将能极大地发挥学校的社会功能，因而教育社会学家倾向于关注学校体制中各群体与人的社会性层面及教育体制与其他体制的关系，包括在教育活动开展中群体与群体的互动，群体与个体

---

① 王乃信主编：《面向21世纪中小学管理体制改革研究》，山东教育出版社2001年版，第162页。

的互动，个体学习者之间的互动以及发生各种互动的背景的社会特征。①

其实，社会对于教育的重要性从未逸出古今中外学者们的视界。西方近代史上有些思想家、教育家，如德国的康德、新康德主义者纳托普等，在论及教育时经常关注“社会理想”，强调学校与外界发生的各种“社会关系”。法国社会学家涂尔干认为，要知道教育是什么，必须把教育和学校当作“社会事实”来考察。② 美国哲学家和教育家杜威更是从知识论的高度，探索学校通过课程和授课方式的改变以加强学校与社会联系的各种途径。杜威所追求的是通过社会对学校的影响，使“学校自身成为一种生动的社会生活的真正形式，而不仅仅是学习功课的场所”③。显然，西方学者眼里的“社会关系”、“社会事实”和“社会生活”都在昭示着学校与社会的某种联系。只是不同的国度、不同的历史阶段，社会对于学校而言有着不同的含义。胡森（Husen）认为，近几十年来学校机构的封闭性有所加强，由此引起的越来越多的反应都倾向于使学校与其他社会机构相互协调与紧密结合。④ 在21世纪初的中国，我们要做的就是如何对中小学校办学中面临的“社会”作出新的诠释。

第一节　社会参与与教育治理模式的转型

一、学校面对的“社会”

（一）“社会”的概念

现在，我们对学校办学中的“广泛的社会参与”已经耳熟能详了，但

---

① 钱扑编著：《教育社会学的理论与实践》，广西教育出版社2001年版，第46页。

② 陈桂生：《教育原理》（第二版），华东师范大学出版社2000年版，第106页。

③ ［美］约翰·杜威：《学校与社会·明日之学校》，赵祥麟、任钟印、吴志宏译，人民教育出版社2005年版，第5页。

④ S. 拉塞克、G. 维迪努：《从现在到2000年教育内容发展的全球展望》，教育科学出版社1996年版，第106页。

是，什么是“社会”其实在论者的眼里并不一致，以至于在证实或证伪某一命题时往往谈论的并不是同一层面的问题甚至根本就是两个问题。如在论及社会广泛参与办学时，有人谈论的是家长对班级管理和学校教育的参与；有人则是在提倡学校办学应密切联系儿童所在的社区生活，使学校教育尽可能不脱离学生可感知的经验世界；也有人则是在谈论社会应从办学主体角度进行参与，这样社会参与办学就又转化为办学体制多元化的问题。可见，不具体明确这里的“社会”的含义，往往导致不必要的认识上的歧义和混乱。

对于“社会”一词，即使在以研究社会现象、社会生活、社会组织等为己任的社会学中，也是言人人殊。英国学者米切尔（Mitchell，G. D.）在其主编的《新社会学词典》中也认为：“社会一词是社会学家词汇中最不明确和最普通的名词之一。”① 尽管学者们对社会的理解千差万别，如马克思着重是从社会与自然的对立中以及社会的基本特征中认识社会，涂尔干等人更多的是从社会与个人的差异中来进行分析，也有一些社会人类学家是从社会与民族、文明的关联中去考察，但总的看来，“社会”既可以用来指个人交互作用所结成的各种各样的关系，也可用来指人们之间结成的各种各样关系的总和；既可以用来表征不同的民族，也可以用来表征不同历史发展阶段中人们的生活状况。本书的“社会”主要是从学校与外部环境看待的，社会与政府和市场一样，构成了学校外部环境的重要一极。这里，社会更多的是指学校面对的各种社会关系，以及学校中生存的个体——学生和教师所面对的学校以外的各种关系构成的环境。

（二）“社会”的范围

就“社会”的范围而言，到今天为止，“社会”一词在学术上并未统一。不同的学科、不同研究领域，有着不同的理解和解释。以社会学的观点，社会可以理解为人类结成的一切社会关系，包括实体的和观念的，当然，也包括政府和学校。② 本书显然不能取此过于宽泛的社会学概念了，否则本章论及的社会和前述的政府、市场等章节必然存在外延上的交叉。以

① ［英］米切尔主编：《新社会学词典》，蔡振扬等译，上海译文出版社 1987 年版，第 347 页。

② ［美］戴维·波普诺：《社会学》（上册），辽宁人民出版社 1987 年版，第 3 页。

政治学的观点看，社会主要指市民社会（公民社会），即独立于国家之外，但又受法律保护的社会生活领域。① 这种关于社会的外延显然要比社会学意义上的稍窄，在哲理上也更严谨，毕竟西方政治学家（包括马克思、黑格尔、哈贝马斯等人）对市民社会都有过深入的研究。但市民社会中社会主体对学校办学的参与必然涉及办学主体的参与和办学体制的改革，这部分内容本书在第二章“学校与市场关系”时已经论述，故而本章对“社会”一词的理解比市民社会还要窄。② 那么，究竟应窄到什么程度呢？边界在哪里？或者说，本书研究学校与社会关系的时候，主要将“社会”转化为哪些主体和对象进行研究呢？

我们不妨借鉴国内目前比较流行的关于“第三部门”的理论研究假设。20 世纪 90 年代后，“第三部门”理论在我国社会科学界崭露头角。该理论基于国家—经济领域—市民社会三分法的理论，将社会定义为“政府公共权力领域和市场领域之外的第三种领域、第三种力量”③。借鉴这一理解，从我国中小学校的研究特点出发，我们将社会理解为政府公共权力领域和学校自身行为（包括市场化行为）领域以外的一切社会成分。需要指出的是，因为中小学校相对于高校和其他社会教育组织而言，更具有强烈的教育意义（对未成年学生的成长影响巨大），因此，上述的“一切社会成分”并不能泛指所有政府与市场领域之外的一切成分，而应有目的地选取具有教育意蕴，与学生、教师这些学校灵魂人物更贴近的社会组织和成分进行研究。笔者的选择是着重研究家庭和社区。

在本章中，将社会划分为家庭、社区、社会（狭义）三个层面来论述学校与社会的关系。如果作更严谨的细分，可能还应包括更微观层面的就公民个人层面的或更宏观层面的社会整体层面（包括企事业单位、大众传媒等各种社会组织）的学校与社会的关系。但笔者以为，目前我国中小学

---

① 李文良：《中国政府职能转变》，中国发展出版社 2003 年版，第 158 页。

② 事实上西方学者在研究学校与社会关系时很多是从市民社会来理解社会的含义的。另外，涂尔干、杜威、菲尼斯、吉登斯等人都对社会进行了学理建构。参见 Heinz Dieter Meyer，William L. Boyd（Ed.），*Education between State*，*Markets*，*and Civil Society*：Comparative Perspectives. London：Lawrence Erlbaum Associates，Inc.，2001.

③ 李文良：《中国政府职能转变》，中国发展出版社 2003 年版，第 158 页。

办学过程中所急需解决的学校与社会关系应着重放在家庭和社区两个层面上。这两个核心层面的社会组织和学校接触最频繁，也与学生的生活联系最紧密，因而是最能影响学校向社会开放程度、社会对学校支持程度的“社会”分析单位。对家庭和社区问题的着墨可能带来挂一漏万的逻辑欠缺，但本书更关注的是内容和实质上的、直接面对学校的“社会”。①

问题不在于学校是不是一种社会现象和社会组织，学校是否和社会发生联系，而是在学校与社会联系越来越紧密的今天，学校应当和社会保持一种什么样的关系，以及如何保持这种关系。王乃信等人认为，学校与社会的结合，一是从资源上采取“学校主体、社区共建、资源共享”的教育模式；二是在管理上采取“政府统筹、分级管理、专职指导”的教育模式；三是在治理结构上采取“学管委”、“校董会”的教育模式。② 不管是在资源、管理还是治理结构上，学校和社会关系首先强调的是社会参与。

（三）“社会”对于学校的中西差异

应该说对于学校而言，中西方学者眼里的“社会”是有差异的。

从宏观来看，西方办学的传统是学校自治，除非必要（如美国人眼中的教育危机的出现），国家与教育、政府与学校必然保持距离，特别是英美国家长期以来强调的消极自由的民间意识，使得社会而不是国家担当起了对教育的支持功能。公民社会和学校自治是学校与社会关系研究的重点。而在中国，新中国成立后我们在学校外部关系上进行的是国家/社会/学校的一体化处理。既然办学成了政府的事情，社会自然也就没有能力也没有必要掺和进来，因而我国学者现在更强调怎样让社会独立起来，怎样让社会组织（企业和学校等）和政府脱钩。从传统来看，西方是民间自治的传统，而我国是新中国成立后政府集权的传统。从与此相关的权力流向来看，西方国家是政府从社会获得权力，而我国则是提倡社会从政府手中接过权力。改革需要路径依赖，西方国家民间力量高涨而政府则比较冷静，对于

① 本书所说的社会与学校的关系主要是指社会对学校办学的教育性与政治性的参与，而非家庭和社区对学校办学和投资的主体性参与，后者更多的是在第二章市场与学校关系中论及。

② 王乃信主编：《面向21世纪中小学管理体制改革研究》，山东教育出版社2001年版，第163－165页。

核心教育权力（如国家课程和考试标准）绝不轻言下放基层和学校，似乎是民间攻而政府守的态势；而在中国，则是政府鼓励民间参与到学校的办学中来，但社会公众似乎存在着对民主参与的冷漠，政府和社会间的力量对比是政府攻而民间守的态势。与广大民众政治民主参与的冷场相比，民间（少数具有经济实力的社会成员）对市场化的投资办学的积极性比较高，办学的高额回报成为政府和社会争论的重要问题。总之，市场机制而不是民主机制成了在中国讨论政府与社会关系以及由此决定的学校与社会关系的主流话语。

从学校面临的外部微观环境看，中西方政治、经济体制差异造成了学校面对的“社会”的含义有所区别。西方的学区集有教育管理和财政支持（收取房产税）的功能。而对我国教育行政部门而言，这两种职能是脱钩的，即基层教育局（教委）只负责管理教育事务，而由其他类型和层级的政府负责对学校的财税支持（类型上是财政局负责，层级上贫困地区的学校必须依靠更高级别政府的转移支付）。这种公立学校办学体制差异使得学校与社会的关系从逻辑上看存在巨大差异：英美国家学校需要对社区成员（学区纳税人）负责，而我国学校只需要对上级主管部门负责。前者是直接责任，后者仅有间接责任。责任方式和责任强度的差异使得学校面临的社会（社区）环境迥异。

二、社会参与

（一）社会参与主体——公众和社会团体

社会参与往往从最广义来看是公众的参与。正如前文所述，本书认为相对于个体层面的公民参与，对公众参与学校的研究更具意义。因为公民只能是自然人，而社会公众则既可以是自然人，也可以是法人。在法人意义上谈论公众参与则强调的是一种集体意志和集体理性。公民个人的行为往往更多的是出于自利的考虑，表现为一定的交易行为，在个体交易层面上的参与更像是市场行为。公众往往表现为一定的社会团体和组织，而且这些社会团体和组织更能够代表集体利益，代表公益。

尽管公众一词在社会学和政治学等学科的使用频率都很高，但一直以来，对公众的理解其实经常停留在日常用语而非学理的层面，以致我们今天在谈论公众对学校事务的参与时需要首先界定公众的含义以及论者需要特指或重点阐述的对象。严格说来，公众（public）通常是指具有共同的利益基础、共同的兴趣或共同关注某些共同问题的社会大众或群体。① 这里，首先需要明确的是公众的共同性和集体性。如果说教育在一定区域内（如社区、街道、单位等）是某些社会成员共同关注的问题，并能给这些成员以普遍的利益，那么公众的概念就是确定的。当我们把视界以学生为圆心向外拓展，就会发现，与学生的学习和生活、与学生的成长、与学校具体事务联系最为紧密的是学生所在的家庭和社区，这些组织和团体构成了我们在考虑学校面对的社会时所面对的最直接的公众，在这个具有教育意义的层面上，所谓的公众参与和社会参与就演变为家庭参与和社区参与。其他的社会组织和团体、个人对学校事务的参与只是出于辅助性的、边缘性的和隐性的地位。所以，本书的公众并非泛指一切社会普通人员，我们不会将一所学校的办学和一个钢铁工人联系在一起，除非后者是作为家长的身份或社区成员的身份和学校发生联系。泛论公众对学校的参与没有实质性的意义。

公民个人参与学校的办学过程从强度和力度上来看都是有限的，他们往往需要集结为各种社会团体，以集体的力量对学校办学进行有效参与。

所谓社会团体是指人们基于共同的利益或者兴趣与爱好而自愿组成的一种非营利社会组织。目前，与社会团体相应的称谓较多，也易于引起混淆。如政治学上的非政府组织（Non-Governmental Organization，NGO）、民间组织、公民社会组织（Civil Society Organization，CSO）和第三部门，经济学上的非营利性组织（Non-Profit Organization，NPO），社会学上的中介组织等。在解释和描述这些概念时，不同的学科有着不同的视角和关注重点，但至少我们可以寻求其中带有共性的东西，即这些社会团体及其别称，在政治学上都是独立于政府的公民团体，在经济学上都是采取非市场逻辑运行或者说不以营利为目的，在社会学上都强调成员对团体事务和社会事务的参与与合作。

而且，如果我们进一步观察现有的对于这些社会团体的研究，无论是环保组织、慈善组织还是妇女、儿童保护组织，有一个共同的特点是他们关

---

① 李艳芳：《公众参与环境影响评价制度研究》，中国人民大学出版社 2004 年版，第 1 页。

注和处理的事务都具有某种程度的公益，都属于一定范围的公共物品（哪怕只是俱乐部物品），而这些公益和公共物品在当前世界各国的发展状况下又不能全部纳入政府全面掌控的范围，故而，和这些公益和公共物品最关联的公众组成了各种名目的社会团体自行处理这些事务，以促进公益的发展。

在这里，我们似乎能发现教育赖以发展的源头。当前各国的义务教育大多是由国家提供的，各类中小学也大多是由政府投资设立的。按照国家—市场—社会的三分法，假如政府在学校事务上退一步，那么，学校的发展就会倾向于依靠私人机制去解决，因此人们首先想到的是依靠市场。而事实上，教育事务的处理依赖市场法则并不能臻于完美。因此，在理论上我们就可以假设社会团体是会形成并在教育事务和学校事务上有所作为的。而在实践中，在学校办学问题上，政府失灵和市场失灵屡见不鲜，这从理论上为各种社会团体出面解决学校事务提供了充足的理由。有学者直接将社会（各种社会组织、公民团体）称为政府和市场之间的缓冲地带，它既可以消融政府的专制权力，也可以化解市场的盲目自利。这可能也是一些学者将我国现代学校制度发展定位于市民学校的缘由。

（二）社会参与机制

翻阅文献，可以发现当前学者在研究家庭和社区对学校教育活动进行参与时大多停留在教育学的层面上，在他们看来，社会对于学生而言只是可资学生利用的教育资源、教育材料、教育背景和教育环境，家长和社区等社会组织充其量担当的是教师培养学生的帮手。如果学生学习好了，掌握的知识多了，这些社会组织的任务也就完成了。在他们眼里，即使带有政治色彩的参与也至多只是起到工具性的作用。其实，正如杜威所言，如果我们想让我们这个社会是民主的，教育首先就应是民主的。教育怎么民主？这就需要家庭和社区等社会组织对学校的参与是实质性的而不是形式化的，是政治性的而不仅仅是教育性的。因此，必须将社会参与纳入政治参与的范畴。

何谓政治参与呢？美国学者塞缪尔·亨廷顿等人认为："政治参与就是平民试图影响政府决策的活动"①。在论及社会对学校办学的参与时，一般

---

① ［美］塞缪尔·亨廷顿、琼·纳尔逊：《难以抉择》，华夏出版社 1989 年版，第 5 页。

表现在两个方面：一是社会组织和个人对于政府（包括教育行政部门）的决策进行影响，使得自己的声音在政府的教育政策中反映出来，从而从学校外部影响学校的办学实践；二是在学校内部表现出来，即社会组织和个人通过对学校决策层进行影响，使学校的办学行为符合社会公众的意愿表达。在这里，学校扮演了政府管理教育的代理人角色。这时，参与的政治性不是公众对政府直接施加压力，而是对学校施加影响，从而贯彻自己的教育意图，实现自己的教育利益和诉求。显然，过去我们在研究社会参与时，往往着重研究后者而忽视了前者，将前者仅仅看作是一种政治过程。在民主化进程日益加快的今天，需要更加注重第一种形式的参与，即政治参与。在这种形式的参与中，教育的参与者仅仅是以公民的身份进行参与，而不是以家长或社区成员这种具有教育意蕴的角色进行的参与。

从内容上看，对学校办学过程的政治参与包括以下方面。

第一，参与包括活动，而不包括态度。换言之，社会公众对学校教育的参与不应停留在口号、标语、态度等主观层面，应使其参与到实践中，进入到教育的实际操作层面。在现实中，很多家长从观念上似乎也大都赞同对学校办学的民主参与，但一遇到实际问题，他们往往以自己工作忙为托词，或以参与能力、参与实际效果不佳为借口，将孩子的教育完全推脱给学校和教师，认为既然孩子送到学校了，学校和教师理应负起责任来，而将自己的参与责任和参与权利放弃了。也有时，学校会在家长参与上设置障碍，在校长和教师看来，自己更是教育的专家，对孩子在校的学习和发展拥有更多的专业话语权，而家长因为精力和能力等原因，在学校办学过程中应“靠边站”，一些素质不高的家长的过多参与被认为是只会给学校办学添乱。因此，在态度上校方大多是支持社会包括家长的参与的，但一遇到阻力就只能作罢，尤其是在涉及学校利益以及学校和家长意见容易发生冲突的时候，以活动的方式对学校办学进行的实际参与往往被挡在门外。这种社会主体对学校办学的理念和态度上而非行动和实践上的参与显然不是真正的参与，更不是一种政治性的参与。

第二，参与是指平民的政治活动，或者确切地说，是指充当平民角色的那些人的活动。政治参与不是政治职业，参与的主体应推行大众化的原则。在现实中，我们往往看到，学生家长的身份往往直接影响其对学校办学参与的广度和力度。学校对一些优势地位的家长，如行政干部和一些能给学校带来较多物质资源和其他社会资源的家长，往往使其在学校的参与中具有明显的影响力，而那些平民家长则容易被排斥和遗忘在参与的范围之外，或至多是形式上的参与。我们说政治参与是一种权利，学生家长和社区有关人员因其特殊的具有教育意蕴的身份，理应是学校办学的实质参与者。他们对教育参与的广度和深度是衡量一个社会是否真正民主的标杆。

第三，政治参与活动指向的目标是教育的公共当局，因为这些当局通常被认为对于社会价值的权威性分配拥有合法的最终决定权。在中小学校办学中，社会公众的参与影响的是行政部门或者作为其教育代理人的学校。我们强调参与的政治性而不是教育性，意指的就是这种目标指向性。如果仅仅从教育学和心理学角度，仅仅将社会参与等同于家长参与，进而等同于家长对教师教育教学活动过程的配合行为，显然不是参与的真正本源。在事关学生的切身利益的有关教育决策（无论是政府决策行为还是学校决策行为）中，社会成员的意志理应得到表达。如学校的收费问题、义务教育阶段施教区的划分、学校招生时名额和分数线的确定，等等。遗憾的是，家长和社区成员往往对这些实质性的教育决策过程无从参与，他们的声音大多淹没在政府和学校作为教育强势一方的武断的决策行为和办学行为中。社会主体对教育的参与也只能是跟随政府的政策和听命于学校的安排。

第四，政治参与包括试图影响政府和学校的所有活动，而不管这些活动是否产生实际效果。不少家长认为自己势单力薄，“胳膊拧不过大腿”，往往主动放弃对教育的实质参与。又或者，一些家长的行为带有过多的功利色彩，往往只有涉及自家子女利益的教育决策才试图干预，对于事不关己的教育事项则选择放弃参与权利。单个家长如此，众多家长就会形成一种“集体无意识”了。这种参与意识的缺失也是造成我国中小学办学中家长和社会影响力低下的一个重要原因。

第五，政治参与不仅包括行动者本人自发的影响政府决策的活动，而且包括行动者受他人策动而发生的影响政府和学校决策的活动，前者称为自动参与，后者称为动员参与。① 在当下的中国，家长参与学校教育的所有政治活动中，大多的参与仍停留在自动参与层次上，这与“文化大革命”

---

① ［美］塞缪尔·亨廷顿、琼·纳尔逊：《难以抉择》，华夏出版社1989年版，第5页。

对人们政治热情和政治参与意识的摧毁有关，也与我国儒家文化中出世与入世的传统思想有关。当前，我们在谈论社会对学校教育活动的参与时，需要加强的是动员参与，即通过合理有效的社会参与机制来扩大社会主体的教育活动参与的广度和力度。在这一过程中，教育的民主和社会的民主是互为因果、互为条件的。

我们在论述公众对教育事务的参与时，强调其政治性，即将教育事务视作政治事务，它是每个社会主体成员都应当享有的政治权利。对待这种参与的权利，应当重视之而不是淡漠之，珍惜之而不是放弃之。从广义上看，公众参与理应属于政治参与的范畴，它是指具有共同利益、兴趣的社会群体对政府的涉及公共利益事务的决策的介入，或者提出意见与建议的活动。教育就是这种典型的公共事务。公众参与教育事务过程包括三个要素：参与的主体、参与的对象和参与的方式。正确理解民主社会中社会公众对教育事务参与的这三个要素，需要我们对原有的一些观念、制度和行为进行梳理、纠正和重塑。

1. 参与的主体即谁有权和能够参与

公众参与的主体是公众，是一个国家、一个社会或一个地区的普通民众。这里就主体资格需要对以下两点进行辨析：一是普通公民并不包括政治家和政府官员。因为政治家和政府官员的参与属于行政领域的问题，强调以政府的角色对教育进行干预。现代国家普遍将义务教育纳入国家供给的范畴，对于教育的参与和管理是他们分内的事情。而公众参与强调的是参与者的普通的、平民的性质，它利用的是社会机制而不是狭义的政治机制。当然，不能否认，从广义上看任何民主过程都是一种政治过程。普通民众从主体数量上和参与的广度上都是官员无法比拟的。在教育民主化的今天，在中国这个具有长期官本位传统的国度，对参与者平民主体资格的突出和强调显得尤为重要。二是参与者往往需要和所参与的事务有直接或间接、物质或精神的联系。比如，在一个社区中，并不能说必须具有社区成员资格（如传统社会的户籍资格）的人才能对社区事务发表意见，一些暂住人口的子女即使户口不在本社区，但因教育事务事关其利益，也应被纳入参与者的范围之中。而事实上，教育事务是繁杂的，从学杂费收缴到学校课程编排；从教师聘用到学校基础建设，涉及的社会主体人员是各种各样的，有时我们甚至事先都无法准确预计到对于某些教育事务的社会参与者究竟都有哪些。当然，这样说并不意味着社会参与主体是虚无缥缈和捉摸不定的，相反，我们可以用一种比较宽泛的方法来确定参与者是否有权参与，方法其实很简单，只要本人自愿，参与符合国家法律和社会基本公德，能列举出自己与有待决策的教育事务的正当联系，则参与主体都属于社会参与的合格主体的范围。当然，因参与者具体的身份不同，参与的范围、层次和参与方式等也会不尽相同，否则就是平庸的平均主义。

2. 参与的对象是指公众可以对哪些社会事务发表意见

一般而言，只要是涉及本地区的教育事务，公众都有相应的权利参与。但如果将所有教育事务不分重点地均纳入公众参与的对象中来，往往会使得公众不知道自己究竟应在哪些事务上多投精力。在现代国家，一般将义务教育纳入国家直接供给的范围中，似乎如委托—代理理论上所说的那样，国家是中小学校的委托人，中小学校作为教育事务的代理人只需要对委托人负责，而不需要直接向最终委托人——学生、家长和社区成员负责。果真如此，社会公众的参与反而要丧失合法性了。其实不然，我们说的公众的参与只能被理解成公众对那些由国家、政府承担的公共教育管理事务的参与。比如，本社区教育经费的筹措、分配和使用，中小学校长的任命、聘用和考核，教育资源的开发和利用，学校周边环境的整治，教育结构的优化，等等。这些，在许多教育实际工作者眼中，自然地应成为政府管理学校的事务，管好这些事务是政府的职责，否则似乎政府就是不称职的。如果政府官员都这么想，这种敢为天下忧的负责精神和态度是值得称道的，但问题在于，这种政府治理教育的模式在多大程度上吸纳了政府自己的主顾——社区居民的意见呢？公众参与的对象，从广度和深度上可以作为衡量一个政府及其决策的民主化程度，最终成为衡量政府决策自身合法性程度的标杆。

3. 参与的方式即如何参与

公众参与的方式主要有咨询、座谈、听证和投票表决等，可以说其政治性和民主性是递进的。当前我们接触到的公众对教育事务的参与大多还仅仅停留在咨询和座谈两种形式上，具体到中小学校的办学实践，包括了设立家长委员会、定期召开家长会、设立家长开发日、明确班主任家访制度、使用家校联系册、开通校长热线、采用校长信箱等各种制度形式。听证制度在我国还处于萌芽状态，近年来在水电费和车票涨价等敏感问题上开始试行。但一些教育政策的决策往往并不召开社区有关人员和家长参加的听证会。即使像学校收费等直接关系到家长切身经济利益的教育决策行为，学校所要做的也只是执行政府部门的“一费制”等政策文件，他们听命于上而忽略于下。投票表决在我国被视为正式的政治决策过程，在政府体制内采用，而在基层和社区，尤其是对于中小学校的核心事务的决策中，投票表决仍是很遥远的事。在美国等民主比较发达的国家，学区教育预算的形成、学校董事会成员的任命等重大教育事务中，投票表决已成为一种普遍的公众参与方式。在我国社会公众参与教育事务的方式上，仍需逐步加强民主性，在这方面还有很大的潜力可挖。当然，这种改革已经不仅是教育改革，而更多的是整个社会体制及社会生活参与方式的变革，其中的核心还涉及政治体制的改革。

（三）公众参与教育的基础

公众参与教育事务是需要一定的条件为基础的，大致可分为经济基础和政治基础。

首先是经济基础。这里，并不是说社区成员有了钱才会参与学校事务，而是说教育事务往往带有利益分配的性质，涉及各社会成员自身的利益。只有社会成员对自己的利益有了清晰的认识，才会有参与学校事务和教育事务的动力。在人类的社会生活中，一切对政治或公共事务的参与活动都是围绕着利益问题进行的，如学校地点的设置关乎家长送孩子上学路途的远近，教师工资的上涨和合格教师的聘用直接影响孩子接受的教育质量，施教区的划分和学校招生名额的确定直接决定孩子是否能获得免费的优质义务教育，等等。公众参与教育事务的首要条件是他们要有自觉的自我利益意识。

单个家长的利益简单汇集起来往往是凌乱的，甚至会产生冲突。而义务教育作为公共物品要求政府负责，政府负责时的利益表达需要一致而不能凌乱，甚至矛盾。这样，就要求在民主制度的约束下，将各种利益进行梳理和整合。社会主体在教育中的利益汇集成公益。“公共利益是指那些广泛地被分享并能够最好地由集体行动所提供的利益。”① 这种公益不仅仅是

① 休·史卓顿、莱昂内尔·奥查德：《公共物品、公共企业和公共选择：对政府功能的批评与反批评的理论纷争》，费朝辉等译，经济科学出版社2000年版，第189页。

事实概念，也是价值判断；不仅是当前的利益，也是长远利益；不仅是某些集团、阶层的利益，也应包括全社会的利益；不仅限于经济上的利益，也应包括政治上的利益。因此，有学者把对公益的理解定位于国家意志性、影响的持久性、利益的普遍性和内容的完整性四个方面。① 相应的，我国义务教育的公益性就是在国家意志参与下，义务教育对全体公民在提高经济利益和政治权益上的持久影响。无论是什么样的教育利益，最终都要通过全体公民反映出来。

在传统的集权制条件下，人们把教育利益的实现寄托给国家和政府，希望国家和政府作为一种高高在上的力量，代表他们的利益和回应他们的要求。所以，在计划经济条件下，教育的一切事务均被政府包办下来。但随着市场经济的产生和发展，社会成员的教育利益出现了多元化倾向，而且这些繁杂的利益又常常会发生冲突，冲突的矛盾即使仍由政府出面协调往往也无法解决到帕累托最优的共赢状态，这时必然需要利益涉及的各方充分参与教育事务的决策与协商。只有如此，教育中的矛盾才不会激化，教育的发展也才能有一个稳定的环境。人们对自我教育利益的认识还需要伴随着对他人教育利益的认可和尊重。这样，就需要社会成员拥有自由和平等的权利意识。在市场经济初步发展的今天，人们已经逐步感受到自己是一个独立的个体，无论是相对于他人，还是相对于政府来说，他都不再是一个附属物，因为自己的子女接受好的教育是自己的事情，直接决定着孩子未来的前途和命运，影响到将来的生活，而对于社会其他个体而言，教育利益对自己是实实在在的，这种利益需要自己用行动去争取，这种行动首先就表现在对学校事务和教育事务的参与。在这样的经济环境和经济条件下，人们越来越关心与自己的生活、生存相关的一切政治的和公共的事务，包括教育事务。

其次是政治基础。从政治发展的角度看，当今世界各国都致力于民主制度的建设，鼓励公民积极地参与政治生活。对于民主制度来说，政治参与既是其表现形式，也是必要的保障。其实，民主制度并不仅仅是政治制度，推而广之，包括教育领域在内的非政治领域也会按照民主的原则构建

---

① 曲正伟：《多中心治理与我国义务教育中的政府责任》，载褚宏启主编：《中国教育管理评论》（第 1 卷），教育科学出版社 2003 年版，第 314－315 页。

生活秩序。参与式管理模式的建设，直接影响教育秩序的生成和发展。

民主制度是公众参与的政治前提。亚里士多德（Aristotle）早就给出了民主的基本界定，所谓民主就是多数人统治的政体。① 美国著名学者卡尔·科恩（Carl Cohen）认为，所谓民主，就是一种社会管理机制，在该机制中，社会成员大体上能直接或间接地参与影响全体成员的决策。

民主是一个社会追求的重要目标。杜威（John Dewey）就曾站在社会的角度，提出教育必须是民主的，教育的目标就是“为民主社会培养合格的公民”。如此，公众参与教育活动的程度就是衡量教育乃至整个社会是否民主的重要指标。对于民主，各国都有自己的具体模式，而且世界上大多国家也都标榜自己是民主国家。但民主真正实现的程度却是存在很大差别的。总体来看，我国改革开放以来，随着教育体制改革进程的加快，教育民主化的程度日益提高，社会居民参与重大教育决策的机会日益增加，参与的积极性也大大提高。但就目前的教育领域而言，社会主体参与的机会、方式、制度保障及其效果等仍存在不少问题，以至于仍有人将教育视为计划体制下的最后一个“堡垒”。具体地讲，当前在对重大教育问题的决策过程中社会主体参与不足、决策过程民主欠缺，其中至少存在以下两个方面的问题：

一是在制度设计上的直接民主的欠缺。应该说，民主的实质是大多数人参加统治，但教育事务事无巨细地都由相关人员参与决策似乎也并不现实，为此，代议制政体的设计成为大多数国家比较认可的治理方式，也是人类政治智慧的表现。由人民选出的少数代表代替人民对一些重大的教育问题进行决策的确在客观上节省了民主的成本，提高了教育决策的效率。至少从理论上，代议制是合理的，正如科恩所说：“代议制不会限制民主的最高权力范围，如果选举代表时容许既广且深的参与，而且代表又确能反

---

① 亚里士多德认为：“一人执政是君主制，少数人执政是贵族制，多数人执政是民主制。”民主理论发展到今天，我们已经可以看到各种各样对民主内涵的表述，但总体来说，西方学者的民主理论存在人民主权理论和宪政理论两大类别。我国一般学者还将民主区分为直接民主和间接民主。至今，各国间仍没有一个普遍公认的民主模式。但无论哪种民主形式，都是和独裁相对的，都鼓励公众的参与。可见，民主作为“大多数人的统治”的政治形式，和公众参与是互为因果和条件的。

映选民的要求，代议制政体就可能是民主的”。但问题在于，代表是否真正由选民民主选出，他们担任代表后是否真正对选民负责。在我国，人大代表通过民主机制选举政府官员，当选者对自己选区的选民是要负责的。但随后各级教育行政部门的主要负责人大多是任命产生的，他们只需要对任命他们的上级党委和政府负责就能谋求连任。之后，太多的代理链使得真正对教育事务有权作出决策的官员离相应的社会成员（包括学生、家长和社区成员等）越来越远。到了教育的基层单位——中小学校那里，校长是由上一级政府部门任命的。而且，为了提高学校内部效率和效能，校长又对副校级干部提名和对校中层干部进行任命。可以说，社会成员对于学校内部和教育行政系统内部的官员、领导、干部和当权者几乎没有一点选择的权力，这种代理链过长的间接民主方式必然使得代理人不能知晓和表达最终委托人的意愿。正如对代议制反感的卢梭在批判英国代议制度时所尖锐指出的那样：“他们（选民）只有在选举国会议员期间才是自由的，议员一旦选出之后，他们就是奴隶，他们就等于零了”①。因此，必须适当增加直接民主的范围。本书认为，作为非政治领域的教育（尤其是采取就近入学政策的义务教育），具有较强的区域性，在许多事关社区居民子女教育的问题上，应逐步扩大直接民主的范围，使得在重大的和基本的教育事务的决策上，社区每个成员都享有发言权和投票权。

二是在观念和居民素质上的参与、团结和合作精神的欠缺。在许多教育事务的决策上，不少居民甚至是学生家长似乎已经习惯于政府和学校的代办，或者只有在直接危及自身重大利益时才参与。我们在对30所城市中小学的统计调查中发现，即使是家长会这样最基本的活动，家长们的平均出勤率也只有48%，缺勤的理由有76%选择了“相信学校和教师会处理好自己子女在校的有关教育事务的”。要实现治校的民主，首先要做的是让广大相关社会成员参与到教育事务的决策中来，因为“民主的安全与稳定，归根结底要依靠公民们自己有参与的内在愿望，而不能依靠任何外在的要求”②。而且，即使在有限的教育参与中，社会主体间的团结合作状况也令人担忧。团结对于参与来说是很重要的，正如科恩所说，“民主社会的成长

① ［法］卢梭：《社会契约论》，商务印书馆1982年版，第125页。

② ［美］科恩：《论民主》，聂崇信、朱秀贤译，商务印书馆2004年版，第19页。

与持续依靠某些不易捉摸的东西——团结精神，团结精神愈弥漫、愈紧密，民主也就愈能持久，愈能经受最严重的内部冲突”。在笔者曾经采访的一所小学里发生了这样一件事情：一位班主任有一次要求学生第二天必须都带图钉、卷尺等工具到校参加课外兴趣活动，并规定不带的学生必须由家长陪同才能到校上课。有一位家长偏偏忘记了给孩子准备，而当天自己上班又特别忙，没法当面向班主任解释。结果孩子在学校外待了几乎整整一天。家长很气愤，将此事直接告到校长那里。和班主任闹矛盾的结果是该家长被其他家长以民主投票的方式联合赶出家长委员会，而其目的竟然只是为了所谓的“与班主任保持好关系”。在此情况下，少数（弱势）家长的权益反而在所谓“民主”的幌子下遭到剥夺，其危害性更大，因为“多数人的暴政”经常使受损者投诉无门。杜威早在《民主与教育行政》一书中就曾担忧，“受到排斥，不能参与，这一事实本身就说明是一种压制或高压统治的变相手段”①。备受传统集权思想影响的家长们，可能会在掌握了一定的民主权力后反而采取一些压制的反民主的方式来对待异己，这无疑是对治校的一些民主模式和民主制度的嘲讽。的确，社会成员包括家长的民主素质本身是亟待提高的，这也将需要长期的努力才能改变。

三、教育治理模式向多中心的转型

教育事务决策方式的变革并不是简单地归结为一时一地的孤立的教育变革，而是随着教育改革的不断深入带来的教育治理模式的根本转型，即从集权走向分权、从单中心走向多中心、从统治走向治理、从传统走向现代的变革。

（一）传统的教育治理模式

传统的国家治理模式属于统治（government），国家在对公共事务进行管理的时候是从属于统治的目标和统治方式的。这种统治模式在权力体系上表现为高度的中央集权，在运行机制上表现为一种“命令—服从”的关系模式，无论是在国家的权力机构之中、政府组织体系之中，还是在政府与社会的关系方面，都是按照统治的原则来确立管理与被管理、命令与服从的关系模式，管理过程中的权力运行是沿着自上而下的向度进行的。这

① ［美］科恩：《论民主》，聂崇信、朱秀贤译，商务印书馆2004年版，第52页。

种统治模式将集中与民主、整体与局部、国家与个人对立起来，在这种统治模式中，国家与公民之间的关系是一种不平等的隶属关系。在教育领域，这种统治模式就表现为封闭的、集权的和没有社会公众参与的管理。

（二）教育的多中心治理模式

20世纪90年代以来，一场全球性的改革运动意味着人类社会的一种新型的社会治理模式的出现。传统的政府体制和职能发生了根本性的变化，政府逐渐从无限走向有限、从人治走向法治、从集权走向分权、从专制走向民主、从封闭走向开放、从统治走向治理。所谓治理（governance），简单地说就是公共事务治理中的基本理论、基本方法和基本逻辑。学者们大多最注重治理中区别于传统模式的权力的“多中心”，认为“多中心是治理理论的核心观点和本质特征”①。多中心是指权力的多中心，而且主要是指政治权力的多中心。“政治权力的多中心化，主要表现在执行中变革、提高地方自治水平、还权于社群等。”“中国政府的权力已经开始从单中心的政府走向多中心的自主治理。”② 俞可平也认为，治理是一个上下互动的管理过程，它“不再是监督，而是合同包工；不再是中央集权，而是权力分散；不再是由国家进行再分配，而是国家只负责管理；不再是行政部门的管理，而是根据市场原则的管理；不再是由国家指导，而是由国家和私营部门合作”。③

从20世纪末各国的教育改革以来，治理理论极大地影响了教育管理的模式，教育开始由政府包办向社会广泛参与转变。20世纪80年代以来的中国改革道路选择的是一种渐进而非突变的改革。特别是在涉及政治体制的改革时，稳定一直是一个重要的追求。目前，我国占主流地位的政治学理论大多认为，我国的体制改革是一种增量改革和渐进改革。“政治领域的增量改革，实质上就是稳步推进民主。从这个意义上说，增量政治改革，首先体现为增量民主。增量民主的实质，就是在不损害人民群众原有政治利

① 曲正伟：《多中心治理与我国义务教育中的政府责任》，载褚宏启主编：《中国教育管理评论》（第1卷），教育科学出版社2003年版，第308页。

② 迈克尔·麦金尼斯主编：《多中心治道与发展》，上海三联书店2000年版，第1－3页。

③ 俞可平：《治理和善治引论》，载《马克思主义与现实》，1999年第5期。

益的前提下，最大限度地增加政治利益。”① 这种改革不否认政府和现有法律的作用，重视现有的“存量”，强调民主的程序。另外，在主体身份方面，突出了公民社会培育在当下中国改革中的现实意义。把非官方的、自主的、志愿的和非营利的公民社会的存在视作民主政治的前提。这里，已经和治理理论中强调的“多中心”合辙了。

治理模式向多中心的转型给教育领域的国家—社会关系的调整指明了方向，给各教育主体伸张自身的教育利益提供了必要的途径。民主治理实际上是国家的权力向社会的回归，民主治理的过程就是一个还政于民的过程。这种民主的治理不仅是中国政治改革和经济改革，也是中国教育改革的主要发展方向。正如未来学家托夫勒指出的：“沉重的决策担子，最后将不得不通过较广泛的民主参政来分担解决……否则政治制度无法维持。”②

在教育的民主治理模式中，政府和公众之间是一种合作关系，它是以回应和满足公众的教育需求为最主要的目标，并且通过公众对教育事务的参与来共同完成。在责任共同的前提下，官民彼此建立共同的教育观和价值观、共同的社区意识、共同的国家认同和政府认同，因此，不会牺牲公众的教育利益，而是在充分的沟通与利益协调之下，达到共赢的结果。因而教育的民主治理就是公共教育利益最大化的教育管理过程，其本质在于它是政府与公民对共同生活的合作管理。在教育领域，多中心的治理模式强调以下几个因素③：合法性（Legitimacy）、透明性（Transparency）、责任性（Accountability）、回应性（Responsiveness）、有效性（Effectiveness）、法治（Rule of law）、参与（Civil participation）、稳定（Stability）、廉洁（Cleanness）、公正（Justice）。

教育的多中心民主治理模式是一种善治，是将教育权逐步与全社会分享的过程。当代社会，随着教育人口的不断扩张，教育事务越来越复杂。客观上也决定了政府的教育治理和学校的教育管理实行网络化，即将社会各主体吸纳到教育管理网络中来。教育事务越来越离不开政府、学校、家

① 俞可平：《增量民主与善治》，社会科学文献出版社2003年版，第155－157页。

② ［美］阿尔温·托夫勒：《第三次浪潮》，生活·读书·新知三联书店1983年版，第45页。

③ 俞可平：《全球治理引论》，载《马克思主义与现实》，2002年第1期。

长、社区成员和其他社会主体的参与。历史上由于教育人口基数较小，教育事务较为简单，学校管理和政府治理的领域还较小，所以传统的教育管理模式还能用政府专断以及学校封闭办学的方式。但在教育人口激增和民主化浪潮汹涌的今天，多中心的治理才是教育改革的明智选择。在这种治理模式中，公民个人在教育事务的管理中影响决策的功能日益扩大，教育政策的制定和教育事务的决策与其说仍是政府官员和学校管理人员的特权领域，不如说是政府、学校与各界公众之间互相磋商、不断讨价还价的过程。

第二节　学校与家庭

一、作为参与组织的“家庭”

（一）学校对家庭的教育替代

自从学校作为一种基本的教育组织出现后，分担了家庭教育子女的功能。家庭在教育方面由强势向弱势转化。美国社会学家奥格本（Ogburn，W. F.）把家族的职能分为经济（生产）职能、社会职能与心理职能三类。作为社会职能的一种，“教育”的职能被学校、幼儿园等家庭以外的公共教育设施所替代。《共产党宣言》宣告的“用社会教育代替家庭教育”的主张，但其中的“社会教育”指的是“公共教育”①，和我们通常所说的国家通过学校提供的教育一致。

在19世纪以前，家庭与教会在教育机构群中占居首位；19世纪以来，学校取代了家庭与教会在未成年人社会化机构中的首要地位；第二次世界大战以后，在西方国家，家庭在教育中的地位进一步削弱，家庭本身也“日益变态，甚至可以说几乎濒临危机状态”。② 瑞典教育家胡森在《教育

① 马克思、恩格斯：《马克思恩格斯论教育》，人民教育出版社1986年增订本，第104页。

② 筑波大学教育学研究会：《现代教育学基础》，第105页。转引自陈桂生：《教育原理》（第二版），华东师范大学出版社2000年版，第254页。

的目前趋势》(1982) 一文中指出："有迹象表明，学校将承担越来越多的原由家庭承担的责任。"①

（二）家庭对学校教育的作用

学校教育的地位也是相对的，有时并不是那么牢靠。家庭教育的职能在学校教育的许多弊端暴露后（如学校课程的死板、教育时间的固定、集体化且无个性的教育方式、与社会生活和家庭生活的脱节等），再次被教育家和社会公众所关注。裴斯泰洛齐以斯坦兹孤儿院为实验基地，试图打通家庭教育与学校教育的樊篱，他对此信心很大："我要用实验来证明，如果公共教育有任何真正价值的话，它必须模仿家庭教育的优点"，因为"假如公共教育不考虑家庭生活的情况，以及一切和一个人的普通教育有关的所有其他东西，它只会导致人为地和系统地阻挠人的成长②"。传统的学校教育强调以课堂、课本、教师为中心，但一直以来，强调学校办学与社会、家庭以及学生生活世界的联系的观念从未阻断。无论是欧洲的新教育运动、美国的进步主义教育运动，还是我国20世纪上半叶的乡村教育运动，都是这种思潮的反映。③

家庭自从人类出现以来一直就伴随着人类的整个历史，其出现的时间要比学校久远得多。如果说学校与其他社会组织有什么本质区别的话，这个区别主要就是其教育性。作为培养人的地方，学校对于学生一生的成长具有重要的作用。作为未成年人，中小学生的成长更离不开家庭，离不开父母的关怀和培养。家庭与学校相比毫不逊色。甚至在很多时候，"家庭的

---

① 中央教育科学研究所：《世界教育展望》，教育科学出版社1983年版，第188页。

② 裴斯泰洛齐：《与友人谈斯坦兹经验的信》，载《西方资产阶级教育论著选》，人民教育出版社1964年版，第197页。

③ 19世纪末兴起于欧洲的新教育运动要求改变传统、僵化、守旧、绝缘于社会的学校，把学校改革成为与社会息息相通的、利于学生将来适应社会生活、生产过程的场所。20世纪初以杜威为首的教育家倡导的美国进步主义教育也提出"学校即生活、学校即社会"的口号并由此对学校课程进行改革。20世纪二三十年代我国教育家陶行知、晏阳初等人推广的乡村教育，也是秉持"学校式、社会式和家庭式"三大教育相结合的"生活加社会"的教育理念。

影响常常比学校更强些，在儿童幼年时，情况更是如此”。[1] 家庭教育的影响是学校以及其他教育机构无法代替的，家庭对学校教育的影响，也是其他社会成分所难以完全代替的。[2] 我们在调查中发现，75.4%的教师认为对学生成长影响最大的是家庭和社区，只有20.7%的教师将首要的影响因素选择了学校。

自从学校问世以来，学校同家庭的关系问题，始终是人们关注的课题。虽然当今社会日益开放，但学校的改革大多仍是教育体制内的变革。在单位制度仍没有得到充分改革的情况下，学校向社会的开放往往更实际的是对家庭和社区这些学生日常接触到的社会组织和团体的开放。因而，在研究学校与社会的关系时，家庭是需要研究的一个重要因素。

家庭与学校的联系同家庭本身的特殊性质与职能有关。在本意上，家庭是以一定的婚姻关系、血缘关系或收养关系组合起来的初级社会群体。就社会群体的发生来说，家庭是人类社会最原始的社会结合形式。家庭的职能包括：生育、教育、生产、生活资料消费、闲暇生活、扶养与赡养等。但这里所说的教育还只停留在家庭内部父母对子女的影响，而不是指家庭外部的家长对学校活动的参与。

近代工业革命以来，尤其是第二次世界大战以来，随着工业生产的逐步扩大和人们观念的革新，妇女越来越多地参与到工作和社会生活中来，这样，相对于学校教育，家庭和父母在教育上的功能出现弱化的趋势。对儿童的教育越来越依赖于学校，教育好像越来越成为学校和教师的事情。但因为学校，尤其是公立学校中令人窒息的制度化培养模式对学生成长表现出相当大的负面影响，使得越来越多的学者（如美国的伊利奇等）提出了“去学校化运动”（Deschooling movement），美英等国家也有了越来越多的学生和家长选择了“在家上学”（Home schooling）的模式。著名的科尔曼报告也得出了相比于学校环境，家庭背景对学生学业成就的影响更加显著。20世纪60年代，保尔·郎格朗（Paul. Lengrand）提出的终身教育模式，更在理论上导致学校在整个教育链上教育的相对功能弱化的趋势。社

① 马斯格雷夫：《稳定与变化》，载《教育学文集·教育与社会发展》，人民教育出版社1989年版，第485页。

② 陈桂生：《教育原理》（第二版），华东师范大学出版社2000年版，第250页。

会、家庭、社区在儿童成长中的作用日益凸显。

（三）家庭对学校的政治性参与

以上强调的学校与社会的联系，主要还是从教育学和儿童心理学的角度，学校与社会结合的目的主要是为了儿童接受知识、健康成长的需要，而并未从更深层面，以民主为理念，以教育和学校的治理结构为切入点进行改革。在大多数情况下，家庭作为一种基本的社会组织，属于社会学研究的领域。在教育学学者的眼里，家庭往往是作为一种教育环境出现的，他们更关心的是学校及其教育教学活动，家庭往往处于一种辅助的地位，他们研究的往往只是如何使得家庭“配合”学校教育，从而最终完成学校的使命——培养和塑造人。然而，本书更关注的是作为参与组织的家庭，更具有政治学上的含义，而不仅仅停留在教育学或心理学上的讨论。政治性的家庭参与和教育性的家庭参与有什么不同呢？

第一，参与的出发点不同。在教育性参与中，家长追求的往往是学生知识的获得和心理、人格的健全，从孩子出发；在政治性参与中，家长则追求的是属于自身的一种基本权利，即教育权和基本人权。两者的目的和归宿是有区别的。

第二，参与的理念不同，前者是以儿童为中心，后者则是以家长自身利益为归旨。故此，在教育性参与中，一旦家长们发现自己与学校和教师之间存在矛盾，往往会退避三舍，毕竟“一切都是为了孩子”是其参与的基本理念；而在政治性参与中，家长往往会据理力争，在遇到冲突时家长们并不会轻易妥协。

第三，参与的内容和手段不同。在内容上，教育性参与大多围绕着孩子在校接受的教育进行，往往是和教师、课程、教材、辅导等事务相联系；而后者则宽泛得多，在政治性参与中家长们处理的事务很多和自己的孩子并没有太直接的联系，比如对学校董事会人事的任免、学校收取费用的多少等，这种事务大多并不带有直接关乎课堂的教育意义，而是间接地影响教育教学的事务。在参与手段上，前者往往表现为家长直接和课任老师和班主任之间的联系，而在政治性参与中，家长们接触的对象则更为广泛，可能包括年级长、校长甚至教育局长以及新闻媒体等，家长们既可以通过常规的手段和渠道，如参加学校委员会的选举和投票，又可以通过非常规途径，如直接向教育主管部门反映和向大众传媒披露等。

第四，参与的影响程度不同。前者往往限于较小的范围，如班级、课堂，一旦参与出现问题，也大多仅会波及自己的子女或其邻近的同学；而后者则在影响程度和范围上颇具弹性，个别家长的参与行为甚至可能通过媒体晓之于众或者直接影响到政府的较高决策层。显然，在对学校、对教育问题的影响上，后者往往更有力度。

当然，有时候两者关系并不那么清晰，这里将家长参与概括为教育性参与和政治性参与更多的可能是一种理论上的界分，目的是要求强调参与的政治属性。这样，家校关系才能更多地同我国的政府—社会关系、政校关系乃至整个社会关系接轨。

本书无意于削弱教育性参与的重要性，毕竟这种参与关系到许多鲜活生命之成长，是家长和教师之间最直接的沟通。但笔者更在意、更提倡的是一种政治性参与，是家长们在学校人事、财务和课程等方面和学校以及政府部门之间的全方位沟通，是家长们对学校办学过程中的全过程的热心关注，是一种民主精神的弘扬。因为在一定程度上看，政治性参与是比教育性参与更宽泛、甚至更上位的一个概念，如果仅仅限于教育性事务来谈论家长们的参与，在很多问题上会遮蔽我们认识教育问题的视界。政治性参与强调的是一种宏观的而非微观的、广泛的而非个别的、深入的而非表面的、大众的而非个人的、理智的而非盲目的、入木三分的而非浮光掠影式的参与。也只有这种政治性的参与才能和广泛意义上的政校关系、家校关系相联系。

二、家校关系的机理

（一）家庭与学校的结合

目前，义务教育仍主要由政府资助的各级中小学校完成，所以，家庭与学校的关系仍主要是以学校为主，我们通常说的家校关系的改进主要指家庭对于学校教育的参与①，而不是学校对于家庭教育的参与。此外，家庭教育涉及私人生活，是社会个体的生活空间，家庭教育带有私事性质，即使目前在英美等国越来越流行的在家上学（Home schooling）中，也主要

---

① 国外家校关系中的“家”一般指的就是家长，如家庭参与通常译为 parent involvement。

是家庭内部或少数家庭之间协作完成孩子的教育，除了要符合政府规定的教育条件和完成政府规定的教育标准外，几乎和公共生活无关。而学校教育则不然，再小规模的学校也是由一定社区的居民共同参与，从政治学意义上说是公共领域，对孩子的教育不是哪家哪户的私事，从法理上说任何个人，包括单个家长和单个教师等，都无权对教育上的事情独断专行，在一些重大教育事务的处理上，必须符合公意和公益。怎样形成公意、达到公益呢？显然需要各方的参与、合作以及遇到矛盾和冲突时的协商。“家庭参与教育管理不失为处理学校与家庭关系的一种抉择。”① 因此，我们在谈论家校关系时主要指的是家庭成员作为社会公众对于学校事务和教育事务这些公务的参与，是私人对于公共领域的参与。

家庭对教育事务的参与并不是盲目的，而是将家庭利益（推而广之是社会公众利益）放在首位的。为达到这些教育利益，家长作为交换的是自己的能力，包括物质方面和精神方面的能力。正如乔治·莫里森（George S. Morrison）在给家庭参与下定义时所认定的，“帮助父母发现他们的力量、潜力和才能的过程，同时，父母为了他们自己和家庭的利益而使用他们的力量、潜力和才能的过程。”1998 年乔治·莫里森又重新进行定义：“家庭参与是帮助父母利用他们的能力使他们自己、他们的孩子以及学校都受益的过程”。

目前，对于家庭参与学界并无统一的认识。国外学者凯文·斯维克（Kevin Swick）认为家庭参与包括三个部分：一是家庭参与是父母、教师以及他们生活圈子里的对他们有帮助的人们之间的合作或伙伴关系；二是家庭参与是团体中每一位成员经过一段时间的有益策划和努力而达成的一种发展的过程；三是家庭参与是父母和教师以合作的态度而进行工作、学习和参与政策制定的过程。② 显然，这三层含义分别是从合作态度、参与行动和影响效果三个方面论述的，态度、行动和效果是家庭参与概念中不可缺少的三个方面。

家庭参与学校事务有着充足的理由，有学者从法律、管理和教育三个

---

① 陈桂生：《教育原理》（第二版），华东师范大学出版社 2000 年版，第 262 页。

② 唐风玲：《“家庭参与”的综合辨析》，载《山东教育》，2003 年第 9 期。

层面论证家长们的这种参与的权利和责任。[①] 在家长对于学校事务的政治性参与上，其合理性和合法性主要在法律和管理两个层面表现出来。从法律上看，我国《义务教育法》第四条和第十一条分别明文规定“国家、社会、学校和家庭依法保障适龄儿童、少年接受义务教育的权利”，“父母或其他监护人必须使适龄的子女或被监护人按时入学，接受规定年限的义务教育”。在我国，家长的权利包括：(1) 知道学校怎样教育他们的子女；(2) 了解学校的政策和计划并可作出影响；(3) 采取必要的措施保护子女的教育权利不受任何人剥夺侵犯；(4) 肯定学校在日常生活及教学上承担的责任，必要时可追究责任。其实，不仅在我国，在欧美等发达国家，家长参与学校教育事务的权利更是受到了尊重和保护。在德国，家长在教育事业中的参与作用反映在从国家《基本法》到各州教育法规等大量的法律规定之中。国家有义务尊重父母在对其子女进行培养教育的总体计划中的责任。[②] 在美国，家长参与的教育事务范围更为广泛，而且大多都得到了法律的明确保护。具体来说包括：(1) 择校；(2) 让子女保持宗教信仰；(3) 对学校给予孩子的纪律处分有申诉权；(4) 有权向学校追究孩子在学校或学校组织的校外活动中身体或心理受伤的责任及赔偿；(5) 有权查阅和获取孩子在学校里的一切资料档案（包括成绩、健康状况、操行表现、奖罚记录、教师评语等）；(6) 有权拒绝让子女参加一些按规定须先征得家长同意的课程或计划（如性教育）。此外，美国的《2000年教育目标：美国教育法》中明确规定了国家对家庭教育以及家长参与学校教育和管理提供经费支持。[③] 从管理上看，家长参与学校教育事务的理由表现在责任分担、沟通信息、提供资源和互相激励四个方面，这对于学校改进工作和促进学生在校期间的成长及发展具有重要的现实意义。

在教育性参与上，家长参与学校教育事务的意义和功能也十分明显。

---

① 冯大鸣、吴志宏主编：《教育管理学》，华东师范大学出版社2002年版，第429-431页。

② [德] 克里斯托弗·福尔：《1945年以来的德国教育——概览与问题》，肖辉英、陈德兴、戴继强译，人民教育出版社2002年版，第60页。

③ 吕达、周满生主编：《当代外国教育改革著名文献》（美国卷·第三册），人民教育出版社2004年版，第202-295页。

首先，家庭教育可以支持学校教育，家长参与是家校合作的基础，家长参与本身是学生教育的必要组成部分；其次，和教师相比，家长对孩子的影响具有基于血缘的天然优势，家长可以在参与中提高知识和技能，加强对子女的良性影响；最后，家长参与对于学校教师也有很大的促进作用，家长的要求、支持和参与可以使学生及其教师素质得到更大的提高，以应对来自社会的不同要求和挑战。

（二）家校关系的基础

家庭与学校的关系可以大致分为两种：第一种是常态关系。这种关系是教育性的和正常性的，是围绕如何实现教育质量的真正提高而展开的。家长和教师之间互相联系，家长通过各种形式对学生在校的情况进行了解、与教师进行沟通并通过参与到学校的教学和管理过程中来配合和影响学生接受的学校教育。许多中小学校目前采取如设立家长委员会、定期召开家长会、设立家长开发日、明确班主任家访制度、举行好家长评选制度、使用家校联系册、开通校长热线、采用校长信箱等各种制度形式，直接为学生成长营造出家校合作的良性关系。在这种常态的家校关系中，家庭教育与学校教育是互补的，而且这种关系的发生是围绕着学生的在校学习和生活展开的，因而具有真正的教育意蕴。遗憾的是往往我们看到的这种关系太少，或者说这种关系经常是流于形式。在功利化和世俗化日趋严重的今天，学校已并非教育之净土，许多非教育因素（如经济因素和社会因素等）严重掺杂进来，对家校之间的常态关系构成巨大威胁。

第二种是非常态关系。处于这种关系下的学校和家长，已经不再单纯地依靠教育的手段影响学生生活的环境，取而代之的是对学生来说不可控的影响途径和干预手段。不能否认，学校的发展是需要资源输入的，但这种输入应是基于教育性资源的输入，如家长对学生在校表现的关心、对学生完成学习任务的督促以及利用家长自身的知识和条件帮助学生获得更多的知识、技能和态度以及形成正确的态度、情感和价值观。但教育改革 20 年后的今天，学校的权力日益膨胀（相当一部分是校本变革的负面影响），学校和教师的自利行为也在逐步突破原有体制的约束，突破人们在计划体制下固守的道德底线。

家庭和学校之间的关系是以家庭所拥有的资源为基础的。除教育性资源（资本）外，家庭占有的资本不外乎三种类型：经济资本、社会资本和文化资本。[1] 经济资本是家长在经济上能对学校进行资助的一种物质资本，表现在对学校收取的学杂费的提供、对学校基本建设和办学设施的投入以及对学校发展提供的其他物质性支持。虽然各国义务教育法均规定了未成年人接受的是义务教育，国家为儿童义务教育阶段的学费埋单，但大多国家能够提供给公立学校的经费往往仅仅能维持学校的运营，学校自身的发展需要的经费则并不在政府承诺的范围之内，即使在英美发达国家，由政府（包括学区）提供的经费也是有限的。这样，学校要想进行外延式发展就必须获得资金支持，作为教育机构，学校往往会重视从家长那里获得各种物质资源，而家长因为孩子也往往“愿意”解囊相助。但带来的负面问题是家长的经济条件往往是千差万别的，对于富裕家庭感到负担很轻的费用对于贫困的家庭可能会构成一种严重的压力。家长对学校的物质资助的差异势必会造成学校和教师对于家长及其子女的不同态度，甚至在功利性和世俗化的影响下会造成学校和教师提供的教育服务在数量和质量上有所差异，这样，“有教无类”的教育理想就会遭到践踏，孩子在校就会受到不公平的待遇。一些学校按照学生家长交纳的住宿费差异将学生宿舍分为不同的等级，使得儿童不仅在物质上感受到源于家长财富差异带来的不公，更对学生心理造成了负面影响。可见，家庭的经济资本是需要得到限制的，经济条件好的家长们提供的经费如果是为了资助学校办学，是允许而且可以提倡的；但如果家长们过于将经济支持和自己孩子接受的教育挂钩，并以此使子女比其他学生享受更多、更好的教育服务，则需要谨慎对待。作为教育的一种社会理想，学校所应肩负的对社会现存价值观念的引导和改造功能，在面对学校的具体生存境遇时，不得不向世俗社会作出某种程度的妥协与让步。过分强化经济资本的作用，会使得“教育公平的社会理想，在面对学校具体的生存境遇时，只能成为一种教育的乌托邦。”[2]

对于社会资本，严格来讲还没有形成一个统一的定义，这与学界近年来对社会资本的研究不断拓展有关。对于社会资本，可以从宏观和微观的角度来解释，宏观意义上，“一切试图用社会资本解释一个社会、民族、国

---

①② 齐学红、刘辉：《现代家庭与学校的关系》，载《教育科学》，2005 年第 3 期。

家或地区经济和社会发展的理论模型都可以归结到社会资本的范畴中”①。显然，这种范畴对于研究学校与社会的关系而言太过宽泛。因此，目前国内学者在将社会资本概念引入学校场域时多取微观的概念，这也和科尔曼、波茨等人重视社会资本功能的理论研究合辙。在微观意义上，布迪厄（1980）将社会资本界定为“实际或潜在资源的集合，这些资源与相互默认或承认的关系所组成的持久网络有关”②。科尔曼（1988）认为社会资本是除遗传的人力资本和物质性先天条件外的第三种资本，是自然人所处的社会环境所构成的社会资本，这种社会资本表现为义务与期望、信息网络、规范和有效惩罚、权威关系、多功能社会组织、有意创建的组织等。我国学者盛冰在其博士论文《社会资本与学校变革》中将社会资本界定为“一个共同体中人与人、人与组织以及组织与组织之间长期交往形成的，嵌于社会关系和社会结构之中的，以态度、信任、习俗、惯例、规则、网络、制度等多种形式存在的，为行动者提供便利的一种资源”③。有学者则抛开对社会资本一词作繁文缛节的辨析，而直接从“关系”切入研究学校场域的各种行为、现象和规则，用中国人习惯的话语和视角来研究和分析学校所处的社会关系。严格来说，这种对关系的研究属于社会资本的学术范畴，而且根据经验可以感知，关系还是一种最重要的社会资本。社会资本不仅在经济研究中有用，在学校研究中同样有用，在学校中叫学校社会资本。④

在研究学校与家庭的关系时，往往我们指的是区别于国家行政权力关系和党的权力关系等正式关系的，是一种非正式关系。更多的时候，我们意指家长为对学校和教师发生影响所调动的一切关系网络的资源，如亲属圈、邻居圈、同乡圈、同学圈、私人交往圈等。尽管我们在正式文本中一般对这种关系和人情社会持贬义的态度，但越来越多的研究表明这种社会资本是中国家长在和学校、教师交往时首先想到的工具，理论研究不应对

---

① 张文宏：《社会资本：理论争辩与经验研究》，载《社会学研究》，2003 年第 4 期。

② Bourdieu, “*The forms of capital*”, In J. GRichardson (Ed), *Handbook of theory and research for the sociology of education*. N. Y: Greenwood, 1985. pp. 241 – 258.

③ 盛冰：《社会资本与学校变革》，北京师范大学博士论文 2004 年，第 51 页。

④ 庄西真：《学校社会资本论》，载《教育研究与实验》，2004 年第 3 期。

此熟视无睹。近年来盛行的择校风，使得许多家长热衷于搞关系，大量“条子生”的出现体现了学校与社会、学校与家庭关系的扭曲。如果将社会资本理解为这里的狭义的关系及其网络，我们认为这种社会资本在学校与家庭发生关系时应受到遏制。

如果我们把经济资本和社会资本的不当使用驳斥为沾满铜臭味的歪风邪气，那么文化资本则显得冠冕堂皇得多，因而对学生的影响也更隐蔽。文化资本理论是布迪厄教育社会学理论的核心概念。特纳将布迪厄的文化资本总结为：“那些非正式的人际交往技巧、习惯、态度、语言风格、教育素质、品位与生活方式”①。每一个人出生下来，接受的家庭环境（包括人文环境）都是不一样的，对于社会上层的孩子来说，往往在家庭和社区中都拥有良好的教育环境，他们接受良好的语音、艺术、仪式和各种文明的熏陶，他们接受的是社会的主流文化，而社会底层的儿童则需要在学校里才能学到这些，家庭能够提供的教育环境往往并不能在学校里、课堂中和书本上看到，以至于学校给他们的教育与他们在家庭中可以感知的经验材料不相一致。这样，对他们在学校的教育效果显然形成巨大差异。学校教给学生的往往是得到社会认可的占据主流地位的知识和课程。这种知识与课程上的不公平在布迪厄看来是社会资本导致的“符号暴力”。布迪厄反对的不是文化资本本身，而是社会用制度形式将这种资本固定化从而对学生造成不公平的影响。例如，在新一轮课程改革中，我们经常听到农村的教师和孩子抱怨新教材的内容过于城市化而脱离了农村孩子的生活实践，就是文化资本的负面影响。

以上，我们分析了家庭和家长对于学校和教师发生影响的三种资本，似乎得出了一些悲观的结论，好像这个社会不管怎样总是不公平的，在这三种资本总量上丰富的家长势必容易得利，而贫困家庭和处于社会中下层的家庭、家长及其子女必然会受到资本存量不足的伤害。其实，我们说这三种资本的划分是教育社会学和教育政治学的理论划分，尽管在现实中可以找到其理论上的对应物，但也并不是绝对的，至少从教育学和心理学角度看，家庭、家长还是能够对学生的进步、发展和成长有所作为的，而且很多时候并不一定需要有多少经济资本和物质资本以及社会关系（社会资本）来做支持。家庭

---

①　乔纳森·特纳：《社会学理论的结构》，华夏出版社 2001 年版，第 192 页。

需要做得更多的是加强和学校的联系与沟通，家长需要做的更多的是关注、支持和鼓励子女的学习。

（三）家长参与的层次

正如存在过度民主一样，并不是所有的家长参与都是良性的和值得鼓励的。过度的民主容易带来混乱，过度的家长参与也容易造成家校关系的紧张、教育效率的低下和教育的失序。家长对教育事务的参与是要有层次的，作为参与的主体，教师、家长以及其他相关人员都应有意识地控制参与的“度”。

一般而言，家长参与学校教育事务的层次分为形式上的参与、人际参与和管理式的参与。① 其中，前两者主要属于教育性参与，后者主要是指政治性参与。形式上的参与是最表面化的，诸如开放日、家长会、家长联系本、儿童功课展览、家庭教育通讯等均属此类。在这种参与中，学校是主动的，而家长大多是被动的。事实上这种参与形式目前在我国中小学校中最为普遍。人际的参与是家长与教师在较亲切的气氛下相互交流意见及建议，像经常性家访、家长参与课堂教学和课外活动、帮助制作教具等列入此类。而最高层次是管理式的参与，这是一种政治性的民主参与。

在西方一些国家，家长被视为与教师有同等权利作出有关学校事务的决定。有些家长不但组织独立家长联合会，直接参与课堂教学，甚至主动要求在校董事会中占有席位。这种管理式参与引起不少歧义，家长和教师意见分歧在所难免，解决办法在于形成互相信任的态度和完善的行政决策机制。显然我国的现状离政治性的管理式参与尚有一大段距离。在我们针对北京市学校管理状况的调查中发现，在家校关系方面，学校往往处于主动出击的地位，家长们则并不如教师那样重视这种联系。至于家长对于学校管理事务的参与，高达 75.2% 的教师认为家长们“不太参与”或“基本不参与”，认为参与“比较充分”的占 22.4%，认为“很充分”的仅占 2.4%。而且不同教育质量的学校，家长参与学校事务的程度存在显著差异。在重点校，有 36.6% 的教师认为本校学生家长参与学校活动充分或比较充

① 冯大鸣、吴志宏主编：《教育管理学》，华东师范大学出版社 2002 年版，第 431－432页。

分，而在一般校和薄弱校，分别有 78.9% 和 93.8% 的教师认为家长平时基本不参与学校教育事务。学校和教师比较主动，受访教师就家长参与学校教育事务的方式提出了一些可行的建议。如在被问及是否应成立“家长教师联合会”，扩大家长对学校事务的参与时，60.5% 的教师认为“很有必要”，认为“无所谓”的占 25.2%，认为“不必要”的仅占 14.3%。可见，提高家长自身的参与意识是加强学校与社会联系的首要条件。

中小学校家长参与学校事务的方式可以分为由低到高的四种层次（见表 3－1），有学者认为一些较高层次的直接参与方式不太受欢迎，因而尚未或很少被采用，使得家长参与学校教育仍停留于较表面化的层面。①

表 3－1　家长参与的可能方式

家长参与范围方式	参与类型	参与程度
1. 参与学校决策 如：（1）作为校务委员会委员； （2）学校重大事项决策参与者； （3）学校会议出席者…… 2. 参与学校活动 如：（1）日常活动协助者； （2）课外活动协办者； （3）教学助手…… 3. 参与家长组织 如：（1）活动组织者及参与者； （2）人力物力的资助者； （3）学校的支持者和维护者…… 4. 参与个别学生的教育 如：（1）学习辅导者：辅导学生在家的学习； （2）资料提供者：帮助教学有效进行； （3）行为矫正者：帮助矫正学生不利于学习的行为； （4）身为楷模者：为学生作出榜样……	政治性参与 ↑ 教育性参与	高 ↑ 低

① 刘力：《家长参与学校教育的功能及方式》，载《教育研究》，1992 年第 1 期。

三、家校关系的变革

（一）家校关系的中外比较

美国等教育发达的国家近年来越来越重视良好家校关系的营造，许多家校间的联系与合作甚至直接用法律的形式明确下来。早在1994年美国就制定了《目标2000年教育法案》，将家庭参与与学校教育列为国家教育目标，同年的《改革美国中小学教育法案》明确规定接受联邦补助的贫困学校所在地必须推行家庭参与伙伴计划（Partnership for Family Involvement in Education），1996年美国教育部出版的《联络所有家庭，创造家庭友好学校》一书更给予学校和家长以合作方面的指导措施，包括充分实现家长的知情权，通过家庭—学校手册和学校开放日等措施让家长了解学校的具体规定和发展规划；鼓励教师采取家访和个别沟通等方式和家庭联系；设立家长信息中心；推动学校与单亲家庭和少数裔家庭的沟通与交流等。① 在英美等发达国家，中小学校对家庭在学校教育中的重要地位的重视不仅是终身学习和学习型组织等理论发展的结果，更是教育发展和学校自身发展对家长教育权的重视使然。

新中国成立后长期实行的计划经济体制对整个社会生活包括教育产生了巨大的影响。学校办学只向上级主管部门负责，家长们习惯听命于学校和教师作为教育专家的安排，而对学校事务缺乏参与。在教育管理体制的改革中，这种惯性在很大程度上阻碍了家校关系的推进和教育民主化的发展。为此，我们或许可以从美国等一些教育发达国家的做法中寻找启示。

和我国的家校关系相比，美国中小学校更注重家校合作和家长对学校事务的参与。首先，美国的办学体制包括财税体制，和我国不同。如果说我国学校外部关系是纵向的且只对上负责的，那么美国的中小学校则强调横向的且对公众负责的。在美国，公立学校的经费来自税收，学生家长是学校教育的直接纳税人，他们与学校之间有着最密切的利益关系。有孩子在学校读书的家长，作为直接的教育利益当事人，他们对学校的办学质量

---

① 杨海燕、卢浩：《美国推动家庭参与学校教育的18种措施》，载《中小学管理》，2004年第5期。

最为关心，他们有权参与学校的各项活动，了解学校的运作情况，可以向校方提出改进意见。①

其次，美国学生家长参与的面比较宽。美国家长参与学校管理是从多方面介入的。从督促子女上学、辅导子女的家庭作业，到协助学校筹措教育经费、自发为学校整理图书、打扫校园等义务工作，再到参与学校教育目标的制定、课程的设置以及与学校相关的政策的执行等学校管理事务。而我国的学生家长往往在主智主义的影响下，过多地关注学生的学业成绩，而对学校的其他民主生活很少介入。

再次，从家长参与学校事务的层级上看，我国往往处于较低的层次，往往只强调教育性的参与，这种参与的力度、有效性和影响力都是相当有限的。在美国，从家长对学校事务有组织的参与来讲，分为学校和地方学区教育委员会两个层面。在学校层面，美国的中小学校都设有家长教师协会（Parent-Teacher Association，简称 PTA）。家长教师协会是全校家长的组织，该校所属学生家长均是协会成员。协会就重大学校决策征求家长意见并与学校进行沟通，组织家长为学校提供力所能及的各种服务。“美国中小学的家长教师协会是除州教育局、地方学区教育委员会之外最能影响学校决策的组织。”②在地方学区教育委员会层面来看，学区教委成员很大一部分比例是从公民中选举产生，代表家长参与地方教育决策和管理。而且地方学区教委的运作公开性很强，家长有权出席各种会议并发表自己的观点和建议。如果不被采纳，家长有权向州教育局申诉，甚至家长可以直接通过游说本学区选民，争取签名支持，将问题列入地方的全民投票中要求公决。

最后，就根本而言，美国这种家长参与体制是在公民社会比较发达的条件下得以产生的。社会民主气氛、公众和家长的民主素质以及由此造成的公民结社能力、社会团体的参与机制和整个公民社会发育的程度决定了美国学生家长对学校事务的较高参与力度。而在我国，许多家长更多的只是关心自家孩子所在学校和班级的事情，有时候在一些问题上即使与学校和教师意见相左也会选择忍气吞声，不少家长害怕教师和学校因对自己有意见而对自己的孩子在学校的未来学习和生活不利。没有组织保障和制度

---

①② 杨慧敏：《美国基础教育》，广东教育出版社 2004 年版，第 242 - 243、245 页。

保障的家长往往是势单力薄的。因此，要真正发挥家长民主参与学校管理的功能，必须首先使得家长能够联合起来，形成团队和组织。否则，家长的权利就容易受到漠视，家庭教育和社会教育往往会因学校的过强势力而流于形式。

（二）家校关系存在的问题

目前我国的家校关系中存在的问题主要表现在以下几方面。

1. 教育性参与多，政治性参与少

家长对学校事务的参与远未能上升到政治性的参与层面，大多仍只是停留在教育性参与中。而一旦停留在教育性参与中，教师和学校具有的专业话语权会使得家长们的政治性参与更受到阻碍（颇有外行不能管内行的味道）。因此，必须扩大家长们的参与意识，使之认识到学校是大家的学校而不只是教师的学校，参与是一种民主权利而不只是提高自己孩子学习成绩的一种工具。民主权利是不能轻易放弃的，在很大程度上也是一种道义上的、法律上的、政治上的义务。

2. 资源性参与多，主体性参与少

这是针对家长参与时的身份而言的，前者将家长视为工具，后者视家长为目的和归宿。唯有后者才能体现民主的要义。家长们的参与对于学校而言是一种教育资源。这里显然存在着两种截然不同的内涵：一种是正面的、积极的家校合作观。即强调家长作为一种教育资源，在学生的一生发展中具有不可取代的影响作用，它作为一种有益的教育参与和教育影响的力量，可以通过家长委员会、家长—教师联合会或者直接进入学校管理委员会等形式，主动介入或参与学校民主化的管理，对学校管理、日常教学发挥必要的监督作用，家长参与是促进学校教育民主化进程的重要途径和方法。家庭和学校作为儿童重要的社会化场所，只有实现功能互补，才能形成教育合力，为儿童身心的全面健康发展营造一个良好的教育环境。但在现实生活中，还存在着另外一种消极的、世俗化的、功利化的家校合作观，即从学校的眼前实际利益考虑，仅仅把家长当作可资利用的资本。家长们参与的主体性被削弱，取而代之的是工具性的参与。

3. 功利性参与多，体现民主和教育特质的参与少

在主智主义影响下，家长参与在现实中经常走样。一些家长并未能理解参与的民主本质，而是容易急功近利地被一些当前利益所诱惑。为了这些利益他们宁可放弃一些原本符合教育学、政治学原理和人文精神的基本权利。据搜狐教育网2006年1月16日转引的《南方周末》的消息，广东的一些中小学校为了遵守政府的“一费制”和“减负”等政策，不再利用寒假时间集中给学生补课，这本是符合政府政策法规、利于学生身心健康的好事，但事实上家长们并不领情，许多家长集中起来到学校和教育主管部门反映情况，并以转学相威胁给学校和政府施加压力。[①] 这种“积极”的家长参与背后折射出的不仅是家长对于自己民主权利的不尊重，也是对孩子健康成长权利的漠视。当然，其原因可能是多方面的，如与近年来愈演愈烈的高考竞争有关，但不管怎样，对于这种参与学校需要冷静对待。正如美国学者威廉·卡特勒（William W. Cutler）所指出的，“家长和学校的关系一定要务实而不能过于理想化，通过明确责任加强合作，否则就会陷入失败的循环”[②]。学校教育和家庭教育，学校参与和家庭参与是一面两体的关系，家长实际的工具理性和学校应追求的价值理性需有机结合起来，如果处理不好，容易导致陈桂生所担心的“既是家庭教育的变形，也是学校教育的扭曲”[③] 的状况。

第三节　学校与社区

就学校与外部关系而言，教育的民主化程度集中表现为学校与社会的民主关系。和大学不同，中小学校办学具有明显的地域性特征，从而使得研究者需要将学校面临的“社会”直接界定为学校所在的社区。因此，要推广教育的民主化，必须加强中小学校与社区的联系。教育的民主化涉及两个基本的问题：谁来管理教育？管理什么？联合国教科文组织在《学会

① 参见搜狐教育网2006年1月16日：http://edu.sohu.com《学校不补课家长闹转学，谁在给学生增负?》

② William W. Cutler, *Parents and Schools*: *The 150 - year stuggle for control in American Education*, University of Chicago, see *Publishers Weekly*, May 22, 2000; 247, 21 ABI/INFORM Global p. 89.

③ 陈桂生：《教育原理》（第二版），华东师范大学出版社2000年版，第257页。

生存——教育世界的今天和明天》一书中给出这样的答案：[①]

第一，在参与者、使用者和其他有关的人们中，谁应该享有指导和管理教育这个共同事业的权利？这些人中间可以包括教师和家长；科学家、教育学家、心理学家、儿童专家和其他人们；大学生和一定年龄的中小学生；行政人员和其他职员；有过某种训练的雇用人员以及各种青年组织、工会、政治团体和其他组织的代表们。第二，究竟应该在什么阶段进行共同管理和自我管理，并且应该实行到什么程度？可能从事的活动有：规定教育政策和目标，建立和组织机构，筹措经费和分配资源，确定教材和教法等教学上的问题，聘请教师，调整薪金和制定规章制度并考核其结果。

这里的“各种青年组织、工会、政治团体和其他组织的代表”指的其实就是社区组织和社区成员。传统上，我国中小学校办学是封闭式的。我们在研究学校时往往“把学校看作是与社会、社区不相往来的、隔绝的事物”[②]。学校向社区封闭反映的是传统的学校观念。传统的学校理念和实际特点表现在：知识中心、书本中心、课堂中心，学校关起门来传授知识，不重视生活活动，与社区完全隔绝。[③] 因此，要加强学校与社区的联系进而加快教育的民主化建设，必须了解学校面对的“社区”，掌握社区参与教育事务的机理，从而推动学校与社区关系的变革。

一、学校面对的“社区”

（一）“社区”的概念

社区成员间的联系是基于社区内的学校而产生的，在理解社区含义时应把握好这种关系。刘淑兰在《学校与社区的互动》一书中认为，社区是从事一定的社会活动，具有某种互动关系和共同文化维系力的人类群体及其活动区域。[④]社区一般包括以下四层含义：（1）社区是一个人文区位，是

① 联合国教科文组织：《学会生存——教育世界的今天和明天》，教育科学出版社1996年版，第108－109页。

②④ 刘淑兰：《学校与社区的互动》，四川教育出版社2003年版，第61、62页。

③ 冯大鸣、吴志宏主编：《教育管理学》，华东师范大学出版社2002年版，第403页。

社会空间与地理空间的结合，如村落、集镇等。(2) 社区的存在总离不开一定的人群。人口的数量、集散疏密程度以及人口素质等，都是考察社区人群的重要方面。(3) 社区成员具有共同的利益和共同的行为规范、生活方式及社区意识，如共同的文化传统、民俗、归属感等，这些方面构成了社区人群的文化维系力。(4) 社区的核心内容是社区人们的各种社会活动及其互动关系。为了便于研究，在社会学上一般把社区从地域上分为城市社区、农村社区、小城镇（集镇）社区、城乡结合社区等几种主要表现形式。

也有学者从人、地域、设施、认同感几个方面对社区进行界定，认为社区是社会学中一个从空间形式反映人们社会生活的概念，是与一定地域相联系的社会生活共同体，是学校组织所处的一个外在环境。社区的要素包括：共同生活于社区的人群；一定界限的地域；适应社区生活的制度和相应的管理机构、服务设施；基于一定社会经济发展水平和历史文化传统的社会文化、生活方式；社区成员对社区的认同感和归属感。①

（二）作为教育存在的社区

社区作为地域性的社会，它是学校最直接的社会环境。20 世纪 60 年代以后，学校与社区开始进行有计划的互动，增进学校与社区的合作与交流成为世界性的潮流。90 年代以来，一些发达国家和地区提倡学校与社区紧密结合，使学校与社区走向整合。②

传统上，我国的社区往往带有行政色彩，如城市中的街道、居委会，农村的村委会等，这和我国政府长期以来习惯于加强对社会的控制有关，是计划经济的产物。但社区本身的概念要比计划经济久远得多。本书在论及社区时主要是强调其社会性和教育性，即将社区视作围绕家庭和学校存在的作为儿童学习和成长环境的一种由邻里和其他社会相关人员构成的组织、机构和体系。对于学校而言，社区的意义主要不仅表现为教育意义和民主意义，也表现为传统上作为一种建制存在的社会控制工具的行政意义。在这里，“社区”是和学校、家庭相对应的，社区与家庭一道构成了学校直接面对的“社会”。

---

① 陈乃林、孙孔懿：《终身教育与社区发展》，转引自 2000 年终身教育国际研讨会交流材料。

② 刘淑兰：《学校与社区的互动》，四川教育出版社 2003 年版，前言第 2 页。

二、社区参与机理

（一）社区参与的变迁

学校与社区之间的联系和交流，大致经历了这样一个历程。在20世纪30年代以前，学校向社区开放，主要是学校运用宣传媒介，使社区居民了解学校的工作。30年代出现学校公共关系这一概念，其界定为“有计划地提供实物上的资料服务，以维持公众对学校教育措施的认识”。后又有人用“沟通”，强调学校与社区之间对彼此状况、目的、价值及需要等应有清楚的认识，揭示了学校与社区双向沟通系统的架构。① 其实，宣传媒介也好，学校公共关系、沟通也罢，仅仅强调的是学校和社区的互相了解，只是信息，至多是物质上的交流，这种层面上的学校与社区关系仍还处于较低的层次，在互相沟通的基础上再进行互相参与，尤其是社区对学校教育教学过程和管理过程的主动参与，如社区成员参加到学校董事会或学校委员会中来，形成对学校办学的实质性介入，才是学校和社区互动的高级的与深层次的境界。

（二）学校与社区关系的三个阶段

也有学者将学校与社区的关系划分为隔离、依附和合作三个阶段。② 隔离阶段是指从16世纪到19世纪后期，在这一阶段近代教育制度走向现代教育制度，经历了16世纪的宗教改革、17世纪的经验主义和理性主义、18世纪的工业革命和启蒙运动、19世纪的“科学时代”和“科学政体”这样一个过程。狭隘的知识唯上的观念使得学校地位显赫，学校的一切活动也无须与社会发生联系，学校在教育内容、教学形式、教学手段和方法上与社会生活处于完全脱节的隔离状态。学校与社区也处于一种两不相干的境况中。依附阶段是19世纪末到20世纪初，此阶段的学校和社会的联系得到加强。工业的发展使得欧洲资产阶级教育革新运动和美国进步教育运动推动学校走向社会。一些国家甚至立法推进学校与社会的相互服务功能。③ 在此

---

① 厉以贤：《社区教育的推进》，载《教育研究》，1999年第11期。

② 李春生：《终身学习背景下学校与社区关系的重建》，载《比较教育研究》，2002年第4期。

③ 如美国的莫里尔法案、海琪法案都加强了高等学校为社区服务的职能。

阶段，学校首先迈出了步伐，通过内部改革和外部服务加强与社区的联系。社区则仍处于被动和劣势地位，对学校教育呈现出依附状态。合作阶段是从第二次世界大战结束至今。学校和社区的关系跨越了学校对社区经济发展提供服务和满足社区职业需求的单向阶段，逐步步入学校向社区开放、社区参与学校的合作阶段，社区对学校的作用得到加强。一方面，社区物质资源以及人力资源注入学校，而这些公共物质资源的充分利用则使学习场所从封闭的学校扩张到整个社区；作为人力资源的家长和社区人士参与到学校的教学和管理，使社区成员逐步从辅助角色进入到决策行列；通过对学校注入社区文化资源，使社区文化得到保存和发展，形成学习个体对社区的认同感和归属感。另一方面，由于学校资源对社区的开放和注入，促进了形式多样的社区教育，其内容涉及社区生活的各个方面，服务对象则包括全体社区成员，有力地促进了社区整体文化素质的发展和居民生活质量的提高。在美国、加拿大等发达国家，学校的课程设置、教学方式、入学机会等都直接与当地社区的需求和社区特点相结合，形成了学校与社区合作的较好形式。

当然，这种阶段划分尚需要探讨，笔者以为将依附阶段与合作阶段的分界点放在 20 世纪后半叶更为妥当。学校与社区的合作阶段严格来说应是 20 世纪 80 年代以后。因为随着信息技术的发展，终身教育理念深入人心，各国的教育改革中社区和学校之间不仅再是以前的简单的资源依附关系，而是更深入的相互合作、共同发展的新阶段。而且，严格意义上讲在我国即使到现在为止，学校与社区的关系还远未达到合作的地位，至多是说合作阶段才初现端倪。因为不是任何层次的学校与社区的交流都可以标以合作阶段的字眼，真正的合作以互动为标志，是民主理念关照下的人、财、物、信息和能量等多种元素的互动和交流。如果说依附阶段更多地具有工具理性，即学校与社区各取所需的话，那么，合作阶段更应是价值理性的张扬，是以尊重学校和社区各自的民主权利为基本价值诉求，以保障学生优良的学习和成长环境为旨归的学校与社区双向互动的阶段。

（三）学校与社区的互动

刘淑兰认为，学校与社会的互动，是指学校与社区成员、机构、组织之间的双向交流与合作关系。互动必然是双向的，一方面，要使社区，包括成员、机构、组织理解、支持和帮助学校，以便有效地实施教育目标；

另一方面，学校应该支持社区，面向社区，向社区开放，服务社区。①

学校和社区的关系是双向的，社区有权利参与到学校教育事务中来，学校也有对社区提出自身办学应享有的各项权利。

首先，社区对学校办学的参与是世界性教育改革的趋势，各国大多也都以法律的形式明确社区对学校教育事务参与的合法性。如日本除了在《教育基本法》第七条中对社会教育作出规定外，还专门制定了《社会教育法》，以阐明国家及地方公共团体对学校教育的任务。俄罗斯在新颁布的《俄罗斯联邦教育法》第一章“总则”第五条中，规定了国家应该对俄罗斯联邦公民教育权益提供社会经济条件保障，并且在第五章专门对公民受教育权的社会保障作出了法律规定，以便明确各方的法律关系。我国在教育法律和法规中对社会和教育的法律关系作出了相应的规定。如在《中华人民共和国教育法》、《中华人民共和国义务教育法》、《中华人民共和国未成年人保护法》、《面向21世纪教育振兴行动计划》等教育法律法规中，对学校与社会的法律权利和义务作出了明确的规定。其中包括学生成长需要良好的社会环境，社会各界与学校的合作和对学校的支持，为学生的实习和社会实践活动提供帮助和便利，学校及其他教育机构应积极参加社会公益活动，家庭教育与学校教育的配合，公共文化设施对师生的优惠与公共传媒的教育职能，校外教育机构与校外教育工作和社会文化教育活动等方面的内容。② 1992年颁布并实施的《中国教育改革与发展纲要》就明确指出：“支持和鼓励中小学同附近的企事业单位、街道或村民委员会建立社区教育组织，吸收社会各界支持学校建设，参与学校管理，优化人文环境，探索出符合中小学特点的教育与社会结合的形式。”

其次，学校对社区也拥有权利，这些权利包括要求社会为教育提供良好的社会及家庭环境，要求社会为学校教育提供支持与配合，学校有权利用社会的各种文化、体育等设施对受教育者实施社会教育。在学校进行校外教育的时候，有权要求社会各界提供便利条件，并且予以支持和合作等。只有这样，学校才能积极融入社会、服务社会、回归社会，并由此达到自

① 刘淑兰：《学校与社区的互动》，四川教育出版社2003年版，第63页。

② 孙惠春主编：《国外教育法制比较研究》，黑龙江人民出版社2002年10月版，第217－218页。

身发展的目的。

可见，只有互动的关系，才能使学校和社区长期合作，维持好学生发展所必需的外部环境。互动总是双向的。加强学校与社会联系的互动方式可以分为两种：一种是学校主动作为。如有学者提倡学校社会工作的理念，认为解决学生学习生活困难问题的最根本办法就是学校主动与社区沟通。学校社会工作者运用专业化的方法、技术手段，在学校与社区之间开展多方面的沟通、协调工作，拉近学校与社区的距离，使它们融为一体。① 另一种是社区主动作为。社区对学校教育教学过程和管理过程主动参与，如社区成员参加到学校董事会或学校委员会中来，形成对学校办学的实质性介入，这是学校和社区互动的高级的与深层次的境界。

推动学校与社区关系时往往从学校和社区两个方面进行。② 在学校方面主要表现为：①学校为社会所有，社会所治，社会共享。学校需要社会参与和评估。②学校为社区的生活中心，向社区开放，学校的设施、场地为全社区居民共享。学校为社区的文化中心、传播科学技术的中心。③学校是培育儿童社区乡土观念的场所，培养有关社区发展的知识、能力和情感，在学校的课程计划内也有必要渗透社区的要求，使学生对社区生活具有科学的认识和乡土情感。④学校协助社区居民满足其需要，改善社区的生活，共同建设和发展社区。消除社区环境中的不良因素，改善社区环境。⑤学校影响社区的发展。

在社区方面主要表现为：①社区为学校所在地，为其提供发展背景，社区是学校教育的基础。②社区为学校提供价值基础，社区有助于学校实施教育方针，端正教育观念。③社区参与学校，支持学校，评估学校。社区应该参与学校培养和教育学生的任务，参与与社区密切相关的各种重大决策和改革，参与学校的发展规划，把学校发展和社区发展紧密结合起来，参与协助学校解决各种问题，如支持学校财物等，参与对学校工作和成果的监督和评估，这种监督评估不是法律性的，而是对政府行政监督评估的有益补充，是对群众监督评估的强化。④社区提供学校的教育教学资源，社区提供学校良好的育人环境，使学生在与社会的接触中接受教育。

---

①② 厉以贤：《社区教育的推进》，载《教育研究》，1999 年第 11 期。

（四）社区参与的变革

由于传统上的学校与社区的关系是，学校处于主动地位而社区处于被动的角色，因而当下变革学校与社区关系着重应从突出社区的主动性入手。社区的主动性主要表现在社区对学校事务的广泛参与上。

首先是需要明确社会广泛参与的概念，对一些歧义需要纠偏。有学者在论述社会参与学校管理时，从量、质和时间三个维度来阐述参与的广泛性。① 量的维度是指数量上广泛的社会力量参与学校的办学和管理；质的维度是指参与内容的多样化，包括社会力量通过投资捐赠、合作开发、提供设施、信息咨询、监督评价等方式进入学校办学行为和办学过程中；时间的维度是指社会参与学校办学行为具有持续性和稳定性，尽管个体的家庭和个别的社区参与的行为可能是一次性的或次数少的，但由于分布时间不同，从而有可能在整体上表现为持续性。

一直以来，在论及学校治理方式时，许多教育工作者甚至学者都有一种对社会参与的天然偏好，就是似乎参与总是好的。他们往往遵循着一种线形的逻辑，即参与必然导致对权力的削弱，从而带来民主，而民主在意识形态上总具有天然的正确性。应该说总体的逻辑进路的确如此，但如果过分、一味强调参与，将参与同权力对立，甚至将权力视为丑陋与邪恶的东西，则容易导致无政府主义，最终导致教育秩序的混乱。“文革”期间对学校行政权力、教育专家权力的否定所带来的教育的灾难性倒退无疑就是明证。所以，参与只能是适度的参与、有组织的参与，而不是被管理者对权力和权威的随意否定。在当下的中小学办学实践中，“社会”的参与应着重做到：

（1）参与者的理性。理性总是有限的，即使参与者本身比学校行政管理者在某些方面更了解学生的具体状况，更了解教育的实际，也应将这种信息进行理性的整合与表达。参与过程更应是理性的，应按照学校章程和国家教育法律法规的要求，理智地融入学校管理过程，而不应以盲目、武断甚至对当权者怀有仇视的心态来参与。否则，会造成另外一种来自基层的专制和暴政。

（2）参与者的自律。毕竟参与者自身也可能存在这样或那样的机会主

① 张俊宗：《现代大学制度》，中国社会科学出版社 2004 年版，第 275 页。

义倾向和自利的动机，各参与主体并非总是一心为公而无半点私心。各参与学校管理的主体应对自己的利益诉求和参与意识保持自律。尤其是当一种参与可能给学校教育工作带来一定的负面影响时，更应保持理智与克制。如一些学校由于布局不合理而正好处于一个城市社区中央。一些社区成员对学校课间学生的嘈杂声甚至学生早读声音较为反感，采取了一些极端的方法表示自己的不满（如损坏学校财物）。[①] 这样显然并不是社会成员应为之举，而应该通过合理合法的途径与学校和教育主管部门协商，共同寻求问题的解决方法。对自己的一些利益要求要采取理智与克制的态度和方式，而不能采取放纵私欲的极端方式。社会团体的参与应是自律基础上的参与。

（3）参与的组织性。即参与的主体对其他社会主体应持尊重之心，为了使参与过程保持有序，参与者可自发组织并在内部进行民主协商，将对学校管理和改革的意见进行讨论、交流、协商、妥协，最后形成这种社会团体和社会组织的集体意见，进而对学校的办学过程进行参与。当然，这里只是对常规的办学事务的一种参与模式，也是一种较为理想的参与模式，并不能完全涵盖可能出现的参与类型。对于一些突发性、个别性强的零星参与，有时也不失为加强社会参与的一种有效途径。为了提高参与的有效性、科学性、合理性和民主性，必须尽可能使社会对学校办学的参与更具有逻辑上的自洽。

三、从社区参与看学校治理结构

学校与包括社区在内的外部关系的变革必然导致学校的治理结构发生变化。这种变化主要表现在两个方面：一是明确学校相关利益群体在学校治理中的身份、地位和角色；二是在此基础上设计出兼顾民主和效率的治理机制。

根据常识，在相关群体上我们可以将与公立中小学利益相关的群体划分为校内和校外人员，校外人员主要是政府（包括教育行政部门）、家长和社区成员以及社会一般公众；校内人员包括校长、教师和学生。按照理论上的划分，我们还可以对学校的相关利益群体作“举办者、办学者和管理

---

① 案例取自重庆市渝中区育苗小学与小区居民的冲突，参见搜狐教育网 http://edu.sohu.com,2005.11.13。

者”的教育主体划分。① 劳凯声认为，在当前社会变迁过程中，学校面临的社会关系正面临分化和改组，逐步演变成举办者、办学者和管理者三个主体间关系。

当然，公立学校的公共性决定了不能忽视社会主体的重要作用，即使他们不是投资人和学校的设立人，即使他们没有法律赋予政府的那种管理的权力，由于我国的社会主义公有制性质和公立中小学校公共物品的属性，使得家长和社会成员等主体对学校办学享有当然的权力和权利，而且应当体现在学校的治理结构中。

不管是按照常识作出的主体划分还是根据理论进行的主体划分，其实并无须深究，毕竟各种划分虽然所使用的名词可能不同，但实际指向还是比较明确的。困难在于，如何明确地定位各种主体在中小学校办学中的角色，这里，既包括法律上需要明确对于学校办学享有的权利和履行的义务，也包括法律没有明确规定的，但根据教育规律、政治准则和社会公德，需要明确的各主体之角色。

从法学理论的视角看，法人治理结构主要研究在所有权与经营权分离的基础上产生的权利配置和权利运行机制的构造问题，即权利机制问题。具体到公立中小学治理结构，其核心也是学校各权利主体之间的权利配置和权利运行机制，即权利机制问题。

（一）政府

政府首先是公立学校的管理者。政府的管理者角色不管对于公立学校还是私立学校都是存在的。毕竟教育是一项公益事业，政府需要对辖区内义务教育的统筹发展负责。作为行使教育行政管理权的政府，负责统筹规划和宏观管理全国的和所辖地区的教育工作，用计划、法律、经济、评估、信息服务以及必要的行政手段对教育实行组织和领导。

和民办学校不同的是，政府对于公办学校担当的角色还包括举办者，即政府是公立学校的投资人。政府作为公立中小学的举办者，不仅要提高基金的使用效率，更要保障辖区内居民子女的受教育权的落实，保障他们接受合格的义务教育。前者追求效率，后者关注民主和公平，两者不可偏

---

① 劳凯声主编：《变革社会中的教育权与受教育权——教育法学基本问题研究》，教育科学出版社 2003 年版，第 39 页。

废。作为举办人，政府追求的不是学校自身的利益，而是包括家长、社区和社会公众在内的社会整体利益，是一种公益。政府的义务就是保证投资到位，办学条件达标，符合基本的办学条件，并且尽可能在本地区财政许可的范围内提高义务教育的物质支持水平。当然，作为投资人，虽然他不仅仅追求经济利益，但基于物权基础上，能派生出许多权利和权力，决定学校发展方向及人才培养规格、任命和聘任校长、对办学活动实施监督等。

（二）校长

政府对义务教育尽责并不意味着政府必须事必躬亲，亲自从事学校的办学行为。根据委托代理理论，委托人可以出于效益的考虑委托代理人从事具体的办学实践。办学者是学校的校长及其办事机构，它是具有法人资格的实体（至少我国现行法律赋予了学校法人地位），行使法律规定的办学权利，在专业设置、招生、教学工作、科学研究、社会服务、筹措和使用教育经费、人事管理、职称评定、工资分配、对外交流等方面拥有法律规定的权利。

公立学校校长和政府之间的关系，类似于学校公有资产的经营人和所有人的关系。为了提高管理效率，经营权和所有权分离是我国改革的趋势。作为经营者，校长的权利主要包含两部分，一部分是依照法律规定所具有的法定权利，另一部分则来源于举办者的授权。法定权利渊源于《教育法》及其相关法律、法规。如《教育法》第三章所规定的学校的权利和义务，以及法律中规定的学校对教育者（教师）和受教育者（学生）的管理职责，等等。其中，最为重要的是对于学校权利和义务的规定，以及对学校组织和职权的规定，前者比如学校的法人资格、学校的目标定位、学校的招生权利、教育教学和科研的权利以及对外交流权利等，后者如规定国家举办的中小学校实行的校长负责制，规定学校的管理委员会和教职工代表大会的权利和义务，规定学校教师、学生的权利和义务等。源于举办者授权的经营者权利范围和具体内容因具体学校而不同，如学校根据政府授权发放毕业文凭等。由于举办者的授权是多种多样的，因此，如何授权、授予哪些权利、如何对这些权利进行有效的监督等都需要相应的程序作出明确规范，以保证授权的合法性。

需要指出的是，举办者政府和办学（经营）者校长之间并不是简单的利益关系，政府当然需要学校保障国有资产不能流失，但保障学校资产增值并不是学校的最根本的任务，校长等办学者的任务是提供原本由政府负责的辖区内儿童所应接受的义务教育。当前，一些重点校高价收费，似乎是在完成国有资产的增值任务，其实是偏离了办学的根本目标。从根本上看，校长并没有企业经营者那种对投资人需要履行的资产增值任务。政府投资学校并不是为了学校本身，而是为了家长、社区成员和公众，为了公共利益的实现。

（三）教师和学生

在一般的理论性书籍中，多将教师和学生视为利益相关者，即其自身利益高度依赖于学校事务的决策。利益相关者权利也是新公共管理理论中重要的权利结构要素。中小学校的人事、财务和课程等事务的落实，直接影响到教师的工作环境和学生的学习环境以及他们在工作和学习中的切身利益，因此他们是最主要的利益相关群体。在学校的治理结构中，应充分考虑他们的利益和要求，允许并要求他们参与学校事务。

在传统的学校权利机制中，教师和学生群体处于弱势地位，很难加入到学校的高层的和实质的管理中，而学校的发展事实上必须有教师和学生主体的参与。在许多国家，公立学校都充分地允许学校的教师和学生参与涉及该主体利益的主要决策过程中，许多国家还通过立法明确其中所必需的正当程序，尤其重点规定了听证程序，否则所作出的决定被视为越权，自始无效。在参与的形式上，大多数情况下是教师工会和学生会等组织形式。许多国家都允许公立学校的教师组织教师工会，以维护教师的权益，也允许（达到一定年龄的）学生组建具有自治性质的学生会，自主管理学生事务，在一些国家，学生会甚至还具有法人资格。除了教师和学生这两个重要的利益相关者主体之外，学校的行政人员也经常被列入利益相关者的重要主体，但是由于行政人员属于法人治理结构中的重要管理者，因此，在相应的法律规范中，常常等同于学校管理者，较少地规范他们的特殊权利，只是在涉及身份处分、解聘、待遇等事项时由专门的法律规定。

教师和学生的参与权利是一种民主权利，而不仅仅是基于劳动者或消费者的经济性质的权利。虽然在教师和学生与学校发生法律纠纷时常常使用劳动人事仲裁或劳动法律法规处理，但所处理的事务大多是教师和学生的个体性的基本权利，而参与学校事务的民主权利是一种较高的民主诉求，是管理和道义上对政府、学校的要求而不是法律上针对个人利益和个体权利的低要求。因此，我们在这里倡导教师和学生参与学校治理过程和治理结构时，往往要超出法律赋予他们的基本权利框架，应对教师和学生的参与提出更高的要求。毕竟在教育学意义上，学校本身就是教师和学生共同成长的精神家园，一些富有教育精神特性的权力和权利不是法律所能规约的。

（四）家长和社区成员

理论上，家长和社区成员构成了中小学校直接面对的公民社会。学校更多的是具有俱乐部性质的公共物品，其公共性和外部性往往限制在一定的范围之内，这个范围就是学校所在的社区以及学校学生的家长。学校处理的事务大多是属于公共事务，因此，在这个层面上，作为利益相关人，家长和社区成员理应被吸纳到学校治理结构中来。美国的学校董事会中有家长成员，一些家长有权对学校重大事务进行投票决策，甚至对校长的任命产生重要影响（如芝加哥校本管理模式）。但和美国不同的是，我国学校的经费主要来自于上级政府部门，即使学生交纳的学杂费往往也只是补偿性的（更不用说公立中小学的零收费趋势），学校财政并不依赖于家长和社区成员投票表决的地方税收（如房产税）的多少，这使得政府和学校往往将家长和社区成员视为象征性的参与者和无关轻重的民主人物。民主权利的行使往往也需要一定的经济权利作为基础。中国目前在一些城市也出现了是否征收房产税的讨论①，学区的房地产税如果征集并按比例投入到学区内的学校中去，家长和社区成员在学校治理结构中的地位可能会有加强的趋势。

家长对学校事务的参与是一种基于公民身份的民主权利，而不是追求效率的经济权利（如投资人权利）。家长向优质中小学校交纳的高昂的赞助费至少在现行法律上并不成为对学校的投资。家长的角色并不包括股东，也不能享有投资人相应的权利。家长的权利只是基于以下原因获得：①社会成员的身份享有的民主权利而获得。②在法律上拥有未成年人的监护人地位获得。而普通社会成员则仅仅是基于第一种原因，即社会身份获得。因此，家长和

① 优质校在社区的存在客观上带来了区域房地产价格的竞争优势，但一般我国的房地产商和房屋业主大多不愿将房产增值部分与社区内的学校分享。

社区成员的权利更是一种政治权利和民主权利，而非经济权利。①

（五）学校治理结构模型

公立中小学校的治理结构必须关注学校目标的正当性，在学校所有权、经营权和监督权分离的情况下，必须构建由各权利主体参加的内部权利行使机制和外部权利制衡机制。为了更清晰地理解我国公立中小学校的真实权利机制问题，需要构建一个学校治理结构模型，以透析其中权利行使过程和权利制衡机制问题（公立中小学校治理结构模型见图 3－1）。

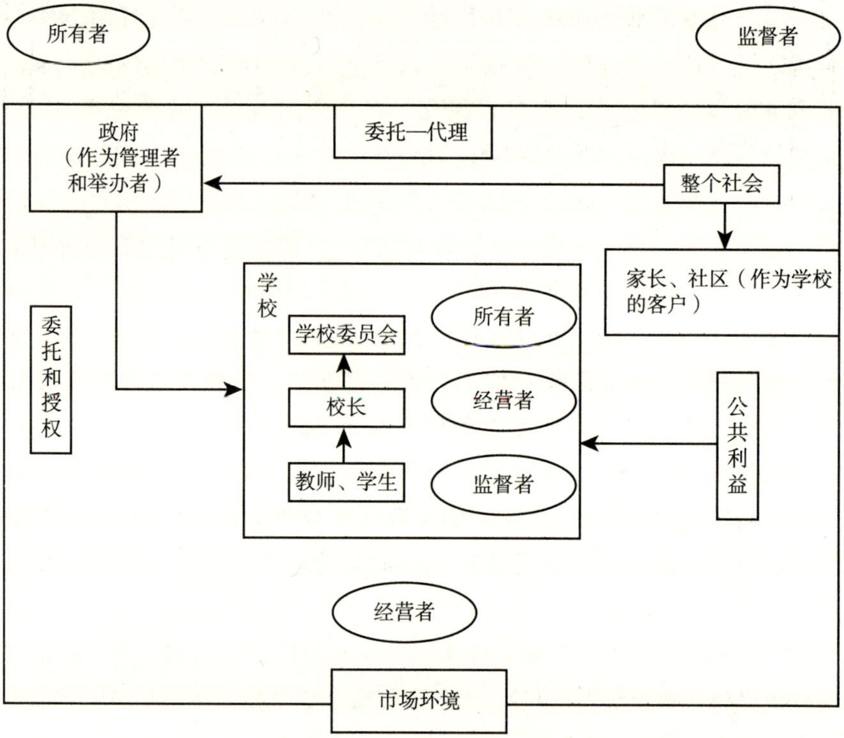

图 3－1 公立中小学校治理结构模型

① 但事实上，家长的经济地位和社会资本往往直接影响了家长对学校管理的介入程度，从而使得理论上合理的学校治理模式遭遇现实的困境。英国学者 Jef. C. Verhoeven 等人的研究也表明，受过良好教育、属于中产阶级的白种人的家长在学校管理委员会中的代表性和参与性更强。这也是学校治理模式最容易走样的地方，因为民主的“一人一票”原则受到践踏。参见：Jef. C. Verhoeven，IIse. V. Heddegem. *Parents' Representatives in the New Participatory School Council in Belgium*（1999）. Educational Management & Administration，SAGE Publications（London，Thousand Oaks and New Delhi）.

首先，该模型中反映出的学校治理结构的目标指向是基于社区范围（或者说学校面对的社会）的公共利益。政府作为政治机构，其拥有的政治权力源于社会的委托，但办学需要再次委托给教育的实际部门——学校。在这一过程中，公共权力干预公民权利的正当理由仅仅是来源于公共利益，且不得违反法律保留原则。“国家权力机构充其量也只能是公共利益的代表，而且只有在它忠实地执行宪法时才能代表公共利益”。① 可见，“公共利益”对于明晰我国公立中小学校的目标而言十分重要。

同时，政府作为投资人和举办人又拥有经济权力，这就要求学校在保护国有资产等方面具有义务，而且，基于这种财产权，政府在学校的人事任免方面还享有权力。当然，这种权力最终还是源于社会和社区，因为政府本质上并非经济实体，其本身并不产生资产和经济效益，其投资于中小学校的资产也是源于税收，再以财政的形式拨付给学校而已。所以，在学校的办学过程中，政府的许多权力，包括资产处理权和人事任免权等，必须由社会决定。但社会又是一个较广的概念，所以，学校所处的社区可以代表整个社会参与并对学校进行管理以及对重大教育事务作出决定，这也是公有制新的实现形式的要求，这种实现形式也降低了代理成本。否则，每个人都享有权利和权力，在实践中无法操作，容易导致“所有者缺位”的局面。

在学校内部，现代管理要求必须有一个人最终去执行和落实委托人的意见。不管是作为终极委托人的社会还是作为中间委托人的政府，都需要找到一个可以对其负责，并在日常学校办学过程中代表其利益的执行人，这个人就是校长。校长负责制度由此产生，的确对于学校内部提高管理效率起到了很大的作用。但一人决策往往不能保证管理的民主性，为此，在国内外学校改革的实践中人们寻找到了集体决策的机构和机制，这种机构就是学校（管理）委员会。学校委员会是以民主模式运作的，对内部有分歧的意见是需要投票的，所以委员会的成员构成是委托人需要解决的重要问题。除了政府和社区外，生活于学校中的教师和学生往往对学校更了解，学校的一些决策也更是首先且直接影响他们的利益。所以他们也应该加入

---

① 时和兴：《关系、限度、制度：政治发展过程中的国家与社会》，北京大学出版社 1991 年版，第 123 页。

到委员会机构中来，这样既保障了其民主权利，也提高了管理的效率。对于未成年的学生，尤其是小学低年级的学生，其意见和利益只能通过学校外部的家长来表达。由此，各国中小学校的章程里往往都要明确委员会形成的大致原则和程序，各利益方人员的构成比例，委员制度本质上就是代表制度，委员必须代表其推荐人和选举人的意愿，对委托人和选举人负责。这种民主模式得到了各国法律的认可和保护，并在实践中日益成熟。

在我国当下进行的教育改革中，出现了一些体制改革的试点校（也称转制校）。这些学校的举办人不再是政府，而可能是社会组织、法人或自然人。各种名目的公办民助校、民办公助校以及名校办民校的所谓“校中校”等都出现了，一个共同的特点是，政府不再是（至少不唯一是）投资主体，因而也不再集举办者和管理者两种身份为一体。政府举办者身份的剥离本身对于政府专注于教育管理、扩大社会对教育的深度参与以及扩大教育资源尤其是优质义务教育资源总量具有重要的作用，但问题往往出现在对市场机制的不当应用上。

在引进市场机制，促进中小学校之间竞争的前提下，市场主体可以参与学校资源配置，通过与学校的合作，从中获得特定的利益。如果仅仅是慈善机构之类的赞助者，问题就会相对简单，因为他们是非营利性的，捐资后往往不再试图对学校的具体办学行为进行干涉，一切都会委托给学校或其主管部门负责。但目前一些资金进入的性质并非赞助，而带有投资性质。与捐助者不同的是，作为市场的权利主体，投资者对转制学校的投资并不是不寻求回报，相反，他们可能希望通过投资学校这一特定的机构来降低成本，或者通过合作实现其他特定的利益。应当指出的是，投资者基于投资所获得的权利不应当影响到公立中小学校的基本定位问题，即公立中小学校是服务于公共利益的非营利性公共机构。通常情况下，投资者是通过合作协议的方式参与学校的管理和经营的，对学校内部事务的影响是局部的和有限的。但当投资者的投资额度达到相当的份额时，可能会演变成为合作办学方式，我国目前存在的由公立中小学校与外部投资者（有时直接是学校的教职工）共同举办的学校就是典型的例子。在这种情况下，投资者权利的保障不仅需要双方协议来实现，也需要法律的规范，否则如何保证公立学校的公有财产权有效地服务于公共利益将受到合法性质疑。这也是这几年来对于一些名校办民校的最大的质疑。毕竟经济利益在很大情况下是容易与政治利益和教育利益相冲突的。这种冲突表现在学校治理结构上，需要在法律既定的框架下，对各种利益主体及其权利进行有效的制衡。

公立中小学校权利外部制衡可分为两种相互关联的制衡方式，即制度的制衡和市场的制衡，分别侧重解决的是公立中小学校外部的公平与效率问题。前者侧重于公平机制，而后者侧重于效率机制。在规范相关权利配置时，其侧重点是不同的。具体而言，政府管理权和公众监督权的制度设计应当反映社会对公立学校公平性的期望，而投资者权利和利益相关者权利的制度设计则应当反映相关权利人对公立中小学校的效率和效用的期望。

四、对学校法人化的反思

以上论述中，并未涉及中小学校的法人问题。其实，学界所说的治理结构一般是指法人的治理结构。前文之所以未提及学校法人的问题，是因为目前尽管法律上也赋予中小学校（包括公立中小学校）的法律地位，但在实践中学校法人的意义并不大。以至于一些学者在研究现代学校制度时在学校法人问题上往往产生冲突。有人认为要以学校法人为基础，有人却认为中小学校不应法人化。其实，学校法人问题是在论述现代学校的外部关系以及建立现代学校制度时绕不过去的一道坎，本书不揣浅陋，尝试着给出在学校法人问题上的一些观点。

（一）学校法人化现象透视

1986 年的《民法通则》确立了我国社会主义法人制度。进入 20 世纪 90 年代后，人们开始探讨落实学校的法人地位。1992 年《中国教育改革和发展纲要》首次明确了高校的法人地位，1995 年《教育法》的颁布把学校法人由高校拓展到所有具备法人条件的学校。目前，我国面临着在中小学建立现代学校制度的任务，学校法人制度又一次被摆到了特殊的地位上来。许多学者认为，建立现代学校制度的首要前提是学校具备法人资格，并将法人资格同政府简政放权从而使学校具有真正意义上的办学自主权联系起来①，不少学者已开始探讨如何在学校中建立法人治理结构等具体的制度安排。似乎，在当下中国的公立中小学中，唯有法人制度才是学校改革的努

① 严格说来，法人权利是受民法调整的民事权利，而办学自主权既包括民事权利，也包括由行政法调整的行政授权，因而不是一个规范的法律用语。

力方向。但从国际教育改革的趋势看，义务教育学校法人化并不是各国政府和学校改革的诉求，如美国实行学区制，只有学区教育委员会是法人而学校不是。在日本，只有私立的义务教育学校才是法人。即使在俄罗斯，人们在谈论学校法人问题时，也严格地把范围限制在高等学校。而在我国，为什么许多人如此热衷于讨论学校（甚至是公立中小学）的法人化问题呢？其背后究竟是怎样的动机和利益诉求呢？这不能不引起我们的深思。

在公立中小学校法律地位问题上出现的“法人热”原因至少有三个：(1) 从整个社会教育改革的层面看，20世纪90年代后愈演愈烈的教育民营化浪潮使得学校与政府和社会的关系发生了巨大的变化。原先政府对学校的管理更多的是基于国家掌握学校的产权，这种产权和政府的行政权力混杂在一起，在计划经济体制下尚能应付学校在社会中的各种有限的活动以及在这些活动中产生的各种法律关系。但随着市场经济体制的确立，学校投入主体出现多元化趋势，教育越来越变得社会化和市场化。在社会和市场上，学校面对的是众多非政府的组织和个人，所发生的法律关系大多也并非行政法律关系，这时势必要求学校获得独立的以法人资格为特征的法律地位。(2) 从学校层面看，近20年的教育改革是不断放权的过程，学校自身有了越来越强的利益主体意识。这种主体意识集中表现为学校对办学自主权的追求。但政府在下放一部分行政权力的同时，将办学经费筹措等原先属于行政行为的责任在一定程度上也随之下放给了学校。在我国穷国办大教育的情况下，教育经费投入的不足使学校往往都具有创收的需要。这种创收是在学校同社会团体及个人之间发生的民事法律关系，而民事法律关系得以发生的一个重要条件是关系双方都具有平等的法人资格。(3) 从政府层面看，一方面学校独立的法人地位可以使政府主管部门在学校与外界发生民事纠纷时得以逃脱被追偿的责任；另一方面，不少地方政府也可以借此削减和推卸其对义务教育加大投入的责任。总之，学校法人化似乎是社会、学校和政府三者都愿意的选择，学校法人制度似乎成了共赢的制度安排。

（二）对学校法人独立性的质疑

学校法人的意义在于其独立性，包括独立人格、独立意志、独立财产、独立利益、独立权力、独立责任等。如果在学校独立性残缺的情况下讨论学校法人化问题，显然没有意义。那么，事实上的公立中小学作为法人的独立性在现阶段究竟怎样呢？这里拟从法理和现实状况两个层面对此进行梳理与论证，在此基础上提出，在现阶段我国学校外部关系的变革和现代学校制度的建设中，不应将学校法人化作为前置条件和当前改革的目标。

教育不同于生产，学校不同于企业。教育的根本目标是培养人，是传播知识和延续人类文明。学校从事的是公益性的活动。相对于其他社会组织，学校行使着一定的公权，但这种公权又不同于政府带有普适性的公权，而只能在特定的范围内（即教育和学校的范围）和面向特定的人群（即学生）行使。但同时，学校与其他社会组织一样，在社会活动和社会交往中，也发生着大量的民事法律关系。所以，学校兼有公法人和私法人①的双重角色，具体在法律关系及法律诉讼中承担的角色，要由这种活动的性质来决定。总之，学校法人有公共性、公益性和教育性等特殊性。② 正是由于学校的特殊性，学校法人相对于公司法人而言，独立性受到了限制。《教育法》第三十一条第二款在规定学校依法享有民事权利和承担民事义务时，没有使用“独立”一词，而在同条的第四款中规定校办产业“独立承担民事责任”，“独立”一词的省略并非立法者的疏漏，而只能说明立法者的本意就是使得学校法人没有公司法人甚至校办产业那样的独立性。

法人是民法意义上的一个概念，它的设立是为了保护当事人在从事民事活动时和对方具有平等的地位。而学校作为法人，一方面在民事活动中具有和对方平等的私法人地位，另一方面由于学校在许多教育行为，如招生、颁发学业证书等过程中具有被行政机关授权的特征，这种公权力的行使使得学校兼有公法人的地位。学校的许多教育行为在实践中很难分清到底学校行使的是公权力还是私权力，学校的角色是公法人还是私法人，发生的关系是行政法律关系还是民事法律关系，纠纷引起的诉讼需要经过行政诉讼程序还是民事诉讼程序。如果是公法人，学校行使的就是政府授权的公权力，学校就有政府赋予的管理学校公共事务的权力。学校的双重身份的困扰使得学校法人制度实践时会遇到较之公司法人制度更为复杂的境况，很多情况下，公法人的地位反而严重妨碍了学校作为私法人的独立性。同理，一味地强调学校

---

① 公法人和私法人的划分源于德国行政法的划分，在我国尚未得到法学界的明确认可。本书借鉴这种划分背后反映的理念来说明学校的双重属性。

② 黄崴：《学校法人的一般性与特殊性》，载《教育理论与实践》，2002 年第 12 期。

的作为私法人的独立性也会影响学校作为公法人行使的许多公共教育权力和教育行为。当然，学校兼有的公法人和私法人的双重身份只是人为的划分，在具体行为发生时学校只能以一种单一的主体身份参加到法律关系中来。

如果学校是法人，那么就应是“独立”的法人。然而这种独立性是站不住脚的，具体如下：

1. 对学校独立人格和独立意志的质疑

在当下的民法典编纂进程中，围绕人格权的立法体例问题产生了激烈的理论争议。争论的焦点主要集中在关于人格权的规定是否应该独立成编。① 关于法人人格的研究首先展开于民商法学界，其中拟制说与实在说为两大主要学说，拟制说最早见于罗马法，主要代表人物是封萨维尼。这种理论否认法人的行为能力，所以其虽然承认法人的“人格”，但却是法律上拟制的，必须通过其代表人或组织来实施法律行为，而非真正的独立意义上的人格。实在说起源于日耳曼法，以奥托·封·吉尔克为创始人，认为法人不仅具有权利能力，本身仍是具有意志能力和行为能力的实体。我国的《民法通则》第三十六条规定：“法人是具有民事权利能力和民事行为能力，依法独立享有民事权利和民事义务的组织。”可见我国也倾向于法人实在说。本书认为，虽然法人意志的形成基于其内部组织的自然人个体意志的共同意志，却区别于单个自然人的独立意志和其成员共同意志的简单组合，而是以法人利益为共同目标而形成的组织体的独立意志。

随着社会经济的发展，法人在社会经济活动中不断地与法人实体以外的利益群体发生直接或间接的关系，影响着社会其他单位及个人的利益以及社会整体利益的平衡与社会秩序的安定，因此传统经济学理论将法人出资者利益最大化，而当代经济学则将法人价值最大化进一步扩展到对法人社会价值的关注。基于经济现象的先导，现代民法及刑法学界也开始将目

① 两种不同观点的代表人物分别是梁慧星教授与王利明教授。参见梁慧星：《松散式、汇编式的法典编纂不适合我们的国情》，载《政法论坛》，2003 年第 1 期；王利明：《人格权制度在中国民法典中的地位》，载《法学研究》，2003 年第 2 期。立法体例争议的背后是对人格权基本属性的认识上的歧义。

光投入到法人的社会责任上。[1] 以法人的社会责任为基础引申出的民法法人人格否认理论却引起人们对法人独立人格的质疑。法人作为一种制度安排，具有保护自然人的工具性价值。只有自然人才是法理规范的出发点和最终落脚点。[2] 在中小学校中，自然人主要指的就是教师和学生。这样，个体人格和集体人格的张力使得学校作为法人的人格独立性受到质疑。

在独立意志方面，学校法人必须在学校中贯彻国家的教育方针，执行国家的教育标准，必须认真实施全国统一的学制、九年义务教育制度、学业证书制度、教育督导制度、教育评估制度、教师、职务、聘任制度等。在这些方面作为法人的学校的独立意志在学校所从事的内容庞杂的教育教学事务中显然是有限的。而且，意志独立在一定程度上和学校的公共性相抵触。公立中小学校是属于谁的？它究竟代表谁的意志？这种意志以前可能是行政机关的意志，现在可能加上校长和校务委员会的意志，但笔者更愿意相信，将来应该代表包括教师、学生、家长和社会公众在内的基层主体的意志。

2. 对学校独立财产和独立责任的质疑

学校如果法人化，根本的一项经济保障是其财产的独立。同自然人不同，法人资格的取得必须以一定的财产为前提。但现阶段的公有制形式下，学校财产是属于政府的，还是社区的，抑或是全体人民的，在理论上和实践上都比较模糊，过于强调法人化容易导致国有财产的流失和办学者精力的转移。

在司法实践中，也许最现实的一条是独立责任的问题。我们不否认，建立学校法人制度，可以保障校长人身权和财产权免受侵害，各种法律责任转而直接由学校法人负责。但如果是学校承担教育教学活动之外的民事责任，学校应以其自有资产负责，只能就学校资产部分进行追偿和受偿；如果是学校承担教育教学活动过程中的民事责任，应参考《民法通则》第四十八条的规定："全民所有制企业法人以其经营的全部财产承担民事责任"，也就是说，学校以其全部财产（包括国有资产）承担民事责任，债权者在追偿债务时，学校应以其全部独立财产负责，不应受经费支出项目的限制。但如果是学校在市

---

① 近年来，学校间教育竞争的失序使得学校伦理问题备受关注。高洪源强调的名校伦理责任实际上就属于学校的社会责任范畴。参见高洪源：《战略性约束：市场环境下中小学名校的社会伦理责任》，载《教育科学研究》，2004 年第 12 期。

② 薛军：《法人人格权的基本理论问题探析》，载《法律科学》，2004 年第 1 期。

场上的合同借贷时欠下的债务呢？特别是当这种债务超出了学校自有偿还能力的时候，政府是作为终极所有人代替学校偿还还是宁愿冒着违背市场（欠债还钱）规则的风险宣布学校只以自有资产为限而将其债务归零呢？这些都是司法实践中经常遇到的现实问题，尽管理论上尚没有统一的说法，但事实上大多情况下学校并不承担独立责任，政府大多也并不能置身事外脱了干系。①

人格、意志、财产、利益、责任等方面都并不具备独立的条件，在各种条件尚未成熟的情况下枉论学校法人化，显然对当前的教育改革不利。故此，本书谈论学校治理结构和治理机制时，仅仅将学校作为公共机构，而并不提倡学校法人化改革。②

---

① 近几年大量存在的“锁门学校”的诉讼案例中，政府往往也需要成为被告，这是对农村公立中小学成为法人一说的最大的嘲讽。另外，在“普九”欠债问题上，仅仅截至2000年，全国中小学校的欠款就高达500亿元之巨，并未有政府敢说这些债务以学校自有资产为限。目前，政府的做法是利用公共财政形式分次、分批地偿还。可见，中小学校在民法上并未承担债务偿还的独立责任。相反，为了规范学校的市场行为，笔者主张限制学校的市场融资能力和银行借贷能力，在义务教育上即使借债也应是政府举债。参见徐建平：《学校收费行为的调查分析》，载《教育管理研究》，2005年第6期。

② 如前文所述，学校兼有公法人和私法人的特性。因而有人认为学校法人化仅指学校向具有公法人特性的混合的和特殊的法人转变，并在此基础上提倡学校的法人化。但其实，将公立中小学校视为公法人和私法人都不能成立。且不说我国目前不承认公法人和私法人的划分，即使承认这种划分也不能使得学校“公法人”化，否则容易回到政校不分的老路上去。在这方面，德国的经验或许值得我们借鉴。即使德国一向强调公、私法人划分，但中小学校并不被承认为公法人。根据《勃兰登堡州学校法》第6条、《黑森州学校法》第127条第二款和《巴伐利亚州教育和教学事业法》第3条第一款的规定，中小学校在法律上是“无权利能力的公共机构”。德国公立学校同时具有公共机构和教学机构的双重身份。作为公共机构，它由政府依据公法而举办，但却不具有公法意义上的独立权利能力，也不是严格意义上的公法人。作为教学机构，公立学校则依法享有办学自主权，但这种权利不是一项法人权利，而只是一种法律授权。无论其身份如何，公立学校的权能都被置于国家的监督之下。作为公共行政的承担者，由于它相对于其使用者来说并不具有独立的公法上的权利能力，因此，它没有完全具备公法人的基本特征。从这个意义上讲，公立学校不能在没有任何前提的条件下与其使用者构成完整的公法关系，也不能成为严格意义上的公法人。所以，不管是哪种类型的法人，本书都不主张将公立中小学校法人化，学校只能是公共机构。

第四节 对于学校与社会关系的思考

尽管我国自1985年以后进行教育体制改革以来，伴随着办学自主权下放的教育民主化进程得以明显加快，治校模式也得到很大的改良，但学校与政府、社会的关系仍未完全理顺。在我们眼见的学校具体的办学过程中，政府严密控制着学校的各种权力，即使已经下放给学校的少数权力也常常集中在校长一人手中，社会虽然对教育满腹牢骚但往往投诉无门，家长虽然希望介入但往往因考虑到教师对自己孩子的影响以及看重孩子考分而不得不放弃。诸如此类，不一一叙述。是我们的改革方向错了吗？应该不是。是我们的社会（家长、社区居民和公众）素质不够吗？似乎也不能草率地下这样的结论。那么，问题的症结在什么地方呢？显然，作为理论工作者，我们首先要做的是重新审视我们改革的理论根基，毕竟当前的教育改革已经不能仅仅是“摸着石头过河”的试错过程，如果那样将是政府和教育理论工作者的失责。

目前，在我们的教育研究中，学者们更热衷于对所谓热点问题的研究，譬如素质教育、课程改革、教育乱收费，等等。并不是这些政策性强的东西不需要去研究，而是如果大家都将精力放在这些浅见的、表面的、变动性强的问题和对策研究上，如果关于改革的哲学理论、政治学理论等鲜有问津，那么对于教育研究和教育发展本身都是极其危险的。令人欣慰的是，有部分学者已经开始意识到这个问题，提出我国的教育管理需要进行“知识梳理和重构”，他们开始将教育研究导向一个更为深远的疆域。① 他们开始在教育理论研究中讲求理论深度，拒绝平庸，力戒浮躁。的确，缺少类似于欧美国家20世纪中叶的教育管理理论运动的洗礼，不能不说是我国教育研究的一个缺憾。

学校与政府、市场、社会的关系就是一个加强教育学科的理论研究的很好的切入口。长期以来，对于教育领域平等与自由、效率与民主的纷争

---

① 褚宏启：《改善我国教育管理的知识状况》，载《教育管理评论》（第1卷），教育科学出版社2003年版，卷首语。

不在少数，但真正能深入这些源于西方的理论内部，认真梳理并在结合我国教育改革实践的基础上进行理论创新的却屈指可数。就拿学校与社区关系而言，除了“扩大学校办学自主权、加强社会参与”等近乎口号似的提法和一些草率的对策建议之外，其背后的理论根基鲜有涉猎之人。而且，不少研究者本身在一些基本的哲学理论问题上自相矛盾，甚至根本就没有哲学立场。譬如，一些人为学校的办学自主摇旗呐喊，但每每教育领域的非正常现象出现后，他们却总是高呼“政府哪里去了”？在这里，他们对学校发展的责任和权力主体的指认往往是模糊的。再比如，在论及学校与社会主体的关系时，一会儿强调社会主体的参与性质，一会儿又突出学校的专业指导作用，为了提高效率家长只能扮演配合的角色。在这些民主和效率问题上，他们大多只是将其视为权变的因素而自己没有理论立足点。无哲学立场的教育研究对于改革至多起到因时、因地制宜的工具性指导，而且往往还是不负责任的主张，或是常谈的老调。他们只是在自由、民主、效率、公平、秩序等这些几乎是不证自明的道理之间作不定期的徘徊和跟风。

回到学校与社会关系理论问题中，尽管社会参与似乎是公认的努力方向，但仍有许多问题其实并未明确。如这里的社会（社会团体、社会公众、社会主体、社会群体以及作为家长和社区成员的个人等均可表述）究竟应代表谁的利益？教育利益究竟由谁来代表？这种利益怎样被代表等？前文仅仅从表象上讨论了参与的机制问题，这里探讨一下其背后的理论逻辑。

从理论上看，当前学术界比较流行的除了新自由主义外，还有许多“主义”的观点可资发掘和探讨。本书在学校与社会关系问题上，主要目的是在对比多元主义和社群主义的基础上，强调法团主义对当下教育改革的理论意义。

人们以往熟悉的大多是关于自由主义和保守主义的争论。其实，这两者基本的理论立场只是加在各种学术观点上的一顶大帽子，两者内部常常也派系林立，有时对于一种主义几乎很难分清其在自由与保守之间的归属。半个世纪以来，多元主义、社群主义和法团主义是其中较受关注的理论热点。在笔者看来，这三者与“自由主义—保守主义”之间的学术划分应当是，多元主义和社群主义属于自由主义阵营，尽管带有一定的保守的色彩，但一般至多只能说两者是保守的自由主义[①]，而法团主义则应当属于保守主义的阵营，它对自由主义个体为上的内容和方法的反对是颠覆性的，法团主义的立足地是具有长期集权和中央控制传统的欧洲，在这个意义上也可以包括中国。

一、学校与价值共同体

现在，无论是教育理论研究者还是教育实际工作者，在社会对学校办学的重要性问题上几乎是高度一致的，答案就是要加强学校与社会的联系，加强社会的参与。虽然他们并未明说，但容易看出在相关论述中已经闪烁出了社群主义[②]的思想。

（一）“社群”之于学校

社群主义是20世纪80年代后政治哲学领域的主要话题。[③] 在哲学和政

---

① 传统的自由主义是建立在自然权利和功利主义的基础上的自由主义，当代的自由主义则有两个理论路径，罗尔斯、德沃金等权利论者继续了洛克的传统，而社群主义者属于休谟的传统。参见顾肃：《自由主义基本理念》，中央编译出版社2003年版，第333页。

② 一般认为，社群主义区分为20世纪60年代的社群主义和80年代后的社群主义，两者都对个人主义的自由主义进行了批判，只是前者批判受到马克思的启发，把财产所有制和平等的政治权力看作是良好社会的标志；后者批判受到亚里士多德和黑格尔的激励，把良好社会看作是有悠久的传统和根深蒂固的认同。因而80年代后的社群主义相对而言更具有保守的性质。本书这里引用的社群主义主要是指20世纪80年代后的社群主义。两种社群主义的区分参见阿米·古特曼（Amy Gutmann）：“社群主义对自由主义的批判”（Communitatian Critics of Liberalism），载《哲学与公共事务》杂志（Philosophy and Public Affairs），1985年夏季号，第308－322页。

③ 20世纪70年代政治哲学的主要话题是新自由主义的正义（Social Justice），80年代政治哲学的主要话题则是社群主义者的社群（Community），90年代后社会正义和社群两者同样成为政治哲学的话题。（参见俞可平：《社群主义》，中国社会科学出版社2005年版，导论。）社群主义是一种强调社群而不是个人的自由主义，对学校—社区关系构建具有一定的理论价值。社群主义的代表人物有麦金太尔（Alasdair MacIntyre）、查尔斯·泰勒（Charles Taylor）、桑德尔（Michael Sandel）、沃尔泽（Michael Walzer）、昂格尔（Roberto Unger）等人。

治学等学科中，社群主义无疑有着众多的支持者。那么，什么是社群？它在学校与外部（不包括政府和市场）的关系中究竟占据怎样的位置？社群之于学校有什么重大的理论价值？在当下的中国，社群主义在学校变革中能够发挥多大的价值以及怎样发挥这些价值呢？为此，必须对社群主义的理论内涵有准确的把握。

何谓社群？不同的社群主义者对社群的界定是各不相同的。一般地说，社群主义者把社群看作是一个拥有某种共同的价值、规范和目标的实体，其中每个成员都把共同的目标当作自己的目标。因此，在社群主义的眼中，社群不仅仅是指一群人；它是一个整体，个人是这个整体中的成员，都拥有一种成员资格。社群主义者所说的社群有许多个基本的向度，如地理的、文化的和种族的。不同的向度分别构成不同类型的社群。① 社群主义者桑德尔（Michael Sandel）特别强调社群对于其参与者的自我的构成性质。在他看来，所谓社群，是那些由具有共同的自我认知的参与者组成，并且通过制度形式得以体现的某种安排，其主要特征是参与者拥有一种共同的认同，如家庭、阶级和民族等。尽管社群主义内部在很多问题上有较明显的分歧，但对于社群的两个基本因素显然是相同的，这就是社群成员的共同目标和对于社群本身的认同感。②

（二）作为价值共同体的学校

社群主义强调共同的目标和价值观，这对于我国当前社会上存在的较为普遍的损人利己的竞争和普遍共同伦理价值的匮乏等状况的改变显然具有正面的意义。在许多情况下，学校已经不再是一个道德共同体而至多称为利益共同体，学校间的不当竞争、学校与家长间关系的金钱化等都昭示着学校作为一个教育场所的价值意义的堕落。在此意义上，社群主义无疑给了我们很好的启迪。

如果我们需要培养学生成为有道德的人，学校的教育行为和管理方式以及学校与外部的关系首先就应讲求道德性。学校本身首先应当是一个善的价值的共同体。英国学者米勒伊（Peter Milley）甚至直接将学校称为道德

① 俞可平：《社群主义》，中国社会科学出版社 2005 年版，第 71 页。

② 顾肃：《自由主义基本理念》，中央编译出版社 2003 年版，第 523 页。

社群（moral community）。[1] 社群给个人以美德，诸如爱国、奉献、牺牲、利他、团结、互助、友睦、博爱、诚实、正直、宽容、忠信等，都是通过社群形成的。在社群的特征上，戴维·米勒（David Miller）在《市场、国家与社群：市场社会主义的理论基础》中强调社群内部的团结、友爱、平等、互助和参与。[2] 杰克·克里特登（Jack Crittenden）强调成员间的利益联系与分享以及社群的关系、义务、习俗、规范和传统对成员的影响。[3] 一个没有社群生活的社会肯定不是一个理想的社会。假如有这样一个学校，教师、学生、家长以及和学校相关的每个人都拥有自由权利，并自由地行动，但他们并不参加社团的、邻里的、教育的、宗教的以及各种公民团体，他们都只是零散的个人，这样的学校可以说是十足的自由的学校，甚至是公平的学校，但肯定不是我们想要的理想的学校。

当然，我们在谈论学校与社会关系问题时讲的社群，并不泛指一切人与人的联合体。宽泛的社群对于学校没有任何意义。正如社群主义者指出的那样，我们最主要讨论的是政治社群，也只有这种社群才直接和学校变革中的民主化进程相联系。人类组成社群有着自然的必然性，这种天然性也表现在政治方面。亚里士多德就曾说过人天生就是政治动物，他具有合群的本性。政治社群是所有社群中最高的团体，是人类社会至善的群体，是社群发展的终点，是人类生活自然生长过程的完成。政治社群在本质上是善的，人类组成社群的目的就是为了作为善的公共利益。

和新自由主义强调权利与利益的个体主义方法不同，社群主义者采取的研究方法是集体主义的。而且他们强调的不仅是集体的权利和利益，更是一种公共的善。"社群的公共的善对社群成员个人的善具有优先性。"[4] 社

① Peter Milley, "*Imaging good organizations: Moral orders and moral communities*". see Educational Management & Administration. SAGE Publications (London, Thousand Oaks and New Delhi), 2002.

② Miller. David, "*Market, State, and Community: Theoretical Foundations of Market Socialism*", Oxford: Clarendon Press, 1989, pp. 227 – 251.

③ 杰克·克里特登：《超越个人主义：重建自由的自我》（*Beyond Individualism—Reconstituting the Liberal Self*），牛津大学出版社 1992 年版，第 132 – 133 页。

④ 俞可平：《社群主义》，中国社会科学出版社 2005 年版，第 129 页。

群主义者倡导的公共的善有两者基本形式，一种是物化的利益，另一种是非物化的行为。前者就是我们常说的公共利益，后者通常指各种美德（Virtues）。这种善关系到公共的利益，而在公共利益的分配上社群主义强调个人的需要。这样，社群主义就显然不是对个体权利的漠视，不是多数人的暴政，从而具有了人性，这也与马克思主义理论家们的按需分配理论合辙。

其实在我们的教育实践中并未忽视过社群，我们经常强调的社区参与、家校合作、建立学习型和互助型社区、开展社区服务、为他人做好事，等等，在社群主义者看来就是典型的“社群运动”（Communitarian movement）。只是我们在构建理想社群过程中的一些做法往往是表面性的，未能深入到社群的本质，故而对学校与社会关系的重建作用相对有限。

（三）学校社群中的资格问题

如果说社群主义对我们的教育改革有什么借鉴意义的话，除了共同价值观念以外，社群主义另一个重要的理论贡献是关于公民资格的探究。所有的社群主义者几乎都认为，生活在现实世界中的个人都是这个或那个社群的成员。对个人来说，最重要的和最基本的身份便是其成员资格。没有这种资格，就不能形成个人的自我认同；没有这种资格，所有个人的权利就无从谈起。所谓分配的正义，首先就是成员资格的分配。沃尔泽在其反对新自由主义的主要著作《正义的范围》中指出，只有享有成员资格的个人才能享受各种政治和经济权利。在市场面前，“没有成员资格的人即使进入自由市场也易遭受伤害”；在政府面前，“他们被安排在共同体的安全和福利供应之外”。[①] 可见，论述社群主义的关键概念是成员资格。

沃尔泽以家庭、居民区和俱乐部三者为例讨论了成员资格获得的途径。[②] 家庭更具有马克思所说的原始共产主义色彩，成员间无私奉献，其成员资格具有许多先天因素。这里，与学校外部的社区有关的成员资格和邻里、俱乐部更有关联。在沃尔泽看来，居民区是极其复杂的人类社群，既与市场有关，又与国家有关。如果国家实行广泛的社会福利，那么居民区

① 俞可平：《社群主义》，中国社会科学出版社 2005 年版，第 87 页。

② ［美］迈克尔·沃尔泽：《正义诸领域——为多元主义与平等一辩》，褚松燕译，译林出版社 2002 年版，第 38 - 78 页。

这种“地方性社群”就没那么重要。相反，如果国家不那么负责任，社会成员就会更多地依赖于地方社群，他们会组织起来，捍卫当地的政治和文化，抵御外来人。这种居民区社群与我国的居委会十分相似①，这种地方性社群在我国教育领域中的重要性是显而易见的。从小学、初中入学时施教区的划分，到高中毕业为应付高考而出现的高考移民，都可以看到这种成员资格对于学生教育的重大影响，它直接影响甚至决定了学生获得适当教育的成本和接受这种教育的机会。为了获得这种成员资格，人们往往可能利用市场机制（如在重点校附近购买住房以获得当地户口），也可能是采取政治手段（如和政府就施教区大小和重点校招生的辖区内计划指标进行讨价还价）。因此，对于这种地方社群，国家治理的必然途径是实行广泛的社会福利，拉平各种居民区社群的教育差距，促进教育的均衡发展，使得地方社群对居民教育利益的获取不再产生重大的影响。譬如，将原先重点校集中的区域所拥有的优质教育资源向教育薄弱地区扩散，向县城和乡镇扩散。

和居民区相比，俱乐部的成员资格更多了一些自我选择的机会，而不再仅仅依赖于地理位置上的先天条件。俱乐部是一群社会个体由于共同的价值、信仰、爱好、利益和认同集合而成的社群。只有创立者是自我选择的，而后进入的人除了自我选择外，更多的是要获得俱乐部内成员的认可。和一些艺术爱好相同或宗教信仰一致的俱乐部不同，教育领域的这种俱乐部对于外部非成员来说，选择进入的理由往往更多的是出于政治权利和经济权利的考虑。这样，也需要通过市场机制付出经济代价后才有可能获得成员资格并分享到俱乐部成员的权利。而国家通常尽可能不干预，除非俱乐部内部派系分裂后引起所有权争斗，危及法律和公共利益。事实上真正意义上的这种俱乐部在中国长期封闭的传统社会中是没有生存的空间的，因为影响小的俱乐部会被家庭、邻里等以“亲属原则”吸纳；影响大的俱乐部会被国家公权力干涉（或吸纳，或消灭），专制集权的政府对于这种极具凝聚力的社群往往会采取防微杜渐的态度，只有这样才能树立中央政府权威的唯一性，从而维持政治稳定。所以，在这个意义上，我们又可以将

① 只是我国的居委会作为计划经济的产物，已被正式纳入体制中。但目前尚难找到这种社群在我国更恰当的对应物。

国家视为最大的俱乐部。国家作为俱乐部，那么成员资格就是公民资格。在教育方面，公民资格也是个人获得教育权利的资格。

（四）学校社群、市场、国家

在处理社群问题的时候，我们并不能就社群谈社群，需要将社群和国家、市场等学校外部因素联系起来考虑。近年来以社会主义的社群主义观（Socialist communitarianism）而闻名遐迩的戴维·米勒在其代表作《市场、国家与社群：市场社会主义的理论基础》一书中对社群、国家和市场作了区分。作为市场的参与者，人们之间的相互关系是一种自愿的交换关系。每个人通过给他人提供一定的利益而取得相同的回报；作为国家的公民，人们之间的相互关系由正式的法律规定每个人拥有什么权利和义务；作为社群的成员，人们之间通过认同这种纽带关系而发生相互关系，这种认同包含有人们之间为了相互的利益而承担的非正式义务。在一定限度内，“人们仅仅通过同伴们的善良意志便可获得利益”。① 但现实中，这种基于友爱产生的互助太少了，在曾经将教育大包大揽的政府面前，社会成员对政府有了长期的习惯性依赖，人们的教育获得依赖于政府的恩赐；在刚刚起步的市场体制下，人们开始尝试着利用市场的交换机制获得自己的教育利益。政府保障和市场交换似乎是人们获取教育权利保障的途径和机制，而通过社群这种互助机制维护并扩大教育权益还远远未能成为现实。在这种情况下，对社群主义的指望显然不能解决燃眉之急。

（五）社群主义理论运用于学校与社会关系构建的局限

社群主义的理想似乎对我们而言过于遥远，它不仅对利益和社群供给，更对社群共同的认同、信仰和价值观提出了要求。这固然是一种美好的理想，但如果没有建立这种社群的物质性和精神性基础，对我们而言终归也只能是一种理想。而自由主义的那种物质性、利益性的参与和竞争似乎离我们更近，社群主义很可能是对教育理想的一种说教，毕竟它对我们的学校和社会提出了很高的道德要求。在这方面，社群主义的理论自身似乎也影响了其在学校变革中的应用。

社群主义是美好的，但不够现实。在我国，这种社群主义理论对于教育改革和学校—社会关系重建进行理论性指导的障碍在于：如果不加区别、

① 俞可平：《社群主义》，中国社会科学出版社2005年版，第79页。

不顾现实条件地运用社群主义，对于社会改革和教育治理的危害可能会是巨大的。如政府不作为或乱作为却将责任推给道德缺失的社会。尽管自柏拉图、亚里士多德到马尔库赛、麦金太尔，都秉持了社群主义的价值基础，但在社群主义的反对者看来，这个基础并不牢固。社群理念背后是一种道德完善主义和理想主义，它预设了一个政治社区共同的基本价值观、理想国或最终目标。但实际情况往往并非如此，“不仅没有思想和道德完全一致的政治社团，也不存在不打折扣便可实现的纯粹的政治理想。”哈耶克、波普尔、诺齐克等自由主义者对这种完美主义、理想主义和乌托邦主义的虚幻性和危害性曾作了深入的剖析揭露和批判。

二、教育利益在学校场域的多元化

（一）学校：从道德多元到多元民主

多元主义首先是道德多元主义。在善恶之间没有一种绝对的标准和基础。自由主义的思想对于基本的道德争议采取中立的态度，“为了接受自由主义，人们不必充当那些高度争议性的大问题的主人”。[①] 自由主义“承诺道德多元主义，该观点认为存在着许多相互容纳的有价值的、值得尊重的关系、承诺和生活计划”。[②]

不但道德是多元的，其实世界上很多东西都是多元的。就学校面对的社会而言，社会的主体是多样的，各人的利益、爱好、观点、意见、地位、权利和责任都是多样的。这种多样性是多元主义的现实基础。但多元主义并不简单地等同于社会多样性。它更多是指在政治决策中非高度齐一性的过程和制度。

多元主义对多元民主的重视，可以在实践层面进行学术的运用。“多元政体的最终指向仍然是可运作的政治决策。”[③] 在多元主义看来，社会的利益和权力也会分布在不同的团体之中，但对于决策形成具有绝对作用的权

---

① R. Dworkin, *A Matter of Principle*, Cambridge: Harvard University Press, 1985, p. 203.

② J. Raz, “*Liveraliam, Autonomy and the Politics of Neutral Concern*”, in Midwest Studies in Philosophy, 1982, p. 7.

③ 顾肃：《自由主义基本理念》，中央编译出版社 2003 年版，第 164 页。

力应当分布在不同的主体之间，这也是多元民主追求的目标。多元论是建立在团体利益和政治意向的多元化基础上的。

对于多元民主机制的形成问题，在多元主义看来，政治的基本场所是社会而非国家，社会由自愿者利益团体组成，这些利益团体自身不图谋组织或取代政府，但它的积极行动对政府构成压力。利益团体数量众多，成员不断扩大，且相互竞争，它以代表的广泛性获得力量，以确保社会中的多种利益要求有组织地流入政治过程。利益团体是社会政治行动的基本单位，它是位于公民个体和决策者之间的利益传递机制，利益团体的行动主导着社会的基本政治秩序。多元主义者认定，“公民社会”提供了利益团体竞争的舞台。①

（二）公民社会对多元教育利益的整合

公民对国家及公众事务的主动参与和互动关系，是公民社会的现代性发展。阿尔蒙德在《公民文化》中指出：公民（participant）是现代社会的个体，它区别于村民（parochial）或臣民（subject）的主要方面，就是与政治体制开始有了互动关系，互动的内容是承认或同意。

在政治方面，公民社会是一个利益竞争的“市场”。C. 泰勒（Taylor）在概括公民社会的政治特质时将“公民社会”划分为三个不同的层次：（1）最基本意义的公民社会：当存在着不受国家力量支配的民间团体时，这就是公民社会了；（2）较严格意义的公民社会：当通过不受国家支配的公民团体、社会完全可以自我建设及自我协调时，这才是公民社会；（3）作为对第二种意义的补充，我们可以说，当这些民间团体能够有效地影响国家政策的方向时，这就是公民社会了。② 第一层含义强调公民与国家的相互距离和无涉，第二层含义强调相对于私人性的经济领域，存在一个公共性的政治领域，第三层含义则强调公共产品的产出中渗透着公民自己的意愿。

就公民社会在中国的发展来看，虽然“公”仍保持着支配优势，且“公域”和“私域”的分化尚不明显，但与1978年以前相比，混合公私以

---

① Christopher Ham and Michael, *The Policy Process in the Modern Capitalist State*, Harvester Wheatsheaf, 1993, p. 29.

② C. Taylor, “原公民社会”，载 J. Habermas 等：《社会主义——后冷战时代的思索》，牛津大学出版社 1995 年版，第 39 页。

促进公益的现象已经普遍出现。虽然社会团体并非独立，但在很大程度上拥有了行动空间，其扩大影响的主要方式，仍是“接近”体制，而不是对其形成压力。中国目前的转型，带来了国家和社会关系的新变化。这一变化的特征可以概括为“准”公民社会或“半”公民社会的成分正在生成。但理论上对于我国公民社会的理解，学者们之间有着较大的偏差。许多论者往往并不能够对以上三个层次有清楚的认识，而且经常在使用“公民社会”一词时混同了，以至于公民社会成了西方的时髦理论而对于我国缺乏针对性的现实意义。

我们重视公民社会，大多是出于对私人领域的重视，在某种程度上是处于长期计划体制压迫下的一种反叛。自由主义和多元主义等成了这种反叛的理论工具。但是，许多理论工作者显然也对于个人权利的张扬带来的原子主义感到担忧。毕竟，在相对保守的学者眼中，“多元主义者对冲突如此感兴趣，以至于产生了不相容的、不可公度的和冲突的价值”①。

（三）作为制约的原子主义

多元主义理论的不当操作很有可能将我们的社会引向原子式的分裂状态，导致基于共同利益和共同价值观的共同体的崩溃。作为新自由主义的一个极端，原子主义起源于17世纪，认为个人及其权利绝对地优先于社会。原子主义对集体、社会的淡漠导致社会容易处于一种分裂状态，人与人之间感情淡漠，公民日益缺乏责任意识和服务意识，人们中间消极的情绪不断增强，奉献精神、牺牲精神等传统美德渐渐消失。对原子主义批判最为著名的是C. 泰勒，他从人们权利和自由的有限性等方面来驳斥原子主义，认为应加强人们之间基于公民义务和责任的联系。“健康的公共生活需要一系列必要的条件，包括公民对公共制度和政治生活方式的强烈认同。”② 但作为一个社群主义者，泰勒的批判虽然因其强调集体和社会而具有一定的保守性，但毕竟仍属于自由主义阵营内部的两种理论之间的争议。自由主义对个体权利的强调是很难把握的，因此，对于多元主义容易导致的原子

① ［美］约翰·凯克斯：《反对自由主义》，应奇译，江苏人民出版社2003年版，第217－222页。

② 查尔斯·泰勒：《自我的根源：现代认同的形成》，韩震等译，译林出版社2001年版，第296页。

主义的评判从根本上也许应当来自自由主义的对立的阵营——保守主义，虽然保守主义对传统和权威的集体认同的加强也会带来专制和集权，因而也往往并不完全保险。

在多元主义视野下的学校—社会关系中，社会是分割为各种不同的多元的团体的，他们共同把持着参与学校事务，而且其参与的民主权利是平等的。但我们认为多元主义在学校办学实践中如果处理不当容易导致两个问题：一是过度不讲整合的多元主义容易导致原子主义，这时候就需要用社群主义和其他强调统一的观点进行整合；二是多元主体之间的竞争无法把握，处理不当反而容易招致垄断，带来多数人对少数人权利的侵害。

对于分散的个人怎么进行整合呢？对于原子主义怎样防范呢？其实很多政治哲学家都从不同的角度思考并给出了自己的答案。新自由主义者强调“重叠共识”，社群主义强调共同的价值观念和个体为整体作出的牺牲，在本书看来，法团主义及其将分散利益组织化的机制对我国教育利益的整合更具有现实意义。

三、教育的利益与秩序

（一）法团主义与教育秩序达成

学术界一般认为，“法团主义”是一个来自欧洲经验的理念，这一项指陈是相对于“多元主义”主要反对美国社会经验而言的。托克维尔（Charles Alexis Tocqueville）曾经盛赞美国式的民主，认为这样的民主社会根源于美国发达的民间组织（即公民社会）。在 D. 贝尔看来，美国原本就没有政府、国家，而欧洲则存在着对国家治理的普遍认同。欧洲大陆国家长期的集权传统不需赘述，即使在英国也显示了这样一个基本事实——社会是一个由世袭层级主宰的秩序。① 这样，在欧洲就没有产生像美国那样的民间组织和公民社会，整个社会的民主机制需要由另外一种形式得以培育。

---

① 贝尔认为，英国并没有发展出与美国同样的秩序，在那里，皇位的象征性地位、地主阶级的强大、教会的集中化、有产者及其子女对于名流身份的渴望、被社会承认的分量、荣誉和名称的魅力，等等。因而，欧洲的民主模式并不能遵从美国式的多元民主模式，法团主义在欧洲更具有孕育的土壤。参见张静：《法团主义》，中国社会科学出版社 2005 年版，第 5－8 页。

这种机制就是“法团主义”。其中，社会中各种“法团”是形成并代表民意的工具，社会多元化的利益经由“法团”向体制内传输并最终得到认可。“法团”是得到体制认可的，甚至本身就是体制的一部分。一旦得到来自政府的体制内的支持，法团往往会对某一领域形成相对的垄断，所以法团的数量往往是有限的甚至是唯一的。法团主义的优势主要是避免多元主义下的利益纷争和组织分裂。在具有集权传统的国家中，法团主义可能是更现实的选择，在此意义上，本书关注法团主义是否适用于我国①，特别是在处理学校与外部关系时是否具有理论和实践上的可行性。

作为制度结构的称谓，学术界通常认为，法团主义思想于20世纪70年代末经由斯密特（Schmitter）系统概括，代表着不同于多元主义的另一种体制。多元主义认为，国家的权力必须由社会授予，它是社会意志的代表机构。多元主义担心的是国家权力超越个人和社会权利之上。多元主义的公民社会理念是典型的“社会中心论”：它伸张社会权利而限制国家的干涉，主张个体权利而限制公共权威的侵扰。然而，在限制公共权威的同时，如何自行解决社会分殊权利的众多冲突，是多元主义面临的问题。“法团主义怀疑其处理冲突、达成秩序的能力。”②

法团主义对多元主义的反驳显示出其对于多元状态下秩序缺失的担忧。在多元主义看来，既然社会中的个体组织是多元的——多样、变化、竞争、甚至相互冲突的，它们如何在没有外力作用的情况下达到整合呢？根据多元主义者的设想，是让多元利益组织在竞争实践中达成实力平衡，社会中存在的自主和竞争能够抵制垄断和宰制，从而使权力分布在不同的人群、种族之间，形成分散（非集中）势力的均衡。这就是多元主义利益团体政治的解决方案。这个方案提出，由利益集团集中个体的共同目标，并通过

---

① 正如我国法团主义研究者张静教授所言，“法团主义更是一个代表欧洲经验的框架，其根基于欧洲历史、文化、政治和经济的总结”。（参见张静：《法团主义》，中国社会科学出版社2005年版，导言）我们运用法团主义作为分析学校与社会关系的理论框架也许会冒地域差异导致的不适症的风险，但我国长期的类似于欧洲的集权传统中可以看出这种应用的可行性的确存在。因为，和欧洲相似，我国也存在着世袭层级主宰的秩序，存在着对国家治理的普遍性认可。

② 张静：《法团主义》，中国社会科学出版社2005年版，导言。

集体的行动追求这些目标。团体中的代表是团体的政治资源和权力基础，因此它可以独立于政府而存在；团体只为其代表利益负责，它位于政府和民众之间，在政府或国家机制与个人之间提供制度化手段。① 团体是基于共同利益基础上的自愿联合体，其成员之间享有共同的利益和关怀，通过利益团体间的相互联系，个人参与从基层扩大到国家层次。

多元主义似乎描述了一幅控制国家专权和实现民主的美景，但法团主义质疑的是这种方法的可行性。因为根据多元主义的观点，虽然防止了单一权力的支配，但不能避免利益集团在数量和规模上的无限发展。其结果便是大的、实力雄厚的利益团体，主宰了影响政治的主渠道，从而在强弱不同的利益团体间引起冲突。这一结果又是与多元主义平等竞争的初衷相悖，同时，激烈冲突使利益团体的聚合发生困难。譬如，如果在教育领域中同时存在若干个家长协会，在很多问题上他们甚至持对立的立场，那么，究竟谁是代表家长和学生利益的团体呢？多元主义原本是解决单一的权力支配问题的，但自己却建立了一个充满冲突又不能避免支配出现的社会秩序。无序的竞争很可能扼杀一部分家长和社会成员的利益进入体制内的机会，毁坏这些利益的组织化过程。

由托克威尔开创的、近代保守主义政治学关心的冲突与认同的平衡、自由与约束的平衡、分化与内聚的平衡、政治期望与制度化体制的平衡，一直以来并未受到主流理论的重视。② 直到20世纪70年代末法团主义兴起之后才备受关注。在很大程度上，法团主义和政治学中的保守立场相近，它们把秩序而非冲突作为自己的论述目的。

在某种程度上，法团主义的一些观点并不是和自由主义完全对立的，它所反对的只是个人主义的自由主义。在具有保守倾向的自由主义者眼中，强调集体和秩序的观点与法团主义不谋而合。只是从方法论上看，自由主义主要是个体主义的，而法团主义是集体主义的。即使法国的坚定的自由主义者雷蒙·阿隆（Raymond Aron）也并不主张分散的民主。他认为任何制度在一定程度上都是寡头政治的，政治决定的实质是为了集体而不是由集体作出的，因为决定不可能由大家作出。把现代民主制度比作人民自己

① Graham K. Wilson, *Interst Groups*, Basil Lackwell Ltd., 1990, p. 38.

② S. M. Lipset：《政治人》，商务印书馆1993年版。转引自张静：《法团主义》，中国社会科学出版社2005年版，第42页。

管理自己的一种不可实现的理想制度，那是荒谬的。因而在人民事实上明确接受民主主权的时代，最重要的是实行民主原则的制度方式。①

法团主义之所以具有现实性，最主要的是其所强调的利益组织机制化的观点。如果没有这种利益的组织化，则与专制没有区别。法团主义是重视民主的，只是强调在具有集权传统的社会里，民主原则实现需要一种重视现有体制的意见、利益的集中和组织的机制。

（二）法团主义与教育利益整合

自由主义通常有一个基本的命题："个人行动的目的是追求他自身利益的最大化"。在自由主义看来，理性的经济人可以通过纯粹个人的、没有组织的行动有效地增进他的个人利益。但是，如果仅仅依靠没有组织的个人行动，要么根本无法增进共同利益，要么不能有效地增进共同利益。② 因此，即使个人利益也需要集体行动，而且应是紧密而非松散的集体行动。美国学者奥尔森（Mancur Olson）在其《集体行动的逻辑》一书中对集体行动理论所做的研究表明，"松散的公共利益集团获得成功的可能性极小"③。

法团主义关注的核心问题是，社会不同利益如何得到有序的集中、传输、协调和组织，并以各方同意的方式进入体制，以便使决策过程有效吸收社会需求，将社会冲突降低到不损害秩序的限度。④

在如何实现利益组织的问题上，法团主义不否认多元主义的"利益集团"的分析框架。在法团主义者奥菲（J. Offe）看来，在对利益集团进行界定时，一般可以从个体意愿层次、组织建制层次和政治体制层次三个方向来概括。⑤ 多元主义一般只集中于"个人"的视角，而法团主义则认为应从三个层次来共同理解才完整。

---

① 在这里阿隆与卢梭的人民主权学说相区别，而更具有了孟德斯鸠的思想倾向。参见顾肃：《自由主义基本理念》，中央编译出版社 2003 年版，第 449 - 450 页。

② 方福前：《公共选择理论——政治的经济学》，中国人民大学出版社 2000 年 12 月，第 99 页。

③ ［美］曼瑟尔·奥尔森：《集体行动的逻辑》，上海三联书店和上海人民出版社 1995 年版，导论。

④ 张静：《法团主义》，中国社会科学出版社 2005 年版，第 29 页。

⑤ Claus Offe, *Disorganised Capitalism*, Policy Press, 1985, p. 221.

法团主义更关切“中介”的角色。比如，职代会具有行政层级，是接近决策机构的正当渠道，它可以传递组织化利益，一些事项确需经过它参与“议合”，方能具有合法性。更重要的是，它具有更大的公共责任，公共责任和公共身份使它并不能完全以某一阶级利益组织的方式存在，它是通过行政方法将分散的小单位利益组织化、并传递到体制内的中介机制。这种类似于法团主义的结构，使中国的“国家与社会”关系呈现出一种特别的相貌。只是法团主义视野中的利益组织化结构通常是通过行政单位，而不是公民社会的利益组织。这种和现有的体制关系密切的社会利益组织机制的发展，显示了从多元主义到法团主义的转向，特别是在凯恩斯主义者批评了资本主义市场的自我协调（self-regulation）局面之后，国家干预经济和社会事务的角色受到了重视。

利益集团的作用强弱，与它们行动的结构及规则有关，而多元主义规则并不能强化这种作用。对抗、竞争、冲突只会削弱利益团体的力量，完全排斥他们进入政治过程的机会。为此，法团主义认为应通过重组利益团体间关系结构来改进：①

——减少社会中利益团体的数量；

——确立它们垄断性的代表地位；

——增强其成员的内聚程度；

——扩大它们的代表广度；

——提高它们秩序化行动的水平；

——促进它们与制度背景的进一步吻合。

如果由于内部组织化能力的问题，使社会中某些组织无法保护自己，其利益不能直接顺利地传递到公共政策中来，依靠它们自己的力量就不能达成联合，国家干预往往成为必然之选择。这种干预具有强制性。譬如近年来出现的农民工子女在打工地就读困难的问题。农民工群体在很大程度上容易受到原城市居民群体的排斥，即使同为学校的家长，前者的利益往往是无法通过制度化渠道得到表达和实现的，这时候就需要政府出面，以强制的方法实现其利益。只有政府的权威和权力，才能保障家长团体中弱势群体的利益，也才能使所有家长本身作为一个社会团体，其内部的冲突得到削减，意见得到整合。为了完成这一任务，国家权威是必不可少的。和多元主义相比，法

① 张静：《法团主义》，中国社会科学出版社 2005 年版，第 76－77 页。

团主义显然更强调国家和政府的权威和权力。反之，如果国家和政府不出手，而等待各社会团体自行协商解决，则往往只能出现两种结果：一是弱势群体的声音被淹没，其利益被强势群体代表了；二是弱势群体退出合作而自行解决。显然，前者有失公平和正义，后者危及秩序和稳定。如果任凭社会团体自行发展，竞争往往使强势利益团体占有优势。一般情况下，强势利益团体总能左右公共政策的指向，"他们所得越多，公共利益的损害就越大"。[①] 这样，利益集团再也不受其代表成员的影响，而是反过来主导它们的利益，它已经是一种"个人偏好或协议以外的联合体"[②]。

现代社会的决策变得越来越复杂和困难，它比过去需要更多的专业经验、特别信息、专门技术知识和不同意见的合作参与，这显然不是任何一个组织或单凭国家自己就能承担的，它需要社会各方面对公共事务承担责任，需要既代表"公"利、又代表"私"利的组织共同参与决策过程。在教育领域，教育对象的扩大，教育事务的复杂性日益增强，国家无力承担意见整合功能时，必然需要一种处于"公"、"私"之间的组织来对教育利益进行整合，这样既不会带来民主的丧失，也不会导致秩序的失范。

在学校—社会关系问题上，如果说目前突出的问题是社会对学校的参与不够，社会主体的意愿得不到有效的表达，那么，按照法团主义提供的理论框架，我们可以对教育利益的组织化表达机制作如下设想：

1. 建立限制代表渠道的垄断性社团

为了避免分裂，利益团体在总数上应受到限制，让每一个功能行业只有一个最高的代表团体。这样，"利益团体之间就解除了竞争关系，变成上下排列的科层关系"[③]。垄断性组织出现是一种组织控制，它用强制性方法

---

① ［美］曼瑟尔·奥尔森：《国家兴衰探源——经济增长、滞胀和社会僵化》，商务印书馆 1993 年版，第 111 页。

② Alan Cawson, "*Varieties of Corporation: the Importance of the Macro-level of Interest Intermediation*", in A. Cawson (ed)., *Organized Interest and the State: Studies in Macro-Corporatism*, Sage Publications Inc., 1985, p. 4.

③ P. C. Schmitter, "*Still the Century of Corporatism?*" in P. C. Schmitter and G. Lehmbruch, eds., *Trends Toward Corporatist Intermediation*. Beverly Hills: Sage, 1979, p. 50. 转引自张静：《法团主义》，中国社会科学出版社 2005 年版，第 112 页。

统合利益团体的结构关系，让利益团体的最高代表进入国家体制。譬如我国学校中普遍存在的工会和教代会组织，以及社区中存在的居委会等组织。这样的垄断组织取代了非正式的、不稳定的竞争行动。它们的参与权、代表权是明确的、受体制保护的。法团主义主张限制代表渠道，同时提高唯一代表团体的权威性，安排被认可的组织进入政府机构，取得代表其领域的合法权威，并参与有关决策。限制代表渠道有利于控制团体行动，原因在于：一方面，政府不必要受到多种针对教育利益的相反意见的干扰；另一方面，教育利益团体的重要性及其内部的科层结构，也因其与政府教育事务的关系得到加强。这对政府和教育利益团体来说是双赢的事。

2. 利益组织进入层级序列

美国学者罗斯金（Roskin，M. G.）在对利益集团进行研究后表示，利益集团要想有效发挥作用，必须试图在很大程度上和现有体制融合，接近甚至进入现有的政治体制，利益集团采取的有效策略包括“接近立法者、接近政府、接近司法机关”，并在此基础上探讨了接近和融入现行体制的可能途径。① 的确，现代团体的特征，应当是层级性的组合，而非分散平等的组合。只有永久的组织成员，才具备更多的专门知识，而经验、技术和信息对于参与谈判是重要的，它推进了利益团体内部职能的分化，同时使这类组织越来越像一个科层组织。我国中小学校中的工会和教代会以及学校外部的居委会就是这样的科层化组织。一是它们是普遍设立的，二是它们本质上属于社会组织性质，三是它们是属于教职工和社区居民的合法组织并在很大程度上垄断了代表教职工利益的渠道。作为一种社会联合体，它们在很大程度上与政府科层机构相似：它们具有封闭、强制性的内部特征，甚至它们的日常事务也多由政府机关下达。如果教育利益以其他方式进入，因不受体制认可而具有相当的风险性。譬如，信访、传媒、接待日等国家搜集信息的制度化渠道虽然已经建立，但有时功能有限。一所学校如果信访和人民来信增多，在我国往往被视为学校内部不稳定和校长治理不力的一种象征。而处于垄断地位的一些社会组织，它们甚至具有半官方的地位，可以利用体制提供的方便促进各教育利益相关者间的沟通。

---

① ［美］迈克尔·罗斯金等：《政治科学》（第6版），林震等译，华夏出版社2001年版，第205－209页。

3. 国家授予合法性

对于利益团体而言，代表性不如合法性重要。代表性是获得成员的认可，合法性则需要国家的支持。前者只涉及民主化程度的高低，而后者关乎民主化本身是否能实现的根本。在具有集权传统的国家，采取法团主义模式意味着国家和政府有权操纵利益团体体系。至少在我国，目前而言现实是如此。政府机关不只是接受各种教育利益团体的压力，为了实现政府意志通常会主动对付和改变利益集团本身。这里，政府意志首先就是对自己掌控下的秩序的追求。在我国学校办学过程中，民主化进程离开国家的认可和支持是不可想象的，其结果很可能带来教育秩序的崩溃。

4. 利益团体的自我管制

利益团体内部的意见和利益可能是矛盾的甚至冲突的。法团主义不仅强调团体对其成员的代表性，更强调利益团体的"整合"作用。有时即使不能说服每个成员都接受其方案，但必须要采取一致的集体行动，这时候多元主义容易带来混乱和低效，而法团主义才能兼顾代表和整合，最终走向一致行动。自我管制使团体本身的地位得到巩固，它一方面加强了团体的权威，另一方面刺激了团体自我保护能力的发展，从而可以避免国家和政府的过分介入。

5. 利益集团作为中介协调和管制的制度建设

垄断性的利益团体处于政府和民众之间，对一些公务进行协调，其合法性和管理的效力需要得到制度甚至国家法律授权性的承认和支持。只有国家法律作为制度基础，教育利益团体才能作为公共管制的实施单位。"国家则只能通过团体本身的职能转变，间接地治理社会秩序。"①

至此，我们讨论了社群主义、多元主义和法团主义三种政治哲学在改善学校—社会关系上作出理论贡献的可能。三者在理论立足点、教育利益的整合和实现机制、自由保守倾向上有所区别（见表 3－2）。但综合看来，正如前文所说，法团主义因其保守性而更有现实意义，因为法团主义的变革对象直指当前我国学校的基本样态——单位制学校。

---

① 张静：《法团主义》，中国社会科学出版社 2005 年版，第 123 页。

表 3－2　三种理论流派对学校外部关系观点的比较

理论流派	立足点	利益团体和代表机构数量	层级	功能分化	控制者	强制性	竞争性程度	自由与保守倾向
多元主义	个人（教师、学生、家长）	众多	不分明	边界不清	与国家无关	自由	强 ↑	自由 ↑
社群主义	社群（社区、家长和教师群体、社会公众）	多个	不分明	边界不清	与国家联系松散	自由加基本的联合	│	│
法团主义	正式机构（居委会、工会、教代会、派出所等）	有限或唯一	分明	边界清	国家控制（党组织或行政机构）	国家安排	↓ 弱	↓ 保守

四、教育利益的体制内实现——学校单位制度的改造

法团主义强调对现有体制的改造，对现有体制内的组织和机构的职能潜力进行开发。新中国成立以来，我国在中小学管理体制中最重要的一项制度就是单位制度。因此，法团主义在中国的运用显然不能脱离对现有单位体制的改造。

当然，单位制度中涉及作为单位的学校与内部的关系和与外部的关系，前者如学校内的党团组织、工会和教代会组织以及教研部门等组织，这些组织和机构的制度化方式是学校内部的教师和学生面对的基本政治环境，本书着重研究的是学校作为单位是如何与外部发生关系的，更多是指政府和社会这些外部环境。即使在外部环境中，长期以来学校与外部的关系也带有较强烈的政治色彩，比如与居委会的联系往往并不一定是两个组织的沟通，而可能是通过各自的组织上级来出面协调，教委和办事处等体制内

的单位间的对话与沟通对于学校可能更有影响力。①

（一）作为“单位”的学校

制度是一个抽象的概念，单位是一个具体的组织形式，将制度与单位联系在一起，是社会主义理性精神在中国五十年的实践。在共和国的组织体制里，多种政治文化权力的载体被统一称作单位。“中国单位制度是中国现实体制的基石。”②

所谓单位制度，即指中华人民共和国自1949年以来为了管理公有体制内的人员而设立的组织形式。自新中国成立以来，在宪法保证公有制至高无上地位的同时，也赋予了单位成员掌握国家权力的合法性。中国的单位制度，由于复杂而深远的历史原因，具有政治的、经济的与社会的三位一体功能。从组织学角度看，单位是国家管理公有体制内人员的组织形式，它的组织元素以公职人员（拥有公职、享受社会主义福利承诺、包括干部和工人）为主体，按照一定的宏观结构，形成国家权力均衡机制的基本细胞。从经济学角度看，单位一直是控制国家经济命脉、保障和容纳文化与物质生产力的重要实体。从社会学角度看，单位是标志城乡区别的社会集团，是城市生活的核心。它决定了人们的职业、身份、消费能力、价值观念、人生经历、行为方式乃至社会地位的高低。公办中小学校，无论从所有制形式还是教职工个人的编制性质看，都符合单位制度的特征，即使这些学校可能散落在乡村，但学校仍然是国家的单位，教职工仍然是隶属国家的单位的人。

学校单位制度从根本上改变了我国中小学体制内成员间的行为方式和成员间关系。这种关系更多的是以学校（组织、法人）间关系的面目呈现而不再单纯是自然人之间的联结，是整体的而不是个体的，是组织化的而不是分散的。

在单位现象中，国家成为主宰和控制公民全部生活的组织机器。这种

---

① 譬如，沈阳市的中小学校目前出现的“一校一警”现象对于维护校园安全起到了很大的作用。但如果仅凭学校是无力让派出所调动警力的。据说对这种做法拍板的是分管教育的沈阳市副市长。可见，在单位体制下，学校与外部的联系往往必须调动与现有体制相关的一切要素。否则，学校外部关系构建只能停留在理论和书面上。

② 杨晓民、周翼虎：《中国单位制度》，中国经济出版社2002年版，导论。

单位现象“构成了现代社会极为独特的两极结构：一极是权力高度集中的国家与政府，另一极则是大量相对分散和相对封闭的一个个单位组织。”①

单位制度为什么能在中国生根而在西方不见踪迹呢？这在本质上是由中西方的公民社会的生产、运作和呈现方式的差异决定的。这种差异集中表现在：其一，城市社会由一个个相对独立和封闭的单位构成，这些单位的资源配置是根据严格的行政等级决定的，单位之间的资源交换主要取决于上级政府的行政命令，因此不存在独立的民间社会；其二，单位成员高度依附于单位本身，没有单位，城市居民就无法生存，因此单位对居民至少表面上具有绝对控制权。因此，这与西方公民社会产生和发展中所需要的独立自主的个人群体、社团和利益集团有着根本的区别。只要存在着国家对民间社会强有力的合法干预，就不可能存在自由的近代意义上的欧洲公民社会。

学校作为事业单位具有两个特点：一是以教师这种脑力劳动者为主体，作为知识密集型组织，学校一半以上的人员是专业技术人员（以前统称为干部）；二是学校具有强烈的行政属性。学校内部人员和职位往往大多按照处级、科级、股级等对号入座。尽管理论上学校作为事业单位，“只存在规模大小和轻重之分，没有权力大小之分”，但事实上，单位成员在不同学校间的横向流动导致了这种理论化规定的失效。单位成员固定的身份制度和相关的福利待遇使学校的行政级别不可避免地被保留下来，尽管许多学者的研究称“学校的非行政级别化”是一种改革趋势。在单位制度体系中，单位之间的连接方式，可以归结为“分散的社区共同体”。各个单位只对自己的直属部门负责和上级部门负责。学校与学校之间的连接方式，以垂直线性关系为主，尽管学校同在一个街区，但是彼此之间联系很少，因为经常没有这个必要。既然这种联系少了，对于学校在办学中与其他单位的关系发展容易造成负面影响。在正式制度层面，学校作为单位和其他单位之间的尽管少但也客观存在的联系具有被体制认可和接受、合法性强和影响力大的特征。

客观地说，一些学者研究单位的目的是对单位作出批判，他们提倡教职工从“单位人”向“社会人”的角色转型以及由此引发中国人的社会关

① 杨晓民、周翼虎：《中国单位制度》，中国经济出版社2002年版，第30页。

系的变迁。的确，对“单位人”的研究揭示了我国社会成员对于单位的依赖性。国家颁布了一系列的政策和法规规定对作为公职人员的教师的吸收、培训、使用办法和待遇标准，逐步地培育出教育领域的一个特殊阶层：单位人。社会成员与社会、国家的关系由此定型，且不易改变。任何个人和单个学校不能轻易脱离这种被定格的关系网络，否则会被排斥在体制之外，从而被排斥在社会之外。离开了这种来自体制的安排，学校和教职工本人的经济来源和教育权益将无从保障。

除此以外，单位的一些现象和特征也被认为和我国正在实行的改革开放政策取向格格不入。这些现象表现在：（1）单位是一个个相对封闭的小社会。单位福利的需要导致许多单位自己办起了社会，即所谓的“大单位、小社会”，这样就更加重了与社会的隔绝①；（2）平均主义和“等、靠、要”。单位福利性质不具有排他性，所谓人人有份的“社会主义”情结导致单位成员对单位及位于其上的国家具有高度的依赖性；（3）拥挤的单位社会。由于单位是社会成员实现利益的社会立足点，尤其一些好的单位对社会成员具有高度的吸引力，致使单位内部编制严重超出客观需要，导致人浮于事，但为了社会主义的“稳定大局”，单位要将职工清退并不容易，除非职工个人的显见的错误和失职行为发生。由此，单位内部长此以往容易造成办事的低效率。（4）财政预算的不可控制性。所谓“公家的钱不花白不花”。单位职工的浪费开支成了国家法律许可的正当行为，对于单位的分内之事往往不计成本，反正最终由国家埋单，将许多不必要的损失都转嫁到国家财政上。（5）单位生存的政府依赖。对于公立学校而言，它们是没有停办或破产的制约的。“单位由国家举办，国家对教育负责，所以国家会对中小学校负责”的逻辑大行其道。“政府长期包揽包办的公办学校制度使得公办学校游离于办学的市场竞争之外，公办学校全部依靠公共财政拨款实现收支平衡，并不存在可以置信的学校停办威胁，不存在淘汰机制，学校没有最

① 中国的企业办学是一种政府（体制内）安排，西方国家的社区办学校是一种社会安排。两者在学校—社会关系上表现出的向社会开放、与社会融合的程度显然是不同的。

大化利用教育资源的激励，教育投资的微观效率当然不可能得到提高。”①

因为这些单位现象和特征的存在，许多学者的研究对中国的单位制度持否定态度。有学者进一步从提高管理成本、教师对学校的依附性增强、缺乏制度创新的内驱力、校内非正式权力滋生等方面对学校单位制度进行批驳。② 他们认为，超行政能力的集权使单位制度演变成一个缺乏效率、缺乏进取精神、平均主义的再分配制度。对公民基本权利的轻视，对权威的崇拜，对幕后活动的热衷构成了中国单位社会中公开的秘密。他们预言这种顽疾应该有一个尽头。③ 也有学者指出实际上1978年以后单位制度已经逐步退出了社会机构。医疗、养老、就业、住房、户籍等制度改革将削弱单位制度赖以生存的基础。单位制度作为中国体制改革的瓶颈必将进行变革。④

以上对于单位制度的批判是现实的，也是我们可以凭经验感知的。单位制度可能在政治上是高效的，而在经济上往往是低效的。笔者并不是没有看到这些弊端，也并不否认对单位制度的改革甚至再造，但本书立意是利用单位制度和单位体制取得利益组织化（整合与表达）的载体，因为在中国现实条件下，没有一种像单位这样稳定的组织可以同时得到政府和公众的认可。只有单位制度中一些现成的机构和组织（虽然它们目前可能有这样那样的不足），才是在保障教育秩序前提下，最大化实现公众教育利益和教育诉求，从而实现教育民主的有效途径。

学者们对单位制度的批判是可以理解的，但作为延续了半个世纪的制度当然也有其合理性的一面。人们在抱怨单位制度强有力束缚的同时，常常忽略了其强有力的保护功能。它对于促进社会稳定、保证公民权利也起到了一定的促进作用。在此意义上，本书认为，学校单位制度因对教师（权益）的极强的保护功能而具有很大的现实合理性。我们这里说的学校单

① 魏捷：《论公办教育投资效率不高的体制根源》，载《教育与经济》，2001年第4期。

② 朴雪涛：《试论单位制度对大学组织行为的影响》，载《辽宁教育研究》，2001年第12期。

③ 杨晓民、周翼虎：《中国单位制度》，中国经济出版社2002年版，第114页。

④ 张隽文：《体制改革的瓶颈：中国单位制度》，载《当代法学》，2001年第9期。

位制度，在学校内部表现为党组织制度、事业单位制度、福利制度等，其组织载体通常是工会、教代会、共青团和妇联等合法组织；在学校外部表现为户籍制度、福利制度、社会教育保障制度、身份制度等，其组织载体通常是城市的居委会和街道办以及农村的村委会等合法公共组织。

（二）单位制度下的教育利益实现和秩序形成

单位制度的积极性最集中地表现在中国现实条件下对教育秩序的维护上，而这种秩序是教育民主化所必不可少的。单位制度对学校的内外部关系形成影响，在权威形态、公共教育利益表达和公共教育政策选择三个方面发挥着积极的作用。这种将体制外的民意吸纳到体制内最终形成民主机制的做法，颇符合法团主义的民主构想和政治取向。

1. 权威形态

秩序的维护有赖于权威的确立和行使。① 中国人在现实中的相处往往需要一个权威，这可能与我们没有统一的宗教和价值信仰有关。传统意义上的“清官思想”就是佐证。人们遇到问题时首先想到的是社会权威。尽管韦伯将权威划分为三个层次，并预言克里斯玛型的传统权威将越来越依靠“结构”而非“文化”来维系。但不管怎么说，现实的生活世界中权威是不可或缺的。法团主义就主张用一种权威的机制来整合各种利益，并最终对体制内发生影响。

与其他国家相比，中国的中央集权包含了政治权威和经济权威。中国的组织可以分为四类：执政党系统、行政管理系统、社会团体系统和经济管理系统。一系列的研究表明②，单位制度形成的原因在于存在一个支配性的社会团体，将已经分散的社会资源按照社会主义计划经济模式进行了整合。整合的结果是，以执政党系统为组织核心构成的形式与机能的自我复制，最后在中国形成了一个同心圆结构图式的集权体制。

在单位社会中，权威形态主要是党的意识形态与国家政权的权威，权威形成和实现的组织载体是各级党组织和各级行政机关以及学校内部的行政管理系统（包括学校的内部行政和外部行政）。当然，在学校里这些体制

---

① ［英］罗杰·斯克拉顿：《保守主义的含义》，王皖强译，中央编译出版社 2005 年版，第 21 页。

② 参见路风 1993 年的研究和李汉林 1991 年的研究。

内的机构还会衍生出工会、教代会、妇联等组织。这些被体制认可或直接为体制所成立的组织，其合法性权威往往会得到群众的认可。即使在学校外部，学校与之打交道的居民委员会也是单位性质，其合法性权威也会得到政府体制内的认可。这为这些半官方组织在社会主体间进行意见整合提供了可资利用的权威平台。

国家通过作为事业单位的学校将其教育方面的意志贯彻下去，其具体运行机制为：

一是上级教委（教育局）根据级别、任务掌握了教育资源，并且对下级单位学校具有人事管理权及资产调配权。与此并行的是，平级的民政、公安等部门也对其下属的单位进行管理。

二是单位根据职别和职级对其成员提供社会服务及基本生活保障。

三是在单位成员全面依附单位的前提下，政府规定的法律、伦理观念和资源分配一律通过单位不同层次（级别）的部门贯彻下去，政府不需要动用真正的国家机器就能保障执行。

四是具体在一个初级单位中，权威体现为党委（组）成员会议，在一般中小学校为党支部会议，级别高的称为党委会。这种党的非行政的隶属关系取代了原有的行政隶属关系。①

2. 公共教育利益表达

社会公众的教育利益表达可以分为组织途径和非组织途径。从宏观上看，作为单位的学校组织需要执行党的教育方针，而党在制定这些方针政策时也会多渠道地收集群众分散的意见，教育领域的决策最终由政府体制中的某一级来作出。在微观上看，学校作为单位，其内部的学校重大事务决策一般需要经由教代会通过，而为了既能贯彻领导自身的权威，又能遵从民主原则，通常在一些有歧义的学校教育决策出台之前，由权威部门的核心人员向群众代表征求意见和做宣传、思想工作。

在单位社会成为中国社会基本形态之后，在“到群众中去”中，作为单位的学校便成为公共教育利益的承担者，因为“单位是国家绝对可以依

---

① 在我国中小学校普遍实行校长负责制的情况下，很多学校采取的是校长和书记一人兼的。在单位内部，合法性权威仍然表现党和政府的体制性权威。

赖的公共机构”①。从招生考试到教职工福利，从德育教育到课程改革，学校都必须完成，因为这是属于单位必须选择的公共利益范畴。同样，在“从群众中来”中，单位也必须满足教职工的多层次利益的需求。由于单位的多功能性，单位成员利益也是多方面的，解决单位成员的生活利益被看作考核单位领导工作的重要指标。由于组织表达不可能满足所有成员的利益要求，非组织表达就成为单位活动中的重要类型。广泛的供给不足和表面一致性导致了单位社会幕后活动的盛行，并且由于多层次、全方位的幕后活动导致了派系的产生。在我国的中小学校，这种非组织的表达经常比组织表达更具有普遍性。改革的方向就是尽量使非组织的利益表达方式转化为组织表达方式，由幕后转到台前，由机会主义动机转为多元主义的利益诉求。

3. 公共教育政策选择

尽管教育利益是多样的，但最终形成的公共选择和集体行动往往并不能在各种选项之间徘徊和游荡。为此，真正能代表民意并促进教育利益最大化的教育政策选择是教育秩序的基本保障。如果利益集团有限，且各自内部比较统一，则容易达成共识；反之，利益集团数量过多，各种意见反差大且各方都不愿妥协，则良好的秩序难以达成。为此，首先应当考虑的利益团体是那些被体制所承认的利益团体和利益组织。而且，为了使最终形成的教育政策能够得到有效贯彻，应当设法控制利益集团和利益组织的数量。过度竞争带来的分裂无疑对任何利益集团都没有好处。只有通过组织化的利益形成的政策才是有效的政策。

中国政府自 1978 年以来执行的是一条渐进式改革的道路，没有采用“休克疗法”对原有结构进行一揽子巨变，而是通过单个的、离散的具体规章制度来调整社会关系——在制度逐个地变迁过程中，社会结构也缓慢地、不可逆转地发生变动。因而对于学校单位制度，也是逐步的渐变，以达到理顺中小学校与内外部的各种关系。

目前，学校事业单位制度是单位制度中最被关注的改革重点。中小学校的性质与类型受到事业单位改革政策和制度设计的极大影响。从当前我国事业单位改革的走向来看，其改革的基本思路是：从更好地发挥事业单

① 杨晓民、周翼虎：《中国单位制度》，中国经济出版社 2002 年版，第 272 页。

位的社会功能出发，把政府全额拨款的事业单位减少到最必要的程度，对事业单位进行分类管理，并在事业单位中建立新型的法人治理结构、竞争性的劳动人事制度和有效的激励和约束制度。按照这样的思路，事业单位被区分为行政管理类事业单位、社会公益类事业单位和生产经营类事业单位。如何根据这种类型的划分来确定中小学校的位置，是教育政策面临的一个难题，实际上也意味着对中小学校制度进行重新设计和安排。①

因此，本书认为，单位制度作为在我国实行了半个世纪的社会整合制度，我们不仅要批判，更应吸收其利益组织化机制中的可取之处。我们不是要放弃单位制度，而是要改革甚至在某些方面强化单位制度，需要对学校内部传统的组织和机构，如工会、教代会、学术组织和委员会等进行改革。就学校—社会关系方面，更看重的是学校外部的单位制度组织的变革，如街道和居委会以及公安、环保、工商、民政、防疫等部门和单位的变革。这其实不仅是学校单位制度的变革，更确切地说已经成为全部社会单位制度的变革，乃至成了整个社会的变革。

---

① 刘复兴：《转型期我国中小学类型的多样化及其制度安排》，载《教育研究》，2005年第4期。我国学者目前对单位制度的研究大多是出于事业单位拨款体制变革的考虑，而不是从民主建设的视角出发。本书正是在民主生活的取向上肯定单位制度的合理性。

结　语

触发本书选题和写作的最初动力源于在基础教育的工作和研究中的所见、所闻、所感、所悟。笔者在苏北一个中小城市工作多年，在北京、上海两大都市学习研究历时六年，目前在浙江省宁波市教学、研究也已四年，近二十年的精力总是自觉不自觉地与基础教育联系在一起。作为局外者和局内者都在不同程度上接触和介入了基础教育。近二十年的观察和体悟，感觉基础教育发展成绩多多，问题多多。应该说，近三十年来改革在教育领域表现出来的可以被外部感知的东西的确很多，如教育投入大幅度提高、办学条件的改善、教师待遇的大幅度提高、政府通过免费义务教育的实施越来越重视教育的公益性特征，课程改革和素质教育等一些改革工程也轰轰烈烈地开展了多年……人们在教育现代化的道路上渐行渐远。但现代化的本质是人的现代化，而教育又是塑造人的事业，在各项冠以改革的事业中，是否有某些内在的联系和可以上升作为理性逻辑的东西存在。

书叙至此，其言已毕，其意未尽。作为一名从经济学、政治学和管理学转至教育学科的研究者，笔者仍习惯于从教育的外部去观察和思考。并将这些整理为文字作为阶段性总结。笔者以往的研究更多地关注体制和机制问题，关注各种利益的形成与分配机制问题，关注问题本身的合法性和合理性的建构，因此本书仍希望在力所能及的范围内对教育中的现象和问题进行制度分析，尤其是制度背后的理性逻辑。

有关制度的一个最敏感，也是最重要的话题就是利益。如果对教育领域作利益群体的划分，不难看出，教育领域中存在国家的利益、社会的利益、家长的利益等，但更有学校的利益，而且这种利益具有相对独立性。我们研究学校，首先需要的就是对学校的生存和发展状态有真切的体悟，然后才能在此基础上为学校相对于外部的独立的利益鼓与呼。教育研究是一种兼有人文学科和社会科学特征的研究，因此，研究学校首先要明确研究者自身的思维方式和价值原则，主要包括两点：

一是弱势情结。这也是和教育本身所追求的人文关怀一致的。对于学校，每个人根据自己求学经历、工作实践或研究探索都可能作出不同的观察和判断。笔者2004年对西部地区农村学校进行了半年的调研，2005—2006年对北京、江苏等发达地区的学校进行了调研，2007年后对浙江宁波市各级各类学校进行了蹲点式调研，并在宁波市荷花庄小学担任为期两年的挂职副校长，先后形成的强烈反差促使笔者开始思考原本源于北京、上海、浙江等东部地区和发达省份的现代学校制度研究对于弱势学校作出实际贡献的可能性。有人提出经济学应该是“穷人的经济学”，即经济学要关注穷人、研究穷人、为了穷人，如此推理，教育学也当是“穷校的教育学”了。虽然中国很大，教育情况很复杂，区域差异、城乡差异、经济差异、观念差异使得要为现代学校制度建设给出一个普适性的模式注定要无功而返，但我想，如果一种制度能够使得一般校、薄弱校、农村校、贫困校发展更好，使学习于其间的教育弱势群体的子女能够学习、生活、成长得更好，大概也就能代表中国的大多数中小学校及其师生对制度的需求了，也算为现代学校制度研究作出了一点贡献。学校研究要体现对弱势的关怀，在学校体系内部表现为对弱势学校利益的维护；如果放在更宏观的社会体系中来看，学校对于政府、市场、社会的依附性特征使得教育和学校本身成为弱势，因而需要对学校的整体利益进行维护。

二是谨慎原则。谨慎需要我们掌握理论，更要洞察事实，尽可能使自己的研究成果对于一些现实存在的教育现象给出令人信服的解释以及为未来的教育实践指明方向。本书不是政策性研究（所以并未按管理学流程的制度分类进行研究），而是探询学校与外部关系的理论性研究。任何一种严谨的社会科学对问题的分析都需要有明晰的理路，在此基础上的谨慎作风是理论和实践工作者都必须具备的。教改二十年来对于学校研究的文献已足可汗牛充栋了，但系统研究学校外部关系的仍屈指可数。学校运行的理论逻辑远未厘清。遗憾的是，即使在理论逻辑和改革思路仍不十分清晰的情况下，不少改革早已匆忙上阵了，包括2003年开始的现代学校制度的试点工作。学校改革需要找出学校背后的理论逻辑，唯此，才能找出适合学校发展的明确路径。然而现实总是纷繁复杂的，学校组织的发展随着各种琳琅满目的改革显现出各种各样的态势，这种态势有时是混乱和无序的，很难从中真正找到一些真实的规律。对这种复杂性的承认是我们认识各种教育现象的开始，是对自身无知的承认，也是一种真正的理性。改革不能冒进，现下许多冠以“重构”、“重建”、“重塑”的文章总显得过于自信。从官员到学者，很多人总以为自己把握了真理，其实他们赖以作出决策的个人经验是十分有限的。有时候并不是这些改革得以发生的理论本身存在什么问题，而是我们经常在没有弄明白其真正含义之前就付诸行动了。不认识教改的复杂性而贸然地“锐意进取”，容易误导学校的发展，结果是学校成了改革者们手中的玩偶。我们没有必要急着去对政府和政府权力、公立办学体制、人们习惯了的社区生活方式做一些我们自己都不知道结果的改造。当然，对复杂性的承认并不是要我们在行动时裹足不前，“复杂性、推动力和不可预测性，不全是妨碍我们的事情；它们是正常现象。”“冲突和多样化是我们的朋友。”① 进一步说，我们需要明确在怎样的理论路径上研究学校与外部关系。

本书的研究在很大程度上试图上升到哲学高度。哲学向来被视作一种能够揭示事物本质规律的理论武器，各种自然科学和社会科学大多离不开它的指导。我国最近三十年的教育研究似乎并不缺乏哲学层面的思考。然而一直以来我们对哲学的理解过于狭隘，如仅将教育哲学理解为人学、伦理学、美学或心理学，其实教育哲学应包括和教育有关的一切哲学。政治哲学就是这种哲学的具体化，它为研究学校与外部的关系提供了具有说服力的武器。围绕着自由主义、保守主义和社会主义三大意识形态的争论即使现在仍具有现实意义。当然，20 世纪后半叶以来的各种思潮，如社群主义、多元主义和法团主义等，也为我们思考学校的社会定位提供了别样的视角。

政治哲学对政府属性和政府权力的认识是深刻的。比如，自由主义理论中既有传统的对政府权力的限制，又有新自由主义对政府在必要限度的权力上的认可。积极自由与消极自由的区分的确说明了自由主义理论的精细。在此基础上，责任、权力逻辑也就分明了。政治哲学上对公平和效率、自由与秩序、个人与集体、权力与责任、权利和义务的分析入木三分，为我们理解当下政校关系中的政府权力、教育中的市场因素、社会公众和社

① ［加］迈克·富兰：《变革的力量——透视教育改革》，教育科学出版社 2000 年版，第 30、218 页。

会团体对学校办学的参与等提供了周密的理论框架。对政治哲学理论营养的汲取应当说是研究学校的新的有价值的尝试，这也是本书写作的立意所在。

笔者通过对理论的研读、梳理、分析和运用，结合我国教育实际得出了一些自己的思考和结论。本书的核心观点是：①在经济体制改革市场化倾向越来越彰显的今天，对于义务教育阶段的中小学校，尽管政府在教育管理的职能方面和计划经济体制下相比有所缩减，但仍应保持对教育干预的强政府角色。②对于教育领域的竞争法则和效率倾向应采取抑制的政策，消弭市场化在义务教育中对于学校、校长、教师、学生和家长这些教育要素的不良影响。③在有限利用市场机制的同时，更应注重民主机制的发展。鉴于民主化发展的路径依赖特性，应强调在现有民主体制框架内通过原有合法组织的改造，使得社会公众教育利益得到集中整合和表达。

政校关系是现代学校制度的核心。怎样看待政府的基本属性——科层制、公益性和公共性？科层制的僵化和低效是要改变的，然而在知识、理性、责任、效率上的优势使得科层制本身无法被替代。公益性要求我们不能再无视教育中的利益分配问题，尤其是要强调政府对弱势群体的利益关照。公共性要求我们不能仅仅强调学校共有和共享，更应在学校治理机制和治理结构上体现共治。政府管理教育的职能需要调整，全能政制模式下的职能转移是教育改革大势所趋。但转移是有条件的，即社会中应有相应载体能承担义务教育职能，而且对下放的教育职能的落实情况政府有能力进行监控。政府权力下移是西方校本改革和我国校长负责制的共同特征。这些似乎没有多少异议，但是随后学校办学依靠的是市场机制还是民主机制却仍有分歧。两种机制的运用在实践中往往是混合的，而理论上却需要有清晰的界定和区分。学校是公立的办学机构还是独立的法人应当有一个明确的理论判断。在学校的角色定位后，办学的具体机制会迎刃而解，如校长、教师的任用和招聘，学生入学的方式，教学质量的控制等。当然，在经济体制市场化的现实背景下，否认市场存在也不现实，为此，我们需要对服务的供给与需求、付费与投入、产权、竞争、责任等市场机制在义务教育内的运用有一个大致的判断。即使反对教育市场化也应分层次有针对性地质疑和反对，而且在理论上需要站得住脚，而不能仅仅是出于市场中失势一方的简单的和经验性的道德义愤。

在政校关系上面，本书强调政府的强权力以及作为权力界限存在的强责任。这种国家观念更多地具有黑格尔和涂尔干的遗风，而不得当代一些自由主义理论之要领。中国的政治体制和集权传统和德法类似而与英美有异。在学校与市场关系上，反市场化的倾向更多地来自教育的人文关怀而不是来自其他社会科学（如经济学）的理性的和精细的思考。市场经济对中国人来说是陌生的，在教育领域的移植和借鉴也只有十多年的实践，不可预期性的存在使得大多数关注现实的研究者天然地会对之进行审慎的批判，表现在政策取向上就是对竞争和效率这些市场话语在教育领域运用的排斥。在笔者看来，政府失灵和市场失灵总是存在而且不可避免的，这样也才有提升执政能力和完善市场制度的动力。但我们无法希冀两全，不能既要维护政府，又要无损市场。既然现在理论上尚未出现对义务教育公共服务属性的否定性观点，维护政府及其权力和权威就理应成为现实的选择。维护政府就需付出代价，代价只能由市场承担，承担的方式就只能是抑制竞争和牺牲效率。至于那些试图跨越政府和市场双重失灵，期盼公民社会降临的人，我们认为是不切合实际的。公民社会的培育也不能指望在较短的历史时期内达到美国那样的发达程度，学校与社会关系的调整和演进需要遵循与西方国家不一样的路。

在学校与社会关系方面，目前家长和社区对学校教育事务的参与显然十分有限。这既和我国长期的计划体制下政府对教育以及社会生活本身的全面介入有关，也与习惯于这种体制的人们个体参与素质欠缺相连。家长们的经济资本、社会资本的不正当运用更使得社会参与本身在基层学校常常走样。我们提倡的是家长和社会利用民主机制而不是市场机制来参与学校事务，这种参与应是民主生活而不是经济生活。但问题是，在家长和社会的教育需求和教育实现能力多样化的今天，家长和社会公众形成符合集体理性的决策的能力是值得怀疑的。多元主义主张各种需求之间的竞争和协调，但这样容易造成原子式的决裂，存在对少数弱势家长群体利益侵犯的可能。社群主义认为学校应成为社区生活的道德共同体，但就目前而言，这种预设的共同的基本价值观只能是一种完美主义和理想主义。20 世纪 80 年代以来国人民主热情高涨和公民社会理论研究的普及使得许多人以为多元需求、多元利益、多元群体的存在必然导致独立于政府的民间社会组织茁壮成长的时代已经来临，而谨慎的研究者对此是不能乐观的。与其将教育的命运和学校的福祉放到遥远的未来，不如充分利用现有体制进行逐步的改良和变革。就教育民主化而言，工会、居委会、教代会、共青团、妇联等机构和组织的改革才是符合现实情势的可选路径，而不能指望家长、教师、公众通过结社再自发设立另外的什么社团。在此意义上，本书认为法团主义对体制内变革的主张对我国的学校与社会关系变革具有很强的现实意义。学校单位制度的改造和利用是法团主义指导下的具有现实意义的路径选择。对于我国的中小学校而言，单位制度而不是法人制度是我们的传统，而“教育改革不能离开教育传统，不能离开教育的现状即正在进行着的教育实际。历史是割不断的，教育现实是撇不开的”。①

本书如果说还有些创新的话，只是主要表现在三个方面：

（1）理论方面。本书尝试着运用政治哲学思想和理论分析我国目前的学校与政府、社会、市场的相互关系。对于现当代的自由主义和保守主义的理论和方法，虽说在哲学和政治学方面我国学者已经有了较为深入的研究（这种研究尤其表现在20世纪90年代以后），但在教育理论研究方面，却至今没有人进行比较系统的梳理和分析。对于社会科学其他领域理论借鉴之缺失，不能说不是造成当下中国教育研究理论深度不够以致许多研究仍浮于表面的深刻缘由。本书试图从自由主义、保守主义以及与这两种思潮相通的多元主义、社群主义和法团主义的理论视角解读和剖析学校与外部各种关系背后的理论根源，并得出一些初步的结论。

（2）研究方法方面。本书研究方法的创新表现在应然、欲然和实然三个层面。应然是指各种思潮和思想的理论诉求，分析方法是各种理论的比较和阐述；欲然是指在政府主导的教育改革过程中，作为改革设计师和规划者的政府意欲使学校与外部保持什么样的关系，分析是比照政府颁发的各种文本性材料进行，属文本实证的方法；实然是指在基层学校中，校长、教师和学生如何看待现实中的一些基本问题，研究的方法是深入学校蹲点调研，对教育的基本群体进行深入访谈和问卷调查。应然层面是规范研究，欲然和实然层面可归于实证研究。

在规范研究方法上，本书并不着意于某种固定的范式，或为本研究画

---

① 王策三、孙喜事、刘硕：《基础教育改革论》，知识产权出版社2005年版，第12页。

一个所谓的理想类型和终极目标，并使得所有的文字围绕这种终极性和压倒性的东西展开。相反，本书在理论比较分析的基础上，灵活地展示了各种流派的理论纷争，并在比较之上得出自己的结论，使得本书的结论尚不屈武断。比如在第三章，笔者从多元主义、社群主义和法团主义三种理论派别切入，对学校与社会关系的分析，从每个侧面去挖掘背后的现实意义，使得最终在法团主义基础上得出的“将社会参与纳入体制内进行”的结论，避免了一叶障目之嫌，更无理论霸权之忧。

在实证研究方法上，本书除了采用访谈法、问卷法、文献法等较为常规的技术方法外，还尝试着采用了对正式文本进行解读的方法。其中又包括两个部分，一是对国家机关下发的基础教育文件进行系统梳理和分析；二是在样本学校收集整理了上级来文。通过这种文本解读工作，为研究学校外部关系课题提供实证素材。

（3）研究结论方面。本书的研究是建立在贯串全文的理论分析和实地求证基础之上的，因而最终得出的一些结论并非仅仅是闭门造车的所谓“灵感”。在结论上，本书并不是简单地对目前的相关或相近研究作出是与否的评判，而是围绕本书的理论框架，根据现实掌握的实际素材，得出了自己的结论。这些结论包括：学校的改革应采取渐进的方式，这种渐进也并不只是简单地将现有的有关教育改革降低力度和幅度，而是从根本方向上改变目前的一些激进做法（如政府彻底放权于公立中小学校、学校法人化、教育市场化以及一些空泛的所谓社会主体广泛参与学校办学的口号式结论），强调要深刻理解和全面继承新中国成立以后建立起来的并已经为广大中小学校的校长、教师和全社会成员习惯了的学校管理模式和围绕学校的生活方式，认为只有在此基础之上才能构建真正的现代学校制度。教育改革有路径依赖，这种改革要建立在学校单位制度的基础之上，要立足于中国的国情和民情。当然，囿于本人学识之有限，一些结论是否草率仍有待进一步商榷。

书已成稿，阶段性研究也告一段落，但遗憾尚存。本书的缺陷和遗憾可归结在理论和实践两个层面：

在理论层面，如果说我国二十年来的教育改革是一幅宏伟蓝图、巨幅画卷，本书的立意就是试图直接深入到作为其根基的理论知识之中，试图以社会科学的基本理论去阐释和剖析作为教育基本单元的学校与外界的关系，并将外界在理论上概括为政府、市场和社会。尽管三年读博期间陆陆续续看了些哲学和政治学、社会学等领域的理论书籍，但总觉得文献浩渺，哲理深邃，许多理论并不是笔者这样的入门级的研究者所能理解、驾驭并阐述明了的，甚至有时候连基本的理论流派和这些流派间根本的理论分歧以及这些分歧在现实中的不同指向等都未能梳理明了，因而一些指陈必然存在疑问，如法团主义的运用是否会招致黑格尔式的国家专制？保守主义立场是否会导致现实中对改革的无理拒绝？显然，这些疑问如果不能排除，当然也就不能指望以随意的偏颇来振聋发聩。笔者希望类似理论缺陷将能给自己带来继续研究的动力。在围绕学校外部关系的有关观点和结论中，有些是可能打上“政治正确性”的标签的，如最近几年对政府责任的强调、对市场化倾向的防范、对社会参与的重视等，但理论证实或证伪的工作仍不充分。对于基础教育改革的研究，停留在“口号式”研究是不负责任且有害的，但仍应看到，对当下教育界流弊的铲除和革新，不仅需要“揭开皇帝新装的孩童”般的勇气，更需要睿智的观察、思考和切中肯綮的表达，需要研究的智慧。这种智慧仍是本书所欠缺的。

在实践层面，研究中的缺憾也几乎随处可见。笔者虽然做了近20年的教师（包括高中、中专和高校），其间作为班主任也与同事和家长做过较多的沟通和交流，但毕竟对于基础教育，尤其是低年级的义务教育的认识还是很肤浅和表面化的。尽管在读博期间随导师褚宏启教授和国家教育发展研究中心主任张力研究员、韩民研究员做了一些义务教育领域的课题，在宁波的几年也为完成各种课题赴基层学校调研不下百次，就本书论述的实际情况曾发放问卷数千份，但这种课题式的“局外人”的了解是十分有限的。匆匆地访谈、匆匆地发放问卷，匆匆地收集和整理数据，再匆匆地处理这些数据，以此得到的信息往往会是表面化的甚至是失真的。没有扎根学校进行真正的深入访谈和深度沟通，没有和学校的校长、教师和学生做长时间的近距离接触，没有做田野式的质的研究，认识必然受到局限。笔者身处高校围墙之内，疲于教学和各种事务，更多的还只是案头工作式的研究，真正将现代学校制度作为科学来进行的研究仍远远不足，花在研究上的时间和精力仍不充分，研究的广度和深度容易受到书斋的局限。最近两年笔者赴宁波市荷花庄小学担任挂职副校长，也是试图通过对老师和学生的近距离接触，以经验感知的方式来部分修正过往的理论研究，意在突破上述的研究困境。

絮絮叨叨，不觉成言已以十万计。书中文字可能未加推敲，观点可能激进，指陈可能偏颇。其中不恰当的论述及不妥当的观点，盖由笔者个人承担文责，也恳切希望各位学界同仁不吝指教。

参考文献

外文参考文献

Andrews, C. , Chant D. , Smith R. *Teachers' work: dealing with changing contexts*. Gold Coast, Queensland, Australia: Mimeo, Griffith University, 1996.

Angus M. , *The rules of school reform*. London: The Falmer Press, 1998.

Anne C. Lewis. *Partnerships connecting School and Community*. Virginia: American Assoiation of School Administrators, 1986.

Bauman P. C. , *Governing Education*. Boston: Allyn & Bacon, 1996.

Berlin I. , *Two Concepts of Liberty*. in: I. Berlin. *Four essays on liberty*. New York: Oxford University Press, 1969.

Bradeley, Steve, Johnes, Geraint, Millington, Jim. *Market forces schools to improve*. The Times Educational Supplement, 1999, (6): 2.

Bosker R. J. & Creemers B. P. M. (Eds.), *Enhancing educational excellence, equity and efficiency: Evidence from evaluations of systems and schools in change*. Kluwer Academic Publishers, 1999.

Bourdieu, *The forms of capital*, In J. GRichardson (Ed.), *Handbook of theory and research for the sociology of education*. N. Y: Greenwood, 1985.

Cambron-McCabe N. H. , McCarthy M. M. &Thomas S. B. , *Public school law: Teachers' and Students' Rights*. 5. Peason Education Inc, 2004.

Cawson, A. *Varieties of Corporation: the Importance of the Macro-level of Interest Intermediation*. in: A. Cawson. *Organized Interest and the State: Studies in Macro-Corporatism*. Sage Publications Inc, 1985.

Chapman J. D. , Boyd W. L. , Lander R. & Reynolds D. (Ed.), *The reconstruction of education: quality, equality and control*. London: Cassell, Wellington House, 1996.

Chinch E. *Transforming public education: A new course for America's future*. New York: Teachers College Press, 1997.

Christopher P. , *Managerialism and the Public Service: The Anglo—American Experience.* Oxford: Basil Blackwell, 1990.

Cohen D. K. , *Governance and instruction: The promise of decentralization and choice.* in: W. H. Clune, J. F. Witte. *Choice and control in America education.* Falmer Press, 1990.

Coleman, James S. et al. *Equality of educational opportunity.* Washington, D. C. : Office of Education, U. S. Department of Health, Education, and Welfare, 1966.

Cristi R. , *Carl Schmitt and Authoritarian liberalism: Strong State, Free economy.* Cardiff: University of Wales Press, 1998.

Cutler W. W. , *Parents and schools: The 150-year struggle for control in American education.* University of Chicago, see *Publishers Weekly*, May 22, 2000; 247, 21 ABI/INFORM Global.

Dahl J. A. , Laser M. & Cathcart R. S. (Eds.). *Students, school and society.* Chandler Publishing Company, 1964.

Dalin P. , *School Development: Theories and strategies.* London: Cassell, Wellington House, 1998.

David M. , *Market, State, and Community: Theoretical foundations of market socialism.* Oxford: Clarendon Press, 1989.

Dickson M. , Halpin D. , Power S. , Telford D. & Whitty G. , *Education action zones and democratic participation*, *School Leadership & Management*, (2001) Vol. 21, No. 2, pp. 169 – 181.

Donald J. & Hall S. (Eds.), *Politics and ideology.* Milton Keynes: Open University Press, 1986.

Dworkin R. , *A matter of principle.* Cambridge: Harvard University Press, 1985.

Faux J. , "*Lost on the third way*". Dissent 46/2 (Spring 1999), pp. 67 – 76.

Ford J. , Hughes M. & Ruebain D. , *Education law and practice.* London: LAG Education and Service Trust Ltd, 1999.

Foster W. , *Paradigms and promises: New approaches to educational administration.* Prometheus Books, 1986.

Friedman M. , *Capitalism and freedom.* Chicago: University of Chicago Press, 1962.

Gewirtz S. , Ball S. J. , Bowe R. *Markets, choice and equity in education.* Buckingham: Open University Press, 1995.

Goldhaber Dan D. , Eide Eric R. , *What do we know (and need to know) about the impact of school choice reforms on disadvantaged students?* Harvard Educational Review, 2002, 72 (2).

Goodlad J. I. & McMannon T. (Eds.), *The Public purpose of education and schooling*. San Francisco: Jossey-Bass Publishers, 1997.

Hannaway J. & Carnoy M., *Decentralization and school improvement*. Jossey-Bass Publishers, 1993. Preface p. xiii & Chap. 1.

Hanson E. M., *Educational administration and organizational Behavior*. Allyn and Bacon, 2003.

Levin H. M., *Privatizing education*. Colorado: Westview Press, 2001.

Macpherson R. J. S. (Eds.), *Politics of accountability: educative and international perspectives*, California: Corwin Press, INC., 1997.

Meyer H. D. & Boyd. W. L. (Ed.), *Education between State, Markets, and Civil Society*: Comparative Perspectivess. London: Lawrence Erlbaum Associates, Inc., 2001.

Michael W. La. Morte. *School law*. Allyn and Bacon: A Division of Simon&Schuster Inc, 1993.

Milley P., "*Imaging good organizations: Moral orders and moral communities*". see Educational Management & Administration (2002). SAGE Publications (London, Thousand Oaks and New Delhi).

Murphy J. & Louis K. S. K. (Eds.), *Handbooks of research on Educational Administration*. 2. San Francisco: Jossey-Bass Publishers, 1999.

O'Donoghue T. A. & Dimmock C. A., *School restructuring: International perspectives*. London: Kogan Page Limited, 1998.

Offe C., *Disorganised Capitalism*, Policy Press, 1985.

Oakeshott M., *On being Conservative*. in: Timothy Fuller ed. *Rationalism in Politics*. Indianapolis: Liberty Press, 1991.

Ogawa R. T. (Eds.), *Advances in research and theories of school management and educational policy*. London: JAI Press INC., 1995.

Organization for Economic Cooperation and Development. *Governance in Transition: Public Management Reforms in OECD Couontries*. OECD, 1996.

Ozmon H. A. & Craver. S. M., *Philosophical foundations of education*. 7. Peason Education Inc, 2003.

Plant, R.. "*Enterprise in its place: the moral limits of markets*", in Heelas, P. and Morris, P. Morris, P. (Eds.), *The Values of the Enterprise Culture: the Moral Debate*. London, Routledge., 1992.

Power S., Fitz J., Halpin D. *Parents, pupils and grant-maintained schools*. British Educational Research Journal, 1994, 20 (2).

Power S. & Whitty G. , *New Labour's education policy: first, second or third way?*. Education Policy, 1999, Vol. 14, No. 5, pp. 535 - 546.

Power S. & Whitty G. , *School, , families and academically able students: contrasting modes of involvement in secondary education.* British Journal of sociology of education Vol. 19, No. 2, 1998.

Raz J. , *Liveraliam, Autonomy and the politics of neutral concern.* Midwest Studies in Philosophy, 1982, (7).

Razik T. A. , Swanson A. D. *Fundamental Concepts of educational leadership and management.* Prentice Hall, 1995.

Riley K. , Docking J. & Rowles D. , *Can local education authorities make a difference? See Educational management administration*, (199901). SAGE Publications (London, Thousand Oaks and New Delhi).

Rossman G. B. , Corbett H. D. & Firestone William. A. , *Change and effectiveness in school: A cultural perspective.* New York: State University of New York Press, 1988.

Sackney L. E. , Dibski D. J. *School-based management: a critical perspective educational management and administration.* 1994, 22 (2).

Saltman R. B. , von Otter C. *Planned markets and public competition.* Buckingham: Open University Press, 1992.

Spring J. , *American education—An introduction to social and political aspects.* 5. Longman Publishing Group, 1991.

Verhoeven. J. C. & Heddegem. I. V. , *Parents' representatives in the new participatory school council in Belgium* (1999). See Educational Management &Administration, SAGE Publications (London, Thousand Oaks and New Delhi).

Wells A. S. *The sociology of school choice: why some win and others lose in the educational marketplace.* in: E. Rasell, R. Rothstein (Eds.), *School choice: Examining the evidence.* Washington, D. C. : Economic Policy Institue, 1993.

中文译著文献

[美] 阿尔温·托夫勒:《第三次浪潮》, 生活·读书·新知三联书店 1983 年版。

[美] 阿瑟·奥肯:《平等与效率——重大的抉择》, 华夏出版社 1999 年版。

[美] 安德鲁·肖特:《社会制度的经济理论》, 陆铭、陈钊译, 上海财经大学出版

社 2003 年版。

［美］艾萨克·康德尔：《教育的新时代——比较研究》，王承绪等译，人民教育出版社 2001 年版。

［英］安迪·格林：《教育与国家形成——英、法、美教育体系起源的比较》，教育科学出版社 2004 年版。

［英］安东尼·吉登斯：《超越左与右——激进政治的未来》，李惠斌、杨雪冬译，社会科学文献出版社 2003 年版。

［英］安东尼·吉登斯：《第三条道路及其批评》，孙相东译，中共中央党校出版社 2002 年版。

［英］安东尼·吉登斯：《民族——国家与暴力》，胡宗泽、赵力涛译，生活·读书·新知三联书店 1998 年版。

［美］巴泽尔：《产权的经济学分析》，上海三联书店 1997 年版。

［美］保罗·萨缪尔森：《经济学》（第 16 版），萧琛等译，华夏出版社 1999 年版。

［美］鲍尔斯、金蒂斯：《资本主义美国的学校教育：教育改革与经济生活的矛盾》，李锦旭译，台湾桂冠图书股份有限公司 1989 年版。

［英］彼得·斯坦、约翰·香德：《西方社会的法律价值》，王献平译，中国法制出版社 2004 年版。

［加］查尔斯·泰勒：《自我的根源：现代认同的形成》，韩震等译，译林出版社 2001 年版。

［美］大卫·D. 弗里德曼等：《经济学语境下的法律规则》，杨欣欣译，法律出版社 2004 年版。

［美］戴维·奥斯本、特德·盖布勒：《改革政府：企业精神如何改革着公营部门》，上海译文出版社 1996 年版。

［美］戴维·H. 罗森布罗姆、罗伯特·S. 克拉夫丘克：《公共行政学：管理、政治和法律的途径》，张成福等校译，中国人民大学出版社 2002 年版。

［英］戴维·毕瑟姆：《官僚制》，韩志明、张毅译，吉林人民出版社 2005 年版。

［美］戴维·波普诺：《社会学》，辽宁人民出版社 1987 年版。

［美］丹尼斯·H. 朗：《权力论》，陆震纶、郑明哲译，中国社会科学出版社 2001 年版。

［英］弗里德利希·冯·哈耶克：《自由秩序原理》，邓正来译，生活·读书·新知三联书店 1997 年版。

［法］福柯：《规训与惩罚：监狱的诞生》，刘北成、杨远婴译，生活·读书·新知三联书店 1999 年版。

［美］盖瑞·J. 米勒：《管理困境：科层的政治经济学》，王勇等译，上海三联书店

2002 年版。

［德］哈贝马斯：《公共领域的结构转型》，曹卫东等译，学林出版社 1999 年版。

［德］哈贝马斯：《合法性危机》，刘北成、曹卫东译，上海人民出版社 2000 年版。

［法］亨利·勒帕热：《美国新自由主义经济学》，李燕生译，北京大学出版社 1985 年版。

［英］杰夫·惠迪、萨莉·鲍尔、大卫·哈尔平著：《教育中的放权与择校：学校、政府和市场》，马忠虎译，教育科学出版社 2003 年版。

［英］卡尔·波普尔：《猜想与反驳》，傅季重译，上海译文出版社 1986 年版。

［德］卡尔·曼海姆：《意识形态与乌托邦》，黎鸣、李书崇译，商务印书馆 2000 年版。

［美］科恩：《论民主》，聂崇信、朱秀贤译，商务印书馆 2004 年版。

［德］克里斯托弗·福尔：《1945 年以来的德国教育——概览与问题》，肖辉英、陈德兴、戴继强译，人民教育出版社 2002 年版。

［德］克斯勒：《韦伯的生平、著述及影响》，郭锋译，法律出版社 2000 年版。

［德］柯武刚、史漫飞：《制度经济学》，韩朝华译，商务印书馆 2003 年版。

［法］卢梭：《社会契约论》，商务印书馆 1982 年版。

［美］罗伯特·G. 欧文斯：《教育组织行为学》（第七版），窦卫霖、温建平、王越译，华东师范大学出版社 2001 年版。

［英］罗杰·斯克拉顿：《保守主义的含义》，王皖强译，中央编译出版社 2005 年版。

［德］马克斯·韦伯：《经济与社会》，林荣远译，商务印书馆 1998 年版。

［加］迈克·富兰：《变革的力量——透视教育改革》，教育科学出版社 2000 年版。

［美］迈克尔·罗斯金等：《政治科学》（第 6 版），林震等译，华夏出版社 2001 年版。

［美］迈克尔·麦金尼斯主编：《多中心治道与发展》，上海三联书店 2000 年版。

［美］迈克尔·沃尔泽：《正义诸领域——为多元主义与平等一辩》，褚松燕译，译林出版社 2002 年版。

［英］迈克尔·希尔：《理解社会政策》，刘升华译，商务印书馆 2003 年版。

［美］曼瑟尔·奥尔森：《集体行动的逻辑》，上海三联书店和上海人民出版社 1995 年版。

［美］曼瑟尔·奥尔森：《国家兴衰探源——经济增长、滞胀和社会僵化》，商务印书馆 1993 年版。

［英］米切尔·黑尧：《现代国家的政策过程》，赵成根译，中国青年出版社 2004 年版。

［英］尼尔·麦考密克、奥塔·魏因贝格尔：《制度法论》，周叶谦译，中国政法大学出版社 2004 年版。

［澳］欧文·E. 休斯：《公共管理导论》（第二版），彭和平等译，中国人民大学出版社 2001 年版。

［美］乔纳森·哈斯：《史前国家的演进》，罗林平译，求实出版社 1988 年版。

［美］乔纳森·特纳：《社会学理论的结构》，华夏出版社 2001 年版。

［美］乔治·S. 布莱尔：《社区权力与公民参与——美国的基层政府》，伊佩庄、张雅竹编译，中国社会出版社 2003 年版。

［美］塞缪尔·亨廷顿、琼·纳尔逊：《难以抉择》，华夏出版社 1989 年版。

［英］斯蒂芬·J. 鲍尔：《教育改革——批判和后结构主义的视角》，侯定凯译，华东师范大学出版社 2002 年版。

［美］唐·倍根、唐纳德·R. 格莱叶：《学校与社区关系》，周海涛主译，重庆大学出版社 2003 年版。

［日］藤田英典：《走出教育改革的误区》，张琼华、许敏译，人民教育出版社 2001 年版。

［英］韦恩·莫里森：《法理学》，李桂林、李清伟等译，武汉大学出版社 2003 年版。

［澳］休·史卓顿、莱昂内尔·奥查德：《公共物品、公共企业和公共选择：对政府功能的批评与反批评的理论纷争》，费朝辉等译，经济科学出版社 2000 年版。

［美］约翰·E. 丘伯（John E. Chubb）和泰力·M. 默（Terry M. Moe）：《政治、市场、学校》，蒋衡等译，教育科学出版社 2003 年版。

［美］约翰·杜威：《学校与社会·明日之学校》，赵祥麟、任钟印、吴志宏译，人民教育出版社 2005 年。

［美］约翰·凯克斯：《为保守主义辩护》，应奇、葛水林译，江苏人民出版社 2003 年版。

［美］约翰·凯克斯：《反对自由主义》，应奇译，江苏人民出版社 2003 年版。

［英］约翰·密尔：《代议制政府》，汪渲译，商务印书馆 1982 年版。

中文著作文献

曹沛霖：《政府与市场》，浙江人民出版社 1998 年版。

陈桂生：《教育学视界辨析》，华东师范大学出版社 1997 年版。

陈桂生：《教育原理》（第二版），华东师范大学出版社 2000 年版。

陈永明等：《比较教育行政》，华东师范大学出版社 2005 年版。

陈振明主编：《公共管理学》，中国人民大学出版社 1999 年版。

成思危主编：《中国事业单位改革：模式选择与分类引导》，民主与建设出版社 2000 年版。

池忠军：《官僚制的伦理困境及其重构》，知识产权出版社 2004 年版。

褚宏启：《教育现代化的路径》，教育科学出版社 2000 年版。

褚宏启主编：《中国教育管理评论》（第 1－3 卷），教育科学出版社 2003—2005 年出版。

杜志清主编：《西方哲学史》，高等教育出版社 2001 年版。

方福前：《公共选择理论——政治的经济学》，中国人民大学出版社 2000 年版。

冯大鸣、吴志宏主编：《教育管理学》，华东师范大学出版社 2002 年版。

冯大鸣：《美、英、澳教育管理前沿图景》，教育科学出版社 2004 年版。

盖浙生：《教育经营与管理》，师大书苑有限公司（台湾）2004 年版。

高全喜：《法律秩序与自由正义：哈耶克的法律与宪政思想》，北京大学出版社 2003 年版。

顾明远、薛理银：《比较教育导论：教育与国家发展》，人民教育出版社 1998 年版。

顾肃：《自由主义基本理念》，中央编译出版社 2003 年版。

顾忠华：《韦伯学说》，广西师范大学出版社 2004 年版。

国际人权法教程项目组编写：《国际人权法教程》，中国政法大学出版社 2002 年版。

韩德强：《萨缪尔逊〈经济学〉批判》，经济科学出版社 2002 年版。

贺培育：《制度学：走向文明与理性的必然审视》，湖南人民出版社 2004 年版。

洪汉鼎主编：《理解与诠释——诠释学经典文选》，东方出版社 2001 年版。

胡伟：《政府过程》，浙江人民出版社 1998 年版。

季苹：《美国公立学校的发展研究》，高等教育出版社 2002 年版。

教育部基础教育司编：《新编基础教育文件汇编（1999—2003）》，北方交通大学出版社 2003 年版。

金太军等：《政府职能梳理与重构》，广东人民出版社 2002 年版。

靳希斌主编：《市场经济大潮下的教育改革》，广东教育出版社 1998 年版。

康宁：《中国经济转型中高等教育资源配置的制度创新》，教育科学出版社 2005 年版。

康永久：《教育制度的生成与变革——新制度教育学论纲》，教育科学出版社 2003 年版。

劳凯声主编：《变革社会中的教育权与受教育权——教育法学基本问题研究》，教育科学出版社 2003 年版。

劳凯声主编：《中国教育法制评论》（第 1－3 辑），教育科学出版社 2002—2004 年出版。

李文良：《中国政府职能转变》，中国发展出版社 2003 年版。

李艳芳：《公众参与环境影响评价制度研究》，中国人民大学出版社 2004 年版。

联合国教科文组织：《学会生存——教育世界的今天和明天》，教育科学出版社 1996 年版。

刘军宁：《权力现象》，商务印书馆（香港）有限公司 1991 年版。

刘淑兰：《学校与社区的互动》，四川教育出版社 2003 年版。

柳海民：《教育原理》，东北师范大学出版社 1998 年版。

卢洪友：《政府职能与财政体制研究》，中国财政出版社 1999 年版。

卢少华、徐万珉：《权力社会学》，黑龙江人民出版社 1989 年版。

卢现祥：《西方新制度经济学》（修订版），中国发展出版社 2003 年版。

吕达、周满生主编：《当代外国教育改革著名文献（美国卷·第四册）》，人民教育出版社 2004 年版。

毛寿龙、李梅：《有限政府的经济分析》，上海三联书店 2000 年版。

钱民辉：《教育社会学——现代性的思考与建构》，北京大学出版社 2004 年版。

钱扑编著：《教育社会学的理论与实践》，广西教育出版社 2001 年版。

乔耀章：《政府理论》，苏州大学出版社 2003 年版。

瞿保奎主编：《英国教育改革》，人民教育出版社 1993 年版。

曲恒昌、曾晓东：《西方教育经济学研究》，北京师范大学出版社 2000 年版。

桑玉成等：《政府角色——关于市场经济条件下政府作为与不作为的探讨》，上海社会科学院出版社 2000 年版。

申建林：《自然法理论的演进：西方主流人权观探索》，社会科学文献出版社 2005 年版。

世界银行：《2004 年世界发展报告：让服务惠及穷人》，中国财政经济出版社 2004 年版。

世界银行：《中国：深化事业单位改革，改善公共服务提供》（2005）。

石中英：《教育哲学》，北京师范大学出版社 2002 年版。

石中英：《知识转型与教育改革》，教育科学出版社 2001 年版。

时和兴：《关系、限度、制度：政治发展过程中的国家与社会》，北京大学出版社 1991 年版。

孙彩平：《教育的伦理精神》，山西教育出版社 2004 年版。

孙惠春主编：《国外教育法制比较研究》，黑龙江人民出版社 2002 年 10 月版。

唐代兴：《公正伦理与制度道德》，人民出版社2003年版。

王乃信主编：《面向21世纪中小学管理体制改革研究》，山东教育出版社2001年版。

王炎、李强、汪丁丁编：《宪政主义与现代国家》，生活·读书·新知三联书店2003年版。

王玉珍：《道德秩序的经济学分析》，经济科学出版社2005年版。

翁文艳：《教育公平与学校选择制度》，北京师范大学出版社2003年版。

吴大英等编：《西方国家政府制度比较研究》，社会科学文献出版社1995年版。

吴松、熊思远主编：《WTO与中国基础教育发展》，北京理工大学出版社2003年版。

吴惕安、俞可平主编：《当代西方国家理论评析》，陕西出版社1994年版。

吴志宏：《教育行政学》，人民教育出版社2000年版。

吴志华：《政治学导论》，上海教育出版社2003年版。

席恒：《公与私：公共事业运行机制研究》，商务印书馆2003年版。

夏正江：《教育理论哲学基础的反思——关于"人"的问题》，上海教育出版社2002年版。

谢晖：《法学范畴的矛盾辩思》，山东人民出版社1999年版。

谢庆奎等主编：《当代中国政府》，辽宁人民出版社1991年版。

谢维和：《教育活动的社会学分析》，教育科学出版社2000年版。

许纪霖主编：《共和、社群与公民》，江苏人民出版社2004年版。

薛化元、周志宏编著：《国民教育权的理论与实际》，稻乡出版社（台北）1994年版。

杨百揆编：《现代西方国家政治体制研究》，春秋出版社1988年版。

杨慧敏：《美国基础教育》，广东教育出版社2004年版。

杨晓民、周翼虎：《中国单位制度》，中国经济出版社2002年版。

杨小微：《全球化进程中的学校变革——一种方法论视角》，华东师范大学出版社2004年版。

尹树广：《国家批判理论》，黑龙江人民出版社2002年版。

俞可平：《社群主义》，中国社会科学出版社2005年版。

俞可平：《增量民主与善治》，社会科学文献出版社2003年版。

余有珍：《美国人怎样教育孩子》，昆仑出版社1999年版。

尤光付：《中外监督制度比较》，商务印书馆2003年版。

袁吉富：《社会发展的代价》，北京大学出版社2004年版。

袁礼斌：《市场秩序论》，经济科学出版社1999年版。

袁振国：《论中国教育政策的转变：对我国重点中学平等与效率的个案研究》，广东教育出版社 1999 年版。

袁振国主编：《中国教育政策评论》（2003—2005），教育科学出版社 2003—2005 年出版。

袁祝杰：《竞争秩序的建构——行政性限制竞争研究》，北京大学出版社 2003 年版。

翟学伟：《中国人行动的逻辑》，社会科学文献出版社 2001 年版。

张静：《法团主义》，中国社会科学出版社 2005 年版。

张俊宗：《现代大学制度》，中国社会科学出版社 2004 年版。

张康之：《公共管理伦理学》，中国人民大学出版社 2003 年版。

张立荣：《中外行政制度比较》，商务印书馆 2002 年版。

张铁明：《教育产业论》，广东高等教育出版社 2002 年版。

张新平：《教育组织范式论》，江苏教育出版社 2001 年版。

章源编著：《重塑政府：98 政府机构改革焦点大透视》，中华工商联合出版社 1998 年版。

郑金洲：《教育通论》，华东师范大学出版社 2000 年版。

中国教育与人力资源问题报告课题组：《从人口大国迈向人力资源强国》，高等教育出版社 2003 年版。

朱德米：《自由与秩序》，天津人民出版社 2004 年版。

转型期中国重大教育政策案例研究课题组：《缩小差距：中国教育政策的重大命题》，人民教育出版社 2005 年版。

中文论文文献

包国庆：《家长角色对现代教育的干预与控制——兼论中国“家长论”建立的必要性》，载《教育研究》，1994 年第 5 期。

陈大超：《基础教育课程改革与学校管理模式的转型》，转引自全国教育管理学科专业委员会第六届年会交流论文。

程恩富、曹雷：《当代外国学者对新保守主义经济思潮的研究》，载《财经研究》，2004 年第 2 期。

褚宏启：《审视现代学校制度》，载《中国教育管理评论》（第 2 卷），教育科学出版社 2004 年版，第 71 - 99 页。

褚宏启等：《现代学校制度七人谈》，载《人民教育》，2004 年第 17 期。

丁煌：《服务型政府的理论澄清》，载《中国行政管理》，2004 年第 11 期。

范国睿：《政府 · 社会 · 学校——基于校本管理理念的现代学校制度设计》，载《教育发展研究》，2005 年第 1 期。

冯钢：《科层制与“官僚精神”》，载《浙江大学学报》（社科版），1998 年第 4 期。

伽达默尔：《解释学》，载《哲学译丛》，1986 年第 3 期。

高洪源：《战略性约束：市场环境下中小学名校的社会伦理责任》，载《教育科学研究》，2004 年第 12 期。

高秦伟：《架构政府责任体系的理论探讨》，载《行政与法》，2002 年第 1 期。

郭小聪：《论国家职能与政府职能》，载《中山大学学报》，1997 年第 2 期。

何秉孟等：《新自由主义研究》，载《马克思主义研究》，2003 年 6 月刊。

胡水君：《法律与社会权力》，中国人民大学 2002 年博士论文。

胡伟：《构筑面向现代化的政府权力——中国行政体制改革理论研究》，载《政治学研究》，1999 年第 3 期。

黄少安：《经济学研究重心的转移与“合作”经济学构想》，载《经济研究》，2000 年第 5 期。

黄崴：《学校法人的一般性与特殊性》，载《教育理论与实践》，2002 年第 12 期。

金元浦：《何以“保守主义”，而又“新”》，载《读书》，1996 年第 5 期。

靖国平：《“新课改”：利益的失衡与矫正》，载《湖北大学学报》（哲社版），2004 年第 3 期。

康永久：《公立学校的制度特性及其缺陷》，原载《教育科学研究》，2005 年第 5 期。

康永久：《知识输入还是制度重建——公立学校制度变革的中国道路》，博士后出站论文（2004）。

劳凯声：《教育市场的可能性及其限度》，载《北京师范大学学报》（社科版），2005 年第 1 期。

劳凯声：《重构公共教育体制：别国的经验和我国的实践》，载《北京师范大学学报》（社科版），2003 年第 4 期。

李春生：《终身学习背景下学校与社区关系的重建》，载《比较教育研究》，2002 年第 4 期。

李慧：《教育公平和教育效率关系再探》，载《教育与经济》，2000 年第 3 期。

厉以贤：《社区教育的推进》，载《教育研究》，1999 年第 11 期。

刘宝存：《校本管理：当代西方学校管理的新模式》，载《比较教育研究》，2001 年第 12 期。

刘复兴：《市场条件下的教育公平：问题与制度安排》，载《北京师范大学学报》

（社科版），2005 年第 1 期。

刘复兴：《转型期我国中小学类型的多样化及其制度安排》，载《教育研究》，2005 年第 4 期。

刘力：《家长参与学校教育的功能及方式》，载《教育研究》，1992 年第 1 期。

刘小怡：《新自由主义述评》，载《学习论坛》，2004 年第 8 期。

刘怡、王敬：《英国的学校间竞争：十年的经验》，载《外国教育研究》，2004 年第 1 期。

龙潜：《百年中国保守主义考》，载《贵州师范大学》（社科版），2002 年第 4 期。

朴雪涛：《试论单位制度对大学组织行为的影响》，载《辽宁教育研究》，2001 年第 12 期。

齐学红、刘辉：《现代家庭与学校的关系》，载《教育科学》，2005 年第 3 期。

任晓：《中国行政改革：目标与趋势》，《社会科学》，1994 年第 4 期。

盛冰：《社会资本与学校变革》，北京师范大学博士论文（2004）。

石中英：《中庸之道：超越激进主义与保守主义》，载《宁波大学学报》（教育科学版），2004 年第 6 期。

孙立平：《中国社会进入集团性利益博弈时代》，载《改革内参》，2005 年第 1 期。

孙仁灏：《教育领域引入竞争机制的问题》，载《教育研究》，1989 年第 1 期。

孙学玉、周义程：《服务型政府的评估及其要素设计》，载《理论前言》，2004 年第 9 期。

唐风玲：《“家庭参与”的综合辨析》，载《山东教育》，2003 年第 9 期。

王红：《论义务教育投资中政府责任转嫁问题》，载《教育理论与实践》，2003 年第 4 期。

魏捷：《论公办教育投资效率不高的体制根源》，载《教育与经济》，2001 年第 4 期。

文东茅：《民间办学的逻辑与政府政策选择》，载褚宏启主编：《中国教育管理评论》（第 1 卷），教育科学出版社 2003 年版，第 340 – 357 页。

吴华：《让市场机制在教育资源配置中发挥基础性作用》，载《教育发展研究》，1999 年第 11 期。

谢维和：《公共利益：基础教育改革的首要坐标》，载《中国教育报》，2004 年 4 月 17 日。

谢武军：《20 世纪 90 年代中国的保守主义思潮》，载《中共中央党校学报》，2001 年第 3 期。

熊家学：《对立、位移、趋同——西方自由主义与保守主义关系的演变》，载《湖南师范大学学报》（社科版），1997 年第 4 期。

徐建平：《关于乱收费问题校长问卷的调查分析》，载《教育理论与实践》，2005 年第7 期。

徐建平:《学校收费行为的调查分析》，载《教育管理研究》，2005 年第 6 期。

徐建平:《现代学校制度研究述评》，载《上海教育科研》，2005 年第 7 期。

徐文:《教育产权论》，华中师范大学博士论文（2004）。

许明、胡晓莺:《当前西方国家教育市场化改革述评》，载《教育研究》，1998 年第 3 期。

薛军:《法人人格权的基本理论问题探析》，载《法律科学》，2004 年第 1 期。

杨东平:《教育公平是一个独立的发展目标——辨析教育的公平与效率》，载《教育研究》，2004 年第 7 期。

杨海燕、卢浩:《美国推动家庭参与学校教育的 18 种措施》，载《中小学管理》，2004 年第 5 期。

伊丽莎白·马丁内斯、阿诺尔多·加西亚、爱德华·赛义德:《关于新自由主义的三篇短论》，载《国外理论动态》，2002 年第 11 期。

余雅风:《教育立法必须以教育的公共性为价值基础》，载《北京师范大学学报》，2005 年第 1 期。

俞可平:《全球治理引论》，载《马克思主义与现实》，2002 年第 1 期。

喻梦林:《关于教育竞争的探讨》，载《教育研究》，1987 年第 4 期。

张隽文:《体制改革的瓶颈:中国单位制度》，载《当代法学》，2001 年第 9 期。

张力:《与现代学校制度相关联政策的再度思考》，载《人民教育》，2005 年第 1 期。

张文宏:《社会资本:理论争辩与经验研究》，载《社会学研究》，2003 年第 4 期。

张孝文:《“教育产业化”的思考》，载《光明日报》1999 年 10 月 4 日。

赵宏兴、刘勇:《既得利益与法的调控》，载《东北大学学报》（哲社版），2002 年第2 期。

赵中建:《不让一个儿童落后——美国布什政府教育改革蓝图述评》，载《上海教育》，2001 年第 5 期。

赵中建:《近年来美国学校管理改革述评》，载《教育研究》，2001 年第 5 期。

周海涛:《教育效益的价值基础和基本向度》，载《教育研究》，2005 年第 10 期。

庄西真:《学校社会资本论》，载《教育研究与实验》，2004 年第 3 期。

主要参考网站:

http://news.sohu.com 搜狐新闻中心

http://learning.sohu.com 搜狐教育频道

http://www.moe.edu.cn	国家教育部官方网站
http://www.cnki.net	中文学术期刊网
http://www.ed.gov/index.jhtml	美国教育部官方网站
http://www.eric.ed.gov	美国教育资源信息中心 ERIC
http://www.dfes.gov.uk	英国教育与技能部官方网站
http://www.mext.go.jp	日本书部省官方网站

附件 1

1999—2003 年中央层级机关 222 份文件公文标题编码①

（数字表示编码出现次数）

一、综合类

素质教育 3、民族教育 2、国家政策的宣传 2、教育法制、西部开发、十五规划、评估指导、民办教育促进法

二、“两基”工作

对口支援 3、扶贫支教、烛光工程、扫盲、完善农村义务教育体制

三、高中教育、幼儿教育和特殊教育

内地开办新疆高中班 3、幼教指导 2、积极推进、特殊教育

四、德育与校外教育

禁毒 3、加强心理健康教育 2、公民道德建设 2、加强改进德育 2、民族团结、青少年科技、中小学校安全、少先队干部管理、科普、校园拒绝邪教、思想品德课程、家庭教育、法制教育

五、课程教材与教学

高中课程修订文件 2、初中教学大纲 2、减负、课改纲要、课改推广、音体美教学大纲、外语教学大纲、课程计划、研究性学习实施指南、课程标准、绿色证书、普及普通话、教材价格 2、辅导教材使用 2、盗版教材、经济适用型教材、贫困地区免费教科书、黑白版教科书、教材质量、教材发行招投标、教材管理体制、扫盲课程

---

① 文件选自教育部基础教育司编：《新编基础教育文件汇编（1999—2003）》，北方交通大学出版社 2003 年版。本书仅对标题进行了编码分析。

六、信息技术教育与技术装备

网站和网校 3、学具管理和鉴定 2、教育技术装备、普及信息技术教育、校校通工程、信息技术课程、农村中小学多媒体资源

七、考试与评价

高考招生 2、中考改革 2、考风考纪 3、保送生、高考时间调整、评价和考试制度改革

八、体育、卫生、艺术教育与国防教育

学生营养餐和食品卫生 4、学生体质健康调查 3、常见病防治 2、防治艾滋病 2、军训 2、体质健康标准、近视防止、培养高水平运动员、禁止万智牌、习武场所管理、初中升学体育考试、广播体操、体育器材配备、学生饮用奶、传染病预防、农村艺术教育、艺术教育规程、军训大纲

九、教师队伍建设

继续教育 2、校长培训 2、教师资格 2、教职工编制 2、师范调整、校长任职资格、教育干部培训“十五”规划、职业道德、教师培训、课改师资培训、教师教育、教师教育信息化、县级教师培训机构、教师学历提高

十、经费与基本建设

收费乱治理 3、教育审计 3、基建工程质量、图书馆建筑设计、收支两条线、加强校办产业、危房修缮与改造、教师工资统一发放、“一费制”试行、教育费附加征收与管理、贫困生助学金

十一、教育督导

加强督导与评估、“两基”督导、经费检查、减负督导

十二、其他

境外夏（冬）令营管理 2、外国中小学生管理 2、社会力量办学学校党建和工会 2、优秀留学人员子女入学、学生因私护照管理、国家通用语言文字、城市语言文字评估、自费出国留学中介管理

附件 2

2005 年浙江省某市教育局与学校间联系文本 546 份的标题编码①

（数字表示编码出现次数）

一、财权（21）

收费通知、体改校年检审计报告、高三资料征订、小学资料征订通知、第二学期收费项目、退费通知、作文乐园退费、教材征订会、教职工住房情况调查表、05 年互助金上报进度、中学电教资料使用结账、助学工程、数字化信息资源建设、征订统战刊物、收缴档案学会 06 年会费、数字化教育资源建设与应用、发票领取、宿舍整治、初中建设工程工作会、黄冈增刊征订

二、人权（85）

1. 日常人事管理（16）： 青年教师、一年级语文教师、学科带头人任务、团队干部登记、教学干部登记、女工保险、各单位人事干部、宁波市教学学科带头人、骨干教师、宁波市中少系统党政领导调查、教师压力管理、05 年教育资源建设所需教师数据上报、教师数据收集、教师现状调查、普通话测试通知、老教协通知

2. 评优表彰（2）："紫禁杯"优秀班主任评选、"好老师"表彰

3. 培训（含干部培训和教师培训）（67）： 教学干部外出考察、教学干部分组活动、各科寒假培训计划 3、高二物理、初一生物培训、课题结题培训、中学信息技术课改培训、新课程培训安排、初期英语教师加拿大培训组团、青春期健康培训 2、Flash 开课通知、中小学教师综合素质培训班课程、电脑课件技巧制作班招生、分院简章、校本培训班招生、网络课程培训报名、中教科组织观摩课、视频编辑技巧培训、数字视频制作培训、小学信息技术课教师 DF 培训、美术班简章、摄影培训班招生、计算机培训通知、

---

① 书面和电子文本均来自宁波市某中小学校办公室。

教师综合组织培训班招生、小学信息技术教师 Logo 培训、计算机（Flash）培训、军事教师培训、计算机 Logo 班报名、小学电脑制作作品中的美学问题培训、小学美术继续教育班、教师综合素质培训班招生、电脑作品制作中的美学问题培训、继续教育、英语培训班招生、中学音乐学科青年教师培训、禁毒教育培训、青春健康项目培训、05 年继续教育、Authorware 培训开班通知、召开落实新课程理念会的通知、明教授理论部分讲稿、继续教育、中小学电脑制作培训、电脑作品讲座、学生体育、课改、艺术工作、综合评价手册、中小学信息技术 2、CMIS 系统培训、新课程培训、教授讲座、开班计划 2、网络课程考核办法说明、05 年报名信息录入系统说明、小学科学论文初级班招生、第二学期招生通知、心理健康讲座、网络课程学习、骨干心理教师研讨班、音乐学科合唱指挥班、信息技术教学法培训

三、事权（440）

1. 综合事务（43）：法制副校长情况反馈 3、档案执法检查、评选市区先进体育传统项目、体育校表彰、初中建设工程学校诊断性评价工具、劳模工作会、申报科研先进校、体改校年检通知、手拉手学校情况统计、电子期刊问卷调查、中学调研问卷、甬教动态 15、信息交流 2、语言文字、巡回演讲、国际歌演唱、宁波市教育文献信息、开放日活动安排、雷锋小学大会、捐献回收废旧物品、网络管理、基地大会、转发教育部紧急通报、中国中小学校编辑通知、非物质文化遗产、“素质教育”中学校长问卷

2. 教育（87）：

［1］**综合（8）**：中学德育调查、青年班主任问卷调查、小学社会教育、“科学家班”招生、民族艺术进校园活动、问题学生监护人情况反馈、问题学生情况调查、《德育文摘》发行

［2］**评优表彰（7）**：好家长表彰决定 2、初三三好生布置会、文明礼仪表彰会、优秀学生干部评选、少儿住院医疗互助金工作表彰、优秀学生干部和三好生表格领取

［3］**团队工作（12）**：团队活动通知 2、团队简报、团队活动信息、甬教团通知、团队简报、团工委工作思路、团队列会情况反馈、近期少先队工作、团队活动、少先队章程

［4］**文体活动及竞赛（60）**：小学生春季运动会、男女篮球比赛、中学田径运动会竞赛规程、05 年电脑机器人竞赛、中小学生航模比赛、第 8 届“新星杯”英语词汇游戏、三好杯篮球竞赛、全国青少年奥林匹克建筑模型竞赛、三好杯篮球比赛复赛、物理竞赛停赛、电子通竞赛、第 14 届全国初中应用物理知识竞赛、英语竞赛、机器人竞赛、团体表演赛、市创新大赛和青少年电脑大赛、中小学排球竞赛、年度英语竞赛活动、机器人比赛报名、中小学田径运动会、“太阳花杯”知识竞赛、征集中小学师生电脑作品、中小学生乒乓球比赛、文明使者评比、第 10 届合唱节比赛、“春蕾杯”作文竞赛评选、小学初中机器人竞赛报名、中小学跳绳踢毽比赛、总分数段、总平均分、第 11 届中小

学生艺术节、“美境”活动实施细则 2、英培艺术团、电脑绘画设计、小学秋季运动会、征集情系奥运、文明礼仪伴我行论文活动、高中辩论赛、青少年电脑机器人竞赛、“十佳”中学生评比、学生科技节、合唱指挥班、学生合唱节、机器人竞赛报名、市乒乓球比赛、05“十佳”中学生、学校干部、第 11 届青少年无线电测向竞赛、德育交流会通知 2、音乐会、软件展示会、军训情况统计、青少年科技馆迁址、中小学艺术团队情况统计、读书活动总结、学生科技节动态、OM 报名表

3. 教学（87）：

［1］**教学评优（12）：**第 7 届小学中青年教师教学评比、中学体育课堂教学评优、2005 评优课通知、小学数学第 7 届中青年教师教学评比、05 年中学音乐学科录像评比、小学数学中青年教师教学评比、教师评比、小学语文青年教师评优活动、第 7 届英语学科片级评优、体育与健康课说课、录像课评比活动、信息技术课评优

［2］**日常教学（50）：**复习指导 3、信息技术会考 2、高二化学试卷纠正、高考文科数学说明、期末初三考试总结、期末初三质量总结、初中教材教法分析、高三文理综合练习、高三文科综合政治统计分析、小学语文三年级、中学地理教师的教法学习、小学语文第 12 册第 3 单元教材教法介绍、秋季教学用书、浙教版一年级语文教材、小学语文二年级下册词句练习、小学语文二年级下册三四单元教材介绍、中学验收复习题、小学验收复习题、资源课程安排、初一地理、初中 Flash 教学进度调查、中学音乐学科初三年级教学质量监控、高三抽样测试、高三一模化学政治统计表、高二文科综合政治统计分析、中学音乐学科教学质量监控、初三化学、四年级语文、高三政治期末考试抽样调查分析、区期末考试统计分析、视导工作、初一地理学科期末考试监考、05 年初中招生简章、历史考试监考、考试安排、高三政治会考练习、初一年级 Flash 上机考试、四年级语文期末考试、假期活动安排、期末考试统计、五年级英语课、中学教学 29 号通知、领试卷通知、小学语文五年级阅卷通知、取书通知、六年级学生名册、初二语文更正、题库补充

［3］**教务工作（含招生考试）（25）：**会考工作通知 2、会考体育成绩、初三毕业考试试卷数量统计、期末成绩区值表、收集数据紧急通知、高三政治常识统一练习分析、转学信息登记、19 中现场会、初三化学统计分析、中招会议、工读预备生审批、05 年高考考生退档通知、中考考生补报名、05－06 学年考试安排、考试安排、新高一会考报名流程、会考考务和学籍工作会议、招收高水平运动员、高中体育会考、高中毕业会考体育免试名册、考试报名信息采集工具、给考生的一封信、各中小学双胞胎学生信息统计

4. 教研（173）：中教研周安排 19、小教研安排 19、音乐教研 14、小学信息教研 4、中教简讯 2、中教教研活动反馈 2、初一地理 2、初一语文 2、心理教研 2、小学综合课教研活动、中学英语教师研究会、信息技术课教研活动反馈、中学美术教师教研、初一

地理紧急通知、高三理政、小学体育教研组长会议、中学体育教研组长会议、化学教研活动反馈、历史教研活动反馈、中学体育教研、五年级数学、小学数学二年级活动通知、中学综合课实践活动、小学综合实践活动课教研、中学综合实践活动、心理教研通知、小学心理教研活动、小学语文重要通知、小学综合实践活动课教研、中学美术、宁波市高三化学教研活动、初三化学教研、中学音乐教研活动、中学地理教研室工作计划、初二历史教研活动、数学教研活动补充反馈、三年级语文、第四周教研活动安排、小学心理教研活动、教研活动、小教研、中学综合实践活动课、三城区小学课堂教学交流活动、小学教研、研究性学习教研、中教研情况反馈、音乐教研、中学综合实践课教研、初一英语市级研究课、中教研情况反馈、小学数学一年级活动、六年级语文、小学心理教研活动、中学实践课教研、35 中体育教研研讨会、小学综合实践课和研究性学习、高三英语教研活动、小学综合实践活动－研究性学习教研、第 6 周初一英语教研、初二英语教研、高三英语教研、中教研第 11 周补发通知、整合研究小组活动（数学、语文组）、中学劳技教研、初三第 8 周英语教研、高三历史教师活动、小学综合实践课—研究性学习教研、中教研第 9 周教研活动情况反馈、中教研第 10 周教研活动情况反馈、小学心理教研、中学美术教研、交流课、31 中外语实验班教学交流、区教研周活动、小学语文会议、中学体育教研活动、初中英语教研活动情况反馈、高三英语分组活动情况反馈、中学劳技教研活动、高二化学研究课通知、高三政治通知、中学体育教研活动、中教研活动情况反馈、青年教师备课组、初三语文活动、赴育华参观、高二化学活动、小学品德与社会实践活动、小学语文、第三协作组活动、学期计划、心理咨询案例报告 2、整合研究小组活动、音乐教研情况通报、甬城教研、高三历史教研、高一英语分组活动、小班课题、音乐教研情况通报、体育教研组长会议、13 中学研讨、中学实践活动课、小学数学二年级活动、小学实践课活动通知、中学劳技教研通知、高二政治紧急通知、初三数学紧急通知、中教紧急通知、小学语文重要通知、初三英语紧急通知、高三英语紧急通知、小学劳技通知、初二英语紧急通知、地理补充通知、高三化学通知

5. 科研（23）：第 11 届优秀教育科研 2、科研论文评选、区科研周发言、科研室主任工作布置会、科研调查与结题、研究课安排、阅读研究课、习作研究课、高二化学研究课、科研周活动安排、05 年科研周现场会、课改经验征集、区教育科研周活动材料收集、阅读教学研究课、05 年社区教育研讨会、征集整合课例、“五个一活动”青春期案例、论文评选、2005 英语论文评比、第 4 届小学数学论文评选、提交“十五”课题结题材料、专项总结上交

6. 卫生、安全（27）：卫生统计、营养餐调查、初中毕业生体检、中小学“电子通”制、初一体检同步预防接种、健康促进知识、免疫、中学接种麻风腮疫苗通知、教育餐业调查、防止人感染高致病性禽流感、中小学卫生保健所管理、餐饮基础情况、接

种麻疹疫苗通知、小学氟保护、《体育与健康宣传》、体育安全工作紧急会、学校禽流感防控措施、禽流感预案、接种甲肝疫苗、卫生保健所、禽流感预防、卫生（诊所、卫生院、医务室、社区卫生）建设、健促校及互助金宣传栏推广、元旦安全工作、接种流感疫苗、人防总结、宁波市卫生局文件转发

7. 党务工作（10）：学习与交流 3、华长慧讲话、沈剑光讲话、工会总结、近期两岸形势报告会、先进性教育通知、先进性教育总结、举办近期两岸形势报告会

附件3

北京市学校管理问卷[①]（针对学校外部关系问题的教师问卷）

尊敬的老师：

您好！本研究由北京师范大学教育管理学院承担，目的是了解北京市学校管理的现状。问卷的所有信息只做统计研究之用，严格保密不做其他用途。问卷填写时不必署名，请您真实填写您的想法。谢谢您的合作！

北京师范大学教育管理学院

《北京市学校管理调查》课题组

二〇〇五年十二月

基本情况了解

1. 您所在的学校为：

①幼儿园　②小学　③普通初中

④普通高中　⑤完全中学　⑥职业高中

⑦九年一贯制学校　⑧十二年一贯制学校

2. 贵校在体制上属于：①公办　②民办　③其他________

3. 贵校在当地招生属于：①示范校或重点校　②一般校　③薄弱校　④其他________

4. 您是否是班主任：①是　②否

① “北京市学校管理调查”课题由褚宏启教授主持，本人承担其中的“学校制度”子课题，问卷内容主要围绕学校与政府、市场、社会的关系展开。

5. 您是否是行政人员：①是　　②否

6. 您的学校的学生规模：①1—12 个班　　②13—18 个班　　③19—24 个班　④24 个班以上

指导语：请在选择的序号前画钩；如果选择“其他”，请在其后面横线上作出说明。

1. 您认为一所优秀的学校最主要依靠：
   ①教委宽松的政策促进学校发展　　②充足的经费　　③优秀的师资
   ④优秀的校长　　⑤优质的生源
2. 您觉得贵校在办学过程中：
   ①学校没有自主权　　②学校有一定自主权　　③学校有很大自主权
3. 学校目前最需要政府下放的权力是：
   ①财权　　②人事权　　③课程权　　④其他________
4. 您对当前校长的权力和责任的看法是：
   ①权力和权利　　最小 1——2——3——4——5 最大
   ②责任　　最小 1——2——3——4——5 最大
5. 教委管理学校的主要方式是（选两项）：
   ①制定法规与规章　　②行政指令直接安排　　③经费拨付与控制
   ④监督、检查、评估　　⑤指导和服务　　⑥其他
6. 您认为目前校长办学更多的是：
   ①对政府负责　　②对教师负责　　③对学生和家长负责　　④其他______
7. 您认为政府在履行对于学校的责任时，存在的问题主要是：
   ①责任主体不明，对于学校某项具体事务，有时不知道政府哪个部门（官员）应承担责任
   ②责任内容不明，不知道政府某一部门究竟应对学校履行哪方面的责任
   ③责任履行方式失当，不符合学校实际需求
   ④其他__________
8. 请对政校关系中，您认为合适的政府角色进行排序（在方框内标出编号，最需要政府担当的角色为 1，政府最不需要担当的角色为 6）：
   □教育体系的构建者　　□教育条件的保障者　　□教育服务的提供者
   □教育公平的维护者　　□教育标准的制定者　　□教育质量的监管者
9. 您认为最需要改进和完善的教育制度是（选两项）：
   ①教育行政管理体制和制度　　②教育投入和教育财政制度

③教育咨询与决策制度　④办学体制和制度
⑤校长、教师人事制度　⑥考试和学生评价制度
⑦教育督导与教育事业评价制度　⑧教育教学管理制度
⑨教育监督制度　⑩教育问责制度

10. 在以下方面，您最需要得到教委的服务和专业支持表现在：(选两项)
①课程整合和校本课程开发　②课堂教学指导
③教师管理和教师专业发展　④青少年教育和德育
⑤学校安全管理　⑥教育信息化和教育技术使用
⑦学校发展和管理咨询　⑧招生方面的优惠与倾斜政策
⑨拨款方面的优惠与倾斜政策

11. 您认为当前政府和学校关系中存在问题最多的是：
①法规政策不完善　②政府经费投入不足
③督导工作不能促进学校发展　④对学校用人权控制太严
⑤对学校经费使用管制太严　⑥对学校课程发展不能充分放权

12. 您认为目前学校发展中的压力最主要来自：
①办学经费筹措难　②政府对学校办学放权力度不够
③教职工关系不够融洽　④学生成绩和升学率不理想

13. 您认为对于学校办学而言，外部影响最大的是：
①政府　②市场　③家长和社区

14. 您认为目前办学中最需要加强的一种联系是：
①政府和家长的关系　②学校和政府的关系　③学校和家长的关系　④其他______

15. 您认为给学校发展带来不利影响的最重要的外部因素是：
①政府对学校的投入不足　②教育市场化行为的负面影响
③家庭和社区不能积极配合　④其他____________

16. 有人提出应成立“家长教师联合会”，扩大家长对学校事务的参与（如代表列席校务会议），您认为：
①很必要　②无所谓　③不必要

17. 您认为目前家长对学校管理的参与：
①很充分　②比较充分　③不太参与　④基本不参与

18. 您认为近年来学校之间的合作：
①更多　②没有变化　③更少

19. 您对择校的态度是：
①赞成　②反对　③无所谓

20. 您认为市场化改革对课堂教学的影响：

①很大　②一般　③很小　④几乎没有影响

21. 您对目前工作：

①很满意　②比较满意　③不太满意　④很不满意

22. 您认为工作压力主要来自（选两项）：

①政府的严格规章　②校长的严要求　③家长的高期望

④同事竞争　⑤课程改革　⑥没有压力

23. 在日常教育教学中，您认为与校长的关系：

①沟通（与校长的双向互动）　程度最低 1——2——3——4——5 程度最高

②关系密切程度　程度最低 1——2——3——4——5 程度最高

24. 目前您感觉自己教学目的最主要是为了：

①教学大纲的完成　②学生素质的提高

25. 您认为与新课改以前相比，现在的同事关系：

①更融洽　②没有变化　③更紧张

26. 您觉得对学生成长影响最大的是：

①学校　②家庭　③社会

后记

本书在我博士论文的基础上修改完成。按照惯例，应当在此对在本书创作和出版中发挥重要作用的人士致谢。

感谢就先从感恩开始吧。人活于世，当常存感恩之心。书稿杀青之际，一感母恩，母亲钱巧英女士在父亲去世后含辛茹苦地把我们三弟兄拉扯成人。母恩终生难忘，希望本书能给老人的晚年带来一些安慰。二感妻恩，爱人张娟女士让我懂得了什么是相濡以沫的糟糠夫妻。三感师恩，导师褚宏启先生将我拉上学术殿堂，给我以做学问的兴趣、动力、压力和毅力。在我于北师大读博的三年中，老师对我这个愚钝弟子时常边敲侧鼓、耳提面命、言传身教。以至于现在虽远隔千里，先生于我教诲之谆谆，关怀之切切，言犹在耳，如影随形，受益终身。

需要感谢的人很多。感谢国家教育发展研究中心的张力教授、韩民研究员、杨银付研究员，他们的课题资助使我得以深入中西部农村校感知中国教育的真实现状。感谢当年在博士论文创作中对我提出宝贵意见的高洪源教授、周作宇教授、毛亚庆教授、孟繁华教授。感谢论文答辩中对我提出肯定、批评和建议并对我给予期望的陈孝彬教授、曾天山研究员、刘淑兰教授、秦惠民教授，他们的严谨作风和渊博学识为我的研究指明了方向。感谢论文和书稿评审中对我进行肯定和鼓励的曲恒昌教授、毛祖桓教授、陈如平研究员。感谢北师大的苏君阳博士，他经常在非正式场合的研讨中对我提出一语中的的意见。李铁博士后在百忙之中为我审阅全文并给出入木三分的评价。徐志勇、彭江、张天雪和江雪梅在讨论中给了我许多切中肯綮的建议。众多同门师兄弟在合作中为我提供了大量的来自基层学校的一手资料并表达了他们的灼见。感谢现在远在美国的小师妹孙敏曾为我做的英文文字校对润色工作，她的英文素养着实让人羡慕。

感谢宁波大学的刘剑虹教授和孙玉丽教授。作为专业引路人，他们为我创造了安宁而舒适的研究环境，并在多次基础教育相关课题研讨中给予我富有建设性的意见。感谢浙江省哲学社会科学规划课题给予的后期资助和宁波大学教师教育学院学术出版基金的帮助。

最后需要感谢教育科学出版社的编辑刘明堂老师，多次在电话和网络上的交流促使笔者对有关章节反复修改，本书的顺利出版离不开刘老师在文字格式、行文论述等方面专业而严谨的辛勤工作。

徐建平　谨记于宁波大学教师公寓

2010 年 4 月 18 日晨

出版人　所广一
责任编辑　刘明堂
版式设计　孙欢欢
责任校对　曲凤玲
责任印制　曲凤玲

图书在版编目（CIP）数据

学校：在政府、市场与社会之间：现代学校制度的理论探索及启示/徐建平著. —北京：教育科学出版社，2011.7
（中国教育管理文库. 学术前沿系列）
ISBN 978-7-5041-5074-5

Ⅰ. ①学…　Ⅱ. ①徐…　Ⅲ. ①学校管理—教育制度—研究—中国　Ⅳ. ①G47

中国版本图书馆 CIP 数据核字(2010) 第 104648 号

中国教育管理文库. 学术前沿系列
学校：在政府、市场与社会之间——现代学校制度的理论探索及启示
XUEXIAO：ZAI ZHENGFU、SHICHANG YU SHEHUI ZHIJIAN

出版发行	教育科学出版社		
社　址	北京·朝阳区安慧北里安园甲9号	**市场部电话**	010-64989009
邮　编	100101	**编辑部电话**	010-64989419
传　真	010-64891796	**网　址**	http://www.esph.com.cn
经　销	各地新华书店		
制　作	北京鑫华印前科技有限公司		
印　刷	北京中科印刷有限公司		
开　本	169毫米×239毫米　16开	**版　次**	2011年7月第1版
印　张	22.25	**印　次**	2011年7月第1次印刷
字　数	331千	**定　价**	45.00元